U0512503

目　录

Contents

Zhang Taiyan Study Abroad

Study of Documents

Honor the Memory of Scholar

Review

文本精读

《國故論衡·原儒》注解*

孟　琢　孫凌康

（北京師範大學民俗典籍文字研究中心　中國文字整理與規範研究中心）

【導讀】

《原儒》是章太炎先生討論儒家的歷史面貌的名作。它最早發表於1909年出版的《國粹學報》第5卷第59期，後收入1910年出版的《國故論衡》下卷。自韓愈《原道》以來，“原”成爲了儒學史中的重要體裁，《國故論衡》中亦有《原經》《原學》《原道》《原儒》《原名》諸篇。與傳統之“原”所不同的是，韓愈之“原”旨在探求儒家義理之本，是一種哲學性的理路；章太炎則是以正名和溯源的方式，考察中國文化的基本概念的源流脈絡，並以此回應時潮之弊，是一種歷史性的理路。

“儒”的歷史來源是什麽？《漢書·藝文志》提出了著名的“諸子起於王官”説，將儒家上溯至司徒之官。“儒家者流，蓋出於司徒之官，助人君順陰陽明教化者也。游文於六經之中，留意於仁義之際，祖述堯、舜，憲章文、武，宗師仲尼，以重其言，於道爲最高。”班固之説源自劉歆，它具有兩方面的思想要點：其一，將儒家起源上溯到“六經”傳統；其二，强調儒家與仁義之“道”的歷史淵源。可以説，這是一種高度經學化的“原儒”方式。章太炎的《原儒》則大膽突破了這一範式，他借鑒《墨子》中“達、類、私”的邏輯分類，通過“小學”與史學的考證將“儒”區分爲三類：自達名而言，“儒”爲術士，即掌握

* 本文爲國家社會科學基金重大項目“基於歷代訓釋資源庫的中國特色闡釋學理論建構與實踐研究”（22&ZD257）、北京師範大學中央高校基本科研業務費優秀青年創新團隊項目“基於數字人文的《説文》學跨學科研究”（1233300008）之階段成果。

在注解中，參考了龐俊、郭誠永《國故論衡疏證》，並蒙董婧宸副教授提出修改意見。

各種道術技藝之人，其中包括神仙方士之流。自類名而言，“儒”爲通曉禮、樂、射、御、書、數之人。自私名而言，“儒”爲六藝之學衰敗之後，陳説道德政教的戰國儒家，這與兩漢經師亦有所不同。

與《漢志》相比，《原儒》從經學世界中大膽地突破出來，展現出“儒”豐富的文化面貌與歷史淵源。章太炎的觀點固然帶有古文經學的烙印，他對“儒家”與“經師”的辨析，蘊含着判析經今古文學的内在標準。與此同時，《原儒》更是由經學向史學的轉型，體現出“六經皆史”的學術理念與對時潮的積極回應。清末經學中出現了鮮明的儒教化傾向，最有代表的是康有爲的“孔教”之論，“延及康有爲，以孔子爲巫師”(《檢論・學隱》)。在章太炎看來，“孔教”違背了儒學“以天爲不明及無鬼神”的歷史傳統，更會導致汗漫、迷狂乃至個人崇拜的文化危機。因此，《原儒》的歷史考察是對“建立孔教”的徹底解構，這正如黄燕强所言，“章氏從‘正名’的角度出發，應用語文學方法考究‘儒’字的本義及其古今之變，藉此而從本源上否定‘儒’乃孔子立教之名，取消儒教論者賦予孔子和儒家的宗教性，此即《原儒》之所爲作”。①

《原儒》影響深遠，引發了現代學者的積極考索。1934 年，胡適發表了《説儒》一文，將“儒”的源頭上溯到殷商時期，通過對“儒”的原生狀態的追溯，極大拓展了這一研究的探討空間。他借鑒人類文化學與比較文化史的方法，認爲“儒”爲殷人，由殷商時期的祝宗卜史轉化而來，在周代擔任治喪相禮的職業，同時傳授弟子、講習古禮；這與希臘知識人、羅馬的長袍教士以及出於亡國猶太民族的哲人耶穌頗爲不同。這種全新的“原儒”思路，與他對“諸子起於王官説”的否定相呼應。在文化比較的視野中，《説儒》再度將孔子理解爲“儒教教主”，這當然不是要重建孔教，而是指向了對中國文化的宗教性起源的新理解，蘊含着對如何“整理國故”、如何把握中國文化的現代方向的思考。在胡適之後，相關探討層出不窮，在中国現代學術史上寫下了獨具風貌的一頁。究其源頭，皆可上溯至章太炎的這篇《原儒》。

還要説明的是，《原儒》立論勇猛，判攝分明，其對“儒”的歷史面貌的勾

① 黄燕强《章太炎“原儒”及其儒學與經學之辨》，《哲學研究》2023 年第 5 期。

勒不無武斷之處。在深入理解章太炎學術思想的同時，不可過於盲從其説。某种意义上，“原”是一個永不停息的動詞——《原儒》不是理解先秦儒學的最終結論，而是啓發後人不斷考索的歷史坐標。

儒有三科，關達、類、私之名【1】。達名爲儒。儒者，術士也。《説文》【2】。太史公《儒林列傳》曰：“秦之季世阬術士”，而世謂之“阬儒”【3】。司馬相如言：“列僊之儒，居山澤間，形容甚臞。”《漢書·司馬相如傳》語。《史記》儒作傳，誤。趙太子悝亦語莊子曰：“夫子必儒服而見王，事必大逆。”《莊子·説劍篇》。此雖道家方士言儒也。《鹽鐵論》曰：“齊宣王褒儒尊學，孟軻、淳于髡之徒受上大夫之禄，不任職而論國事；蓋齊稷下先生千有餘人，湣王矜功不休，諸儒諫不從，各分散。慎到、捷子亡去，田駢如薛，而孫卿適楚。”《論儒》【4】。王充《儒增》《道虚》《談天》《説日》《是應》，舉儒書所稱者，有魯般刻鳶【5】；由基中楊【6】；李廣射寢石，矢没羽【7】；荆軻以匕首擿秦王，中銅柱入尺【8】；女媧銷石；共工觸柱【9】；觟䚦治獄；屈軼指佞【10】；黄帝騎龍【11】；淮南王犬吠天上雞鳴雲中【12】；日中有三足烏；月中有兔、蟾蜍【13】。是諸名籍，道、墨、形、法、陰陽、神仙之倫【14】，旁有雜家所記、列傳所録，一謂之儒，明其皆公族【15】。儒之名蓋出於需。需者，雲上于天【16】。而儒亦知天文、識旱潦。何以明之？鳥知天將雨者曰鷸，《説文》。舞旱暵者以爲衣冠【17】。《釋鳥》：“翠，鷸。”是鷸即翠。《地官·舞師》：“教皇舞，帥而舞旱暵之事。”《春官·樂師》有皇舞。故書“皇”皆作“䍿”。鄭司農云：“䍿舞者，以羽覆冒頭上，衣飾翡翠之羽。”尋旱暵求雨而服翡翠者，以翠爲知雨之鳥故。鷸冠者，亦曰術氏冠，《漢·五行志》注引《禮圖》。又曰圜冠。莊周言：“儒者冠圜冠者知天時，履句屨者知地形，緩佩玦者事至而斷。”【18】《田子方》篇文。《五行志》注引《逸周書》文同《莊子》，“圜”字作“鷸”。《續漢書·輿服志》云：“鷸冠前圜。”明靈星舞子、吁嗟以求雨者謂之儒【19】。故曾皙之狂而志舞雩【20】,原憲之狷而服華冠【21】,華冠亦名建華冠,《晉書·輿服志》以爲即鷸冠。華、皇亦一聲之轉。皆以忿世爲巫,辟易放志於鬼道【22】。陽狂爲巫,古所恒有。曾、原二生之志,豈以靈保自命哉【23】?董仲舒不喻斯旨,而崇飾土龍,乞效蝦蟆,燔豭薦脯,以事求雨,其愚亦甚【24】。古之儒知天文占候,謂其多技【25】,故號徧施於九能【26】,諸有術者悉晐之矣【27】。

【1】闕,闕涉,此謂"儒"之名義兼有達、類、私三者。《墨子·經上》:"名:達、類、私。"達名,指事物大類的名稱,如"畜"可指稱一切家畜;類名,指某類事物的共同名稱,如"馬"可涵蓋一切之馬;私名,指某一事物的專名,如騏、騮、駽、驪皆爲具體之馬名。《國故論衡·原名》:"故《墨經》曰:'名:達、類、私。'孫卿曰:'萬物雖衆,有時而欲徧舉之,故謂之物。物也者,大共名也。''有時而欲徧舉之,故謂之鳥獸。鳥獸也者,大别名也。'若則騏、騮、駽、驪爲私,馬爲類,畜爲達,獸爲别,物爲共也。"

【2】《説文·人部》:"儒,柔也。術士之偁。从人需聲。"術士,掌握各種道術技藝、可以教導百姓者,引申爲方士之稱。章太炎《諸子略説》:"術士之義亦廣矣,草昧初開,人性强暴,施以教育,漸漸摧剛爲柔。柔者,受教育而馴擾之謂,非謂儒以柔爲美也。受教育而馴擾,不惟儒家爲然,道家、墨家,未嘗不然,等而下之,凡宗教家莫不皆然,非可以專稱儒也。"

【3】焚書坑"儒"爲坑"術士",章太炎引證以明儒之達名。《國故論衡》先校本墨筆增補:"公孫光目淳于意曰:'其人聖儒。'"典出《史記·扁鵲倉公列傳》。《索隱》:"言意儒德,慕聖人之道,故云聖儒也。"淳于意,西漢著名醫家,臨菑人,曾任齊太倉令,師事公孫光,受古醫方。

【4】語見《鹽鐵論·論儒》,此謂戰國時期齊國稷下學者,雖學派各異,但皆可以"儒"命之。慎到,趙人,《漢書·藝文志》法家類著録有《慎子》四十二篇,上海博物館藏楚簡有《慎子曰恭儉》一篇。其説去己棄知,冷淡於物,執一軌以齊萬物,故介於法家、道家之間。捷子,其名不詳,《漢書·藝文志》

道家類著録有《捷子》二篇。田駢,齊人,其學説及事跡散見於《荀子·非十二子》《莊子·天下》《吕氏春秋·用衆》《執一》《士容》諸篇,長於辨名,介於道家、法家之間。章太炎《諸子略説》:"《藝文志》則以慎到入法家,以田駢入道家,是道家、法家合流也。"孫卿,即荀子,爲儒家。

【5】魯般,即魯班,氏公孫、名班,春秋時期魯國巧匠。刻鳶事見《論衡·儒增篇》。

【6】由基,即養由基,春秋時期楚國神射手。中楊事見《論衡·儒增篇》。

【7】射石没羽事見《論衡·儒增篇》。

【8】刺秦事見《論衡·儒增篇》。"由基中楊;李廣射寢石,矢没羽;荆軻以匕首擿秦王,中銅柱入尺",蘇州博物館藏《原儒》手稿在"淮南王犬吠天上雞鳴雲中"句後。

【9】女媧、共工事見《論衡·談天篇》。《論衡·對作》引此句標爲"《淮南書》言",即《淮南子》。

【10】觟觽,即獬豸,傳説中獸名,形如一角之羊,治獄事見《論衡·是應篇》。屈軼,傳説中神草名,指佞事見《論衡·是應》篇。

【11】黄帝騎龍事見《論衡·道虚篇》。

【12】雞犬升天事見《論衡·道虚篇》。

【13】三足烏、月兔、蟾蜍事見《論衡·説日篇》。以上神異之事,或爲"儒書"所言,或爲"儒者"所稱,可見"儒"與"術士"之淵源。

【14】形,蘇州博物館藏《原儒》手稿先作"刑",涂改作"名"。《國故論衡》先校本墨筆批改作"形",指上文以田駢爲代表的形名之學,主張辨别名義、循名責實。章太炎《諸子略説》:"名家主形名,形名猶言名實。"

【15】公族,國君之同族,引申爲同類之稱。《國故論衡·轉注假借説》:"按形體,成枝别,審語言,同本株,雖制殊文,其實公族也。"此謂道、墨、名、法、陰陽等百家之學者,以及神仙方術之士,在"術士"意義上皆可視爲同類,故"儒"之達名包羅甚廣。

【16】雲上于天,《周易·需·象》文。此自"儒"之右文"需"以明術士之義。《説文》:"需,䇓也。遇雨不進,止䇓也。从雨而聲。《易》曰:'雲上於

天,需。'"章氏之説,或本於此。

【17】暵,暴晒而乾旱貌。

【18】句屨,一種方頭的鞋子。句,音矩,方也。

【19】靈星,星名,主水旱,靈星之祭在漢代被視爲秋雩(見《論衡・明雩》《祭意》)。靈星舞子,語出《周禮・春官・樂師》鄭玄注,指靈星祭時起舞求雨的巫者。

【20】曾皙,名點,孔子弟子,曾參之父。狂,指曾皙志向高遠、積極進取。志舞雩,見《論語・先進》曾皙對孔子答語:"浴乎沂,風乎舞雩,詠而歸。"舞雩爲求雨之祭祀,故以曾皙爲巫。《周官・司巫》:"若國大旱,則帥巫而舞雩。"《説文》:"雩,夏祭樂于赤帝,以祈甘雨也。"

【21】原憲,字子思,孔子弟子,家境貧寒。狷,指原憲意志堅定、有所不爲。服華冠,事見《莊子・讓王》《韓詩外傳》《新序・節士》。

【22】蘇州博物館藏《原儒》手稿作"皆抗節不耦于同世辟儒,願一返太古,忿世爲巫"。辟易,狂疾貌。放志於鬼道,謂二人不願與濁世同流,故放縱心志、佯狂爲巫。

【23】靈保,巫者。章太炎《駁建立孔教議》:"即有疾疢死亡,祈呼靈保者,祈而不應,則信宿背之,屢轉更易,至於十神。"自命,蘇州博物館藏《原儒》手稿作"自居",其後又有"亦以是通其狂惑而已"句。

【24】董仲舒云云,見《春秋繁露・求雨》。蘇州博物館藏《原儒》手稿下又有"然則上古之儒固然,非後世所宜效也"句。

【25】蘇州博物館藏《原儒》手稿下有"其後施易"句。

【26】九能,出《詩・鄘風・定之方中》毛傳:"故建邦能命龜,田能施命,作器能銘,使能造命,升高能賦,師旅能誓,山川能説,喪紀能誄,祭祀能語,君子能此九者,可謂有德音,可以爲大夫。"

【27】晐,兼備。《國故論衡》先校本墨筆增補:"後周釋道安《二教論》曰:'包論七典,統括九流,咸爲治國之謨,並是修身之術。''若派而别之,則應有九教,若總而合之,則同屬儒宗。論其官也,各王朝之一職;談其籍也,並皇家之一書。'斯論即以達名爲準。"此謂"儒"晐括九流,凡修身治國之術

皆爲“儒”之範圍。

【解説】

章太炎自“達、類、私”以原儒。所謂“達名”，即事物大類的名稱，如“畜”爲一切家畜之名。儒的達名爲“術士”，爲掌握各種道術技藝、可以教導百姓者，又引申爲方士之稱。在這一意義上，“儒”的涵蓋範圍極廣，道家、墨家、名家、法家、陰陽家、神仙家以及方術之士，皆可稱“儒”。爲了溝通“儒”與術士的關聯，章太炎用《周易》需卦解釋“儒”的右文“需”，無論是“雲上于天”的《象傳》，還是儒者佩戴圜冠，都似乎能與術士掛鉤。“曾晳之狂而志舞雩，原憲之狷而服華冠”，孔門弟子也有了“巫”的氣質。事實上，這一解釋是有些牽强的。將曾晳、原憲解釋爲“忿世爲巫”，不免於牽强附會，比較《原儒》手稿與刊印之本，章太炎於此多有改易，猶可見其立説之際的前後依違。此外，理解右文所攜帶的詞源意義不宜牽合卦義，《原儒》的解釋開啓了後人的各種“腦洞”。在《文始》中，章太炎將“儒”“需”的詞源意義解釋爲“軟弱、縮辱”，“耎又孳乳爲偄，弱也。爲媆，好貌。而孳乳爲需，頾也。遇雨不進止頾也。此爲縮辱之意，故孳乳爲儒，柔也。爲嬬，弱也。爲懦，駑弱者也”，這一考證是更爲可信的。

類名爲儒。儒者，知禮、樂、射、御、書、數【1】。《天官》曰：“儒以道得民。”説曰：“儒，諸侯保氏有六藝以教民者。”【2】《地官》曰：“聯師儒。”説曰：“師儒，鄉里教以道藝者。”此則躬備德行爲師，效其材藝爲儒【3】。養由基射白蝯應矢而下，尹需學御三年受秋駕，吕氏曰：“皆六藝之人也。”《吕氏春秋·博志篇》【4】。明二子皆儒者。儒者則足以爲楨榦矣【5】。

【1】禮、樂、射、御、書、數，即“六藝”，與漢人以六經爲六藝者不同。儒之類名即掌握六藝以教民者。章太炎《小學略説》：“漢人所謂六藝，與《周

禮·保氏》不同。漢儒以六經爲六藝,《保氏》以禮、樂、射、御、書、數爲六藝。六經者,大藝也。禮、樂、射、御、書、數者,小藝也。語似分岐,實無二致。”《諸子略説》:“六藝者,禮、樂、射、御、書、數。禮、樂不可斯須去身,射、御爲體育之事,書、數則尋常日用之要,於是智育、德育、體育俱備。”

【2】《周禮·大宰》:“以九兩繫邦國之民:……三曰師,以賢得民;四曰儒,以道得民。”鄭注:“師,諸侯師氏,有德行以教民者。儒,諸侯保氏,有六藝以教民者。”

【3】師儒,負責鄉里教學者。太炎本於鄭注,尤重二者之差異,謂“師”以道德爲旨歸,“儒”以六藝爲主業。《諸子略説》:“師之與儒,殆如後世所稱經師、人師。師以賢得民者,鄭注謂以道行教民。儒以道得民者,鄭注謂以六藝教民。”

【4】尹需,古御者名,《吕氏春秋》作尹儒。秋駕,駕馬騰驤如飛龍貌(參章太炎《膏蘭室札記·秋駕》)。六藝之人,李瀚、畢沅本作“文藝之人”,俞樾《諸子平議·吕氏春秋三》:“射與御皆六藝之事,則作六藝爲是。”太炎蓋從師説。

【5】楨榦,築墻時豎在兩端的木柱,比喻重要人才。此謂儒者嫻於六藝,堪爲國家棟梁。

【解説】

與“達名”相比,“類名”的範圍要小一些,如“畜”爲達名,“馬”則爲類名。儒的類名是通曉禮、樂、射、御、書、數六藝之士,源自《周禮·地官·司徒》中的“師儒”。在周代政教傳統中,“師儒”的教育工作是一個整體,在經典傳習中藴含着德行教化。鄭玄以“德行”“六藝”區别二者,不過是“對文則異,散文則通”,章太炎則進一步强化這一辨析,主張“躬備德行爲師,效其材藝爲儒”。“師”以道德爲宗,“儒”以六藝爲本,這是他判分戰國時期的“儒家”與“經師”的起點,也是辨析經今古文學的起點。只不過“師”是“儒家”的前身,“儒”是“經師”的前身,二者的名稱在歷史發展中顛倒過來了。

私名爲儒。《七略》曰："儒家者流，蓋出於司徒之官，助人君順陰陽明教化者也。游文于六經之中，留意於仁義之際，祖述堯、舜，憲章文、武，宗師仲尼，以重其言，于道爲最高。"【1】周之衰，保氏失其守【2】。史籀之書【3】，商高之算【4】，蠭門之射【5】，范氏之御【6】，皆不自儒者傳。故孔子曰："吾猶及史之闕文也；有馬者借人乘之，今亡矣夫！"【7】蓋名契亂，執轡調御之術亦浸不正【8】，自詭鄙事，言君子不多能，爲當世名士顯人隱諱【9】。及《儒行》稱十五儒【10】，《七略》疏《晏子》以下五十二家，皆粗明德行政教之趣而已，未及六藝也【11】。其科于《周官》爲師，儒絶而師假攝其名【12】。然自孟子、孫卿，多自擬以天子三公，智效一官、德徵一國，則劣矣【13】。而末流亦彌以譁世取寵。及酈生、陸賈、平原君之徒，餔歠不廉，德行亦敗，乃不如刀筆吏【14】。

【1】《七略》，西漢劉向、劉歆撰，中國歷史上首部圖書目録著作，久已亡佚，其主要内容見於《漢書·藝文志》。《諸子略説》："《藝文志》云：'儒家出於司徒之官。'此特以《周官》司徒掌邦教，而儒者主於明教化，故知其源流如此。"

【2】保氏失其守，指下文所言六藝之道廢闕，儒者不明禮、樂、射、御、書、數，遂由類名以至於私名。

【3】史籀，周宣王史官，曾創製大篆，《漢書·藝文志》有《史籀篇》，爲周至秦漢史官教學童書，此於六藝爲"書"。

【4】商高，西周人，曾與周公旦討論勾股、方圓等數學問題（見《周髀算經》卷上），此於六藝爲"數"。

【5】蠭門，又作逢蒙，傳説中的神射手，曾學射於后羿，此於六藝爲"射"。

【6】范氏之御，本《左傳·襄公二十四年》范宣子語："昔匄之祖，自虞以上爲陶唐氏，在夏爲御龍氏。"此御龍氏即《左傳·昭公二十九年》之劉累。《膏蘭室札記·秋駕》："秋駕者，即《東都賦》所謂范氏施御，乃劉纍御龍之

法,施之于御馬也。"此於六藝爲"御"。

【7】"闕文"謂六藝之"書","有馬"謂六藝之"御"。孔子語見《論語·衛靈公》,謂古之良史遇疑難文字,則闕疑以待達者;自己有馬不能調良,則借與善調馬者馴乘,以批評時俗中以不知爲知者。太炎引用此句,意在説明孔子之時"書""御"之法衰敗,多有附會不實者。《小學略説》:"蓋當時列國赴告,均用己國通用之字,彼此未能全喻,史官或有不識之字,則闕以存疑。周全盛時,雖諸侯分立,中央政府猶有史官可以通喻;及衰,列國依然自造文字,而史官或不能喻。其初不喻者闕之,其後則指不識以爲識。'今亡矣夫'者,傷之也。"

【8】名契,指文字,於六藝爲"書"。調御,指馴馬,於六藝爲"御"。浸,漸。

【9】自詭,自己詭稱。鄙事、不多能,皆爲孔子之語。《論語·子罕》:"吾少也賤,故多能鄙事。君子多乎哉?不多也。"此謂六藝失傳已久,孔子遂詭稱此爲"鄙事",以爲當世顯達不通六藝者隱諱。

【10】《儒行》,《禮記》篇名之一。十五儒,指孔子對魯哀公所言剛毅、自立、憂思、任舉等十五種儒行。

【11】《晏子》,又稱《晏子春秋》,戰國儒生撰集,記録春秋時期齊國大夫晏嬰的言行。章太炎以晏子爲戰國儒家之先聲,《諸子略説》:"周公、孔子之間,有儒家乎?曰:有。晏子是也。……儒家慎獨之言,晏子先發之,所謂'獨立不慙於影,獨寢不慙於魂'是也。當時晏子與管子並稱,晏之功不如管,而人顧並稱之,非以其重儒學而何?故孔子以前,周公之後,惟晏子爲儒家。"《漢書·藝文志》自《晏子》以下共五十二家,皆爲儒家。

【12】師,見上"師儒"注。《周禮》"師"以道德爲宗,"儒"以六藝爲本。戰國以後,六藝之學衰敗,儒者多言"德行政教之趣",遂以《周禮》之"師"而蒙"儒"名,由"類名"之儒轉爲"私名"之儒。

【13】智效一官、德徵一國,語出《莊子·逍遥遊》,謂戰國儒家自比於王佐卿相、干謁君主。章太炎以逐求利禄爲儒家之病,《論諸子學》:"儒家之病,在以富貴利禄爲心。""孟子、荀卿皆譏陳仲,一則以爲無親戚、君臣、上

下,一則以爲‘盜名不如盜貨’……是儒家之湛心榮利,較然可知。”蘇州博物館藏《原儒》手稿“德徵一國”下又有“奔奏禦侮”句。

【14】酈生,即酈食其,漢初儒生,多次爲漢高祖獻計。陸賈,西漢政治家,著有《新語》十二篇,曾勸漢高祖以仁義治國。平原君,即朱建,非戰國四公子之平原君,《漢書·藝文志》儒家類著録有《平原君》七篇。餔歠,指飲食。刀筆吏,職掌法律文案的官吏,謂酈食其等儒者德行不檢,尚不如文法之吏。章太炎以酈食其、陸賈等人爲借儒術用世者,近於縱横家,即所謂“譁世取寵”者。《論經史儒之分合》:“漢初所謂儒者,若叔孫通、婁敬、酈食其、陸賈四人,無不長於應用。……酈生雖似迂闊,然能以口舌下齊七十餘城,設不爲韓信所賣,當亦不至就烹;陸賈説趙佗去黄屋稱制,才調與縱横家相近。名之曰儒者,以其本業爲儒耳。”

【解説】

與類名相比,儒的私名更爲狹窄。春秋戰國以來,六藝之學廢弛,戰國儒家主要關注德行政教,未及於六藝之學。在章太炎看來,這種“儒家”實際上是“師儒”中的“師”,因六藝之“儒”(類名)斷絶而蒙“儒”(私名)之名。根據這一理解,“儒家”與“經師”之間被劃上了清晰的界限,這是章太炎學術思想中的重要觀點。《論諸子學》:“有商訂歷史之孔子,則删定《六經》是也;有從事教育之孔子,則《論語》《孝經》是也。由前之道,其流爲經師;由後之道,其流爲儒家。《漢書》以周、秦、漢初諸經學家録入《儒林傳》中,以《論語》《孝經》諸書録入《六藝略》中,此由漢世專重經術,而儒家之荀卿,又爲《左氏》《穀梁》《毛詩》之祖,此所以不别經、儒也。若在周、秦,則固有别。且如儒家鉅子,李克、甯越、孟子、荀卿、魯仲連輩,皆爲當世顯人。而《儒林傳》所述傳經之士,大都載籍無聞,莫詳行事。蓋儒生以致用爲功,經師以求是爲職。”

是三科者,皆不見五經家【1】。往者商瞿、伏勝、穀梁赤、公羊高、浮丘伯、高堂生諸老,《七略》格之,名不登於儒籍【2】。若《孫卿書敘録》云:“韓非號韓子,又浮丘伯皆受業爲名儒。”此則韓非、浮丘並得名儒之號,乃達名矣。《鹽鐵論·毀學篇》云:"包丘子修道白屋之下,樂其志。"或亦非專治經者。儒者游文,而五經家專致【3】。五經家骨骾守節過儒者,其辯智弗如。傳經之士,古文家吴起、李克、虞卿、孫卿而外,知名于七國者寡【4】。儒家則孟子、孫卿、魯連、甯越皆有顯聞【5】。蓋五經家不務遊説,其才亦未逮也。至漢則五經家復以其術取寵,本末兼陨【6】。然古文家獨異是。古文家務求是,儒家務致用,亦各有適。兼之者李克、孫卿數子而已。五經家兩無所當,顧欲兩據其長,《春秋》斷獄之言,遂爲厲于天下【7】。此其所以爲異。自太史公始以"儒林"題齊魯諸生,徒以潤色孔氏遺業,又尚習禮樂弦歌之音,鄉飲大射,事不違藝,故比而次之。及漢有董仲舒、夏侯始昌、京房、翼奉之流【8】,多推五勝,又占天官風角,與鷸冠同流【9】,草竊三科之間,往往相亂【10】。晚有古文家出,實事求是,徵于文不徵于獻,諸在口説,雖游、夏猶黜之【11】。斯蓋史官支流,與儒家益絶矣。冒之達名,道、墨、名、法、陰陽、小説、詩賦、經方、本艸、蓍龜、形法,此皆術士,何遽不言儒?局之類名,蹴鞠、弋道近射,歷譔近數,調律近樂,猶虎門之儒所事也【12】。若以類名之儒言,趙爽、劉徽、祖暅之明算,杜夔、阮咸、萬寶常之知樂,悉古之真儒矣【13】。今獨以傳經爲儒,以私名則異,以達名、類名則偏。要之題號由古今異。儒猶道矣。儒之名于古通爲術士,于今專爲師氏之守。道之名于古通爲德行道藝,于今專爲老聃之徒。道家之名不以題諸方技者,嫌與老氏掍也【14】。傳經者復稱儒,即與私名之儒殽亂。《論衡·書解篇》曰:"箸作者爲文儒,説經者爲世儒,世儒易爲,文儒之業,卓絶不循,彼虚説,此實篇。"案所謂文儒者,九流、六藝、太史之屬。所謂世儒者,即今文家。以此爲别,似可就部。然世儒之稱,又非可加諸劉歆、許慎也。孔子曰:"今世命儒亡常,以儒相詬病。"謂自師氏之守以外,皆宜去儒名便,非獨經師也【15】。

【1】五經家,指戰國以來傳經之經師,尤以今文經學家爲著。蘇州博物館藏《原儒》手稿句末有小注:"漢世稱今文家爲五經家,其古文家則不用是稱,見《後漢書·賈逵傳》。"

【2】商瞿,字子木,魯國人,孔子弟子,從孔子受《易》,为《易》學先師。伏勝,即伏生,西漢經學家,曾爲秦博士,傳《今文尚書》二十九篇,爲《書》學先師。穀梁赤、公羊高,戰國儒者,相傳皆爲子夏弟子,作《春秋穀梁傳》《春秋公羊傳》,爲《春秋》學先師。浮丘伯,西漢經學家,傳《魯詩》於申公,爲《詩》學先師,蘇州博物館藏《原儒》手稿"浮丘伯"被墨筆劃去。高堂生,西漢經學家,傳《士禮》十七篇,爲《禮》學先師。名不登於儒籍,指以上經學家的著作在《漢書·藝文志》中列入《六藝略》,不在《諸子略》儒家類。

【3】游文,指儒生巧於文辭,精於談辯。專致,指經師專守五經。章太炎對儒生、經師二者有明確區分,指出二者有"致用"與"求是"之別。

【4】吴起,衛人,戰國軍事家、政治家,曾受學於子夏。李克,又名李悝,魏人,戰國政治家,曾受學於子夏弟子曾申,《漢書·藝文志》儒家類著録有《李克》七篇。虞卿,趙國人,爲荀子師。上述諸家中,吴起、虞卿、荀子爲傳《春秋左氏傳》者,李克爲傳《詩》者,故謂之"傳經之士"。

【5】魯連,即魯仲連,齊人,長於謀略,以游説弭兵知名戰國,《漢書·藝文志》儒家類著録有《魯仲連子》十四篇。甯越,中牟人,戰國儒生,《漢書·藝文志》儒家類著録有《甯越》一篇。

【6】至漢云云,謂漢代今文經學家熱衷功名進取,以説媚上,與戰國經師專守五經者大異。《論諸子學》:"雖今文古文,所持有異,而在周、秦之際,通經致用之説未興,惟欲保殘守缺,以貽子孫,顧于世事無與。……由今論之,則猶愈于漢世經師言'取青紫如拾芥'。"

【7】古文家務求是,謂古文經學家實事求是,考求經義、制度之實,與今文經學家之經世致用不同。《檢論·清儒》:"博其别記,稽其法度,覈其名實,論其羣衆以觀世,而六藝復返于史,秘祝之病不漬于今。"章太炎對兩漢經今古文學的區分,參見《國故論衡·原經》《國學十講·國學的派别》《經學略説》諸篇。五經家意欲兼采求是、致用,遂啓附會《春秋》以斷獄諸事。

【8】董仲舒、夏侯始昌、京房、翼奉,皆西漢今文經學家。夏侯始昌傳《齊詩》,作《洪範五行傳》;京房,字君明,作《京氏易傳》;翼奉,字少君,傳《齊詩》。

【9】五勝,指鄒衍五行相勝之説,章太炎謂之"怪迂"(《國故論衡·原學》)。天官,指天文星占。風角,指觀察四方四隅之風以占吉凶的方法。與鷸冠同流,指西漢今文經學家善言陰陽災異,其學承自戰國方士,與達名之儒相同。

【10】草竊,雜亂。謂西漢今文家既援引方術,同於達名之儒;又汲汲用世,同於私名之儒,是爲變亂"儒"之名義。

【11】文,經典文本。獻,賢者,此謂口傳師説。游、夏,指子游、子夏,孔子弟子。古文經學重文籍而輕口傳,《國故論衡疏證》:"古文家依準明文,不依準家法,此猶佛家依法不依人也。"

【12】弋道,弋射之道。歷譔,即曆譜,曆法、譜牒之學。虎門之儒,指師氏,《周禮·地官·師氏》:"居虎門之左,司王朝。"

【13】趙爽,字君卿,漢末三國數學家,著《周髀算經注》,證明勾股定理。劉徽,魏晉數學家,著《九章算術注》《海島算經》,發明"割圓術"以求圓周率。祖暅,字景爍,祖沖之子,提出計算球體體積的"祖暅定理"。杜夔,字公良,魏文帝時任太樂令。阮咸,字仲容,"竹林七賢"之一,史稱其"妙解音律,善彈琵琶"(《晉書·阮咸傳》)。萬寶常,南北朝至隋樂官,著《樂譜》六十四卷。

【14】掍,混同。《説文·手部》:"掍,同也。"章太炎對道家名義的辨析,詳參《國故論衡·原道》。

【15】孔子語出《禮記·儒行》。此謂"儒"的名義用法淆亂無定,經師及百家"術士"皆不得稱"儒"。

以三科悉稱儒,名實不足以相檢,則儒常相伐【1】。故有理情性、陳王道,而不麗保氏,身不跨馬,射不穿札,即與駁者,則以呰窳訢之,以多藝匡之;是以類名宰私名也【2】。有審方圓、正書名,而不經品庶,不念烝民疾疢,即與駁者,則以他技訢之,以致遠匡之;是以私名宰類名也【3】。有綜九流、齏萬物，而不一孔父，不蹩躠爲仁義，即與駁者，則以左道詬之，以尊師匡之；是以私名宰達名也【4】。今令術士藝人閎眇之學，皆棄捐儒名，避師氏賢者路，名喻則爭自息【5】。不然，儒家稱“師”，藝人稱“儒”，其餘各名其家，汎言曰“學者”。旁及詩賦，而汎言曰“文學”，文學名見《韓子》，蓋亦七國時泛稱也。亦可以無相鏖矣【6】。禮樂世變易，射御于今麤粗，無參連、白矢、交衢、和鸞之技，獨書、數仍世益精博【7】。凡爲學者，未有能捨是者也。三科雖殊，要之以書、數爲本。

【1】檢，合驗；伐，抨擊。不足以相檢，指“儒”的達、類、私三種名義互不相合，以致學者各執一端，互相爭訟。

【2】呰窳，體弱不能任事，謂儒者不曉射御，身體孱弱。多藝，精通六藝。《國故論衡疏證》：“理情性，陳王道，若朱、陸是已。與之駁者，若顏、李是已。”宋明儒者多自德行政教立説，不通六藝，故顏元、李塨譏諷其無用世之能，認爲儒家當以六藝爲本，這是根據儒的“類名”來宰制其“私名”。

【3】方圓，謂六藝之數；書名，謂文字音韻。經品庶，謂治理百姓；念烝民疾疢，謂念百姓疾苦，即偏重德行政教的“私名”。他技，出《尚書·秦誓》，指異端小技。致遠，出《論語·子張》：“子夏曰：‘雖小道，必有可觀者焉。致遠恐泥，是以君子不爲也。’”《國故論衡疏證》：“審方圓，正書名，若清世漢學諸人是已。與之駁者，若姚鼐、章學誠、魏源、方東樹及諸言通經致用，詆考證殘碎者皆是已。”清代樸學考證文字音韻、精通疇人之學，此皆源自六藝書、數之學，學者或以不明德行政教駁之，認爲儒家當以通經致用爲本，這是根據儒的“私名”來宰制其“類名”。

【4】綜九流，謂以大道統領九流；齏萬物，謂以大道貫通萬物。語出《莊子·大宗師》“齏萬物而不爲義”，粉碎萬物，即不限於萬物畛域，貫通爲一。不蹩躠爲仁義，語出《莊子·馬蹄》“及至聖人，蹩躠爲仁，踶跂爲義”，謂不用心行仁義。左道，邪門旁道。儒之達名爲術士，術者，道也，故與道家同出於

"道"。道家統領九流,綜貫萬物,不限於孔子仁義之説,後世儒者譏諷其爲旁門左道,以尊師之義强調學派門户(如孟子譏諷陳相"師死而後倍之"),這是根據儒的"私名"來宰制其"達名"。

【5】閎眇,宏遠,此指九流無所不包的達名之"儒"。此謂達名之"術士"不宜稱"儒",以免名實混淆。

【6】鏖,喧囂、矛盾。此謂論道德政教者稱"師",傳六藝之學者稱"儒",百家有道術之士皆稱"學者",創作詩賦者稱"文學",可以名實相符,避免爭議。

【7】參連云云,見《周禮・地官・保氏》鄭玄注引鄭司農説。參連、白矢爲射箭技術,參連,指先射一箭、後射三箭且與第一箭軌跡相聯而成一條直線;白矢,指射出的箭穿過箭靶而露出箭頭。交衢、和鸞爲駕車技術,交衢,即舞交衢,指駕馭車馬在道路交叉處迴旋而合乎節奏;和鸞,即鳴和鸞,和是車軾上的車鈴,鸞是車衡上的車鈴,鳴和鸞指駕車時和鸞相應而鳴、聲音相和。章太炎謂六藝之學,禮、樂、射、御多已粗疏,乃至失傳,唯有書、數之學由清儒發揚光大。"儒"重六藝,當以書、數爲本,遂將清代樸學立爲"儒"之正宗。

【解説】

明確了"儒"之三名,便爲理解歷史上"儒"的爭論提供了新的坐標。顔李學派譏諷宋明儒者不善用世,這是根據"類名"來批評"私名";桐城學者批評乾嘉樸學考據殘碎、不明大義,這是根據"私名"來抨擊"類名";儒家與道家之間的學派對立,也是根據"私名"來限制"達名"。在辨析名實的同時,更要對"儒"進行正名。在章太炎看來,謂論道德政教者稱"師",傳六藝之學者稱"儒",百家有道術之士皆稱"學者",創作詩賦者稱"文學",庶幾可以名實不亂。

值得注意的是,無論儒的"達名""類名""私名",都與兩漢的"五經家"不同,《原儒》的去經學化立場,可謂昭然若揭。但正是在去經學化的態度中,蘊含着極爲强烈的經學動機——在蘇州博物館藏《原儒》手稿中,有一句未曾刊行的小字:"漢世稱今文家爲五經家,其古文家則不用是稱。"真可謂圖窮匕見,就差直接説"今文經學非儒家"了。"五經家兩無所當,顧欲兩據其長,《春秋》斷獄之言,遂爲厲于天下。"也是對今文經學的嚴厲批評。在《原儒》篇末,章太炎認爲儒的"類名"最爲適宜,但禮、樂、射、御多已失傳,唯有書、數之學由清儒發揚光大。"儒"重六藝,以書、數爲本,這便將"審方圓、正書名"的清儒立爲了"儒"之正宗,其潛臺詞更是"唯古文經學爲儒家"。一是一否,界劃分明,在小學、史學的考證中潛藏着森嚴的經學立场,這是《原儒》的"意在沛公"之處,也是章太炎在中國學術古今之變中的複雜之處。

《菿漢微言》之佛學文獻疏證(上)*

李智福

(西北政法大學哲學與社會發展學院)

【導讀】

據《太炎先生自定年譜》,1914 年初到 1916 年仲春,章太炎因討袁被袁世凱軟禁於北京錢糧胡同(先在龍泉寺,後移至錢糧胡同)近兩年之久。此期間,章太炎總結前半生之學術心路歷程,反思古今中西思想,由自己口述、弟子吴承仕筆録(吴承仕以司法部僉事之名自由出入章太炎寓所)而成《菿漢微言》(凡一六七首)一書,時年太炎 47 歲。《菿漢微言》是章太炎"回真向俗"時期之一部重要哲學著作,時人評價此書爲"凡諸眇義,古近稀有"(吴承仕《菿漢微言扉頁題記》)、"其所自述,殆非溢美""深造語極多"(梁啓超《清代學術概論》)、"以唯識學論《易》《論語》《孟》《莊》,亦多深思"(錢穆《國學概論》),當時學界亦有與之學術商榷者(歐陽竟無《難〈菿漢微言〉成内色義》,《中大季刊》1926 年第 2 期)。與太炎之其他著作一樣,《菿漢微言》具有文筆古奥、典故繁多、義理玄深等特點,而學界未有對此書之哲學思想作專題研究,亦未見有對其之義疏。其中,《菿漢微言》專論佛學文獻爲第一首至第三十五首,筆者擬對《菿漢微言》論佛學内容作出專門疏證。

---

* 本文爲國家社會科學基金項目"章太炎《菿漢微言》哲學思想研究"(23BZX036),西北政法大學本科教育教學改革研究項目"《中國古代哲學經典與詮釋》之訓詁、精讀、辨義三位一體教學改革研究"之階段成果。

本文《菿漢微言》文本徑用虞雲國先生校點本。詳虞雲國校點《菿漢三言》,上海:上海書店出版社,2011 年;又見上海人民出版社編《章太炎全集》(第十二册),上海:上海人民出版社,2018 年。

一

昔居東時,有人問言:"心本真如性何緣突起無明?"桂伯華桂伯華(1869—1916),名念祖,又名赤,伯華其字,以字行。江西德化人,近代著名佛學居士,早年師事於皮錫瑞,後來學佛於楊文會,曾與康、梁一道鼓吹變法。1904年東渡日本,從而與太炎交游。**舉《起信論》風水之喻荅之。然水因風而有波,水是真如性,波是生滅心,風乃外來,本非水有,而無明、真如是一心法則。**《大乘起信論》:"智淨相者,謂依法力熏習,如實修行,滿足方便故。破和合識相,滅相續心相,顯現法身,智淳淨故。此義云何?以一切心識之相,皆是無明。無明之相,不離覺性,非可壞,非不可壞;如大海水,因風波動,水相風相,不相舍離,而水非動性;若風止滅,動相則滅,濕性不壞故。如是衆生自性清淨心,因無明風動,心與無明,俱無形相,不相舍離,而心非動性;若無明滅,相續則滅,智性不壞故。"**斯喻原非極成,**極成即究竟,本指因明論式中破立雙方共許之究竟真理。《因明大疏一》:"至極成就,故名極成。"**有執是難,桂無以解。余謂馬鳴之言容亦有漏。解斯難者,應舉例云:如小兒蒙昧,不解文義,漸次修習,一旦解寤。當其既通與昔未通之心,非是二物。然未**[①]**通之時,通性自在,喻如真如;當其未通,喻如無明;由塞而通,喻如始覺。**《大乘起信論》:"所言覺義者,謂心體離念。離念相者,等虚空界,無所不遍,法界一相;即是如來平等法身。依此法身,説名本覺。何以故?本覺義者,對始覺義説。以始覺者,即同本覺。始覺義者,依本覺故,而有不覺,依不覺故,説有始覺。又以覺心源故,名究竟覺;不覺心源故,非究竟覺。"**同本苟無通性,**

① 虞雲國先生點校本作"未",浙江圖書館《章氏叢書》本、吴承仕親受保藏、黄侃題簽《菿漢微言稿》稿本亦作"未"。按,太炎此處以小兒讀書之"未通"與"已通"比擬佛法之"不覺"與"始覺",原文"未通之時,通性自在,喻如真如;當其未通,喻如無明"似於理不通。若"未通之時"不能"通性自在","通性自在"當在"已通之時",故據文意理校,此處之"未"疑作"已"。原文當爲:"已通之時,通性自在,喻如真如;當其未通,喻如無明。"此處或爲吴承仕筆録時之筆誤。

则終不可通;若無不通之性,何必待學習方知文義邪?雖然,斯例則通達矣,而終不解無明突起之由。余以所謂"常樂我淨"者,常樂我淨爲佛教涅槃四德,常爲真常之性,樂爲涅槃之德,我爲真如之性,淨爲轉染成淨。**"我"即指真如心。而此真如心,本唯絶對;既無對待,故不覺有我;即此不覺,謂之無明。證覺以後,亦歸絶對,而不至再迷者,以曾經始覺故。復有問言:"何時而有無明?"此難較不易釋,佛書多言無明無本際,蓋爲此也。然深思之,故亦有説。時分之成,起於心之生滅,生滅心未起,則時分之相無自建立。**《齊物論釋定本》:"自位心望前位心,覺有過去;以自位心望後位心,比知未來,是故心起即有時分,心寂即無時分,若睡眠無夢位,雖更五夜,不異剎那。近人多謂因觀物化,故生時分之想,此非極成義也。然則時非實有,宛爾可知。"又云:"時由心造,其舒促亦由心變也。心不起滅,意識不續,中間恒審思量,亦悉伏斷,則時分銷亡,而流注相續之我自喪矣。"**因無明而心生滅,因生滅相續而有時分之相,故謂之無始無明。苟諦察之,斯難又無自發矣。蓋真如門"言語道斷,心行處滅",**語出《菩薩瓔珞本業經》。佛法到究竟之處,皆心不起意,亦無可言説。言語道斷爲離言自證,心行處滅爲離念自證,世尊於菩提樹下説法四十九年三百餘會,而終無一字可説。《大乘起信論》:"一切諸法,唯依妄念而有差别,若離心念,則無一切境界之相。是故一切法,從本已來,離言説相,離名字相,離心緣相,畢竟平等,無有變異,不可破壞。唯是一心,故名真如。以一切言説,假名無實,但隨妄念,不可得故;言真如者,亦無有相。謂言説之極,因言遣言,此真如體,無有可遣,以一切法悉皆真故。亦無可立,以一切法皆同如故。當知一切法不可説、不可念故,名爲真如。"《齊物論釋》引《大乘起信論》證莊子齊物義:"離言説相,離名字相,離心緣相,畢竟平等,乃合齊物之義。"**一落名言計度,即生滅門攝。故風水微塵瓦器金莊嚴具等以喻,**風水,即前文所指對法相與法性之隱喻。微塵爲最細色,法界之最微顆粒,萬法皆可分破爲微塵,以至於虛無。《金剛經》云"以三千大世界碎爲微塵",《楞嚴經》云"汝觀地性,粗爲大地,細爲微塵"。瓦器,隱喻小乘佛法之聲聞稱，非究竟果位；金器，隱喻大乘佛法之菩薩乘，佛乘以下之最高果位。《清淨毘尼方廣經》："一如破瓦器，不可修補，是聲聞毘尼；如金銀器破，還可修治，是菩薩毘尼。"金莊，當指法藏以金獅子相隱喻法界緣起、六相十玄、一多相即、法界無盡等佛法理論，詳《金獅子章》。嚴具，亦稱莊嚴具或妙莊嚴具，《瑜伽師地論》："何緣世尊宣説屍羅名莊嚴具？答：諸餘世間耳環指環腕釧臂釧，及以寶印金銀鬘等，妙莊嚴具，若有成就幼稚黑髮少年盛壯殊妙形色而服飾之。"莊嚴具爲諸佛菩薩寶相莊嚴，隱喻佛法之究竟圓滿。**合法皆不諦當者，以非一切世間有爲法所得比擬故也。**

【章旨】

此首文獻亦見於《在四川演説之四——説真如》。心本真如性，緣何無明突起，桂伯華以《大乘起信論》爲説，風行水上而生波，波即生滅心，水爲真如心，真如與無明皆具一心，一心開二門。太炎認爲馬鳴此解亦有其漏，非極成之解，蓋心既以真如爲性，即使無明風起，亦不能入生滅門，且無明之風自何而來，終究無解。太炎乃以小兒進學爲喻，小兒從蒙昧到解寤之過程，類似於修習佛法從無明到始覺之過程，蒙昧與解寤，其體不二；無明與始覺，終是一心。此説似通達，然亦終不解無明突起之根由。太炎復以常樂我淨之涅槃四德之我德而解釋無明，我爲真如心，其性絶對無待，故不覺有此真如我，是爲無明；證覺實則證此真如我，始覺以後，無明已盡。難者復問何時而有無明，太炎認爲此難較不易解，時分本爲心之生滅相，生滅心不起，時分相不生。無明原本無際，一切無明，從本以來，皆無究竟之根由，故曰無始無明。不過，太炎認爲即便如此之解，亦不能窮盡無明之從來。佛法於究竟處，言語道斷，心行處滅，一切名言皆攝於生滅門，一切世間有爲法皆不能比擬佛法也。《齊物論釋定本》引《大乘入楞伽經》云："我經中説，我與諸佛菩薩不説一字，不答一字。所以者何？一切諸法離文字故，非不隨義而分别説。"一切言語道斷皆爲方便法門，離言自證乃是究竟法門。《葑漢微言》第一六七首稱法相學"以分析名相始，以排遣名相終"，亦是此義。

二

第七識"恒審思量,唯是執我",第七識即末那識,唯識學八識中之第七識,爲污染識,爲第八識所依,以第八識之見分所緣而生之識也。末那識譯爲意,意有思量之義,此識常緣第八識之見分思量,執我爲實法,恒審思量,念念相續,故名末那。**此最易驗。然常人以爲"不遇我對,則我執不見"。不知念念不已,即似無念;念念執我,即似無我。必有非我之色,忽然見前,乃覺有我。實則念念相續,俱是我執,即如出話撰文,毋串成體,足以自達,亦由我執相續,乃至行住坐卧,未嘗起想念我,而終不疑是誰行誰住誰坐誰卧,此即末那之用也。**

【章旨】

第七識恒審思量,唯是我執,此識最易於俗界了别。常人以爲"不遇我對,則我執不見"或爲不諦之論。蓋衆生在凡俗世界生存,皆念念不已而不知念出於我,念念執我而不知念執於我,凡俗世界之衆生雖不知我對,但無人不執於我,但有非我之色見於目前時乃覺有我,可見有對與否不能成爲證入佛境之標誌。阿賴耶識恒轉如流瀑,末那識執之而爲實法,念念相續而皆不覺有我,實則皆爲有我之有爲法,如言説撰文者不覺有我而言語文章皆出於我也。又如行住坐卧,意念不起,而終究不疑誰行誰住誰坐誰卧。末那識即無意識之意識,相似無我,實則有我;相似無執,實則執深。

三

破我執易,破法執難。我執、法執爲佛法所破除之二執,我執爲執假我爲真我,法執爲執假法爲實法,亦稱人我執,法我執。《齊物論釋定本》以破二執解釋莊子之齊物義,云:"其文既破名家之執,而即泯絶人法,兼空見相,如是乃得蕩然無閡。若其情存彼此,智有是非,雖復汎愛兼利,人我畢足,封畛已分,乃奚齊之有哉。”又云:“廣論則天地本無體,萬物皆不生,由法執而計之,則乾坤不毀,由我執而計之,故品物流形,此皆意根遍計之妄也。”**如時間有無始終,空間有無方所,皆法執所見。**《成唯識論》卷二:“法執皆緣自心所現似法,執爲實有,然似法相從緣生故,是如幻有,所執實法妄計度故,決定非有。”**此土陸子靜輩思之,**陸九淵云:“宇宙内事是己分内事,己分内事是宇宙内事。”又云:“宇宙便是吾心,吾心即是宇宙。”**終不了然,實未達唯識之旨。時間者,起於心法,生滅相續無已。心不生滅,則時間無自建立矣。**唯識學認爲時空爲二十四種心不相應行法之二法,列爲第二十法與第二十一法。種現熏生而生刹那,刹那相續而成時間,時爲心不相應行法。**空間者,起於我慢,例如同時同地不能並容二物。何以不容?則因我慢而有界閡,因界閡而有方所。滌除我慢,則空間亦無自建立矣。**我癡、我見、我慢、我愛爲唯識學所言四大根本煩惱,皆因我執太深而生。由我執故,貢高我慢,妄自尊大,目中無人。《成唯識論》卷四:“我慢者,謂踞傲恃所執我,令心高舉,故名我慢。”以太炎之見,我慢者,唯知有己,不知有人,故云“同時同地,不能並容二物”,我慢既高,彼我之界閡而隔限爲方所,空間因此建立。

【章旨】

按照唯識學之時空觀,時空爲五位百法之二十四種心不相應行法之二法,於因果相續流轉而假立爲時,於東西南北因果差别而假立爲方,時空爲無色之法。《齊物論釋定本》釋“天下莫大於秋豪之末,而大山爲小;莫壽乎殤子,而彭祖爲夭”云:“夫如言而計,則大小壽夭之量,歷然有分;此但妄起分别,未悟處識、世識爲幻也。就在處識、世識之中,於此平議爲大小壽夭者,彼見或復相反。夫秋豪之體,排拒餘分;而大山之形,不辭土壤。惟自見爲大,故不待餘;惟自見爲小,故不辭餘也。殤子之念,任運相續;而彭祖之志,渴愛延年。任運自覺時長,渴愛乃覺時短矣。所以爾者,小不可令至無厚,大不可令至無外,一瞚不可令無生住,終古不可令有本剽,其猶一尺之捶,取半不竭,故雖等在處識、世識之中,而别相卷舒,非槼蒦壺箭所能定也。"空間爲處識,亦稱世識,我慢之人易生分别執,因分别執而見空間,彼我若有異,方所則有别,方所即爲空間之相。時空之見,皆爲法執。

四

昔人言性者,皆非探本之談。不知世所謂善惡,俱由於末那識之四種煩惱。末那識即我識,不知我亦爲第八識有漏種子所變現,故執假我爲實我。四種煩惱爲我癡、我見、我慢、我愛。《成唯識論》卷四:"謂從無始至未轉依,此意任運恒緣藏識,與四根本煩惱相應,其四者何,謂我癡我見,並我慢我愛,是名四種。我癡者,謂無明,愚我於相,迷無我理,故名我癡;我見者,謂我執,於我非法,妄計爲我,故名我見;我慢者,謂倨傲,恃所執我,令心高舉,故名我慢;我愛者,謂我貪,於所執我,深生耽著,故名我愛。此四常起,擾濁内心,令外轉識,恒成雜染。有情由此生死輪回,不能出離,故名煩惱。"**仁爲惻隱,我愛所推,**愛爲愛著,可推闡爲惻隱,即仁;**義爲羞惡,我慢所變,**慢爲倨傲,當仁不讓,可推闡爲深執善惡,分辨是非,知是知非,斯即爲義。**及夫我見我癡,則不可以善惡言矣。**我見爲虚妄不真,我癡爲無明癡愚,非善非惡,屬於無記法。《成唯識論》:"於善不善,益損義中,不可記别,故名無記。"**廣説亦得言有善惡相應,**我見我癡雖屬於無記法,然若廣義推闡亦與善惡相應。**然以仁義禮智四名並舉,即非。**《孟子・公孫丑上》:"惻隱之心,仁之端也;羞惡之心,義之端也;辭讓之心,禮之端也;是非之心,智之端也。人之有是四端也,猶其有四體也。"《孟子・告子上》亦有類似説法。以太炎之見,仁義禮智四端及其内涵攝不同法,肖無共相,故孟子四者並舉,誠不的當。**實説仁義,自是相稱。**仁義並舉,相當相稱。**智爲是非之心,即屬我見。**我見爲虚妄不真,亦可以勉强以之言説世法之是非。**禮者隨順世俗,加行有爲之事,其業用與法律同科,與**

三德不相類也。禮爲約定俗成之世法,與法律同科。德爲自律,禮爲他律,故禮不屬於仁、義、智等三德範疇。**若言辭讓之心,此即慢心負數,而亦攝在羞惡心中,不得並列爲四。**辭讓存心,我慢已盡,攝在羞惡,即屬義端,不當另立德目。**應言固必之心,**《論語·子罕》:"子絶四:毋意、毋必、毋固、毋我。"**誠之端也,屬我癡攝,與愛、慢、見列爲四相。**固必爲心,堅貞不渝,即爲誠之端也,攝於我癡之相。仁義智誠,爲太炎新造之四端,攝於佛法之愛慢見癡之四相。**而是四相,堪爲善業,亦非不可爲惡業,愛爲淫泆,慢爲悖悍,見爲邪慧,癡爲頑嚚。**唯識學煩惱四相,非善非惡,屬於無記法。《玉篇》:"嚚,愚也。"《書·堯典》:"父頑,母嚚。"**故應説言無記,説言無善無不善,説言決之東方則東流,決之西方則西流。**《孟子·告子上》:"性猶湍水也,決諸東方則東流,決諸西方則西流。人性之無分於善不善也,猶水之無分於東西也。"孟學四端畢竟屬於世間法,我執所在,無明所障,善無定體,決之東方則東流,決之西方則西流。

【章旨】

此首以唯識學四煩惱與孟學四端之内在聯繫展開評論,有會通,有駁斥,有新立者。其會通者,以我愛會通惻隱與仁,以我慢會通羞惡與義,以我見會通是非與智。其駁斥者,禮之内涵屬於他律,德之内涵屬於自律,故禮端不當與其他三端並立。辭讓之心已含於羞惡心中,包在義端之内,攝於我慢之中,故不應另立新目。其新立者,以"固必之心,誠之端也"替换孟子之"辭讓之心,禮之端也",並將誠端攝於我癡之法。總之,太炎改鑄孟學,新立德目四端,會通唯識四相。以四相推闡四端,以四端持攝四相。四端四相皆屬於世間法,屬於有覆無記性法,善惡雜染,可以爲善爲不善。若不悟真如無爲法,一切有爲法皆不究竟。唯識學言善、不善、無記皆就成就真諦而言,太炎此處乃就俗諦而言。

五

東土比北北同丘,北爲丘之異體字。**無有戒律,**日本明治五年(1872

年)頒佈《肉食妻帶解禁令》,禁蓄髮、禁娶妻、禁生子、禁食酒肉等佛教諸戒律自此皆破。**而解經過於中夏,然諸緇素博士不能真解無我。**《大智度論》:"佛法印有三種:一者,一切有爲法,念念生滅皆無常;二者,一切法無我;三者,寂滅涅槃。"**有一博士説言:"釋迦既言無我,懼人放棄責任,乃以輪回酬業之説自救。此二説者要爲矛盾,誠令無我,輪回者誰邪?"余聞之,笑曰:"正因無我,故得輪回,若常樂我淨者,**常爲真常不壞,樂爲涅槃寂靜,我爲真如法性,淨爲轉染成淨,佛教諸派皆稱之爲涅槃四德。《齊物論釋定本》:"若乃所以遍度群倫,偕詣極地者,《消搖遊》已陳其説,離於大年小年,無有大知小知,一切無待,體自消摇,斯即常樂我淨之謂。"**輪回何自起邪?"義本一貫,而彼以爲强施補苴,實不解無我義耳。佛説無我,本與數論、**音翻爲僧佉,古印度宗教流派,迦毗羅爲創教教主,持神我論、靈魂不死論,佛教貶斥爲迦毗外道。此派多於雨季集會,故又稱雨際外道或雨衆外道,一説僧衆多如雨也。窺基《成唯識論述記》:"梵云僧佉,此翻爲數,即智慧數。數度諸法,根本立名。從數起論,名爲數論。論能生數,亦曰數論。"吉藏《百論疏》:"僧佉,此云制數論,明一切法不出二十五諦,故一切法攝入二十五諦中,名爲制數論。"《説我》:"在印度地方,佛法未出以前,先有僧怯(此土譯作數論)一派,立論是以'神我'爲根本,一切地、水、火、風之類,項項都從神我流出。"**勝論**古印度宗教流派,印度人迦那陀所創立,婆羅門教正宗六論之一,以《勝論經》爲主要經典,持神我論、實我論、實法論等。《成唯識論》視之爲外道,有對其之批評。**對辯,**《成唯識論》卷一云:"外道所執云何非有? 且數論者,執我是思。"又云:"勝論者實等句義亦是隨情妄所施設。"又云:"然諸外道,品類雖多,所執有法不過四種:一執有法與有等性其體定一,如數論等。"**非與通俗對辯也。**佛與數論宗、勝論宗對辯,而非與通俗對辯。《菿漢微言》第六〇首:"印度數論'執我是思',勝論'執實德句義是實'。有性多墮常見,故佛唱言無我,雙破二執,以顯真常。"**彼所謂我,是實是徧是常;而阿賴邪識所變我相,五蘊**色蘊、受蘊、想蘊、行蘊、識蘊。**所集我相,非實非徧非常。故説無我,若如通俗**

所言,唯於是時是處見起主宰,《成唯識論》卷一:"我爲主宰,法爲軌持。"**而不定謂是實是徧是常。佛亦自稱曰:"我豈與通俗起爭耶?"**《雜阿含經》卷四《五陰誦第一》:"我不與世間諍,世間與我諍。所以者何?比丘!若如法語者,不與世間諍,世間智者言有,我亦言有。云何爲世間智者言有,我亦言有。比丘!色無常、苦、變易法,世間智者言有,我亦言有。如是受、想、行、識,無常、苦、變易法,世間智者言有,我亦言有。世間智者言無,我亦言無;謂色是常、恒、不變易、正住者,世間智者言無,我亦言無。受、想、行、識,常、恒、不變易、正住者,世間智者言無,我亦言無,是名世間智者言無,我亦言無。比丘!有世間世間法,我亦自知自覺,爲人分别演説顯示,世間盲無目者不知不見,非我咎也。諸比丘!云何爲世間世間法,我自知,我自覺,爲人演説,分别顯示,盲無目者不知不見?是比丘!色無常、苦、變易法,是名世間世間法;如是受、想、行、識,無常、苦,是世間世間法。比丘!此是世間世間法,我自知自覺,爲人分别演説顯示,盲無目者不知不見。我於彼盲無目不知不見者,其如之何!"

【章旨】

日本某佛學博士不解無我之義,其以爲,衆生無我即衆生皆無主體性,既無主體性,故容易流於虛無主義而放棄人倫責任,佛陀乃以善惡果報、輪回酬業力救此弊。然則既然衆生無我,無我則無輪回之主體,佛法似有此兩難。以太炎之見,佛法所言無我,乃無假我,無假我而有真我,假我爲阿賴耶識所變現之我,爲五藴所集合之我,爲法相之我,非實遍常之我;真我乃真如之我,法性之我,爲實遍常之我。假我爲輪回之主體,無明業力,種現熏行,不斷變現。假我者非真我,永在輪回之中;真我者非假我,已在輪回之外。四大皆空,誰在輪回?既然四大已空,故已不在輪回,既出輪回,乃得涅槃解脱。唯識學言無我,乃是無神我、無靈魂、無梵天,其立阿賴耶識以排遣數論、勝論等外道之神我論、大梵説也。另,太炎早年曾著《菌説》,力斥佛學靈魂學説,所謂輪回,不過是形體物質之變化;所謂六道,不過是子孫志念之進退。此又一見也。《菌説》:"輪回之説,非無至理,而由人身各質所化,非如佛家所謂靈魂所化也。六道升降,由於志念進退,其説亦近,而所化者乃其胤胄,非如佛家謂靈魂墮入諸趣也。"

六

勝論書有《十句義》,印度勝論經典,勝者慧月造,唐玄奘有譯本。十句義爲:"一者實,二者德,三者業,四者同,五者異,六者和合,七者能,八者無能,九者俱分,十者無説。"參見窺基《成唯識論述記》。**列在釋臧,近世鮮傳其學。數論則有《金七十論》,**又作《僧佉論》《迦毗羅論》,數論派經典,中印度婆羅門論師自在黑所造,係《數論頌》之早期釋論,陳真諦有漢譯本,收《大正藏》第五十四册。此書成書事詳窺基《成唯識論述記》卷一。**其説爲詳。**吾土所譯,獨僧佉有《金七十論》,鞞世師有《十句義》耳。前者諸師,有優波尼沙陀,後此商羯邏有吠檀多哲學,皆闕不傳。**余又從印度學者得彼偈頌,亦《金七十論》之流,因與對譯,其文如左:"我以何故生?我在何處生?命以何故住?命在何處寄?由何住樂境?我論何所依?時自性決定,乃儻來四轉。**人在時間中存在,時間具有自性。儻來,《莊子·繕性》:"軒冕在身,非性命也。物之儻來,寄者也。"成玄英疏:"儻者,意外忽來者耳。"四轉,當即四有輪轉,包括死有、中有、生有、本有,衆生因三世果報而有四有輪轉,詳《宗鏡録》。四有輪轉爲有情生生世世之循環往復過程,類似於成住壞空之四劫。佛學以四轉爲虚無,數論以四轉爲實有。**以此爲本因,思或是丈夫。**諸法皆有自性,物成不假外緣,萬法存在既是因又是果,因果同體,自因自果,識此實相者爲大丈夫。**聚合者非因,除人獨存在。**萬法並非因緣聚合而在,本身皆有實性。人之形體可壞,人之靈魂不亡。**有此阿德摩,苦樂之本根。**阿德摩即神我,神我悟則樂,得大自在;神我迷則苦,成煩惱障。章太炎《在檳城極樂寺演講佛法平等》(一九一六年十一月十一日):"印度數論,不立梵天而立阿德摩爲本。阿德摩者,譯言神我,而神我爲憂喜暗所迷,不能自見,而情器界以著,舍迷就悟,則神我自現,本無情界器界之紛紜也。”**彼隨順寂定,内視之所見。**寂定之時,神我乃現。**神我之功德,於内被包裹。**形體之内,包裹神我。**此則爲起因,宇宙一切時。**神我與宇宙同在,時空因神我而存。**阿德摩乘載,即此爲住處。”**神我乘載宇宙,宇宙爲神我之住處。**觀此所説,時自性決定,儻來四轉,皆非我因,而我自在。故我是實,宇宙爲我所乘載,時亦我所乘載,即爲住處,實無所住,故我是徧是常。通俗言我,寧有斯義?佛遮實常徧我,而不遮通俗所説之我,**《成唯識論述記》:“唯遮境有,執有者喪其真;識簡心空,滯空者乖其實。”遮,遮詮,此處引申爲否定。佛學否定世俗之我爲真常遍在之我,而不否定世俗之我作爲假我而存在。**寧有懼人放棄責任之事?梵語常言稱我者七格三數,凡二十一語,而阿德摩不在焉。其主格單數則爲阿鞫,業格單數則爲帆摩,具格單數則爲摩邪。佛所遮我、遮阿德摩,非遮阿鞫等也。**[①]**此土説我,我本俄字,義爲頃頓,展轉引申,乃爲施身。自謂以俄頃之義爲我,所謂刹那生滅,如燄如流,是亦不執我爲實徧常也。通俗之義,大率相類。唯言己者,古音義與久相近,容是常我耳。**

【章旨】

太炎與印度僧人交往時得以將一首數論偈語輾轉而譯成漢文。此偈語承認四大真實,宇宙不壞,我爲實法,神我永在。若神我爲憂喜所迷,則不自在,若神我舍迷就悟,則得解脱。宇宙時空即神我之住處,而神我火盡薪傳無所住止,神我永在,爲實我故。即通俗而言,將無常之我視爲真常之我,亦匪夷所思。佛學否認四大五蘊爲真我,而不否認俗世有假我存在,故無懼人放棄責任之憂慮,换言之,假我雖不真,但畢竟是存在,佛學在究竟處並不否認世俗倫理責任。漢語之我,聲轉於俄,俄爲頃頓之義,古人以爲人生本爲頃頓之流,刹那生滅,如焰如流,故以俄釋我,我即俄也。太炎以俄訓我,既

---

① 正文夾註粗體部分,爲章太炎先生自注,後文皆同此例,不一一注明。

有聲訓,亦有義訓,以聲見義,實則指出東土俗世亦了悟人爲假我,不爲真常,此見與佛諦同而與數論異也。己與久因音近而義近,或有真常之義,乃與數論類似。

七

佛法雖稱無我,祇就臧識生滅説耳。其如來臧自性不變即是佛性,《齊物論釋定本》:"蓋靈臺者,任持根覺,梵名阿陀那,亦以含藏識種子,名曰靈府,梵名阿羅邪。其體不生不滅而隨緣生滅者,佛典稱如來藏,正言不生滅體,亦云菴摩羅識。"《答夢庵》:"當其雜染,以阿賴耶識爲名;原其清淨,以菴摩羅識爲名,乃即馬鳴所謂如來藏矣。"**即是真我,是實是徧是常。**《人無我論》:"恒常之謂我;堅住之謂我;不可變壞之謂我。"**而衆人未能自證,徒以生滅者爲我,我豈可得邪?及得佛果,佛性顯見,即爲常樂我淨,此則《涅槃經》中所説第一義諦。**《涅槃經》云:"我者即是佛義,常者即是法身義,樂者即是涅槃義,淨者是法義。""大涅槃即常,常者即我,我者即淨,淨者即樂,常樂我淨即是如來。"**要知無我,真我乃見,然則是兩説者亦攖而後成者也。**《集韻》:"攖,娟營切,音縈。有所繫著也。《莊子·大宗師》:攖寧也者,攖而後成者也。《註》:物縈亦縈,而未嘗不寧也。通作嬰。"此處之攖爲交互繫著、相斥相生之義,無我真我,不離不即,不一不異。真我者非别立一我,無我即爲真我。**今應説言依真我,**如來臧是實徧常。**起幻我;**阿賴邪非實遍常。**依幻我説無我,依無我見真我。**

【章旨】

唯識學教理之中,阿賴耶與如來藏之同異離合爲古今學者所聚訟不決,其中之兩大派即唯識系(玄奘、窺基一系,即虚妄唯識系)與如來藏系(《大乘起信論》一系,即真常唯心系)之關係(印順)爲古今僧俗之激辨。或有學者指出,太炎佛學宗"真如緣起"(《大乘起信論》一系)而非"阿賴耶識緣起"

(《成唯識論》一系),或有學者指出他試圖調和二者而難免存在理論困境。事實上,章太炎是將真如緣起與阿賴耶識緣起進行創造性之融合,太炎《答夢庵》:"當其雜染,以阿賴耶識爲名;原其清淨,以菴摩羅識爲名,乃即馬鳴所謂如來藏矣。"《齊物論釋定本》亦多處推闡阿賴耶與如來藏之關係,真如緣起所依託之如來藏自性清淨心(真如)即是阿賴耶識(本覺),自無始以來,一切衆生因無明而在心生滅門中流轉,而心真如門被遮蔽,與之相關,當覺悟者始覺之時而開心真如門,此心真如門即如來藏自性清淨心,也即阿賴耶識,本始不二,真如與賴耶一如。對此,謝櫻寧先生評騭云:"這真如本識既是絶對的,'無有變異''無有緣起'的,宇宙萬象又如何能生起死滅呢?故章太炎又認爲有一種依緣於真如又與它完全貼切不可分割的'阿賴耶識'存在。……一如'真如'之與'阿賴耶',雖有静動之異,有'無垢'與'有垢'之别,卻非實有二物。"(謝櫻寧:《章太炎與王陽明:兼論章太炎思想的兩個世界》,《章太炎年譜摭遺》,北京:中國社會科學出版社,1987 年)太炎以幻我説無我,以無我闡真我,幻我爲耶識變現之我,本無自性,故幻我即無我,而證無我即得真我。真我非别有本體安立,無我之處即我爲真我,此即無我與真我攖而後成。故太炎云:"今應説言依真我起幻我;依幻我説無我,依無我見真我。"真我爲如來藏,性爲實遍常;幻我爲賴耶識,性爲淨染雜。太炎之學近於真諦系之唯識古學,而遠於玄奘系之唯識今學。

八

《涅槃》既説佛性爲真我,《大涅槃經》:"大自在故名爲我。常樂我淨乃得名大涅槃也。如秋滿月,處空顯露,清靜無翳,人皆睹見。如來之言亦復如是。我者即是如來藏義,一切衆生悉有佛性,即是我義。如來所説真我名曰佛性。"**而《大乘入楞伽經》又説如來臧無我,**無我如來藏思想爲《大乘入楞伽經》之核心。《大乘入楞伽經》卷二:"大慧,我説如來藏,不同外道所説之我。大慧,如來應正等覺,以性空、實際、涅槃、不生、無相、無願等諸句義,説如來藏;爲令愚夫離無我怖,説無分别、無影像處如來藏門。未來、現在諸菩薩摩訶薩,不應於此執著於我。""大慧,譬如陶師於泥聚中,以人功、水、杖、輪、繩方便作種種器;如來亦爾,於遠離一切分別相無我法中,以種種智慧方便善巧,或説如來藏,或説爲無我,種種名字各各差别。"**此之參商,若爲和會?案《楞伽》云:"大慧白佛言:'《修多羅》**丁福保《佛學大辭典》:"修多羅,又作修單羅、修妒路、修多闌、修單蘭多。以綖爲正翻,謂如以綖貫花,使之不散。言教能貫穿法義使不散失,故名之爲綖。其餘經文謂爲契經、經本等者,義譯也。新作素怛纜、素呾纜、蘇多羅、蘇呾羅。譯綖或契經。綖之義如前。契經者,契於理,合於機,故曰契。貫穿法相,攝持所化,如經之於緯。故曰經。"**中説如來臧本性清淨,常恒不斷,無有變易,在於一切衆生身中,爲蘊界**五蘊所集之欲界。**處垢衣所纏,貪恚癡等妄分别垢之所污染。外道説我是常作者,離於求那,**求那義爲萬法之屬性或德相。丁福保《佛學大辭典》:"求那,由原質之意言之,原質者,必有活動,爲作者之意,遂爲德之意。勝論師六句義中之第二,譯曰依,依止,地水火風等實體之色聲香味等之德也。"**自在無滅,世尊所説如來臧義,豈不同於外道我邪?'佛言:'我説如來臧不同外道所説之我,若欲離於外道見者,應知無我如來臧義。'爾時世尊即説頌言:'士夫相續蘊,衆緣及微塵,勝自在作者,此但心分别。'"詳此文義,外道所説我,體不離五蘊,五蘊是生滅法,不與如來臧相契。是故佛説如來藏,不同外道所説之我。無我如來臧者,即謂如來臧中無有如彼外道所執我相,斯乃正與《涅槃》相成,曷嘗自爲參商邪?又諸言我外道,通俗種種不同。通俗言我,對彼而説;而此如來臧者,法性一如無有,對待亦且不同。通俗所説之我,若諦言之,有我無我皆不可説。何以故?本有自體,故非無我;非生滅識,非蘊界處,無有對待,故非有我。亦如法身,非有形骸肌肉毛髮,豈得説之爲身邪?然則第一義諦,一切言説,皆不相應,**《齊物論釋定本》引《攝大乘論》世親釋曰:"若言要待能詮之名,於所詮義有覺知起,爲遮此故,復説是言,非詮不同,以能詮名與所詮義互不相稱,各異相故。"**惟是隨順假名,**《大乘入楞伽經》:"以種種智慧善巧方便,或説如來藏,或説無我。"**示以標的,以諸名字皆依世俗造作,非依真諦造作故。**

【章旨】

《涅槃經》云"我者即是如來藏義",故可稱有我如來藏;《楞伽經》云"或説如來藏,或説爲無我",故可稱無我如來藏。如來藏究竟是有我還是無我,有此兩難,隔若參商。形式上,《楞伽經》亦承認如來藏本性清淨,常恒不斷,無有變易,徧於一切衆生身中,此如來藏似爲實體,故大慧菩薩稱難以與"離於求那,自在無滅"之外道神我論、梵我論、靈魂説等區别開來。實則,外道所言"離於求那,自在無滅"之我是堅執之我,是實法之我,爲無相之相,尚不離五蘊,執相求我,以相求相,故與如來藏之我實有大異。如來藏之我無我相,雖真實不虚而不可堅執,離五蘊所集,不可執相而求,故此我爲無我,不僅無五蘊色身之我,亦無法身真實之我,唯其無我,故有真我,太炎稱之爲"如來藏者法性一如無有"。可見《楞伽》所言無我與《涅槃》所言有我不一不異,名相有别,旨歸無殊,參商之遠,無從談起。《楞伽》既言如來藏無我,如何又言"如來藏本性清淨,常恒不斷,無有變易,在於一切衆生身中",佛之所以造此有我之論,一懼衆生墮入惡取空或頑空,二懼衆生以無我而流於虚妄虚無,故以有如來藏作爲方便善巧之應機説法。太炎復指出,即使通俗所言之我,有我無我亦皆不可説。通俗之言我,因體相在,故非無我;我因對待而有,然我之生滅、我之藴集、我之對待,我皆不可識,故非有我,正如法身之身本不可稱之爲身。故無論質諸真界,抑或質諸俗界,名實皆不相副。一切言義,皆不相應;能詮所詮,大謬其真。《齊物論釋定本》指出一切名言皆"畫空作絲,織爲羅縠而已,此名與義果不相稱也"。佛法究竟,不落言筌,言語道斷,心行處滅。《齊物論釋定本》云:"可言説性不成實,故非有性;離言説性實成立,故非無性。"世俗言説,約定俗成,假立既久,示以標的,非爲不可。然則正如世俗不離言説,排遣言説之佛法亦依賴言説以明之,此乃善巧方便,不得不如此也。《大乘入楞伽經》云:"我經中説,我與諸佛菩薩不説一字,不答一字。所以者何?一切諸法離文字故,非不隨義而分别説。"

九

或疑果有輪轉,情命情命,有情之生命。**要當有數,今則孳乳緐衍,知不爾也。應荅彼言,佗**佗通它。**方來生,且不置論,局論此土。上古草昧,傍生**傍生,一作旁生,畜生也。《説無垢稱經·菩提分品》:“諸有傍生趣,殘害相食噉,皆現生於彼,利樂名本生。”**多則人少矣;今世開拓,人多則傍生少矣。互爲正負,亦豈見其逾溢也?但人趣孳衍,則生存競爭轉烈,此作《易》者所以憂患。**《菿漢微言》第三十六首:“五戒度人,但足以經國寧民而已,人人具足五戒,此爲至治之極,而生生不已,終於競爭。是以雖度而未得度也,此文王、孔子之所同憂,非大聖孰能於斯?”《菿漢微言》第一六七首:“明作《易》之憂患,在於生生,生道濟生,而生終不可濟,飲食興訟,旋復無窮。故唯文王爲知憂患,唯孔子爲知文王。”《齊物論釋序》:“作論者其有憂患乎!遠睹萬世之後,必有人與人相食者,而今適其會也。”《俱分進化論》“彼不悟進化之所以爲進化者,非由一方直進,而必由雙方並進,專舉一方,惟言智識進化可爾。若以道德言,則善亦進化,惡亦進化;若以生計言,則樂亦進化,苦亦進化。雙方並進,如影之隨形,如罔兩之逐影。非有他也,智識愈高,雖欲舉一廢一而不可得。曩時之善惡爲小,而今之善惡爲大;曩時之苦樂爲小,而今之苦樂爲大。然則以求善、求樂爲目的者,果以進化爲最幸耶?其抑以進化爲最不幸耶?進化之實不可非,而進化之用無所取。”《檢論·易論》:“《傳》曰:易興中古,作《易》者有憂患。又曰:《易》之興,當殷周之末世,周之盛德,文王與紂事也,是故其辭危。文王以仁義拘羑里,身爲累俘,將誅逆王,勝殷遏劉,所憂雖大,猶細也。聖人吉凶與民同患,《易》‘鼓萬物而不與聖人同憂’。生生者,未有訖盡,故大极爲旋機,群動之所宗主,萬物資以流形。乾元恒動曰‘龍’,坤元恒靜曰‘利永貞’,而‘天德’固‘不可爲首’,是則群動本無所宗,虽大极亦糞除之矣。群動而生,旁溢無節,萬物不足龔其宰割,壤地不足容其膚寸,雖成‘既濟’,其終猶弗濟也。以是思,憂疢如疾首,可知已。”又,《檢論・易論》:“夫成敗之數,奸暴干紀者常荼,而貞端扶義者常踧。作《易》者雖聰敏,欲爲貞端謀主,徒裀補其創痍耳。由是言之,‘既濟’則踅,‘未濟’其恒矣!是亦聖哲所以憂患。”

【章旨】

此首論輪回,由輪回而論及人道,由人道而論及競爭,由競爭而論及人道之患,並最終以佛釋易。自無量劫以來,一切有情衆生皆在輪回之中,輪回乃衆生體相之輪轉而非衆生數量之增減,易言之,有情之數當爲定數。或有難者以爲,有情世界孳乳繁衍,無始以來,迭代繁衍,由少變多,故輪回之説非極成之理。太炎以爲,上古草昧之世,畜生多而人類少;今日開拓之世,人類多而畜生少。人畜之量,互爲正負,此消彼長,數本不變。蓋自上古之前,無明深重,人多作惡,果報所在,人化爲獸,故上古之世,人少畜多;獸亦有明,輾轉修持,果報所在,獸化爲人,故今日人多而畜少。人獸輪轉,一念善惡;前因後果,報之不爽;輪轉衆生,數無增減。人類孳生,競爭日烈,競爭所在,善惡俱進,利害並生,而其害者,乃一部《周易》憂患所在。《葑漢微言》第三十六首云:“文王雖拘羑里,而逆王勢盡,不久當爲俘滅,未足措意,其所憂患,則群龍無首。生生不已,雖以五戒既濟,非入無餘涅槃而滅度之,亦終於未濟而已。”生生僅爲既濟之道,涅槃尚在未濟之中,故太炎將《繫辭》“乾坤毁則無以見易,易不可見,則乾坤或幾乎息矣”解釋爲:“易之盡見亦在乾坤將毁之世。”(《檢論・易論》)乾坤將毁即衆生盡度,皆入無餘涅槃。易佛不二,文王與世尊有共見,“未濟始見玄宗耳”(《葑漢微言》第四十八首)。

十

未證無我者,依比量可得證成無我,依見量不能證成無我。此所謂見量,據因明所説,見見别轉不帶名種者,非唯識性真見量也。然舊或説爲非量者,乃以意識分别妄見,歸咎意根耳。按,現量、比量、非量、聖教量皆因明學術語。延壽《宗鏡録》引古德釋云:“現量者,現謂顯現,即分明證境,不帶名言,無籌度心,親得法體,離妄分別,名之爲現。言量者,量度,是揩定之義,謂心於境上度量揩定法之自相,不錯謬故,名量。比量者,比謂比類,量即量度,以比類量度而知有故,名爲比量。非量者,謂心緣境時,於境錯亂,虚妄分別,不能正知,境不稱心,名爲非量。"現量爲直觀或親證,比量爲推知或理知;非量亦稱似現量或似比量,爲虚妄之知;聖教量爲以佛言而推知。太炎所言"未證無我者,依比量可得證成無我,依見量不能證成無我",意謂,未證無我者可以推知或理知無我存在,故云依比量可證成無我。現量爲親證,親證無我之時,已入無我之境,無我者,既無主體,亦無客體,故無我之境非爲現量,但爲比量。**康德言我之有無不可知,斯其慎也。**以康德之見,人類之知識是先天形式與經驗現象之結合,此即先天綜合判斷,故人只可認識表像而不可認識物自身,其提出三大不可知:自我不可知,世界不可知,上帝不可知。**若上帝者,惟是非量,亦言上帝有無不可知。**上帝者,非經驗世界之存在故非現量,亦非以推理所可知故非比量,既非比量,又非現量,故爲非量。玄奘《成唯識論》云:"或量非量,或現或比。"非量與量對立,上帝爲量外存在,故爲非量。作爲非量,上帝有無,不可遽知,但爲懸設,抑或信仰。**何哉?生長彼土,不得不維持彼土世法爾。**上帝既然不可知,然康德爲何懸設上帝存在,究其所由,乃與歐西文明之希伯來傳統有關。

【章旨】

無我之境,以比量而能推知其存在;證入無我之境者,能證之主體已入無我,所證之境界亦爲無我,故言無我之境不依現量,但依比量。太炎此論,契合佛法究竟,諸法無我,我皆妄執所現。種現熏生,第八識妄生我,第七識妄執我,無我者,第七識不妄執、第八識不妄生之我也,故無我者可以比度推知,然真證無我者,能證所證皆空,人我法我俱滅,故無我不在現量之中。康德所言我不可知者,與此迥異。康德以爲人關於真理之認識爲先天綜合判斷,真理認識爲先天形式(太炎稱之爲"原型觀念")與經驗現象之湊泊,故人只可認識表像(現象)而不可認識物自身(又譯爲自在之物,太炎稱之爲物如,詳《葑漢微言》第五十六首),故提出三大不可知論,我之有無不可知,世界之有無不可知,上帝之有無不可知。既然上帝存在與否不可知,爲何康德又申言上帝存在,以因明三量觀之,上帝非現量,亦非比量,故爲非量。非量者,既非理性認識亦非感性之認識。故只能懸設,以與西方傳統政教風俗相合也。故太炎云:"生長彼土,不得不維持彼土世法爾。"

十一

一切有情,悉有我愛,我癡、我見、我慢、我愛爲唯識學所稱四大根本煩惱。《成唯識論》卷四:"我愛者,謂我貪,於所執我,深生耽著,故名我愛。"**我不可見,惟依勞力以見諸愛。我所有法者,**我表現出之種種法相。**情之厚薄,不在彼境親疏、緩急、美惡、勝劣之差,而在勞力劇易之差。**我愛之厚薄,不因外境之親疏、緩急、美惡、勝劣以見,而以勞力付出劇易而見。换言之,親疏、緩急、美惡、勝劣等雖爲我執我愛,但並不易見其堅執之深度,而勞力付出多寡則能易見其堅執之深度。**文人之矜惜筆箸、**蓋指文人矜惜筆墨,執著聲譽,勉力爲文,如司馬遷將著書視爲名山事業即其例也。**大農**亦稱大司農、大農令等,秦漢時執掌農業之官。《史記·平準書》:"桑弘羊爲治粟都尉,領大農。"**之固護金錢,比於五欲,**《大智度論》以五欲爲色、香、聲、味、觸。《摩訶止觀》稱五欲爲財、色、食、名、睡。此處言五欲指前者。**增上數倍。而勤苦聚財者,愛及糞壤;世承家業者,塵土千金,**視千金如塵土。**即其驗也。以我爲勞力所依,故不捨勞力者,捨其所依亦難。**勞力以我而在,故貪執勞力者,我執亦深。**中土衣食之資,皆以營作得之;印度則以任運得之,勞力既殊,故惜生捨生之念亦異。**中土重勞作,故我執深而惜生;印度重任運,故我執淺而捨生。**佛法既入,知求解脱者衆矣,而專趣大乘,不趣小乘者,豈非不欲速證涅槃故邪?**佛法傳入中土後,解脱者皆趣大乘而不趣小乘者,並非不欲速證涅槃,乃因大乘佛學終不壞世法也。**佛初出世成就,印度無學、**丁福保《佛學大辭典》:"爲有學之對稱。雖已知佛教之真理,但未斷迷惑,尚有所學者,稱爲有學。相對於此,無學指已達佛教真理之極致,無迷惑可斷,亦無可學者。聲聞乘四果中之前三果爲有學,第四阿羅漢果爲無學。”按無學爲小乘果位,又稱無學位、無學果、無學道、無學地,斷盡一切煩惱,證阿羅漢果。《俱舍論》卷二十四:“如是盡智,至已生時,便成無學阿羅漢果。已得無學應果法故,爲得别果所應修學,此無有故,得無學名。”**聲聞**聲聞乘爲小乘果,證阿羅漢果。丁福保《佛學大辭典》:“聲聞乘,成就聲聞果之四諦法門。乘,爲運載之意,指能乘載衆生至彼岸者;即指佛陀之教法。聲聞之人由觀四諦之理而出離生死,以達涅槃,故稱四諦法門爲聲聞乘。”**甚衆,而聽信大乘者希。**印度風俗,營生任運,不執勞作,輕世間法而重出世間法,故多不信大乘。**比及象法,**象法即象法時代,佛法有正法、象法和末法之三時代,佛陀在世説法時代爲正法時代;佛滅以後,與正法相似之法流布,説教者修行者多,證果成佛者少,爲象法時代;衆生三毒心熾盛之時,佛法湮滅,爲末法時代。**菩薩轉多,信仰大乘之風亦盛,則以世務漸緐,治生稍劇故也。**太炎從文化人類學與文化心理學之角度判攝中印兩種文明關於出世間之態度,亦見於《齊物論釋定本》與《菿漢微言》第五十九首。**外及遠西,人貴自立,其承祖父遺産者,又視中土爲寡,而出世之念幾絶矣。**遠西世情,不繼産業,風尚自立,故少出世。**然人生苦痛甚多,勞力一端,亦不障道。**大乘佛教以拔衆生一切苦、讓衆生離苦得樂爲夙願,衆生勞作雖苦,但只是諸苦之一,勞力者雖我執深重,但並不障礙成道,一切障礙即究竟覺。

【章旨】

我癡、我見、我慢、我愛爲唯識佛法之四大根本煩惱。我愛者,因我執深而生耽著貪婪,所愛既生,勞作以之,以勞作而見我執,勞作之劇易可反映我執之深淺。文人勞作以作文章,大農勞作以聚錢糧,其勞作之執皆有勝五欲之執。因我愛而勞作,因勞作而生我執,故勞作爲我執之殊勝增上緣。以此觀之,中土重勞作故我執深,印度喜任運故我執淺,即此而言,中土政教重世間法,印度政教重出世法。當佛法東來,大乘佛法廣爲流布,非衆生不欲迅速涅槃,大乘教不壞世間法故。與之類似,就印度佛教初期流布而言,佛未入滅時,因印度先民我執不深,無學、聲聞等小乘佛法遍爲接受;及佛入滅之後,世務漸繁,治生稍劇,故不壞世間法之大乘佛法乃興。再視泰西,人貴自立,我執堅重,二乘佛法,其皆不興,有出世之念者絶少。按,太炎以文化人類學、文化心理學等分析中、西、印三種文化之出世入世觀念,其以對勞作之依賴程度而考察三種文明之出世主義態度,承認印度重出世間法、中國在世間法與出世間法之間、歐西爲純粹世間法,此見與後出之梁漱溟《中西文化及其哲學》對印度、中國、西洋三種文化類型之判攝如出一轍。

十二

《觀所緣緣論》云:印度唯識論師陳那造,唐玄奘譯。陳真諦譯爲《無相思塵論》。另有護法造、義淨譯《觀所緣論釋》。此論旨在破斥極微、和合等假法,宣説境無識有、緣無而所緣有之正法。心外之所緣緣非有,心内之所緣緣非無。**"外境雖無,而有内色,似外境見,許眼等識帶彼相起,及從彼生,具二義故。"**外境實爲内色,内色即種子,眼識等執取種子而成外境。**又説:"極微是緣,然非所緣;**極微,真諦譯爲鄰虚,極微是外境之極微色,爲形成外境之緣;然其無相無色,故非引根識而生之所緣。**和集相是所緣,然非是緣。**極微色和集而成粗色,故爲所緣。而極微色之合集實爲根識所現之妄相。《觀所緣緣論》:"諸有欲令眼等五識以外色作所緣緣者,或執極微許有實體,能生識故,或執和合,以識生時帶彼相故。"又云:"有執色等各有多相,於中一分是現量境故。諸極微相資各有一和集相,此相實有,各能發生似已相識,故與五識作所緣緣。"**互闕一支,皆不成立。"**極微爲緣,而非所緣;和集爲所緣,而非緣。然無極微則無和集,無和集亦無以見極微。極微與和集,緣與所緣,互缺一支,皆不成立。**其論至明了矣。設有難言:"既許内色,似外境見,内色惟是自心相分,何故同時同處不能普見内色,而以遠近去來成此隱顯差别?"**外境既是内色,内色則是相分,何故内色不能普見,而萬法恒轉如瀑流、遠近去來成隱顯相? **論者必言:"臧識雖具一切相分,而爲末那所執,局在形内,是故不能普見。"**藏識含一切相之種子,末那執我相爲實我,故相分亦被局在形内而不能普見。**應復難言:"若境界在外者,汝義可成。既説内色,内色則是臧識所具,臧識雖被末那束於形内,而此内色豈復在外? 唐申**《説文》:"唐,大言也。"唐申,以唐大之言申之。**此救,豈能解惑?"**如若承認内色爲外境,外境無定,末那有執,有定之末那不能普見無定之外境。上説猶可成立。然則藏識具足内色,末那堅執藏識,故末那不在形外,而藏識亦在形内。内色非爲外境故,上説不能成立。**論者必言:"眼識生時,藉空明緣,**空明緣,眼識所生,緣有九種,空爲距離,明爲光色。**以内色無空明緣,是故不能内見。"**眼識藉空明緣而生色識,内色無空明緣,故不能被眼識所見。内色實有而不能被見,所見者皆爲外境故。**應復難言:"空明緣者,亦是自心相分,無有外境,既具在心,何因闕緣而不能見? 又眼識生,非一切時藉空明緣,如睡夢位所見景像從眼識生,而彼豈有空明外緣? 是故此救亦不成就。"**空明緣亦是自心相分,故藏識具足,既然藏識有空明緣之種子,爲何言内色因缺緣而不能見? 又眼識所生,本不必全憑空明緣,如睡夢所見,本無空明,而萬象俱生。故以空明緣不具而釋内色不能普見,此論不成。**論者必言:"臧識普見,即同無見,是故自心不能了别。"**識有能變義,亦有了别義。藏識中種子若同時同處普現一切法,即同無現一切法。内色被普見,亦即不被見,萬法因異方能被了别故。普見者,遠近去來等相同時顯現,然則遠者非近,近者非遠,去者非來,來者非去,遠近去來必成隱顯故而非普見故。普見之時,即不能了别之時;不能了别之時,即不能見時。以能變而言,藏識只能以差異相變現,不能以普遍相變現;以了别而言,藏識只能在差異相中了别,而不能在普遍相中了别。《大乘起信論》云:"一切境界,唯依妄念而有差别,若離心念,則無一切境界之相。"普見者萬法現無差别相,無差别相者即無相也,藏識有了别義故。**應復難言:"普見則同無見,我亦許立,然彼觸受所得,既非外境,還即自心内色一分,同**

在普見之中,何因獨能偏見?”觸受所緣境,本非外境,但爲内色之一分。内色普含一切相,然則何故觸受相被偏見? **論者又言:“自心相分是種非果,果則能見,種子非見,是故無普見事。”**自心相分是種而非果,未變現者爲種,已變現者爲果,果則能見,種則未見,所見者皆爲果而非種,故種子含一切法而不能見,未變現故。**應復難言:“既無外境,有何所以而成?此果應一切時,惟是種子,終不見果,而今有果能見,此救不成。”**若終無外境故,則果應終不見,一切應是種子。種子不可見,然則今有外境可見,有此兩難何以救之。此詰反問,若我識未變現之時,客觀世界是否存在。**爲説至此,唯識諸師皆窮。**又见《与吴承仕(八)》。**是故,我今救言:“一切鑛物皆有臧識,隨其大小,以爲身體,識與識者,體相名數,等無差别。由彼臧識與己臧識對構,方能映發,識識相遇,如無線電對至即通,不煩傳送。如是己識,方起自心相分變見,似彼境界爲所緣緣。彼識不與己識對者,除睡夢位亂意識外,則自相分不能變起,由是遠近去來能成隱顯差别,無同時同處普見之過。”**不惟情界欲界有識,器界無情界亦皆有識,一切礦物等皆可以己識變現自我,能變之識與所變之境,體相名數,等無差别。彼藏識所變與己藏識所變交互映發故,方成萬法。我所變現之相分,爲彼境界之所緣緣,彼所變現之相分,爲我境界之所緣緣。彼識相分與我識相分若不相對,則我不能變現彼,彼亦不能變現我,無所緣緣故。遠近去來,轉如流瀑,萬法成隱顯差别諸相,同時同處不可普見故。《菌説》:“空氣金鐵雖頑,亦有極微之知。”**彼若詰言:“鑛物可許有識,而彼真空決定無識,不能對至,何因自心相分變見真空可觸可見。真空既非含識而可觸見,即知鑛物亦爾。汝義不成。”**真空者,純粹空無,極微色亦無。礦物或可有識,然則真空不應有識故。真空既無識,自心何以能變現真空,真空何以能被觸見而有相分。依此推知,前説以礦物有識、萬法因自我變現而互爲所緣緣之論,於義不成。**應荅彼言:“誰説真空是可觸相,直無觸耳。又此真空亦非可見,琉璃瓶中排氣令盡,自外望見,曾非真空,惟是空一顯色。而彼顯色是白日光,或爟火光,**

日火有識,與己識對,是故相分變見日火光象,非見真空。汝難不成。"真空無可觸相,亦無可見相,以真空故。玻璃瓶中之真空,所見者非真空色,而是見諸中外色,如百日色、爟火色等。日火有識,爲我見之所緣緣,故我之相分爲日火光象,而不見真空相。**彼復難言:"既執鑛物有識,所見則成外境,何得説言自心相分。"**礦物若有識,則其識變現爲外境。然則何以言外境爲我心之相分? **應荅彼言:"外境是無佗心,實有唯識云者,許各各物皆唯是識,非許唯有自心一識。**《論佛法與宗教、哲學及現實之關係》:"佛法只許動物爲有情,不許植物爲有情,至於礦物,更不消説了。兄弟平日好讀《瑜伽師地論》,卻也見他許多未滿。《瑜伽》六十五云:'離系外道,作如是説:一切樹等,皆悉有命,見彼與内有命數法,同增長故。應告彼言:樹等增長,爲命爲因? 爲更有餘增長因耶? 若彼唯用命爲因者,彼未捨命,而於一時無有增長,不應道理。若更有餘增長因者。彼雖無命,由自因緣,亦得增長,故不應理。又無命物無有增長,爲有説因? 爲無説因? 若有説因,此説因緣不可得故,不應道理。若無説因,無因而説而必爾者,不應道理。又諸樹等物與有命物,爲一向相似? 爲不一向相似? 若言一向相似者,諸樹等物根下入地,上分增長,不能自然動摇其身,雖與語言而不報答,曾不見有善惡業轉。斷枝條已,餘處更生,不應道理。若言一向不相似者,是則由相似故可有壽命,不相似故應無壽命,不應道理。'這許多話,不用多辯,只要説'壽、煖、識三,合爲命根'。植物也有呼吸,不能説無壽;也有温度,不能説無煖;也有牝牡交合的情欲,卷蟲食蠅的作用,不能説無識。依這三件,植物決定有命。至於根分入地下能動摇,這與蝸牛石蛙,有甚麽區别? 語言不報,也與種種下等動物相似。斷枝更生,也與蜥蜴續尾、青蛙續肢别無兩樣。惟有善恩業果一件,是人所不能證明,都無庸辯。種種不能成立。植物無命,費了許多辯論,到底無益。至於礦物,近人或有説他無知,或有説他有知,依唯心論,到底不能説礦物無知。"**説有佗心,豈成違礙? 又今所見,且非佗心,但由佗心對至自心,即有相分變見,無所難過。佗心亦能自見相分,而此所見,唯是自心相分,非是佗心相分。所以者**

何？無有少法，能取少法故。“無有少法，能取少法”意謂萬法生滅唯此一法，或云不二之法，必至之理，萬法如是。《攝大乘論》卷二：“由彼影像，唯是識故，我説識所緣唯識所現故。世尊，若三摩地所行影像即與此心無有異者，云何？此心還取此心。慈氏，無有少法，能取少法，然即此心如是生時即有如是影像顯現。”《解深密經》卷三：“我説識所緣，唯識所現故，……此中無有少法，能見少法，然即此心如是生時，即有如是影像顯現。”**如無線電甲乙兩端，雖相波動，乙端之動，非甲端動故。”**外境在成爲我之相分之前，乃爲外境之識變現而成，以有外境故。不惟情界諸法有識，無情界諸法亦有識，雖礦物亦有心。我心所見相分，先由他心所現，再由我心所現，故我所見者唯是自心相分而非他心相分。**上來且依衆生明了識，説爲唯識師解圍。若定果色，雖無佗心對至，亦見色相，此由專注一境所成。**雖無他心對至，或能見玄虛色相，以專注一境故。**其與夢境治亂雖殊，還成一類。**專注所見幻象，與夢境所見幻象，畢竟不異。**若諸大覺，己心佗心等無有異，所起海印三昧，**海印三昧又稱海印定，爲華嚴學所依之根本定，以海風不起、天光雲影之意象隱喻佛法究竟圓滿之境。丁福保《佛教大辭典》：“又作海印定、海印三摩地、大海印三昧。華嚴家以此三昧爲華嚴大經所依之總定。佛説法前，必先入定思惟法義，以及審查根機。如説法華時，入無量義處三昧；説般若時，入等持王三昧；説涅槃時，入不動三昧。華嚴經七處八會中，每一會均有别定，即第一會入如來藏三昧，乃至第八會入師子奮迅三昧。海印三昧即此七處八會所依之總定。海印者，約喻以立名，即以大海風止波静，水澄清時，天邊萬象巨細無不印現海面；譬喻佛陀之心中，識浪不生，湛然澄清，至明至静，森羅萬象一時印現，三世一切之法皆悉炳然無不現。華嚴大經即依此定中所印現之萬有而如實説，故稱此爲海印定中同時炳現之説。”法藏《妄盡還源觀》：“海印者，真如本覺也，妄盡心澄，萬象齊現，猶如大海因風起浪，若風止息，海水澄清，無象不現。《起信論》云：‘無量功德藏，法性真如海。’所以名爲海印三昧也。”**亦能普見，以無所見，故無不見。**心體澄明，萬法妙有普見；轉識成智，衆生當體即空。見即不見,真空假有,高履中道,究竟圓滿。**然非衆明了意識所證,故不具說。**我此言説,以衆生不明故。如若衆生明了識變根由,實則不必言説。**若就真諦,普見别見同是虚妄;**普見别見皆爲眼識所執,故皆爲虚妄。**以相分,即是心上障礙;**普見别見皆爲相分,心之礙相。**若離業識,**業識有二義,其一,緣生十二支之行緣識,亦稱業識;其二,指無明不覺之心識。《大乘起信論》:"一者名爲業識,謂無明力不覺心動故。"太炎此處或指第二義。**即無見相故。**相因識有,識因無明。若離無明,諸相不生。

【章旨】

此首文獻以自難自答、自立自破之論式解釋内色與外境、緣與所緣之關係。境無識有,一切外境實爲内色,一切外緣,實爲所緣。唯識之識既具能變義,又具了别義,能變則普現一切,了别則執取殊相。既然一切外境皆爲内色,而内色具足一切法,何故識不能普見一切色?太炎以種種理由回應,又一一破之。形式上,唯識諸理論似皆不能完滿解釋就中兩難,於義皆壞。爲唯識師解圍,太炎造無情有命、器界有識之論,萬法皆有阿賴耶識,故萬法首先是自己變現自己,器界無情界之萬法亦是如此。於我而言,彼爲外境;於彼而言,彼爲内色;彼首先識變爲彼自己,彼自己又因我之識變而變現爲我之外境。彼爲我之外境,故爲我識變現之緣,此外境由我之五識和集而成外境,故又爲所緣。太炎此種無情有命、器界有識之論,亦見於《齊物論釋定本》,以下具引以與此首文獻相互發明。《齊物論釋定本》釋莊子"天地與我並生,而萬物與我爲一"云:"言與心不相應者,明兼無情之物。依《勝鬘經》煩惱有二,謂住地煩惱及起煩惱。起煩惱者,刹那刹那,與心相應。無明住地,無始時來,心不相應。此與《起信論》足相證明。《天下》篇引關尹曰:'在己無居,形物自箸。'無居即業識,形物自箸即依轉識所起現識。金有重性能引,此即業識;能觸他物,此即轉識;或和或距,此即現識。是故金亦有識,諸無生者皆爾。但以智識分别不現,隨俗説爲無生。往昔唯識宗義,不許四大名爲生物,佛法諸宗皆爾。分析言之,四大可説無命根,不可説無生。佛典説壽、煖、識三合爲命根,壽即呼吸,四大無呼吸,是故無有命根。四大有業識,是故有生。然諸單細胞物,呼吸不行,而不可説無命根。則知以壽、煖、識和合稱命者,但據多數言耳;下劣微蟲,已不可概論矣。今應問彼,若但有識,何故觸有窒礙,身不能過?答言:身識不滅,不能證無窒礙,故不能過,非外有窒礙故。如是雖能成立唯識,離諸過咎。然復問彼,金石相遇,亦不能過,此金爲復有身識不?若言無者,何故金石不能相徹?金不過石,石不過金,而言金石本無身識;如是人觸窒礙不能徹過,亦可説言人無身識,唯識義壞。是故非説金石皆有身識,不能成唯識義。或復詰言此金爲復有意根不?應答言有。成此小體,即是我見,有力能距,依於我慢,若無意根,此云何成。若復難言,此金分子分析無盡,何者名爲自體?應答彼言,以此金塵攝金微塵,以金微塵攝金極微,假説有方分者。方其在大,大者爲體,小者爲屬;方其在小,小者爲體,遞小爲屬。如人身中有諸細胞,各有情命,人爲自體,細胞爲屬。如人死已,細胞或復化爲微蟲,此即細胞自爲其體。以要言之,一有情者,必攝無量小有情者。是故金分雖無窮盡,亦得隨其現有,説爲自體。問曰:若爾云何説地水火風唯心變現?以彼既由自心變現,即不得由他心變現故。答曰:此中正因由彼自心變現,色相亦由各各他心變現,爲其助緣,寧獨金石,乃至人畜根身亦爾。若他心無變現力,即不能互相見觸故,死後不得尚現屍骸故。是故地水火風,各由他心變現,而亦由彼自心變現,兩俱無礙。若爾,何故舊分情界、器界?應答彼言,但依智慧高下,假爲分別,如珊瑚明珠等物,是情是器,本難質定,而可隨世説爲器界。是故雖説金爲器界,不礙有生。此但依唯識俗諦爲言,若依真諦,即唯是識。"《齊物論釋定本》此段文字可與《葑漢微言》第十二首文字一一相發明:"外境是無他心,實有唯識云者,許各各物皆唯是識,非許唯有自心一識。説有他心,豈成違礙?又今所見,且非他心,但由佗心對至自心,即有相分變見,無所難過。佗心亦能自見相分,而此所見,唯是自心相分,非是佗心相分。所以者何?無有少法,能取少法故。"太炎所造之無情有命、器界有識之思想類似於歐西哲學之泛靈論或物活論,亦爲印度外道思想,其亦承認"往昔唯識宗義,不許四大名爲生物"(《齊物論釋定本》)。太炎造此新論,雖不合唯識古義,然統之有宗,會之有元,不與唯識學有大忤,亦可稱一家之言也。

太炎此説,時人釋太虛已不以爲然。太虛云:"予並世所知識者,最心折歐陽竟無居士與章太炎居士之學問。曩昔讀太炎居士《齊物論釋》,於所説

'上推緣生第一因不可得之自然'義,'器世間若土水等有末那識身識'義,與其他較小之二三義,《菿漢微言》等尚未及讀,意頗非之。第以章君乃旁及佛言耳,故置之未有論。"(太虛《歐陽竟無學術質疑》)

更有歐陽竟無撰《難〈菿漢微言〉成内色義》與太炎商榷,竟無以唯識宗義與太炎所論一一相構難,指出太炎"抄來云云有三番辨論,皆未得唯識本旨"。竟無對太炎之"一切礦物皆有藏識"學説進行辟駁。關於歐陽竟無與章太炎之成内色義學術離合,詳見姚彬彬博士《章太炎、歐陽竟無關於唯識學"内色"義之辯》一文。

附　歐陽竟無《難〈菿漢微言〉成内色義》①

先明唯識旨意,後辨解外難。先明唯識旨意者,若論"圓成",非色非心。世間"遍計",既執有色,又執在外,執到究竟,則與大覺全不相應,是故遍計爲無。今許"依他"有雜亂識,但去其執,則與大覺非全不應,是故依他是有而不真實。此唯識旨意也。論者方便善巧,就俗名言,詮不執法以破遍計,須得其旨方不墮負。若許其色則唯是内,世間無"外"之一字。蓋内則"色""識"渾融,雖言是色與識無異,是爲不執之色,故曰内色非無。若許其外則唯是識,世間無"色"之一字。蓋識則内外渾融,雖言是外與内無異,是爲不執之外,故曰他心是有。故唯識家,但涉外境,明言必加"似"字,曰似外境。因明定例,置"汝執"意,若不置"似"言,必墮"自教相違""相符極成"諸過。後辨解外難者,抄來云云有三番辨論,皆未得唯識本旨。今復論之,第一段難言:内色似外境現,自心相分。同時同處何不普現,而以遠近去來成此隱顯?應答彼言:遠近去來是内色差別,"末那"分別執所成故,執此差別亦普現故(内色之中,分别著者爲似外境爲遠爲來,似而執之,此是遍計分別。緣此分別而不執爲真則爲依他。依他乃是"能緣"非所執故)。第二段難夢中無"空""明"緣。應答彼言:夢中有夢中之識與覺異,即夢中有夢中之"空"

① 此文原載於《中大季刊》。歐陽竟無門弟子虞愚校注整理後發表於《法音》1984年第3期。

“明”缘亦與覺異。設如彼作夢者,夢爲人遮閉其眼,則夢中忽不見物。此兩段若許其色則唯是内,唯是無外之内,不許此内爲對外之内,故不墮負。第三段難言:既無外境,有何所以求此果者。此因犯“隨一不成”過。我宗識果,不以汝外境成故。《成唯識論》雖無外緣,由本識中一切轉變差别、及以現行八種識等展轉力,彼二分别而得生。轉變云者,由“因缘”“所缘”“增上”三缘助種,從生位轉至熟時而生分别,然此三缘皆識所變並非外境。展轉力云者,謂現行“心王”“心所”及所變“二分”“不相應”“無爲”諸法爲缘,相助以力而成分别,然此現法缘並不離識,亦非外境。此段但許其識,不許其境,故不墮負。至抄中所救云一切礦物皆有藏識,此語有過。一、外道執無情有命根諸論已破故;二、“情”“器”世間無差别故;三、教中明明説無情故;四、論説外穀麥等是識所變非實種子,無熏習故;五、若許物各一識,一身之中,含礦非一則有多識,應成多人,云何一身故。然唯識家許物唯是識者,許物是有情所變,唯是有情之識故,非許物各一識故。又許有多識者,許多有情之多,非無情之多故。親光菩薩:《佛地經論》“外物豈是極微合成,實有體性,多因共感?但是有情,異識各變,同處相似,不相障礙。如衆燈明;如多所夢。因類是同,果相相似,説名爲共。”據此所説,淨土是諸佛識變。土屬於人,故唯有各變各識爲各土。同處相似,姑假名共。另立一土爲物共有(《中大季刊》排印“爲共物有”,愚按:恐有誤),然且不許,況説礦物另含有識耶?(《楞嚴》十二類生,所詮各别,非此所難。)

歐陽竟無　遺稿

吾師歐陽竟無先生《難〈蓟漢微言〉成内色義》一文,解放前,曾在中大季刊露布,惟標點錯誤頗多,且無注釋。吾友黄之六教授整理其先師吴承仕先生遺稿,發現所留前賢論文中有此篇,慮其以訛傳訛,囑愚重新標點並加簡明注釋,因思太炎先生原文載入《蓟漢微言》,雖未拜讀,但歐陽先生文中所難三段,均極精審,真所謂勝義葳蕤者也。特轉附《法音》刊登,儻亦有志於唯識學之讀者所歡喜踴躍也歟?

弟子虞愚謹跋　時甲子春二月

十三

康德以來治玄學玄學即今所謂哲學。章太炎《中國哲學之派别》:“哲學一名詞,已爲一般人所通用,其實不甚精當。哲訓作知,哲學是求知的學問,未免太淺狹了。不過習慣相承,也難一時改换,並且也很難得一比此更精當的。南北朝號哲學爲玄學,但當時玄儒史文四者並稱,玄學别儒而獨立,也未可用以代哲學。”**者,以忍識論爲最要;非此所得,率爾立一世界緣起,是爲獨斷。**追問世界緣起即本體論,然所有本體都是主體對本體之認識,如果不對認識論進行考察,則所有本體論難免陷入獨斷論。西方哲學自康德開始由以本體論爲重轉向爲以認識論爲重,以避免本體論限於獨斷論。康德《純粹理性批判》:“純粹理性本身所提出的不可避免的問題就是神、自由與靈魂不死。以解決這些問題爲其最後目的的學問就是形而上學;在其初期,它所進行的方法是獨斷的,就是説,它並没有預先考查過理性是否能勝任這麽巨大的工作,就貿然從事於這種事業。”(鄧曉芒譯《純粹理性批判》)**而此忍識根本所在,即非康德所能分辨。由彼知有相見二分,不曉自證分、證自證分。**相分即所緣或所見相,爲外境相;見分即能緣或能見相,具了别義;自證分乃是對能所相依、見相緣生之自體確證,乃對見分之再次了别,太炎後文稱之爲“信解此認識者,乃自證分”;證自證分者,對自證分之再次了别,否則前者之了别不能成爲了别。相分爲耶識所變現,見分了别相分,自證分了别見分,證自證分了别自證分。太炎後文云:“所稱對境,即是相分;所稱觀念,即是見分;所稱别一觀念伴侣而起爲直接之證明者,即自證分;即此直接證明之果,即是證自證分。”《成唯識論》卷二:“執有離識所緣境者,彼説外境是所緣,相分名行相,見分名事,是心、心所自體相故。心與心所同所依緣,行相相似,事雖數等,而相各異,識受想等相各别故。達無離識所緣境者,則説相分是所緣,見分名行相。相、見所依自體名事,即自證分。此若無者,應不自憶心心所法,如不曾更境,必不能憶故。心與心所同所依根，所緣相似，行相各別，了別、領納等作用各異故。事雖數等，而相各異，識受等體有差別故。然心、心所一一生時，以理推徵各有三分，所量、能量、量果別故，相、見必有所依體故。如集量論伽他中説：‘似境相所量，能取相自證，即能量及果，此三體無別。’又心、心所若細分別，應有四分。三分如前，復有第四證自證分。此若無者，誰證第三？心分既同，應皆證故。”**故次有洛耆圍**今譯爲尼采。**氏駁之曰：“欲忍識此忍識者，還不得不用忍識，是則陷於循環論證。”**以康德之見，認識奠基於先天形式或先驗範疇；然則洛耆圍（尼采）追問，先天形式、先驗範疇等知如何被認識，即康德如何知道存在先天形式或知性範疇，必回答以先天形式、先驗範疇等知之。如此追問，陷入惡性循環，故康德以批判獨斷論始，以陷入獨斷論終。**余以洛耆圍氏但曉前二，不曉後二，亦與康德同過。**洛耆圍與康德皆知相分、見分，而不知有自證分、證自證分。**大抵此曹所謂忍識，即是見分，而信解此忍識者，乃自證分。不曉此異，遂謂“忍識此忍識者，還待忍識”。且自證分之與見分，其爲忍識雖同，分位即異。**分位爲作用之不同地位，即在了别過程中之不同功能。自證分與見分皆有了别作用，了别同起，分位有異。**今有嬰兒墮地，未能自言，而質定此爲人類者，誰邪？則其母與乳醫也。母與乳醫非非人類，以人類質定人類，何故不曰陷於循環論證？由此三者人類則同，分位有異，是故不陷循環論證。彼見分者，喻如嬰兒；自證分者，如母、乳醫。若知此義，異論可了。**嬰兒是人這一判斷中，嬰兒爲相分；嬰兒被母與乳醫所見之而成嬰兒觀念，是爲見分；嬰兒觀念被母與乳醫質定爲人爲自證分。**洛耆圍氏坐不知此，欲於忍識界外，不由階緣建立一世界觀，**指尼采哲學之權力意志。**斯乃獨斷之甚。前世希臘史多迦派**又譯爲斯多葛學派或斯多阿學派，意譯爲畫廊學派。**玄學有知此者，其説曰：“觀念真妄，以何質定？荅曰：合於對境事物，是則爲真。然其合於對境事物與否，以何方便而能自知？觀念真者，當其起時，必有别一觀念伴侶而起，爲直接之證明，是故觀念真妄不待外物證明。”**觀念伴侶即自證分，觀念伴侶確證觀念之真,不待外物證明,正如自證分確證見分爲真。**詳此所稱對境,即是相分;所稱觀念,即是見分;所稱别一觀念伴侣而起爲直接之證明者,即自證分;即此直接證明之果,即是證自證分。**對境爲相分,對境被了别而成爲觀念爲見分,此觀念爲真而非妄之確證者爲自證分,此自證分再次被確證者爲證自證分。念則一念,四分同起;唯是一識,分位不同。**其説優於康德、洛耆圍等遠矣。然此所論猶未窮了,以成就俗諦者,依分别智忍識;成就真諦者,依無分别智忍識故。**分别認識與無分别認識,皆有此四分位,前者成就俗諦,後者成就真諦。

【章旨】

此首以唯識學識變四分位批判康德與尼采認識論之不足。康德以批判西方傳統哲學之本體論爲獨斷論而推重認識論,康德哲學之先天直觀形式(先驗範疇)類似於佛學之見分,感性直觀材料(經驗現象)相當於相分,然僅憑此並不能確證理性判斷。尼采詰問康德,如何知道先天直觀形式(先驗範疇)存在,必回答以因果律等先天直觀範疇所推知,先天直觀範疇爲待判斷項,以待判斷項推知待判斷項,此即陷入循環論證。太炎引入唯識學識變四分位解釋之,即相分、見分、自證分、證自證分。所緣境爲相分,能緣相爲見分,能確證能緣與所緣相副者爲自證分,對此確證之再次確證者爲證自證分。見分爲相分之觀念伴侣,自證分爲見分之觀念伴侣,證自證分爲自證分之觀念伴侣。相分、見分、自證分、證自證分等四分位,同爲一識,功能不同;刹那同生;分位有異。

章学新论

颠倒文野

——章太炎《齐物论释》的政治与哲学①

周展安

（复旦大学马克思主义研究院）

摘要：本文尝试在中国近代思想史的脉动中，结合相关的佛学知识，较为系统地阐释章太炎所著《齐物论释》的内在构造与旨趣。首先以“反文明论”为中心，结合具体的历史语境分析《齐物论释》的写作动因，以引出其主旨；其次分析《齐物论释》如何主要从对唯识宗和华严宗的综合运用及改造出发，用“丧我”来解释“齐物”的究竟义；进而横向考察章太炎依据“丧我”之义对同时代思想潮流如进化论、今文经学、文明论、无政府主义等等的批评，并回应从“多元主义”“差异平等”等角度对《齐物论释》的既有研究；接着从“立”的层面来论述《齐物论释》对于“中道”“俗情”“俗诠”“人心”“人情”等概念的接纳与肯定，以及章太炎对庄子作为不入涅槃的“菩萨一阐提”形象的确立，分析“齐物哲学”从“丧我”而来的转进；进而，以章太炎对“阿赖耶识”中“种子”义的论述为核心，分析其用“以百姓心为心”对以上两个方面所存在张力关系的纾解与融合。最后，在近代以来的思想脉络中，把握《齐物论释》的历史位置。通过以上分析，本文认为《齐物论释》一方面具有对同时代中国所处境遇的高度敏感，从而凸显其现实感与政治性，一方面又将其对同时代的认识建立在深刻的哲学分析之上。这两个方面，交汇于其对文野问题的抵抗性思考，这种思考可以概括为“颠倒文野”。

关键词：章太炎　《齐物论释》　文野　阿赖耶识　佛学

---

① 本文第五、第六两节曾以《“以百姓心为心”——章太炎〈齐物论释〉阐微》为题发表于《中国哲学史》2021年第2期，此次重新作了修改。

一、引　　言

在被袁世凯囚禁期间完成的《菿汉微言》中，章太炎曾这样勾勒自己思想的变迁轨迹：“少时治经，谨守朴学，所疏通证明者，在文字器数之间。虽尝博观诸子，略识微言，亦随顺旧义耳。遭世衰微，不忘经国，寻求政术，历览前史，独于荀卿、韩非所说，谓不可易。自余闳眇之旨，未暇深察。继阅佛藏，涉猎《华严》《法华》《涅槃》诸经，义解渐深，卒未窥其究竟。及囚系上海，三岁不觌，专修慈氏世亲之书。此一术也，以分析名相始，以排遣名相终，从入之涂，与平生朴学相似，易于契机，解此以还，乃达大乘深趣。私谓释迦玄言，出过晚周诸子不可计数；程朱以下，尤不足论。”①在1928年的《自定年谱》中，记录光绪三十年即1904年入狱后之行迹，其中说：“始余尝观《因明入正理论》，在日本购得《瑜伽师地论》，烦扰未卒读，羁时友人来致，及是，并致金陵所刻《成唯识论》。役毕，晨夜研诵，乃悟大乘法义。”②

这两处自述提醒我们，虽然章太炎约在1893年就写出四卷本的《膏兰室札记》，1896年写成《春秋左传读》及《驳箴膏肓评》，约在1899年结集了《訄书》，1900年断发明志与清廷决裂并于同年发表了《客帝匡谬》《分镇匡谬》等反思性文章，1903年发表更激烈的《〈革命军〉序》和《驳康有为论革命书》并直接引发“苏报案”，但要探知章太炎思想的究竟，不能仅停留在这些论著上，而应更重视此后由“大乘深趣”所浸染的系列论述。狱中学佛才是“思想家章太炎”诞生的最重要契机。

1906年出狱之后章太炎赴日本东京主持《民报》之余，继续研习佛学。“人事繁多，而暇辄读《藏经》。又取魏译《楞伽》及《密严》诵之，参以近代康德、萧宾诃尔之书，益信玄理无过《楞伽》《瑜伽》者。”③这期间所发表的《人

---

① 章太炎《菿汉三言》，虞云国标点整理，沈阳：辽宁教育出版社，2000年，第60页。

② 章太炎《自定年谱》，马勇整理，《章太炎全集·太炎文录补编》(下)，上海：上海人民出版社，2017年，第759页。

③ 章太炎《自述学术次第》，《菿汉三言》，第165页。

无我论》《五无论》《四惑论》《国家论》等文章初步展示了佛学对章太炎思想的影响。1908 年《民报》被封禁之后，章太炎将更多精力投入佛学研究当中，陆续发表了《大乘佛教缘起说》《辨大乘起信论之真伪》《答梦庵》《告四众佛子书》等文，对佛学的内部源流及社会意义等进行正面辨析，1909 年还准备学习梵文。1910 年刊行的《国故论衡》的《原名》《明见》《辨性上》《辨性下》诸篇显示了章太炎以佛学来诠释中国传统的"名""道""性"等哲学概念的努力。而佛学影响章太炎思想最具集成性质的作品则是《齐物论释》。

《齐物论释》有原本和修订本两种版本。原本最早于 1912 年 3 月由上海的频伽精舍出版发行，修订本最早于 1919 年作为浙江图书馆校刊的"章氏丛书"之一种出版，名字改为《齐物论释定本》。学界关于这两种版本的区别已经积累不少研究，①其间论述各异，但大致的倾向是更加肯定《齐物论释定本》在内容上的完备和思想上的深入。对勘原本和修订本，修订本补充字数超过四千字，且"定本"二字也直观地显示修订本更加成熟、接近定论。不过，笔者也认为，不能由此就忽略原本，相反，应该提高原本的地位，以与修订本取得平衡，甚至可以将原本和修订本读作具有内在连续性的一本大书。

提高原本的地位以采取更平衡的视角，大致出于以下四个理由。其一，从原本到修订本的正式刊出，其间有八年的时间。对于一本书来说，这也是一个不短的行世跨度，足够独立考察其影响力。而且，这当中，原本至少在三个地方出版发行。首先是 1912 年的频伽精舍本。②该书版权页有"分售处：上海各大书坊"一条，由此可推测该版本当有较为可观的发行数量。其次是 1915 年的钱玄同题署本。③查阅钱玄同与章太炎在 1915 年前后的通

---

① 苏美文的研究在这方面具有基础性的地位。参苏美文《章太炎〈齐物论释〉之研究》，台北县：花木兰文化出版社，2007 年。

② 频伽精舍是设于上海的一个佛学机构，黄宗仰曾在此刊行《大藏经》。详情可参释宗仰《频伽精舍校刊大藏经缘起》，《神州日报》1909 年 12 月 12 日。

③ 钱玄同题署本和频伽精舍本两种版本多年前都承孟琢教授见示并以电子版相赠，谨此深致谢意。其中钱玄同题署本在封面上有"章君枚叔见贻石屋"的手写字样。石屋应为马叙伦的号，章太炎持书相赠，说明他对此版本是看重的。

信,可知章太炎对钱玄同抄录、题署其所著各书颇为倚重,[①]或可推想此版本应是章太炎托付钱玄同题署及付印的。而在初版的三年之后重印,也可推知《齐物论释》颇为广泛的接受度。最后是1915年7月的上海右文社本,作为该社出版的"章氏丛书"之一种而行世。这一版本的校雠由章门弟子潘大道、康宝忠等任其劳,虽颇多误字,但销量甚好,"甚风行",当年即"甲种一千部(即连史印者)已销尽,则知乙种二千,其销亦速",且"又拟再版"。[②]其二,章太炎着手修订,应该是在这一跨度中较后期的时候,具体说,大概是1916年前后。学界有1912、1914、1915年修订等不同的说法。的确,章太炎曾于1914年7月致书龚宝铨,令其从上海的哈同花园取《齐物论释》带至当时他被拘禁的北京钱粮胡同住处。[③]同年10月30日又直接致书黄宗仰,询问哈同花园处是否还有《齐物论释》存书。[④]但这里反复催书,目的不是修改,而是因为"友人颇相从论学,索观著述者多"。[⑤]1914年因被袁世凯拘禁,先挟至军事教练处,后转移至龙泉寺,后又转移至钱粮胡同,身历忧患,运思益深,所谓"迩来万念俱灰,而学问转而进步。盖非得力于看书,乃得力于思想耳"。[⑥]运思益深,或当有删订之举,但如其在《自定年谱》中所言,是年之删订,主要是"复取《訄书》增删,更名《检论》",[⑦]不见提及《齐物论释》。进入1915年,当为章太炎着手修订《齐物论释》的年份,但该年应该没有完成修订工作。1916年1月18日章太炎在致吴承仕的一封信中曾这样说:"《齐

---

① 1912年至1914年给钱玄同的多封书信中,章太炎都有托钱玄同抄录《文始》《小学答问》等书的内容。1918年10月30日的信中,在提及新印浙图本文集的时候,说"仿宋颇精,唯书面题署未善,欲足下为书之"。马勇编《章太炎书信集》,河北人民出版社,2003年,第146—149、152页。

② 《章太炎书信集》,第592页。"连史"应为"连史纸"之简称,是一种较贵重的纸张类型。

③ 《章太炎书信集》,第589页。

④⑤ 《章太炎书信集》,第90页。又,《章太炎书信集》收有《与月霞法师》书信一通,其中也问及《齐物论释》在哈同花园是否还有存书事,并且提及黄宗仰返回金山事。该信系年为1915年6月,或有误,似应为1914年6月。因为读1914年10月30日致黄宗仰的信,可知章太炎此时已经得知月霞法师不在哈同花园,因此一定是在这之前寄信给月霞法师询问并了解了相关情况的。

⑥ 《章太炎书信集》,第544页。

⑦ 章太炎《自定年谱》,《章太炎全集·太炎文录补编》(下),第776页。

物论释》第五章尚有未尽义，昨者读《法苑·义林章》，乃悟《人间世》篇'耳目内通，虚室生白'之说，即内典所谓三轮清净神变教诫世人。但以禅那三昧视之，虽因果相依，究与教诫卫君何与耶？思得此义，甚自快也。足下可携《齐物论释》改定本来，当为补入。"①这封信很重要，一则是显示了《齐物论释》的修改此时尚在进行之中，一则是信中所提"改定本"三字，显示在这之前章太炎的修订已经基本成型，此时所论应为查漏补缺。这一过程大概延续至1916年3月底。1916年3月30日致黄宗仰的信中说"鄙人研究《起信》《唯识》二论，皆已通达"，"《庄子》中亦尚有多义，足与佛法相证。近刊笔记一册，一月后可当印毕也。"②既已通达，则基于佛学而诠释《齐物论》的《齐物论释》也当近于完备了。"笔记一册"，当指《菿汉微言》，揣摩其语义，大概是将《庄子》与佛法相印证的其他部分内容汇入《菿汉微言》，《齐物论释》则已成定稿。综合以上分析，《齐物论释定本》的完成，当在1915年至1916年3月之前。其三，章太炎对《齐物论释》颇多赞语，但这些赞语基本都是在被拘禁期间所发，即都是就原本而言的。其称"所著数种，独《齐物论释》《文始》，千六百年未有等匹"，③是出自1914年5月致龚宝铨的信。其称"《齐物论释》《文始》诸书，可谓一字千金矣"，出自《自述学术次第》，该文写于何时，学界有多种说法，但看文末"其他欲作《检论》明之，(旧著《訄书》，多未尽理，欲定名为《检论》，多所更张。)而时不待人，日月亦将逝矣"④一语，可知此时《检论》尚未作，而《检论》之作在1914年，所以此文最早也是1914年中写成。其称"端居深观，而释《齐物》"，"千载之秘，睹于一曙"，又说"顷来重绎庄书，眇览《齐物》，芒刃不顿，而节族有间"，出自《菿汉微言》，而《菿

① 《章炳麟论学集》，吴承仕藏，北京：北京师范大学出版社，1982年，第354页。此信在该书中由编者注明写于1912年，有误。因为吴承仕从章太炎问学始于1915年。姚奠中、董国炎著《章太炎学术年谱》(太原：山西古籍出版社，1996年，第254页)也对《章炳麟论学集》部分信件的系年提出过疑义，推测这些信应写于1915或1916年。就此处所引的信，应确定为1916年，因为该信的影印件(亦收入该书)显示该信的确写于1月18日，而吴承仕与章太炎论学是从1915年3月开始的，所以这个1月18日，应为1916年的1月18日。

② 章太炎《与宗仰上人书》，收入《宗仰上人集》，前引书，第210页。

③ 《章太炎书信集》，第586页。

④ 章太炎《菿汉三言》，第177页。

汉微言》"起自乙卯迄于丙辰之初",[①]所以最晚也是1916年初。总之,章太炎虽有"定本"之说,但并没有在原本和定本之间厚此薄彼,甚至就两本书客观的差异也没有提及,其赞语都是就原本而言,绝不类于就《訄书》和《检论》之差异的评价。其四,对勘修订本与原本,虽修改地方很多,字数也有显著增加,但究其内容,并无抵牾、矛盾之处,修订本的特点是引用更多,论证更为细密,而没有明显纠正原本之处。这本应专题研究,限于篇幅,仅举篇幅最大、且也是章太炎明确指出的一处增删为例简要加以分析。这就是其对吴承仕说及的"第五章未尽义"部分。原本第五章重点在解释"生空"以及证得生空的方式。生即众生,生空即众生空,也称人空或者我空,即众生都是五蕴和合而成,并无实体或者自性。为解释生空而特别从负面破萨迦邪见即身见,为解释证得生空的方式而最终提出"和之以天倪"。修订本在原本基础上增加两部分内容,第一部分是在解释天倪在证得生空之外,还能证得法空,即认识到万法都无自性,从而得到自悟悟他的完满义。第二部分是补充自证证他的方式还可以从"心斋"入手来理解,并进而用佛教的神变说来解释"心斋"。增加的两个部分各有发挥的重点,但其核心意思在原本中也都有包含。原本重点在说生空,但解释庄子所说"忘年忘义"时,说"忘年谓前后际断","忘义谓所知障断",[②]而断所知障,即是破除法执,即是在说法空。原本说天倪而未说心斋,但心斋天倪其实不二,所以文末强调"自悟悟他之本,固在和以天倪,因以曼衍,宁有他技焉"。[③]由此,可以推知相比于原本,定本并无根本性的改动,补充修订的部分是将原本已经包含的意思进一步明晰化,并铺展出更具知识化的脉络。

以较长篇幅来分析原本与修订本的关系,一方面在于勘定研究对象,另一方面也希望由此引出本文在研究方法上的侧重,即努力避免对《齐物论释》抽离的、封闭的研究,而尽可能将其置于广阔且具体的历史状况之中,将其读作对同时代政治和思想难题的一种回答。

① 章太炎《菿汉三言》,第3页。

② 《章太炎全集》(六),上海:上海人民出版社,1986年,第107页。

③ 同上书,第110页。

《齐物论释》是章太炎主要运用佛学唯识宗与华严宗的理论对庄子《齐物论》进行诠释的思想性作品，所谓“儒墨诸流，既有商榷，大小二乘，犹多取携”。[①]在实际诠释中，除《齐物论》外，还广泛采引《庄子》内篇、外篇、杂篇中的其他文章，因此也可以说是以佛学理论对庄子的整体思想进行诠释的作品。这一则在形式上颇类似于思想史上已有的以佛解庄的著作，一则其中也确实蕴含极为深湛的哲学思想。在庄学研究历史上，以佛解庄者代不乏人。宋代林希逸的《庄子鬳斋口义》、明代憨山的《庄子内篇注》、明清之际方以智的《药地炮庄》、清末杨文会的《南华经发隐》等是其著者，而且其中也均蕴含极深刻的哲理。但本文认为，不宜将《齐物论释》径直纳入这个序列，这不只因为“释老互明，其术旧矣”，更是因为《齐物论释》乃“上涉圣涯，下宜民物”，[②]庄子之心乃“上悟唯识，广利有情”。[③]《齐物论释》是章太炎基于自己对同时代社会现实的观察而写出的，包含了丰富的社会内容和政治指向，其最终展现的庄子相是“内圣外王”，这和比如憨山大师的“读者但精透内篇，得无穷快活，便非世上俗人”[④]的立意相去甚远。如上所提及，章太炎确实将《齐物论释》视为“一字千金”之作，“千六百年来未有等匹”。但这绝不只是在表彰一种超逸的智慧。包括《齐物论释》在内的章太炎的所有著作或许都需要紧密联系其反复言及的“忧患”二字而认识。这“忧患”既是个人遭际的忧患，也是同时代中国的忧患，也是更普遍的“生生”的忧患。[⑤]

由此三重“忧患”之引领，本文尝试在时代状况中来把握《齐物论释》的哲学、旨趣与脉络。本文认为，《齐物论释》的哲学起于章太炎在庄子思想中所发现的“丧我”和“俗情”二者所形成的张力关系。抽象地说，也就是“有”和“无”或者“真”和“俗”之间存在的张力关系，而他最终用“以百姓心为心”

---

① 章太炎《齐物论释·序》，《章太炎全集》(六)，第 3 页。以下凡引自《齐物论释》的句子，除特殊情况外，均出自这个版本，不再一一说明。

② 黄宗仰《齐物论释·后序》，第 58 页。

③ 章太炎《齐物论释定本·释篇题》，第 63 页。

④ 憨山《庄子内篇注》，武汉：崇文书局，2015 年，第 1 页。

⑤ “癸甲之际，厄于龙泉，始玩爻象，重籀《论语》，明作《易》之忧患，在于生生，生道济生，而生终不可济。”参章太炎《菿汉微言》，《菿汉三言》，第 61 页。

的方法融合了这种张力关系,并由此形成以齐物和两行为核心的哲学。齐物哲学的形成并非仅出于章太炎的智性追求,而是有相当直接的现实动因。本文首先以"反文明论"为中心分析《齐物论释》的写作动因,以引出其"颠倒文野"的主旨;其次分析《齐物论释》如何主要从对唯识宗和华严宗的综合运用及改造出发,用"丧我"来解释"齐物"的究竟义;进而横向考察章太炎依据"丧我"之义对同时代思想潮流如进化论、今文经学、无政府主义等等的批评;接着从"立"的层面来论述《齐物论释》对于"中道""俗情""俗诠"等的接纳与肯定,以及章太炎对庄子作为不入涅槃的"菩萨一阐提"形象的确立,分析"齐物哲学"从"丧我"而来的转进;进而,以章太炎对"阿赖耶识"中"种子"义的论述为核心,分析其用"以百姓心为心"对以上两个方面所存在张力关系的纾解与融合。最后,在近代以来的思想脉络中,把握《齐物论释》的历史位置。

考虑到《齐物论释》文意艰深,概念层出,尤其是对佛教经论广泛征引的特点,本文将不避琐细,对关键引文进行训释与疏通,以期能尽量阐发《齐物论释》的精微之义。

二、反"文明论":《齐物论释》的创作动因

上文已经指出《齐物论释》最早出版于 1912 年,然则其动笔于何时?在 1909 年连载于《国粹学报》上的《庄子解故》中,章太炎曾说:

> 余念《庄子》疑义甚众,会与诸生讲习旧文,即以己意发正数十事,亦或杂采诸家,音义大氐备矣。若夫九流繁会,各于其党,命世哲人,莫若庄氏。消摇任万物之各适,齐物得彼是之环枢,以视孔墨,犹尘垢也,又况九渊、守仁之流,牵一理以宰万类者哉。微言幼眇,别为述义,非《解故》所具也。①

① 章绛学《庄子解故》,《国粹学报》,扬州:广陵书社影印本,2006 年,第 6301 页。《庄子解故》连载于《国粹学报》第五十一期、五十二期、五十四期、五十五期、五十六期、五十七期、五十八期、六十期、六十一期。除了第五十一期署为章绛学,其余均署为章绛。

此处所说“微言幼眇，别为述义”当就是《齐物论释》，而“为诸生讲习旧文”时在1908年。可见至少在1908年，章太炎就开始酝酿《齐物论释》。其时，他正作为一个反清的革命志士流亡在日本。

章太炎为何要创作《齐物论释》？也许我们需要首先回答这一问题，才能找到一条稍微踏实一点的路径进入《齐物论释》的世界，而不至于被书中出自中、西、印的各种理论概念所淹没。

《齐物论释》广泛征引佛学的经、论逐段疏解庄子的《齐物论》，在形式上接续了乾嘉汉学的治学方法。文中除开唯识宗、华严宗、庄子的理论而外，还多处引用柏拉图、康德、费希特、叔本华等西方哲学家的理论以及墨子、荀子等中国思想家的理论以相互比对、引证。汉学考据是章太炎青年时期学术上的基本训练，对荀子、墨子的倾心是从诂经精舍时代就存在的现象，对唯识宗和华严宗的深契是入狱之后的产物，对柏拉图、康德等西方哲学家的阅读主要是赴日以后的事情，对庄子的重新阅读和讲解则在1908年。综合考察这些情况，可以说《齐物论释》极为系统地呈现了章太炎持续的智性探索过程，几乎是其整体学术训练的汇总。从而也可以说《齐物论释》的写作在客观上表现为章太炎在学术上精进不已的结果。

从智性追求、学术精进的角度来理解《齐物论释》的创作动因不能说错误，但尚显不足，有些过于表面化。如果我们将眼光从《齐物论释》上挪开，同时考察《齐物论释》的周边，考察章太炎在1908年前后的其他写作，尤其是在《民报》上的相关文章，则会发现《齐物论释》的写作更有具体的现实动因。概括来说，这一现实动因就是：反抗西方帝国主义国家所支配的“文明论”话语。

近代“文明论”话语的兴盛是帝国主义和殖民主义扩张蔓延的结果。但在晚清的历史语境中，这一点并未被充分认识。相反，拥抱“文明论”话语才是舆论的主流。梁启超戊戌之后在《清议报》上的《文野三界之别》《文明之精神》等文章都袭自福泽谕吉的《文明论概略》。严复也在此时翻译了甄克思的《社会通诠》，鼓吹文野之别。章太炎则是当时罕见的“文明论”话语的反对者。1906年发表于《民报》第7号上的《俱分进化论》就对“文明论”背后的进化论逻辑提出批评。1907 年发表《社会通诠商兑》,反对严复套用甄克思的宗法社会"条例"来解释中国,认为"就《社会通诠》与中国事状计之,则甄氏固有未尽者",①表现出鲜明的立足中国实际情况的倾向。用他同年一篇演讲的题目来概括,就是"从自国自心发出来",反对"看自国的人,是野蛮人;看自国的学问,是野蛮学问",而听到外国人来研究中国学问就认为"文明人也看得起我们野蛮人"这种自轻自贱的行为。②到 1908 年,对"文明论"话语以及西方帝国主义国家的批判意识更加自觉。在《驳神我宪政说》中,对政闻社立宪党人马良鼓吹立宪进行批驳,认为马良"以文明野蛮,为国家有无之准,又何其纱戾也"。③在《四惑论》中,运用佛理对所谓"公理""进化"等展开釜底抽薪式的批判。在《五朝法律索隐》中,反对"一切不问是非,惟以屈就泰西为急"④而重视五朝时期本有的"损上益下""抑强辅微"的法律体系。

也就是在对西方帝国主义国家"文明论"话语的批驳中,"齐物哲学"逐渐形成。1908 年在《民报》第 22 号上发表的《四惑论》说:"若夫独觉、声闻、数论、老庄之说,则异是也。即实而言,人本独生,非为他生。而造物无物,亦不得有其命令也。……此谓齐物,与公理之见有殊。"高田淳先生据此认为这是章太炎在主持《民报》时期和《齐物论释》最为接近的思想表达。⑤但实际上,在这之前,即 1907 年《民报》第 12 号上为张继翻译的《无政府主义》一书所做的序言中,章太炎就明确提出了"齐物"的主张:"若能循齐物之眇义,任夔蚿之各适,一人百足,势不相侵,井上食李之夫,犬儒裸形之学,旷绝人间,老死自得,无宜强相凌逼,引入区中,庶几吹万不同,使其自已,欺盖马氏所未逮。"⑥语出《庄子·秋水》的夔者,为独脚之兽,蚿者,为百足之虫,二

① 章太炎《〈社会通诠〉商兑》,《民报》第 12 号,1907 年。

② 章太炎《论教育的根本要从自国自心发出来》,章念驰编《章太炎演讲集》,上海:上海人民出版社,2011 年,第 81 页。

③ 章太炎《驳神我宪政说》,《民报》第 21 号,1908 年。

④ 章太炎《五朝法律索隐》,《民报》第 23 号,1908 年。

⑤ 高田淳《辛亥革命と章太炎の齐物哲学》,东京:研文出版,1984 年,第 103 页。

⑥ 章太炎《〈无政府主义〉序》,《民报》第 12 号,1907 年。

者形态各异，但能各得其行。此处“循齐物之眇义，任夔蛇之各适”正对应上引《庄子解故》的“消摇任万物之各适，齐物得彼是之环枢”，而“吹万不同，使其自已”正是《齐物论释》一开头就着力解释的藏识的作用方式。如果我们注意到该文前面的“计文野者，是华士见，不如归太朴也；求幸福者，是天宫见，不如言苟全也”，则可以更清楚看到章太炎之酝酿“齐物哲学”正承接其对“文明论”话语的评判而来。高田淳先生认为章太炎的齐物哲学是以反西欧的对抗思想为契机而展开思索的，①诚为有见。但需要继续补充，此处的“反西欧”更具体表现为反对西方帝国主义国家的“文明论”话语。

重视“自国自心”，其萌芽可从章太炎从少年时期就培育的民族思想中发现，重视“中国事状”，实事求是，则是其早年从事朴学研究的基本精神。从这些角度看，章太炎发展出“齐物思想”可谓渊源有自。但何以在1907年、1908年前后集矢于“文明论”，乃另有两项切近的原因。

其一为此时章太炎和印度爱国志士的交往。1907年章太炎在日本与印度流亡学者钵逻罕和保什相识，从他们那里得知印度被英国殖民的衰微之状，由此认识到号为“文明之国”者背后的野蛮与残酷：“以蒙古游牧腥膻之国，其待印度，犹视今之英国为宽，然后知文明愈进者，其蹂躏人道亦愈甚。既取我子，又毁我室，而已慈善小补为仁，以宽待囚虏为德，文明之国以伪道德涂人耳目，大略如是。”②随后，章太炎在《民报》上接连发表《送印度钵逻罕保什二君序》《印度中兴之望》《印度独立方法》《印度人之观日本》《印度人之论国粹》《支那印度联合之法》等文章，为印度独立、中印联合提供思路。基于对同时代帝国主义和殖民主义扩张的认识，章太炎对由中印联合彻底打破殖民主义逻辑的前景进行展望：“他日吾二国扶将而起，在使百姓得职，无以蹂躏他国、相杀毁伤为事，使帝国主义之群盗，厚自惭悔，亦宽假其属地赤黑诸族，一切以等夷相视。”③也因为对印度事状的观察，章太炎更新其“亚洲”意识，于1907年参与成立了以“反抗帝国主义，期使亚洲已失主

① 高田淳《辛亥革命と章太炎の齐物哲学》，第104页。

② 章太炎《记印度西婆耆王记念会事》，《民报》第13号，1907年。

③ 章太炎《送印度钵逻罕保什二君序》，《民报》第13号，1907年。

权之族,各得独立”为宗旨的“亚洲和亲会”,并担任会长。

章太炎对“亚洲”的关注由来已久。早在1897年,他就在《时务报》上发表《论亚洲宜自为唇齿》,提出和日本联合,抵抗“泰西”和“俄罗斯”,以拯救和中国有同一受侮命运的印度、巫来由(即马来亚)、突厥等亚洲黄种。随后又发表《论学会有大益于黄人亟宜保护》,提出“合群以张吾学”的方式来激发黄种意识,否则将“使白种为之尸”,听凭白人的操纵摆布。但在此时,“亚洲”意识还主要是由地缘政治意识与种族意识所填充。到1906年东渡日本之后,章太炎受到大隈重信亲英行为的刺激,从而突破旧有的种族观念,以“帝国主义/反帝国主义”的框架重新看待欧亚关系,并深刻认识到欧美帝国主义国家所借以自饰的“伪文明”和“伪道德”,提出要“集庶姓之宗盟,修阔绝之旧好,用振我婆罗门、乔达摩、孔、老诸教,务为慈悲恻怛,以排摈西方旃陀罗之伪道德”。①从“印度”而至“亚洲”,既反映了章太炎对欧美国家所播弄的“文明论”认识的加深,也反映了其身体力行对于这种论调的持续抵抗。这在以“文明”为蕲向的时代潮流中,是极为难能的。这种认识和行动,正如有论者所指出的,包含着“亚洲民族解放思想的原型”。②

其二为在此期间“无政府主义”思潮的涌现。当时无政府主义潮流主要以1907年6月创办于东京的《天义》半月刊、1908年4月创办于东京的《衡报》以及1907年创办于巴黎的《新世纪》周刊为代表。章太炎在此时对于无政府主义思潮极为关注,而尤其表现为对《新世纪》派无政府主义者的批判,因为后者的无政府主义不仅反对章太炎素所主张的“排满”革命,③而且其言论正是以所谓“文明论”为基本底色。章太炎从《新世纪》记者“自嘲邦族而呼之为‘贵国’”这一现象出发,指出其乃是“阳托名无政府而阴羡西方琛丽,一睹其士女车马宫室衣裳之豪,魂精横泄,惧不得当,欲为顺民,复惧人

---

① 章太炎《亚洲和亲会约章》。转引自汤志钧《关于亚洲和亲会》,收入章念驰编《章太炎生平与思想研究文选》,杭州:浙江人民出版社,1986年,第90页。该文亦收入汤志钧著《乘桴新获——从戊戌到辛亥》,北京:北京师范大学出版社,2018年。

② 近藤邦康《从一个日本人的眼睛看章太炎思想》,《社会科学战线》1984年第2期。

③ 民(褚民谊)《伸论民族、民权、社会三主义之异同再答来书论〈新世纪〉发刊之趣意》,《新世纪》第6号,1907年7月。

之我诮，乃时吐谲觚之语以震荡人。……吾向以为顽钝无耻者，独立宪党人耳。由今观之，此曹无耻，复倍蓰于立宪党人”。[①]对于《新世纪》之委身于所谓西方文明之做派的批评，在当时更具体化为关于语言问题的论争。《新世纪》当时提倡废除汉文而选用所谓“万国新语”。在章太炎看来，这是“好尚奇觚，震慑于白人侈大之言”[②]的表现。在《规〈新世纪〉》中更直接表示《新世纪》“欲以万国新语剿绝国文”乃是屈从于“大秦皙白文明之俗”，“其实愿为白人奴隶”[③]的可耻行径。而其自认为“悬诸日月不刊之书”“子云之后未有”[④]的语言学著作《新方言》，亦可说正是这一论争的产物。

如果继续深入考察，那么还可以发现，章太炎之猛烈抨击《新世纪》，还有一个更具体的原因，这就是和《新世纪》编者吴稚晖之间的纠葛。此一纠葛源于章太炎认为“苏报案”之发生乃出于吴稚晖的告密。1907 年起至少三次致信痛斥吴稚晖，称其为“康有为门下之小史，盛宣怀校内之洋奴”。从思想理路上看，章太炎之痛斥吴稚晖，根本在于后者“醉心欧化，恨不得为白人牧圉者”，而“以中国古书为野蛮”，[⑤]这与章太炎的珍惜国粹，立足“自国自心”正形对照。应该说，对吴稚晖人格与行迹的蔑视，也强化了其对《新世纪》以及“文明论”话语的批判力度。

通过以上分析，可以看出，在《齐物论释》酝酿之初，章太炎最关心的问题就是批判“文明论”。对印度等殖民地国家情况的了解加深了其对国际层面的“文明论”的认识，和无政府主义者的交往与论争又加深了其对国内持“文明论”者的认识。但在此时，他批判的主要方式还是对象化和经验性的，即相对于“西欧文明论”，不断强调“中国社会情形”“中国事状”的根本性意义，强调要立足“自国自心”，自己的语言和历史，甚至不惜称自己“素志已

① 章太炎《台湾人与〈新世纪〉记者》，《民报》第 22 号，1908 年。

② 章太炎《驳中国用万国新语说》，《民报》第 21 号，1908 年。

③ 章太炎《规〈新世纪〉》，《民报》第 24 号，1908 年。

④ 章太炎《汉字统一会之荒陋》，《民报》第 17 号，1907 年。

⑤ 谢樱宁《章太炎年谱摭遗》，北京：中国社会科学出版社，1987 年，第 41 页。关于吴稚晖是否告密一事的辨析，亦参该书 231—240 页。

定，愿自署为守旧党、顽固党矣”。[①]其对庄子的论述虽触及“齐物哲学”的实质，但还未充分展开；《四惑论》《五无论》《国家论》等文章显示其理论的展开形态主要是否定性的，破“惑”论“无”，否定公理、进化、自然、国家，等等，尚没有就对“中国社会情形”“中国事状”的肯定展开正面的理论分析——而这正是《齐物论释》所要完成的任务。然而，以上分析足以提示我们，需要循着“批判文明论”这一问题意识进入《齐物论释》，考察这一问题意识在《齐物论释》中的理论展开，以及在“批判”之后，《齐物论释》又如何通过阐发“以百姓心为心”为对“中国事状”和“民意”的肯定确立理论基础。

附带说明，在《齐物论释》的诸多研究中，特别是上文所述《齐物论释》的创作动因这一脉络中，有一种较为集中的倾向，是从“平等”这一现代概念入手来把握《齐物论释》。的确，章太炎在“篇题”中提及“毕竟平等”等语，但由此就径直将《齐物论释》中的“平等”对接于启蒙政治哲学脉络中的“平等”论述，以为《齐物论释》在表达“差异平等”或者“多元平等”，可能会产生偏离。在《齐物论释》初版序言中，章太炎明确说：“维纲所寄，其唯《消摇》《齐物》二篇，则非世俗所云自在平等也。”[②]《齐物论释》中的“毕竟平等”“平等而咸适”“字平等性，语平等性”等语，应在缘起性空的意义上来理解。“字平等性”“语平等性”是说破除“字”和“语”这些“名”的层面上的执着，从而达到毕竟平等的层次。毕竟平等即毕竟空，是在去除我执法执之后对于万法本质的理解。依照唯识宗的说法，这是转第七识即末那识而成平等性智的结果，指对一切众生对世间万法起无缘大悲之智，以照见普遍的空理。[③]章太炎并非不重视“平等”问题，也确曾借佛学以强调平等之价值，如其说“佛教最重

① 章太炎《复吴敬恒书》，《民报》第19期，1908年。

② 章太炎《齐物论释·序》，第3页。

③ 此义在佛教经论极普遍。《楞伽经》中有一处论述可引之以为参考：“云何性非性，云何为平等，谓彼心不知，内外极漂动，若能坏彼者，心则平等见。”释正受注为：“佛自征问，何者性非性，何者为平等，谓彼愚夫不达诸法虚妄，计著有无，故内外漂动。若能了知有无妄想，灭彼内外漂动之相，则心见自然平等矣。”平等即废除计著，了知诸法之虚妄。释正受集注，《楞伽经集注》，上海：上海古籍出版社，1993年，第72页。

平等”，[①]但其“平等”问题的展开主要不是在观念层面，而是在围绕从封建而至郡县的制度转变、五朝法律、唐律以及中国的土地制度等问题的历史论述中透示出来的，那是需要另外专门探讨的课题。[②]

三、“丧我”：“齐物哲学”的理论起点

“齐物哲学”以破斥“文明论”为创作动因，但其采取的方式却不只是与“文明论”直接对垒。在“文明论”的背后，有一个普遍主义的理论预设，即西方帝国主义国家将自身的文明标准普遍化为放之四海而皆准的一整套规范。章太炎“齐物哲学”的特点在于不仅破斥“文明论”，进而破斥“文明论”背后的普遍主义理论预设，更在于其进一步将“普遍主义”这种运思方式本身作为批判的对象。也就是说，他批判普遍主义，并不只是批判某种普遍主义的内容，从而也并不试图提出另外一种普遍主义，而是从最基本的形式层面对普遍主义，以及作为普遍主义之原始素材的“义界”（即定义）、“因缘”、“实质”、“毕同之法”（即同一性）、“定性”、[③]“定轨”[④]等等范畴统统加以拆解，最终达到“泯绝人法，兼空见相”[⑤]的程度。人，即人我，即我执，就是执着于“我”之自性为“有”的观念；法，即法我，即法执，就是执着于世间万法之自性为“有”的观念。在唯识家看来，这二者都是凡夫错误的见解，因此应该加以“泯绝”。见即见分，是唯识学认为的认识作用中居于主观地位能够认识的那个面向；相即相分，是唯识学认为的认识作用中居于客体地位被认识的那个面向。在唯识家看来，这二者都是在“识”的内部发生的，都是“识体”所变现的，都不是真实的，因此应该加以空除、消除。只有“泯绝人法，兼空见相”，才能达到“毕竟空”或者说“万法唯识”的认识层次，也就是转识成智

① 章太炎《演说录》，《民报》第6号，1906年。
② 关于由“平等”而引出的多元主义的讨论，见下文第四节。
③ “言本无恒，非有定性”，《齐物论释》，第76页。
④ “道何所依据而有真伪，言何所依据而有是非，向无定轨，惟心所取”，《齐物论释》，第76页。
⑤ 章太炎《齐物论释》，第61页。

的层次。在这种层次上,一切“有”都将被否定,所有的“自性”“实质”“义界”之类说法都显示出其空幻性,从而也就谈不上在彼此的“自性”之间寻找因缘、建立联系、寻求“毕同之法”,更谈不上普遍主义逻辑的成立。

在《齐物论释》中,这首先是通过对庄子“丧我”一意的发挥而展开的。在章太炎看来,所谓“丧我”,就是对于我执的破除:“《齐物》本以观察名相,会之一心。名相所依,则人我法我为其大地,是故先说丧我,尔后名相可空。”①这是说,世间万法的各种名号、相状,其根源都在“心识”,都源于对人我和法我的执着,因此要“丧我”,破除对人我法我的执着,这样就可以达到从名号和相状的缠缚中解脱出来的目的。章太炎认为,庄子是通过对地籁、天籁的比较来完成对“丧我”的论述的:“云何我可自丧,故说地籁天籁明之。”②那么地籁和天籁的区别在哪里呢?“地籁则能吹所吹有别,天籁则能吹所吹不殊。”③能吹,指地籁得以形成的动力,也就是风,即《齐物论》原文中的“大块噫气,其名为风”;所吹,指地籁的表现形式,也就是各种声音,即《齐物论》原文中的“万窍怒号”的丰富表现。“能吹”一词,出自唯识学的“能取”,是唯识学里的认识主体,也就是“见分”;“所吹”一词,出自唯识学的“所取”,是唯识学里的认识对象,也就是“相分”。此处所说“能吹所吹有别”,是指在“地籁”这种表现形式中,存在着主客的对应和对立,也就是存在着主客的分离,这也意味着我执和法执的分别成立。而天籁的“能吹所吹不殊”则意味着将能取和所取,也就是见分和相分,重新还原、回复到一种统一的而非分离的状况当中,这也就意味着对于我执和法执的同时破除。而这种能所不分的统一状况,也就是唯识学所立“八识”中的第八识阿赖耶识的本来状况,就是第七识没有对其进行执取的状况,也就是唯识学所说“万法唯识”的状况。因为在唯识学看来,世间原本只是心识不断执取的结果而已,这心识具体可分解为:眼识、耳识、鼻识、舌识、身识、意识、末那识、阿赖耶识。这里,最关键的就是末那识对于阿赖耶识的执取,具体说是对于阿赖耶识中见分的执取,其结果就是“我执”,即认为自我具有真正不变的自性。所谓“地

①②③ 《齐物论释》,第65页。

籁”，也就是末那识对于阿赖耶识执取的结果。这也是凡夫把握自身、把握世界的基本方式。而“天籁”则是要将这种方式打回原形，从而显示出这种执取的虚妄性。因此，章太炎说：“天籁中吹万者，喻藏识，万喻藏识中一切种子，晚世或名原型观念。非独笼罩名言，亦是相之本质，故曰吹万不同。使其自已者，谓依止藏识，乃有意根自执藏识而我之也。”①藏识，就是第八识阿赖耶识；一切种子，是唯识学所认为所有言行举止的结果、余势，它们潜藏在阿赖耶识这个类似仓库一样的东西里面，②在特定的条件下转化为言行举止。在唯识学看来，这些种子就是世间万相的本质。意根，就是第七识末那识，它的作用就是恒常地执取阿赖耶识中那些非断非常、前灭后生的种子以产生稳定的、统一的“我”的认识。因此，将末那识执取的状况破除，回复到阿赖耶识的原初状况，就能摆脱我执的认识，从而也就完成了“丧我”。

以上所论，尚属从较为宏观的角度对“丧我”之意的初步说明，且仅止于对《齐物论》的诠释。在唯识学看来，我执和法执的形成是极为深细的。为了更深入解析，章太炎又引《庚桑楚》《知北游》《徐无鬼》《德充符》等篇章中的相关文字与《摄大乘论》《解深密经》等唯识学经典交互阐释。他将《庚桑楚》篇中的“灵台”一词对应于“阿陀那识”，认为《庚桑楚》篇中的“灵台者有持，而不知其所持，而不可持者也。不见其诚己而发，每法而不当，业入而不舍，每更为失”一句可以阐释为：

> 夫灵台有持者，阿陀那识持一切种子也。不知其所持者，此识所缘内执受境，微细不可知也。不可持者，有情执，此为自内我，即是妄执。若执唯识真实有者，亦是法执也。不见其诚己而发者，意根以阿陀那识为真我，而阿陀那识不自见为真我，然一切知见由之以发也。每发而不当者，三细，与心不相应也。业入而不舍者，六粗，第五为起业相，白黑

① 《齐物论释》，第 65 页。

② 章太炎曾将阿赖耶识比喻为“圜府”，即古代的银行。他说：“（阿赖耶识）若圜府然，铸子母之钱以逮民，民入税，复以其钱效之圜府。圜府握百货轻重，使无得越，故谓之藏。”《国故论衡疏证》，庞俊、郭诚永疏证，北京：中华书局，2008 年，第 551 页。

> 羯磨熏入本识,种不焦敝,由前异熟,生后异熟,非至阿罗汉位,不能舍藏识杂染也。每更为失者,恒转如暴流也。①

在唯识学中,阿陀那识也就是第八识阿赖耶识,就其能持有诸法的种子而言,又可意译为执持识,所以这里说"阿陀那识持一切种子"。但是,在原初状态下,阿陀那识并不是分裂的,即并不会往外攀缘,因此这种对于诸种子的持有实际就是对于一种"内境"的持有,就这种内境的持续不坏、摄为自体而言,因此又可说是"内执受境"。因为只是持有诸种子,不向外攀援,不执取外境,所以这种持有的状态近于是无所作为的,在此意义上,乃微细而不可知。这是就阿陀那识的本来状态而言的。情执,是凡夫起分别之心的表现,而这种分别之心首先就是对于"我"的认定,这实际就是第七识末那识对于第八识的一个执取,也就是唯识学里的俱生我执。俱生我执是一种比分别我执更为深隐的与生俱来对于"我"的执取,在此也可以理解为是阿陀那识最初向外攀援的一个表现。这种执取虽然深隐,但仍是虚妄的,是"妄执"。如果这种执取继续向外延伸,就不只是俱生我执,而且进一步表现为对于外境的认定,就是彼此对立观念的产生,就是分别我执。和分别我执相伴随的就是对于万法亦有自性的认识,就是法执。对"不见其诚己而发者"以下几句的解释,显示出"我执"之更复杂的形成过程。意根即末那识,它执取阿陀那识以为真我,这是世间一切知见的起点。这些最初最原始状态的知见,详细可以分为三种类型,也就是《大乘起信论》所说的"三细":"依不觉故生三种相,与彼不觉相应不离。云何为三?一者无明业相,以依不觉故心动,说名为业。觉则不动,动则有苦,果不离因故。二者能见相。以依动故能见,不动则无见。三者境界相。以依能见故境界妄现,离见则无境界。"②无明业相即一切生起的心念所造成的业相,这种最初的心念转而就能成为一种"能见",而其相对的认识对象则是"境界相"。因为这三种相极其细微,

---

① 《齐物论释》,第66页。

② 真谛译,高振农校释《大乘起信论校释》,北京:中华书局,1992年,第46页。

只是形式化的存在，是一种假立的有，并非心法或者心所有法，这就是所谓“心不相应”。这是就心念初起即“我执”初起的状态所作的分析。在“三细”的基础上，亦即以“三细”的三种相为因缘，又可以生出六种更具体的相，这就是“六粗”，包括智相即虚妄分别之相、相续相即相续不断之相、执取相即攀援执着之相、计名字相即分别计度妄立名字之相、起业相即认名为实之相、业系苦相即由种种业而受缠缚之相。章太炎在此特别提出起业相，认为这种相包含的“白黑羯磨”即善恶两种业作为种子进入本识即阿赖耶识之中，由种子生现行，由现行再生种子，在这种持续的运动中，善恶种子因缘具足而各自成熟为善果或者恶果，其善者如果达到小乘佛学里说的阿罗汉这一阶位，就会断除一切烦恼杂染而进入清净无执的境地。如果不能达到这种境地，则就是末那识一直执取阿赖耶识，如瀑流一般恒常地存在着，也就是“我执”恒常地存在着。

唯识学的特点之一就是详细解剖“识”的内部构成，宛如以显微镜照出运思的复杂过程，从而显示出所有的思考和认识活动实际都是发生在“识”的内部。这也就是唯识学通常所说的“唯识无境”，没有客观实际的“外境”，而只有“识”。以上的论述展现了八识之间尤其是末那识执取阿赖耶识以形成“我执”的构造。但还没有就阿赖耶识本身作专门探讨。如果能就阿赖耶识本身的复杂构成进行解析，则“我执”与“法执”的形成及其为何可以破除的道理会更加显豁，从而《齐物论释》一开始就提出的“泯绝人法，兼空见相”的目的就更容易达到。在《齐物论释》中，这主要是通过对阿赖耶识中诸种子在作用上进行分类来完成的。章太炎将其与康德的范畴说进行比较说：“藏识中种子，即原型观念也。色法无为法外，大小乘皆立二十四中不相应行，近世康德立十二范畴，此皆繁碎。今举三法大较应说第八藏识，本有世识、处识、相识、数识、作用识、因果识、第七意根本有我识。其他有无是非，自共合散成坏等相，悉由此七种子支分观待而生。”[①]佛学特别是小乘阿毗达摩学派将世间万法分成五类，即色法、心法、心所有法、心不相应行法、无

① 《齐物论释》，第73—74页。

为法。色法指通常认为是物质的东西,主要是眼耳鼻舌身五种感官即五根、五境以及无表色;心法即心王即心体自身;心所有法指伴随着心而产生的心理状态和精神现象,无质碍但有缘虑的作用,唯识学的心所有法还可细分为六类五十一种;心不相应行法是不伴随心而起的法,它是思想中的分位假法,包括十四种;无为法是没有生、住、异、灭四相变化的法,也就是永恒存在的法。[①]章太炎避开这些繁复的分类,将藏识即阿赖耶识中的种子分成七类,认为世间万相都是这七种识单独或者相互配合发生作用的结果。他引用《摄大乘论》的解释,认为世识就是关于过去、现在、未来的认识,即时间观;处识就是关于方位的认识,即空间观;相识就是关于色声香味触这五境的认识;数识就是关于数字的认识;作用识就是关于有为的认识;因果识就是关于彼此之关系的认识;我识就是人我执和法我执的总称。他将《齐物论》中的"成心"一词对应于唯识学的"种子",认为"夫随其成心而师之,谁独且无师乎?奚必知代而心自取者有之,愚者与有焉"一句正表现了"种子"之作为诸行为的基础、普遍地发挥作用的特点:"成心之为物也,眼耳鼻舌身意六识未动,潜处藏识意根之中,六识既动,应时显现,不待告教,所谓随其成心而师之也。"[②]成心即种子,它平时潜藏在阿赖耶识当中,一旦人要起心动念,运用眼耳鼻舌身意的任何一种和外界发生联系,则种子就随时而起,支配着人的各种行动。

庄子在《齐物论》中曾有"和之以天倪"的说法,历来众说纷纭。章太炎则将"天倪"解释为成心和种子,从而,"和之以天倪"就和"随其成心而师之"前后呼应,共同彰显了阿赖耶识中的诸种子作为所有现行之基础的地位,也就同时彰显了世间万法万相都是识中种子变现之结果的本质,亦即万法唯识的本质。《齐物论释》中这样概括:"色根器界,相名分别,悉号为种,即天倪义。若就相名分别习气计之,此即成心,此即原型观念,一切情想思慧,腾掉无方,而绳纂所限,不可窜轶,平议百家,莫不持此。所以者何?诸有知

① 关于唯识学如何批判小乘的五位法之实在性,而认为诸法无我,诸法非有,可参玄奘译《成唯识论校释》,北京:中华书局,1998年,第41—42页。

② 《齐物论释》,第74页。

见，若浅若深，悉依此种子而现世识、处识、相识、数识、作用识、因果识，乃至我识。此七事者，情想之虎落，智术之垣苑。”[①]色根，即以色法对对象的眼耳鼻舌身这五根，它是阿赖耶识的根身境；器界，也叫器世间，是一般所认为的环境世界，它是阿赖耶识的器世间境。它们和种子境一起组成阿赖耶识的三境，即三种对象，或者说三种相分。相、名、分别，是《楞伽经》“五法”的中前三法。所谓“五法”，是《楞伽经》对世间万法的分类，包括相即事物的色相、名即事物的假名、分别即对事物的虚妄分别、正智即一种正见之智、如如即真如。在唯识学中，所有这些都潜存于阿赖耶识之中。章太炎将之称为天倪，认为这就是庄子说的成心，就是康德所说的原型观念。所有的见解、知识，如果寻找其根源，都是阿赖耶识中诸种子所变现，这是所有认识和思想活动的根源。

正是通过对认识活动的层层解剖：唯识学里见分和相分的对应关系对于一般的主客对立关系的瓦解、八识中末那识对于阿赖耶识的复杂执取过程、阿赖耶识内部诸种子的分类及其普遍的支配作用等等，万法唯识无境的道理才逐步清晰起来。一切都是在“识”的内部才得以成立，都是在“识”的内部见分对相分的执取而已，因此“自心还取自心，非有余法”。[②]由此可知“我执”“法执”都是虚妄的，事物原本没有自性。庄子说“乐出虚”，这是在比喻“名言无自性”，庄子说“蒸成菌”，这是在比喻“四大无自性”。[③]名言，指概念和语言，是世间所有事物的表达；四大，指地、水、火、风四种元素，佛教认识这是构成一切物质的基本元素。既然一切都没有自性，那么当然也就谈不上某一种“自性”可以普遍化，笼罩、规范、引导其他的事物，“彼是观待而起，其性本空，彼是尚空，云何复容是非之论”？[④]本性都是空无，彼此之间的对立也是虚妄的。在此意义上，所谓“文明论”自然是一种空说，而文野之对立也无法成立，这就为“颠倒文野”奠定了理论基础。

---

① 《齐物论释》，第 108 页。
② 《齐物论释》，第 66 页。
③ 《齐物论释》，第 68 页。
④ 《齐物论释》，第 76 页。

四、“齐物之用”:“齐物哲学”如何与现实交锋

在与佛学相互印证的脉络中以“泯绝人我”“万法唯识”等来说明“丧我”的含义,在理论上具有一种彻底性。但若仅止于此,则对“丧我”的理解或将停留在概念的层次上,遑论把握整个的“齐物哲学”,而且也容易将“齐物哲学”混同于唯识学。如前文所论,《齐物论释》是章太炎在帝国主义入侵所引起的文野对立的思想格局中,对包括“文明论”在内的普遍主义言说进行瓦解的抵抗之作,具备极为鲜明的现实感。因此,要把握“丧我”以及以“丧我”为理论起点的“齐物哲学”,更需要分析基于唯识学的“齐物哲学”如何具体地与现实交锋,如何与同时代的多种流行思想话语交锋,亦即分析章太炎念兹在兹的“齐物之用”。

在《齐物论释》中,“齐物之用”首先表现为章太炎对当时流行的进化论的批判与瓦解。早在1906年,章太炎就以黑格尔的理性发展说为引子而展开对进化论的批判,并提出“善亦进化,恶亦进化;乐亦进化,苦亦进化”的“俱分进化论”。但在那时,章太炎并未完全否定进化论,即他所说的“不谓进化之说为非也”,他所反对的是进化的单一目的论:“若云进化终极,必能达于尽美醇善之区,则随举一事,无不可以反唇相稽。”[①]但到了《齐物论释》的阶段,则对于理性进化学说的批判不再表现为以“恶和苦”对“善和乐”的补充,而是从根本上取消了“进化”所意味的进步含义,进而取消了从前一个时间点到后一个时间点的移动这一认识,将时间的移动乃至时间本身看成是“世识”运作的结果,亦即所谓时间只是一种叫做“世识”的“识”变现的结果而已。“节序递迁,是名为代。夫现在必有未来,今日必有明日,此谁所证明者?然婴儿出生,狸鼠相遇,宁知代之名言哉?儿啼号以索乳者,固知现在索之,未来可以得之也;鼠奔轶以避狸者,亦知现在见狸,未来可以被噬

① 章太炎《俱分进化论》,《民报》第7号,1906年。

也。此皆心所自取，愚者与有。”[①]也就是说，过去、现在、未来这些标识时间的概念并非客观存在的，而是“心所自取”的结果。“婴儿”与“鼠”的例子意在突出时间意识源出于自心而非外在的特点。那么，在“心”或者“识”的内部，又是如何产生过去、现在、未来的区别的呢？章太炎说：“大抵藏识流转不驻，意识有时不起，起位亦流转不驻，是故触相生心，有触作意受想思五位。受想思中，复分率尔堕心、寻求心、决定心、染净心、等流心五位，如是相续，即自位心证自位心，觉有现在；以自位心望前位心，觉有过去；以自位心望后位心，比知未来。是故心起即有时分，心寂即无时分，若睡眠无梦位，虽更五夜，不异刹那。然则时非实有，宛尔可知。”[②]五位即唯识学所说的五遍行心所，就是五种遍及一切的心理状态，就其逐步深入的程度而言，分为触、作意、受、想、思五个层次。这是任何起心动念都具备的五个层次，是唯识学所认为的运思的完整过程。[③]而在后三个层次中，又可以细分为五位心，这是第六识意识和前五识同时俱起时对于外界加以了别认识的时候，所顺承而起的五种心念。率尔堕心是心识对所缘境的最初识别，但这里的识别是仓促任运发生的，所谓识别是没有结果的，也叫做“初缘”。于是乃有寻求心，“未知何境为善为恶。为了知故次起寻求”，寻求的结果便是了知所缘境的善恶性质，对此性质的认定就是决定心，“决定已识境界差别”。在此基础上，因为知道了所缘境的善恶性质，由善而成净心，由恶而成染心，合起来就是染净心。染净分别之后，于善法而继续净想，于恶法而继续染想，念念相续，形成前后变化之流，这就是等流心。[④]在这种分析中，一般所认为的在一刹那当中所发生的心念的活动呈现为一个拉长了的、多层次的结构，所谓过去、现在、未来只是这个多层次结构内部运作的效果而已。起心动念才有这样的过程和结构，心念不起，则没有这样的结构，也就没有过去、现在、未来

---

① 《齐物论释》，第 74 页。标点有改动。

② 《齐物论释》，第 68 页。

③ 关于作意等运思过程的详细解说，可参弥勒菩萨说，玄奘法师译《瑜伽师地论》，北京：宗教文化出版社，2008 年，第 49—52 页。章太炎此处的论说应主要出自《瑜伽师地论》的这一部分。

④ 关于五心的详细解释，可参窥基撰《大乘法苑义林章》卷二“五心章”，金陵刻经处本。此处引号中所引的两句话，即出自“五心章”。

等时间标示。进而也就谈不上基于这些时间标示的进化或者进步。

即便不彻底否定“过去—现在—未来”或者“古—今”的时间框架,退一步,承认这类框架,也无法认同今胜于古、未来胜于现在的进化论。同样,也无法认同古胜于今、过去胜于现在的守旧之论。因为“道本无常,与世变易,执守一时之见,以今非古,以古非今,此正颠倒之说。比于今日适越而昔至,斯善喻乎?世俗有守旧章顺进化者,其皆未喻斯旨也”。①在近现代思想史上,进化与保守常被视为对立的两极,而章太炎本人也常被视为由进步而转为保守的人物。但在这里,保守和进化同时被否定。因为保守论者和进化论者都持有一个是非标准,所谓“道”,但在章太炎看来,这个道,这个是非标准本身就是无常变动的,是相对的,就如《庄子·天下》篇所说的“今日”与“昔日”、“适越”与“来越”的相对一样。不仅是变动相对的,而且根本上就是藏识中“种子”变现的结果而已:“是云非云,不由天降,非自地作,此皆生于人心。心未生时,而云是非素定,斯岂非以无为有邪?”②

从这里,又引出章太炎以齐物哲学对同时代今文经学的批判。和比如早年的《春秋左传读》《驳箴膏肓评》等著作以训诂、考证的方式紧贴经文对今文经学的批判不同,在《齐物论释》中,对今文经学的批判则深入到文字背后的史观乃至思想方式的层面。晚清今文经学家多以孔子为素王,而认素王为后代制法。这种论述在当时有为变法张目的现实意义,但从思想方式上看,这里存在对于一种普遍性标准的肯定。而在章太炎看来,就如进化和保守两论背后的是非标准乃是相对变动的一样,今文经学家的普遍性预设也并无坚实的立论基础:“若夫加之王心,为汉制法,斯则曲辩之言,非素王之志矣。”③以《春秋》为例,庄子在《齐物论》中说“《春秋》经世先王之志”的“经世”为“历谱世纪”,“志”为“史志”,由此说,《春秋》只是记录往事的作品。因此说,“若夫《春秋》者,先王之陈迹,详其行事,使民不忘,故常述其典礼,后生依以观变,圣人之意,尽乎斯矣。(中略)若欲私徇齿牙,豫规王度,斯未

① 《齐物论释》,第75页。标点有改动。
② 《齐物论释》,第76页。
③ 《齐物论释》,第97页。

知无方之传，应物不穷，岂以姬周末世，而能妄臆嬴刘之变哉。《老子》曰：‘前识者，道之华而愚之始。’明孔父本无是言，《公羊》曲学，成此大愚也”。[①]《春秋》只是一种历史记载，其意义在于供后人观察历史的变迁之迹。如果以其为常驻不变的经典，是先王规定好的永恒的法度，则是违背庄子在《秋水》中所说的“无方之传，应物无穷”的道理。而持奉《公羊传》的今文经学家则正坠入这种迷思当中。

说到底，公羊学家的普遍主义论述来自对知识之确定性的信任。但章太炎透过老子、庄子尤其是佛学的眼光看到的则是人类知见的有限性，他所看重的是由这种有限性而来的审慎。“圣人者，智周万方，形充八极，故能不行而知，不见而名，岂遂不知六合以外哉？（中略）六合有外，人人可以比量知其总相。其外何状，彼无现量，无由知其别相。”[②]现量、比量是因明学的概念，是对于知识之性质的命名。在一般的论述中，现量和比量都属于“智”的层次，如吕澂所说：“知自相智为现量，显现以证知故。知共相智即为比量，待推度而知故。”[③]和这种作为“智”的现比二量相对，另有需要否定的是两种“不正知”，即似现量和似比量，“若分别心于境增益余相余义乃至名诠，谓是实在，此即不得境之自相而以为得，属似现量。若分别心用有过因推度境事，不得共相而以为得，属似比量”。[④]但在章太炎，不是真现量真比量与似现量似比量对立，而是现量和比量对立。现量所得，是不加分别计度的正知，而比量所得，则是或者运用损减执而对于事物认识的不足，或者因为使用增益执而对事物认识的过度，总之都是可能错误的认识。因此对于由比量而获得的知识必须保持审慎的态度。而比量所得的知识乃是一种共相，这种共相也就是普遍主义的因明学表达，所以对比量的审慎也就是对普遍主义的审慎。对于章太炎来说，公羊学家是缺乏此种审慎态度的僭越之徒。

如果说对奉持《公羊传》的今文经学家的批判还较多保留着章太炎围绕

① 《齐物论释》，第 98 页。标点有改动。

② 《齐物论释》，第 98 页。

③ 吕澂《因明纲要》，北京：中华书局，2007 年，第 79 页。

④ 吕澂《因明纲要》，第 82 页。

经今古文问题蓄积已久的学术考量，那么对“文明论”釜底抽薪的批判更显示了“齐物哲学”敏锐的当代性和现实感，这也是“齐物之用”在当时集大成的表现。

如前文所述，“文明论”是清末民初时期思想界的流行话语，在主持《民报》时，章太炎就以少见的识力与勇气对之展开批判。《国故论衡》的《辨性下》篇中立足“螟生之人”对“文教之人”的讽刺也体现了这种识力。[①]到了《齐物论释》当中，对“文明论”的批判更成为其主旨。

在《齐物论释》中，这一主旨集中表现在全书第三章。这是针对《齐物论》中尧、舜关于是否讨伐宗、脍、胥敖等小国的讨论而作出的阐释。章太炎在肯定郭象的既有解释之后进一步说：“原夫‘齐物之用’，将以内存寂照，外利有情，世情不齐，文野尚异，亦各安其贯利，无所慕往，飨海鸟以大牢，乐斥鴳以钟鼓，适令颠连取毙，斯亦众情之所恒知。然志存兼并者，外辞蚕食之名，而方寄言高义，若云使彼野人，获与文化，斯则文野不齐之见，为桀、跖之嚆矢明矣。”在章太炎看来，对“文明”的高倡，只是桀、跖一般的志存兼并者侵略弱者的口实而已。这种情况下对“文明”的推广，倒还不如让所谓“文野不齐”的状况保持原样为好，否则就是以太牢的牺牲来喂海鸟，以钟鼓的礼乐来逗引斥鴳，貌似隆礼厚意，但结果是将其置于死地。不消说，这里所指斥的“志存兼并者”并不抽象，而是具体指向殖民印度的英国、殖民越南的法国、先后殖民菲律宾的西班牙和美国等等，而尤其重要的是所有这些国家在晚清时期对中国的殖民侵略。

但是要识破“文明”徽号之下的侵略之实并非易事。征诸历史，古代大儒如孟子也没有这种眼力：

孟子以善战当服上刑，及举葛伯仇饷之事，方云非富天下。尚考成汤、伊尹之谋，盖借宗教以夷人国，诚知牛羊御米，非邦君所难供，放而

① 对章太炎在《国故论衡》中对文野对立批判性论述的分析，可参周展安《依他起自性，依自不依他与反公理——试论章太炎从佛学出发的“唯物论”思想》，《中国哲学史》2017年第4期。

> 不祀，非比邻所得问。故陈调讽，待其躛言，尔乃遣众往耕，使之疑怖，童子已戮，得以复仇为名。今之伐国取邑者，所在皆是，以彼大儒，尚复蒙其眩惑，返观庄生，则虽文明灭国之名，犹能破其隐匿也。①

葛伯仇饷的故事出自《孟子·滕文公章句下》，讲述的是成汤因为其邻国葛国不祭祀，而送给后者牛羊和谷米，并派遣亳国的民众到葛国耕种，以帮助葛国备足祭祀的礼品，但葛伯却反复推脱，并杀死了给耕者送饭的小孩子，从而引起成汤以为小孩复仇为名对葛国的讨伐。向来反对战争的孟子在这里却为成汤的战争行为辩护，认为这并非贪图天下的财富，而是对暴君复仇的正义之举。但在章太炎看来，成汤所领导的商国作为葛国的邻国，并无权过问葛国的祭祀之事，而且送去的牛羊谷米也并非葛国所缺乏的。成汤的反复接触葛国并责问其祭祀的事情，只是一种借口而已，其真实目的在于吞灭葛国。而这一点也正是庄子所看破的。反观自己的同时代，像成汤吞灭葛国这样的事情正频频上演，抚今追昔，章太炎对"文明论"之欺骗性不能不有更深切的理解。

在以往的研究中，不少论者从"多元平等"或者"差异平等"的角度来解释章太炎的齐物思想，认为"世情不齐，文野尚异，亦各安其贯利，无所慕往"等论断反映了章太炎的多元主义思想和平等观念。②本文认为，我们固然不

① 《齐物论释》，第100页。标点有改动。

② 如汪荣祖教授是较早从"文化多元"角度阐释章太炎思想的学者，他认为："他（章太炎）首先指出，齐物虽是'一往平等之谈'，但并非一般世俗所谓的自在平等，而是不同的文化都有存在的价值，所谓'无物不然，无物不可'；各种不同的文化有其不同的文化内容，所谓'风纪万殊，政教各异'；各文化皆有其特性，应维护以及发展其特性，所谓'物畅其性，各安其所安'；（中略）明显表述了多元文化的思维。"汪荣祖《章太炎对现代性的迎拒与文化多元思想的表述》，《中央研究院近代史研究所集刊》第41期，2003年。石井刚教授将章太炎与丸山真男的思想对照，认为前者的"齐物"思想所显示的世界图景，可以认为是"建立在共时性基础上的价值多样化的世界观念，也就是一种空间想象"。《"道之生生不息"的两种世界观》，收入氏著《齐物的哲学：章太炎与中国现代思想的东亚经验》，上海：华东师范大学出版社，2016年，第21页。Viren Murthy认为："既然章太炎立足齐物哲学反对黑格尔的历史目的论，那么我们就有可能将其阐释为是在寻找一种非概念化的差异概念。" *The Political Philosophy of Zhang Taiyan: The Resistance of Consciousness*, Leiden: Brill, 2011, pp.211—212.

能说章太炎明确反对“多元论”,但“多元论”并非章太炎的究竟之论。章太炎意识到世情不齐、文野尚异的现实状况从而反对一元的文明论,但是这并非意味着章太炎由此归宗到对差异或者多元主义的肯定,更不是由此走向类似赫尔德式的特殊主义。就“文野尚异”的状况而言,谈论差异或者多元主义的观点或许意味着章太炎对于“文”和“野”两种状况都加以肯定,让“文”和“野”取得平等地位。如果是这样,那这恐怕是过多受到晚近以来西方哲学在“主体转向”之后出现的“交互主体”“多元主体”“差异哲学”“共生哲学”等理论影响的结果。①而且,这类解释都不同程度带有一种貌似通达、宽容的品格,它们削弱了章太炎哲学的强度,而且在根本方向上恐怕也是背道而驰的。

章太炎自然是肯定平等的,这从他对五朝法律的论述中可以看得很清楚,但是平等问题并非“齐物哲学”的主旨。首先要认识到“齐物哲学”是在欧美帝国主义对亚洲弱国加紧殖民统治的历史状况中酝酿完成的,是立足于弱者的地位、出于深重的危机意识而发出的抵抗之声。它绝非一种纯粹哲学的构造,虽然它出之于哲学的外貌。因此章太炎对“文野”之关系的论述,绝不只是要让“野”取得与“文”平等的地位,从而由此获得“野”与“文”的“多元”,而是站在“野”的立场来抵抗“文”的压迫,暴露出“文”的背后那赤裸裸的殖民野心,瓦解所谓“文”。说到底,谈论多元、共生之类话题,那是处于优势地位的胜利者才有的资格,而终生处在个人、民族与“生生”之三重忧患之中的章太炎无缘有那样的从容和通达。而实际上,在行动上表现为殖民扩张的“文”也不会容许“野”和自己构成一种多元并立的关系。在这个意义上,“齐物哲学”必然是一种革命哲学。

不仅如此。章太炎不仅要颠倒“文”和“野”原有的等级关系,而且要从

① “主体转向”或许可以是说自胡塞尔以来二十世纪西方哲学的基本主题。拉康从精神分析角度提出“他性”,海德格尔以“在世界中存在”来诠释“此在”,列维纳斯提出“他者”以突破西方传统哲学的“同一性”原则,德勒兹以块茎、游牧等说法对差异的强调等等是其中较有影响的部分。在石井刚的论述中,似乎可以看到列维纳斯的影响,在 Viren Murthy 的章太炎论中,可以看到德勒兹的影响。他们的研究对于激活章太炎的思想,将章太炎拉回到当代的思想语境中有相当重要的意义,但似乎过多立足于既定的哲学立场,有将章太炎思想客体化/凝固化的倾向。

“丧我”之意出发展露出“文”和“野”的对立乃是虚妄不实的，从根本上取消文野对立的构造，从而也就在理论上取消了所谓“多元”对立或者并立的可能性。他以“觉”来对应“文”，以“迷”来对应“野”，引用《大乘起信论》中的相关论述，认为“迷悟不二”，借以取消“文”和“野”之间的差异。“《起信论》所谓‘一切众生，不名为觉，以从本来念念相续，未曾离念，故说无始无明。’而实不觉，亦不可知。所以者何？迷亦是觉，物无不迷，故物无不觉。今云无知，虽一切知者亦何能知之，然则第二第三两问皆不可知，唯第一问容有可说。触受想思，唯是织妄，故知即不知也。达一法界，心无分别，故不知即知也。”[①]在《大乘起信论》，所谓真正的“觉”，是心之本体远离各种妄念的状态，这是一种等同于虚空的状态，所谓“所言觉意者，谓心体离念。离念相者，等虚空界”。[②]这种“觉”也叫做“本觉”。但是，除佛之外的一切众生，包括菩萨、声闻、缘觉以及天人等六界凡夫在内，从来都是一念接着一念，所以无始以来就陷入不觉当中，此谓无明。《大乘起信论》又进一步认为，无明不能离开本觉，无明与本觉是非一非异的关系，所谓“无明之相，不离觉性”。[③]这是因为《大乘起信论》持“一心开二门”的看法，认为心真如门和心生灭门同处一心当中，非一非异。这也就是含藏所有种子的阿赖耶识的作用，它同时具备觉义和不觉义，所谓“不生不灭与生灭和合，非一非异，名为阿梨耶识。此识有二种义，能摄一切法，生一切法。云何为二，一者觉义，二者不觉义。”[④]正是顺承《大乘起信论》的这种解释，章太炎认为迷和觉本非二物，并通过对《齐物论》中齧缺和王倪围绕“知”与“不知”的三重问答进行解构，否定了一种和“不知”绝然对立的“知”之存在的可能，认为一般的所谓“知”其实是一种妄执分别，而达到“法界一相”的境界后，则所谓不知，正是离念自证真如的表现，这反而是真正的“知”，也就是真正的“觉”。于是，“知”和“不知”、“觉”和“迷”就被内在沟通了。从而，“文”和“野”的关系也不再是外部

① 《齐物论释》，第 103 页。
② 《大乘起信论校释》，第 27 页。
③ 《大乘起信论校释》，第 36 页。
④ 《大乘起信论校释》，第 25 页。

相对的关系,正所谓“以本无文野故”。[①]

在上文对《齐物论释》创作动因的考察中,我们已经勾勒过无政府主义和文明论之间的关系,在《齐物论释》正文当中,章太炎延续了之前对无政府主义批判的方向。更确切地说,他是将无政府主义作为“文明论”的一个典型来把握的:“文野之见,尤不易除,夫灭国者,假是为名,此是梼杌、穷奇之志尔。如观近世有言无政府者,自谓至平等也,国邑州闾,泯然无间,贞廉诈佞,一切都捐,而犹横箸文野之见,必令械器日工,餐服愈美,劳形苦身,以就是业,而谓民职宜然,何其妄欤! 故应物之论,以齐文野为究极。”[②]无政府主义在当时是具有进步意义的激进思想,所谓“至平等也”。但是,和外部的帝国主义者以“文”为名灭人之国类似,无政府主义者也不能突破以“文”为尚的观念,它的“机械日工、餐服愈美”是对物质形态的文明的狂热,而若将此视为具有普遍性的“民职”,则在辛亥前后的历史条件下只能是驱赶民众终生“劳形苦身”而已,与其“至平等也”的理想终成南辕北辙之势。

五、从“中道”到“俗情”:“齐物哲学”的转进

在前文当中,我们已经围绕“丧我”解析了《齐物论释》一开始就提出的由“泯绝人法,兼空见相”以达到“毕竟平等”这中间的脉络,获得了对“齐物哲学”的最初印象。并且由此出发考察了“齐物哲学”作为一种“时代哲学”[③]对同时代思想状况的介入,展现了其强烈的现实感和其不同于多元、差异或者共生哲学的革命性。然而,这并非就是“齐物哲学”的全貌。“齐物哲学”在破斥了人我执法我执,破除了名言分别,乃至破除“第一因”和“缘生说”之后,在批判了进化论、今文经学、文明论、无政府主义等等时代思潮之

① 《齐物论释》,第104页。

② 《齐物论释》,第101页。

③ “时代哲学”的概念意在强调章太炎的“齐物哲学”对于同时代的深刻介入。我认为,黑格尔在《法哲学》中所提出的“哲学是被把握在思想中的它的时代”是“时代哲学”的精当说明。参黑格尔著《法哲学原理》,范扬、张企泰译,北京:商务印书馆,1961年,序言第12页。

后，一句话，在淋漓尽致地发挥其“破”的特点之后，仍然有所“立”，仍然有其肯定与决断。只有将“破”和“立”综合起来考察，才能获得对“齐物哲学”的完整理解。

从较为宏观的角度来看，《齐物论释》中“立”的层面首先通过对“中道”的肯定而隐约透露出来。为了充分论述“万法唯识”之义，章太炎曾以语言为例从本名、引申名、究竟名三个层次论述“能诠”与“所诠”即“名”与“实”之间没有确定不移的对应关系，反对“执名为实”。但他同样反对“淫名异实”，即完全任由名与实相离。并且基于此，他提出“将何以为中道邪?”[①]可见，章太炎并未走向纯然否定性的解构，而是在执实与解构亦即同一性和差异性之间寻找“中道”。在对《齐物论》中的“存在不论”进行阐释时，他说“存则无损减，不论则无增益，斯为眇契中道”。[②]损减即损减执，是认有为无的执念；增益即增益执，是认无为有的执念，两种都是妄执。以“丧我”开启的对我执和法执的破除可以说更接近于对增益执的破除，但章太炎并未由此走向损减执，他所要把握的是中道。

中道是佛教各宗的要义，在不同的佛教宗派中其具体含义有所差异，如对龙树来说，认识到缘起性空即是中道，天台宗则在批判了析法空和体法空之后更以能具足诸法转化诸法的大用为中道，不过从最低限度来看，超越边见应是各宗理解中道所共有的认识。唯识宗亦非常重视中道理论。所谓“中道”，是指“我法非有，空识非无，离有离无，故契中道”。[③]意即并不认为有实我和实法存在，但也并不否认真如的空理和心识，这种对非有非无的把握才是“中道”。窥基在《成唯识论述记》中说“谓非一向空如清弁，非一向有如小乘，故名处中道。谓二谛有不同清弁，二取无不同小部，故处中道”。[④]清弁即清辨，是古印度大乘中观学派著名论师，继承龙树的理论，曾和有宗

---

① 《齐物论释》，第 89 页。关于章太炎论述本名、引申名、究竟名三个层次上的名实不相应问题，参该书 85—89 页。

② 《齐物论释》，第 98 页。

③ 《成唯识论校释》，第 492 页。

④ 窥基《成唯识论述记》，收入石峻等编，《中国佛教思想资料选编》第 4 卷，北京：中华书局，2014 年，第 98 页。

论师护法就空有问题展开论辩,认为"真性有为空,如幻缘生故,无为无有实,不起似空华",对有为法和无为法同时加以破斥,主张一切皆空。窥基此处是将"中道"置于清辨和小乘宗派之间来把握的。①这在三时判教中,唯识宗将自己视为释尊说法的最高阶段,即第三时的阶段,并自称为中道教:"初时说有教,为破外道实我之说,说我空法有,称小乘教。第二时说空教,为破小乘实法之执,说诸法皆空之《般若经》。第三时中道教,为破偏有、偏空之执,说非有非无《解深密》《法华》《涅槃》《华严》等经。"②章太炎以"天籁"为引线而说"丧我"之义,乃至用如来藏缘起说为第一义,批评法藏的无尽缘起说,都可以视为第二时说空教的阶段,而以"中道"来立论,则可说是达于第三时的阶段。就此可见,章太炎在《齐物论释》中是基本遵循了唯识宗的教法的。前文所引的"存则无损减,不论则无增益,斯为眇契中道"一语也正是脱胎于《成唯识论》的"由斯远离增、减二边,唯识义成,契会中道"。③

更值得注意的是,章太炎触及"中道",但并未停留于此。对于章太炎来说,更有意味的,不是"中道"对于"有教"和"空教"的双重超越,从而对于佛性的领悟,而是因"中道"对"空教"的纠正所带来的对于"有教"的再发现。也就是说,章太炎的论及"中道",更显示了一种向着"有教"下沉的姿态,而不是说在"有较"和"空较"之间保持平衡而止。这在章太炎对于唯识三性说的抉择中可以见出。④对于"将何以为中道邪"一问,章太炎引《摄大乘论》中的话以为回应:"《摄大乘论》所谓似法似义,有见意言。"⑤似法似义是似法和似义的合称。法者法相,义者义相,是世间万法之相状,似法似义是指对

① 唯识宗对龙树—清辨一派的批评亦参《成唯识论校释》,第212—214页,这一部分即批评了清辨系的理论,也批评了说一切有部的观点,可以和上述窥基的述记并读。

② 宇井伯寿《中印佛教思想史》,释印海译,贵阳:贵州大学出版社,2013年,第135页。

③ 《成唯识论校释》,第489页。

④ 三性说是唯识学用以解释一切法的实相所提出的一种学说,主要成于大乘教派的无著、世亲之手。三性包括:以名言表示而执着为实有,这样所得的认识是不实在的分别,谓之"遍计所执性";遍计所执性也不是凭空而来,是有所依的,它所以的自性,谓之依他起性;安立在依他起性上的遍计所执性当然是不真实的,去掉它就能得到诸法的真实性,这样所认识的,最完备,也最真实,谓之"圆成实性"。以上区别出自吕澂《印度佛学源流略讲》,收入《吕澂佛学论著选集》,济南:齐鲁书社,1991年,第2305页。

⑤ 《齐物论释》,第98页。

本无自性的万法起执着之心，而以其为实有。在《摄大乘论》中，这本是对唯识三性中的遍计所执性的解说："此种何者遍计所执相？谓与无义唯有识中似义显现。"①但是，在章太炎看来，这一提法"有见意言"，因为"似法似义"中"似"字也提示此种法相虽然是"实无"，但又是"假有"。如《成唯识论》所说："愚夫所计实有都无所有，但随妄情而施设，故说之为假，内识所变似我似法，虽有而非实我、法性，然似彼现，故说为假。"②也就是说，万法就其自性而言是无，但就其依见分相分而施设之相状而言，则是有，但因为其自性是无，所以这种有只能是假有。而对假有的肯定，正是唯识三性说中的依他起自性的命题。因此，就唯识三性说而言，章太炎说"丧我"以破除我法二执，是对遍计所执自性的破斥，也就是对"妄有"的破斥；其对"中道"的肯定，可以说是对圆成实自性的领悟，对"真有"的领悟。但他并未停留于此，停留在圆成实自性上，而是反过头来对于唯识三性中的依他起自性加以保留，也就是对"假有"进行保留。③

由"中道"说之引导而倾向于"有教"，在圆成实自性和依他起自性之间肯定依他起自性之假有，这里面所蕴含的下沉姿态，也见于章太炎在"真心"和"生灭心"之间对于"生灭心"的关注："世人或言东西圣人心理不异，不悟真心固同，生灭心中所起事相，分理有异，言语亦殊。"④真心、生灭心的提法在佛学中属于真常心系，在《大乘起信论》中论之尤详："显示正义者，依一心有二种门。云何为二？一者心真如门，二者心生灭门。是二种门皆总摄一切法。此义云何？以是二门不相离故。"⑤虽说是一心二门，而二门的性质不同，地位也不同：心真如门表现为非染非净、不生不灭、毕竟平等的真如之相，是如来藏心的第一义；心生灭门依止如来藏心因无明熏动而产生染净的分别相，从而表现为覆盖了心真如门的"不觉"，是如来藏心的第二义。因

① 《摄大乘论》，版本不详。

② 《成唯识论校释》，第2页。

③ 关于章太炎对依他起自性的理解，特别可参张志强《"操齐物以解纷，明天倪以为量"——论章太炎"齐物"哲学的形成及其意趣》，《中国哲学史》2012年第3期。

④ 《齐物论释》，第89页。

⑤ 《大乘起信论校释》，第16页。

此,和“生灭心”相比,“真心”更具有根本性。但是,章太炎更加重视的则是“生灭心”,亦即重视“事相”。[①]

甚至,在佛教和所谓外道之间的抉择上,也能看出章太炎的下沉姿态。章太炎对所谓外道抱持极为通达的看法。他认为:“若婆罗门之阿德门,僧佉之神我,修习四禅八定,皆学焉而未至者,非真与道背驰也。”[②]由此,婆罗门与佛教并不是水火不容,而是处在一个脉络上,其别在于“至”与“未至”的程度之差。他观察到,马鸣、龙树都是自外道而入佛门,所谓外道者,“以其分立门户,故谓之外,若在世法,此辈真有凤翔万仞之概矣”。[③]他甚至还写信托人转告杨仁山,介绍印度的婆罗门师到中国讲授吠檀多哲学,认为派“婆罗门正宗之教本为大乘先声”。[④]

所有这些在理论与实践上的抉择以及蕴含于其中的下沉姿态,在《齐物论释》中具体化为对“俗诠”“俗谛”“俗情”“常识”“串习”“人心”“人情”等世俗事物的肯定。

为充分论证其“万法唯识”之义,章太炎在文中自我设问:“行义无常,语言非定,此皆本乎情感,因乎串习,故不可据理以定是非,白黑之相,菽麦之姿,不待名言而生辨异,离言自性,岂可乱邪?”[⑤]这一提问退后一步承认了章太炎在前文中对于“行义”“语言”等无自性的论述,承认它们都是出于“情感”和“串习”等凡夫所具备或置身的俗常环境,但同时认为,对于像“白黑之相”“菽麦之姿”这种不需要语言的表达、一望可知的相状,不是应该承认其有确定不移的自性吗?章太炎对此的回答是:“无相分别,如其自身,庄生固无遮拨。及在名言,白表白相,黑表黑相,菽表菽事,麦表麦事,俗诠有定,则亦随顺故言,斯为照之于天,不因己制。是故指鹿为马,以素为玄,义所不许。所以者何?从俗则无争论,私意变更,是非即又蜂起,比于向日,嚣讼滋多,是以有德司契,本之约定俗成也。或欲引用殊文,自移旧贯,未悟文则鸟

① 对“事相”的重视,亦见《菿汉微言》,《菿汉三言》,第25页。

②③ 章太炎《菿汉三言》,第78页。

④ 章太炎《与余同伯》,《章太炎书信集》,第261页。

⑤ 《齐物论释》,第77页。

迹，言乃鷇音，等无是非，何间彼我。”[①]无相分别是唯识学所说七种分别之一，《瑜伽师地论》将之解释为：“谓随先所引，及婴儿等不善名言者，所有分别”，[②]意即不需要名言的帮助，先天俱生而来的分别计度。在《摄大乘论》中也被称为“无觉遍计”。[③]在章太炎看来，“白黑之相”“菽麦之姿”就属于这种“无相分别”，即虽没有名言诠释，但依然是分别计度的结果，依然是一种妄执。但是，章太炎并未就此一笔抹杀白、黑、菽、麦等名言概念的意义。它们虽然并无自性，却是在具体的历史时空中形成的既定说法，是一种“俗诠”。对此种“俗诠”，应加以尊重，而不是随意更张，否则只会引起纷争，因此应“随顺故言”，应“从俗”，应“本之约定俗成”，而非“自移旧贯”。需要强调的是，此处对“俗诠”“故言”的维护是在自认为高明的“己制”“私意”“殊文”等被统统拆穿的前提下展开的。那些自认为高明的是非之论，从唯识家的眼睛里看出去，和无意义的鸟迹、鷇音没有区别。也就是说，章太炎的肯定“俗诠”和“故言”不是一种从特定利益角度出发的保守之论，而是基于已然存在的状况，基于那相对于“己制”“私意”等被视为落后从而有待于启蒙的固有事实，自下而上所发出的抵抗之声。章太炎始终是带着强烈的现实感在具体的问答架构中来立论的，这一点不仅表现在其佛学阐释上，也蕴含在其晚年的儒学以及广义国学的阐释上。

这种基于抵抗的对既定事实的尊重在章太炎对“文明论”的批判脉络中更加清晰。在依据“迷悟不二”对“文明论”进行瓦解之后，章太炎并未由此坠入迷悟不辨的虚空之中，而是转而肯定：“但当其所宜，则知避就取舍而已。必谓尘性自然，物感同尔，则为一䚕之论，非复‘齐物’之谈。若转以彼之所感，而责我之亦然，此亦曲士之见。是故高言平等，还顺俗情，所以异乎反人为实、胜人为名者。”[④]以“自然”“同尔”等普遍性范畴将“野”与“文”置

---

① 《齐物论释》，第 77 页。

② 《瑜伽师地论》，第 8 页。

③ 章太炎对此也有解释，他认为“非说无相分别，义不得成”，即只有论及无相分别，唯识之义才能得到贯彻。参《齐物论释》，第 74 页。

④ 《齐物论释》，第 104 页。标点有改动。“反人为实、胜人为名”语出《庄子 · 天下》篇。原文为：“以反人为实，而欲以胜人为名，是以与众不适也。”这是批评惠施的话。

于一处,齐其不齐,这和惠施的“反人为实、胜人为名”这种“与众不适”的举动相类。无论怎样高明的言论,哪怕是“平等”,也仍然要“当其所宜”,要尊重“俗情”。这一点即便是对佛陀来说也一样:“释迦称一切知者,然于俗谛,唯是随逐梵土故言故说。”①由此也可以看出,“俗谛”“俗情”“俗诠”之“俗”并非某些持“中体西用”之论者所鼓吹的以“君臣之学”等纲常名教为核心的“礼俗”,②更不是可以景观化的“风俗”,而是联系着广泛的“众”和“土”的社会现实。

向着“俗情”持续下沉的姿态,更表现在对庄子整体形象的勾勒之中。这在全书第七章中有集中呈现,所谓“前章说无待所以明真,此章说物化所以通俗”。③“物化”是庄子在关于庄周梦蝶的故事中所提出的概念。在章太炎看来,庄子讨论梦蝶与物化,目的并不在说梦,而是以梦为喻,讨论轮回的问题:“然寻庄生多说轮回之义,此章本以梦为同喻,非正说梦。”④因此所谓物化就是轮回。他引用庄子在《大宗师》《养生主》《知北游》中的多处文字指出后者有肯定轮回的意思。那么,庄子为何以梦为喻来讨论轮回呢?章太炎说:“而彼梵土,积喙相传,有轮回义,非独依于比量,亦由借彼重言。此土既无成证,鲧化黄熊,缓作秋柏,唯有一二事状,而不能睹其必然。质言轮回,既非恒人所见,转近夸诬,故徒以梦化相拟,未尝质言其实尔。”⑤指古印度依靠因明学的比量即类比推论和庄子所说的重言即引用传说来讨论轮回,但中国缺少此类传说,于是以梦为喻。章太炎认为,这正是庄子所说“卮言”的一种表现:“如说老聃不知其尽,仲尼以是日徂,斯皆变易生死之类,而庄生亦无异文别择,皆以众所不征,不容苟且建立,斯其所以为卮言欤。”⑥轮回本是佛学的命题,佛学之议及轮回,目的乃是以“六趣升沉之说”来劝惩凡夫行善积德,从而最终脱离轮回以进入涅槃之境,章太炎何以认为庄子肯

① 《齐物论释》,第 99 页。

② 王仁俊《王干臣吏部〈实学平议〉》,收入苏舆编《翼教丛编》,上海:上海书店出版社,2002 年,第 53 页。

③⑥ 《齐物论释》,第 118 页。

④⑤ 《齐物论释》,第 117 页。

定轮回，并以轮回"通俗"，即通向俗情、俗谛呢？用一句话来回答，即是："观庄生意，实无欣羡寂灭之情。"①

没有欣羡寂灭之情，不求出世，不求实证涅槃，那何以要用破人法二执来证"丧我"，何以说庄子"上悟唯识"？庄子思想和佛学主旨到底是何关系？从佛学视野来看，庄子究竟处在什么位置？章太炎对此有详细辨析。他引《德充符》中的"以其知得其心，以其心得其常心"证明庄子已经"依六识现量，证得八识自体，次依八识现量，证得庵摩罗识自体，以一念相应，慧无明顿尽于色究竟处，示一切世间最高大地也。此乃但说佛果，而亦不说涅槃"。②"六识现量"即"知"，"八识自体"即"心"，"庵摩罗识"即"常心"。梁代真谛系统在发展摄论学说时认为庵摩罗识为第九识，是区别于阿赖耶识的清净识或者无垢识，而玄奘以来的唯识系统则认为庵摩罗识与阿赖耶识不一不异，原本潜藏在阿赖耶识中。后者也正是章太炎本人的看法："心即阿陀那识，常心即庵摩罗识。彼言常心，此乃谓之真君。心与常心，业有别相，自体无异。"③由此可以推知，在章太炎看来，庄子证得庵摩罗识自体并非舍弃含藏万有种子的阿赖耶识，而是在其内部完成的。这正和下文的"一念相应"对应。"一念相应"指修行阶位在五地以上的菩萨，一念当中，真谛和俗谛俱时而起并达到一体无间的程度。而当此一念之间，能观照万法之空理的智慧和作为根本烦恼的无明同时消失于"色究竟处"，即消失于色界十八天的最究竟处，也是有情世间的最究竟处，而不是离开此有情世间进入无色界。又引《田子方》中"心困焉而不能知，口辟焉而不能言"证明庄子"十地向尽，一念相应，觉心初起，心无初相，是为究竟觉地，而亦无涅槃事"。⑥佛教认为菩萨修行需要经过五十二个阶位，十地是第四十一位到五十位，"十地向尽"指菩萨修行到达五十位而止，而并不进入"等觉""妙觉"这最后两级佛的阶位。所谓"地"，是指如同大地一般帮助众生负荷世间之苦难。不管是"庵摩罗识""色究竟处""世间最高大地"还是"十地向尽"，都在提示庄子乃

---

① 《齐物论释》，第118页。

②④ 《齐物论释》，第119页。

③ 《齐物论释》，第71页。

是一个不离世间的菩萨相,他证悟佛境,但并不出离世间。为了突出强调这种不离世间、不入涅槃寂静的特点,章太炎直接将庄子称为"菩萨一阐提":"《大乘入楞伽经》指目菩萨一阐提云,'诸菩萨以本愿方便,愿一切众生,悉入涅槃。若一众生未涅槃者,我终不入。此亦住一阐提趣,此是无涅槃种性相。''菩萨一阐提,知一切法,本来涅槃,毕竟不入。'此盖庄生所诣之地。"①"一阐提"原是佛教所说的没有善根永远不能脱离轮回从而得救成佛的众生,②"菩萨一阐提"则是发愿决不先于一切众生进入涅槃之境的善菩萨,这种说法显示了庄子永远不离俗世的坚定性。

六、"以百姓心为心":"齐物哲学"的融通与归宿

在《菿汉微言》中,章太炎曾说:"凡古近政俗之消息,社会都野之情状,华梵圣哲之义谛,东西学人之所说,拘者执著而鲜通,短者执中而居间,卒之鲁莽灭裂,而调和之效,终未可睹。譬彼侏儒,解遘于两大之间,无术甚矣。余则操齐物以解纷,明天倪以为量,割制大理,莫不逊顺。"③因此,"齐物哲学"不仅作为一家之言而存在,更是一种能沟通、化解所有矛盾的总哲学,是最具原理性的哲学。对以上所论及的倾向于"俗情""俗诠","齐物哲学"定当有理论性的说明;对于上述以"丧我"为起点的否定性脉络和从"中道"到"俗情"的肯定性脉络之间这貌似对立的关系,"齐物哲学"也必然进一步有融通的解释。在《齐物论释》中,这是围绕着庄子的"天钧""两行"等概念而展开的。

考虑到此处关系甚重,本文谨先将庄子原文略加删减引述如下:

---

① 《齐物论释》,第119页。

② 笔者所见,经论中,《大般涅槃经》论及"一阐提"较详。"云何罪人曰一阐提?一阐提者,不信因果,无有惭愧,不信业报,不见现在及未来世,不亲善友,不随诸佛所说教戒,如是之人,名一阐提。"昙无谶译《大般涅槃经》,上海:上海古籍出版社,1991年,第105页。此外,该经中《如来性品》《一切大众所问品》等也有对"一阐提"的论述。

③ 章太炎《菿汉三言》,第61页。

> 可乎可，不可乎不可。道行之而成，物谓之而然。恶乎然？然于然。恶乎不然？不然于不然。物固有所然，物固有所可。无物不然，无物不可。（中略）其分也，成也；其成也，毁也。凡物无成与毁，复通为一。唯达者知通为一，为是不用而寓诸庸，庸也者，用也；用也者，通也；通也者，得也；适得而无几矣。因是已，已而不知其然，谓之道。（中略）名实未亏，而喜怒为用，亦因是也。是以圣人和之以是非，而休乎天钧，是之谓两行。

在庄学研究史上，对这段话的研究基本是在一种相对主义的逻辑框架中展开的。以较为通行的研究为例：陈鼓应先生认为“两行”就是“不执着于是非的争论而依顺自然均衡之理”，他所引证的马恒君认为“两行”就是“对立双方并行不悖”，所引证的方东美认为“两行就是把一切对于真理的陈述，落到无穷的相对系统里面去。然后，在这个无穷的相对系统里，每一个理论都有它独特的观点”；①清代王先谦也认为“两行”就是“言圣人和通是非，共休息于自然均平之地，物与我各得其所”；②宋代林希逸同样认为“两行者，随其是非，而使之并行也”。③郭象和成玄英的解释对于“是”和“非”并不执为实有，如成玄英认为“理无是非”，“然”与“不然”的看法乃是“物情执滞，触境皆迷”④的结果，但最终也还是认为“和是于无是，同非于无非，所以息智乎均平之乡，休心乎自然之境也”。⑤综合来看，这些解释都是在“然”与“不然”、“可”与“不可”、“是”与“非”等等对立的关系中，将此关系的两端相对化而同时可以肯定。⑥

章太炎的解释则是在另外的方向上展开的。他首先概括此段话的主旨

---

① 陈鼓应《庄子今注今译》，北京：中华书局，1983 年，第 73—74 页。

② 王先谦《庄子集解》，沈啸寰点校，北京：中华书局，1987 年，第 17 页。

③ 林希逸著，周启成校注《庄子鬳斋口义校注》，北京：中华书局，1997 年，第 27 页。

④ 郭庆藩《庄子集释》，王孝鱼校点，北京：中华书局，1961 年，第 78 页。

⑤ 《庄子集释》，第 80 页。

⑥ 围绕《齐物论释》的研究中所出现的多元主义或者共生主义研究倾向，也多是从这种思路衍生出来的。

为:“破名守之拘,亦解作用道理、证成道理之滞,并空缘生。道行之而成,指作用证成二理,物谓之而然,指名守,次皆遮拨之言。”①“破名守之拘”即破除对于名言概念的执着,同时破除对佛学所说四种道理中的“作用道理和证成道理”。②因为四种道理中的观待道理、作用道理、证成道理都保留了对于因缘的肯定,它们认识到诸法是因缘和合而成的,但并未进一步去破除因缘本身,而是对因缘有执着。如作用道理认为“诸蕴生已,由自缘故,有自作用,各各差别”,证成道理认为“一切蕴,皆是无常,众缘所生,苦、空、无我,由三量故,如实观察”。③这也就是破除所谓“缘生”说,因为“缘生则观待道理、作用道理也”。④在章太炎看来,庄子所说的“道行之而成,物谓之而然”,都属于法执的层次,因此都应该破除。从而,“然”与“不然”、“可”与“不可”、“是”与“非”的对立其实是无谓的,然、不然、可、不可、是、非等等看似对立,其实都没有自性,也都没有真因,没有如林希逸所说的“自有一个是底”⑤的状况,对这些概念的定义都是“以义解义,以字解字”的结果,而“其义其字,惟是更互相训”。⑥因此,就不存在将“然”与“不然”或者“是”与“非”相对化的问题。然、不然或者可、不可,是一个层面的概念,都是“由原型观念法执所成”,⑦它们都属于“俗谛”。它们自身不构成对立,而是作为一个整体与“真谛”或者说“胜义”相对:“随俗谛说,物固有所然,物固有所可;依胜义说,训释三端不可得义,无义成义。”⑧

也因此,通常以“是”和“非”之对立为内容的“两行”就转变为以“真谛”和“俗谛”之对立为内容的“两行”,平面的关系转化为立体的关系,所谓多元主义的思路也就此失去了自己的立论基础。以“丧我”为起点的否定性脉络和从“中道”到“俗情”的肯定性脉络也正可以在这种新的“两行之论”的架构

---

① 《齐物论释》,第 79 页。

② 四种道理是指佛学中观察和把握诸法的四种方式,包括观待道理、作用道理、证成道理和法尔道理。关于此四种道理的详细解释,可参《瑜伽师地论》卷二十五,第 610—611 页。

③ 《瑜伽师地论》卷二十五,第 610 页。

④ 《齐物论释》,第 83 页。

⑤ 《庄子鬳斋口义校注》,第 25 页。

⑥ 《齐物论释》,第 80 页。

⑦⑧ 《齐物论释》,第 82 页。

中获得说明。章太炎说:“圣人内了无言,而外还顺世。顺世故和之以是非,无言故休乎天钧。(中略)和以是非者,则假天钧为用,所谓随顺言说。休乎天钧者,则观天钧自相,所谓性离言说。一语一默,无非至教,此之谓两行也。”[①]内了无言就是明了万法皆空之后“离言说相”“离名字相”的结果,外还顺世则是虽然明了万法皆空但是仍顺从“物固有所然,物固有所可”的既定状况,而不自作主张,新启争端。内了无言也就是休乎天钧,就是观天钧自相,就是从“体”的层面来把握“天钧”;外还顺世也就是假天钧为用,就是从“用”的层面来把握“天钧”。这种围绕着“天钧”的一语一默的架构,也是一体一用的架构,就是章太炎所定义的“两行”。

虽然章太炎对其诠解高度自信,认为“两行之道,圣哲皆然,自非深明玄旨,何由寻其义趣。自子期、子玄之伦,犹不了悟,况玄英以下乎”。[②]但是,“两行之道”还仅是赋予“真谛”和“俗谛”之关系以一个解释性的框架。它将“俗情”“俗诠”等纳入框架之中,但是还没有详细说明这个框架内部的运作逻辑,没有说明“真谛”和“俗谛”之间的动态关系。这有待于对“天钧”作进一步的分析。

如庄子在《寓言》篇中所指出的:“天均者,天倪也。”天均,同天钧。天钧即天倪,那么何为“天倪”?“言天倪者,直训其义,即是自然之分。《成唯识论》云:‘如契经说,一切有情无始时来,有种种界,如恶叉聚法尔而有,界即种子差别名故。’又引‘经说无始时来界,一切法等依,界是因义。’[③]即种子识。然则自然之分,即种种界法尔而有者也。”[④]从而,在章太炎看来,庄子所说的“天钧”“天倪”就是佛学认为无始以来“一切法”之所依,是“种子识”,即阿赖耶识。关于此种子识的内涵,章太炎说:“彼种子义说,为相名分别习气,而与色根器界有殊。令若废诠谈旨,色根器界还即相分,自亦摄在种子之中。”[⑤]

① 《齐物论释》,第82—83页。
② 《齐物论释》,第83页。
③ 此处所引出自《成唯识论校释》,第109页。
④ 《齐物论释》,第107—108页。
⑤ 《齐物论释》,第108页。

此处的“彼种子义说”,是在《成唯识论》中对于种子的界定。《成唯识论》说:“执受有二,谓诸种子及有根身。诸种子者,谓诸相名分别习气。有根身者,谓诸色根,及根依处。”[①]这里将种子与根身区别,是为了顺接上文所说的“执受有二”,执即执摄,受即领受,这是对阿赖耶识的行相即作用方式的细致说明。但实际上,无论是可称为分别习气的种子的各种相状,还是分别习气所执取的眼耳鼻舌身五根,“皆是识所执受,摄为自体,同安危故”,[②]即都是阿赖耶识自体内变的结果,都位于阿赖耶识内部。因此章太炎会说“色根器界还即相分”,相分和见分同处种子之中。因此,种子就成为世界万有之总仓库。在章太炎看来,这一点恰好和庄子在《寓言》篇中所说的“万物皆种也,以不同形相禅,始卒若环,莫得其伦,是谓天均”互证。

“天钧”既然就是蕴含万有种子的阿赖耶识,而且“万物皆种,以不同形相禅”,所以位于“两行之道”这一框架中的“真谛”和“俗谛”就不是一种边界清晰的对立,而必然是相互连接、交织、转化的状态,即“以不同形相禅”。从而,“真谛”相对于“俗谛”就不必然总是高明的,反过来,“俗谛”相对于“真谛”也不必然总是低贱的、落后的。“真谛”和“俗谛”同源于蕴含万有的阿赖耶识:“诸有知见,若浅若深,悉依此种子而现世识、处识、相识、数识、作用识、因果识,乃至我识。此七事者,情想之虎落,智术之垣苑。”[③]在上文中,我们曾引用这句话以表现“万法唯识”之意,但若更深入考察,则该句中还包含将“浅”的“知见”和“深”的“知见”拉至同一程度平等对待,并暴露出所谓深刻高明的“知见”之内在空洞性的意思。也就是说,不只是一般地表达“万法唯识”以破除我法二执,而是将一种抵抗的意思包蕴于其中。同样,当章太炎说“凡诸儒林白衣,大匠祆师,所论纵无全是,必不全非边见,但得中见一部,不能悉与中见反也。倒见但误以倒为正,不能竟与正见离也”[④]的时候,也正是要强调佛门之外的凡夫乃至外道之所见也并非全然错误,它们或许是“边见”或者“倒见”,但均与“中见”有这样那样的联系。在另一方面,

---

①② 《成唯识论校释》,第132页。

③④ 《齐物论释》,第108页。

“真谛”或者“中见”也完全不必自鸣得意，以为可以鄙弃或俯瞰“边见”和“倒见”或者启后者之蒙，“虽天磨珍说，随其高下，衅瑕沓见，而亦终与三等俗谛相会，转益增胜，还以自然种子角议”。[1]

“真谛”与“俗谛”、“中见”与“边见”之间这种相互连接、转化的关系，源于阿赖耶识内部诸种子之间的相互连接与转化，正所谓“一种子与多种子相摄，此种子与彼种子相倾，相摄非具即此见具，相倾故碍转得无碍，故诸局于俗谛者，观其会通，随亦呈露真谛”。[2]种子与种子相摄相倾，互为内部，那么以诸种子为总源头的俗谛和真谛也必然是相摄相倾、互相内在的关系。因此，贯通地来看，俗谛和真谛乃是非一非异的，在真谛中有俗谛，在俗谛中也有真谛。这也因此就是一个“真妄一原，假实相荡”[3]的世界。也许还可以再补充一句，那就是不能将此见地凝固在佛学论述中常见的“真俗不二”之类的论断上。“真妄一原”不是“真谛”与“俗谛”的各不相碍而已，也不是对“一原”的均分。就“局于俗谛者，观其会通，随亦显露真谛”而言，则毋宁说在“真谛”和“俗谛”之间存在一个不平衡结构，即以“俗谛”为发端、为动源，而以“真谛”为结果、为成效的结构。

关于种子与种子之间的连接与转化，佛教经论有更复杂的解释。《成唯识论》曾说：“令所熏中，种子生长，如熏巨藤，故名熏习。能熏识等从种生时，即能为因，复熏成种。三法展转，因果同时，如炷生焰，焰生焦炷。亦如芦束更互相依，因果俱时，理不倾动。能熏生种，种起现行，如俱有因得士得果。种子前后自类相生，如同类因引等流果。”[4]章太炎所说的诸种子相摄相倾的状况在此因围绕“熏习”的论述而获得了更细致的说明。熏习指身、口、意的活动等现行法表现出影响力，其在阿赖耶识中留存之结果即为种子，这就是通常说的现行生种子。熏习的过程是由能熏和所熏来完成的，具体表现为能熏的识从旧的种子中产生，同时变成现行的因，继而熏习形成新的种子。于是，旧种子、现行、新种子，所谓“三法”，就展转延续，没有底期。

---

①②③ 《齐物论释》，第 108 页。

④ 《成唯识论校释》，第 128 页。

值得注意的是,在唯识学中,关于种子有“引自果”的规定:“于别别色、心等果各各引生”,即色法种子只能引色法现行果,心法种子只能引心法现行果。同样,善种子只能引善果,恶种子只能引恶果。可以说,章太炎一面承接着《成唯识论》的一般思路,一面又对其进行改造。因为在章太炎的论述中,种子“引自果”的规定性消失了,突出的是无论哪种种子都相摄相倾,构成一个可以说是畅通无碍的种子世界,从而为真谛种子和俗谛种子之相互沟通提供了无限可能。这种思路或许更多受到《大乘起信论》中关于染净两种种子互熏理论的影响。

总之,新的“两行之道”不仅给上述以“丧我”为内容的否定性脉络和以“俗情”为内容的肯定性脉络提供了并置的基础性框架,而且通过对“种子义”的细致阐发,更突出和抬高了“俗情”“俗谛”“边见”“倒见”的位置。新的“两行之道”也因此具体而微地对应了《齐物论释》的整体思路。依照本文的认识,这一整体思路表现为:首先从原理上确立“丧我”的位置,进而以此原理瓦解同时代的高明学说,进而解放被各种高明学说所压抑的“俗情”“俗谛”。所谓以“两行之道”对应了这一思路,是指“两行之道”为这个整体思路尤其是为确立“俗情”“俗谛”的位置提供了理论基础。而这种向着“俗情”“俗谛”倾斜的“两行之道”在《齐物论释》中有一个更富意味的表达,这就是“以百姓心为心”。

“以百姓心为心”源出于《老子》,即“圣人无恒心,而以百姓之心为心”,但在《齐物论释》被赋予新的含义,这可以从两个层面来理解。其一,“以百姓心为心”呼应了“两行之道”能同时安置“真谛”和“俗谛”的大框架,呼应了《齐物论释》以阿赖耶识中诸种子作为世间万法之总源头的论述,或者说,“百姓心”就是阿赖耶识。章太炎说:“圣人无常心,以百姓心为心,故不由而照之于天。知彼是之无分,则两顺而无对,如户有枢,旋转环内,开阖进退,与时宜之,是非无穷,因应亦尔,所谓莫若以明也。”[①]常心,即常道,即确定的原理。无常心,即没有确定的原理,没有“毕同之法”,而必须在阿赖耶识

① 《齐物论释》,第77页。

内部，认识到世间万法都是诸种子变现的结果，都是缘起的结果。而且此缘起是华严宗所说的“无尽缘起”，是“万物皆种，以不同形相禅”。至此，可以说阿赖耶识、成心、原型观念、天钧、天倪、百姓心在《齐物论释》中是可以互证的概念。其二，“以百姓心为心”中“百姓”的提法凸显了“两行之道”中对于“俗谛”“边见”等的肯定与提升，亦可说是凸显了阿赖耶识内部的不平衡结构。在这种不平衡结构中，“俗谛”和“边见”才是更具决定性的一端。就“万法唯识”在《齐物论释》中所承载的抵抗性意义而言，说“真谛”反而是自曝其短。“真谛”云云，只是“俗谛”交织、碰撞、转化、综合的结果，即“局于俗谛者，观其会通，随亦呈露真谛”。正如上文也指出的，这里可以说根本没有和“俗谛”相对的“真谛”，所谓“真谛”，毋宁说只是“俗谛”变动汇通的一个效果，是“俗谛”因势因时而凸显的结果。从而对于章太炎，说阿赖耶识中唯有“俗谛”种子也可以。也因此，他将《天下》篇中“上与造物者游”的“造物者”直接解释为“众生心”。①

正是这一认识促使章太炎最终将庄子塑造为一个志在“生民”的入世者：“其特别志愿，本在内圣外王，哀生民之无拯，念刑政之苛残，必令世无工宰，见无文野，人各自主之谓王，智无留碍然后圣，自非顺时利见，示现白衣，何能果此愿哉。苟专以灭度众生为念，而忘中途恫怨之情，何翅河清之难俟，陵谷变迁之不可豫期，虽抱大悲，犹未适于民意。”②而这种特别志愿，恰是以“以百姓心为心”为其理论基础的，而此理论也就是“齐物哲学”的核心内容，正所谓“夫齐物者，以百姓心为心，故究极在此，而乐行在彼”。③

七、余　　论

熊十力曾说：“自汉代以迄于清世，治史者皆注重于君臣个人，而于民群

① “庄生已明物皆自取，则不得更有造物者。造物即谓众生心也。”《齐物论释》，第120页。

② 《齐物论释》，第119—120页。

③ 《齐物论释》，第120页。标点有改动。

变化万端乃冥然不观其会通,不究其理则。”[①]此论无疑有绝对之嫌,然而民众、百姓这个群体在中国政治史和中国思想史上常处于被压抑和无视的位置则是无疑的。北宋文彦博为阻止王安石变法而劝谏神宗皇帝时所说的“与士大夫治天下,非与百姓治天下”[②]诚为古代士大夫阶级之共识。诚然,在“与士大夫治天下”的历史进程中,亦包含若干经验,值得认真分析、总结,但是民众、百姓之常常被排斥在这一进程之外,也是历史事实。章士钊以“子厚文字所表现之人民性,最为浓厚”[③]而特别撰写两厚卷本《柳文指要》以为表彰,但这一发现正与其对作为中国历史之常态的“士民隔绝”的观察相表里。他说:“在子厚所用之词汇中,天目民目,所视惟一,凡反民者,罪且浮于反天。涉想所及,理每趋于同一焦点,于是主民可使由不可使知之孔丘,以逮主民之号取之瞑之董仲舒,及夫主诛民不出粟米麻丝之韩愈等等,同缘相接,同嗜相怜,而皆子厚单人匹马之所痛击。”[④]这的确可见柳子厚之勇,但更见出柳子厚之孤。

到晚清时期,从鸦片战争到甲午战争,从洋务运动到戊戌变法,内政外交空前的频频失败,促使一部分敏锐的知识者意识到“上等社会”乃至“中等社会”之不可依恃,于是渐渐出现将目光下移,注意到向来被忽略的“民众”这一倾向。依笔者管见,此种倾向或始于宋恕。在1892年完成的《六字课斋卑议》(初稿)中,他立足“民间切痛”批评同时代思想界只注目“正统、道统,近杂、近禅”等论题的空疏无谓,[⑤]显示了这一倾向的端倪。到完稿于1895年的《六字课斋津谈》中,他更明确说自己所著书乃“专代世界苦人立言,穷至民情,无幽不显”,[⑥]并自信其书必能为民众所接受:“士大夫见余所著之《卑议》多不以为然;使民间匹夫、匹妇皆识字而能看《卑议》,则四百兆

① 熊十力《六经是孔子晚年定论》,收入氏著《原儒》,北京:中国人民大学出版社,2006年,第326页。

② 李焘《续资治通鉴长编》卷二二一,北京:中华书局,1995年,第5370页。

③ 章士钊《柳文指要》上卷,上海:文汇出版社,2000年,第65页。

④ 章士钊《柳文指要》下卷,第1010页。

⑤ 宋恕《六字课斋卑议》(初稿),收入胡珠生编《宋恕集》,北京:中华书局,1993年,第11页。

⑥ 宋恕《六字课斋津谈》,《宋恕集》,第51页。

人之中，当不止三百九十兆人泣数行下也。”①同年，严复在《直报》上发表《原强》，指出中国富强之路端在标本兼治，所谓标者，为“收大权、练军实，如俄国所为是已”，所谓本者，则是“于民智、民力、民德三者加之意而已”。②此后，有梁启超延续严复的思路于1902年发表《新民说》，提出“欲其国之安富尊荣，则新民之道不可不讲”，且以“新民为今日中国第一急务”。③受到卢梭《民约论》的影响，刘师培于1904年编著《中国民约精义》一书，广泛搜集中国古代典籍中关于“民”的言论，并加按语，认为“中国古代民权之伸，几等于欧西各国”。④1905年更有孙文在《民报》发刊词中系统论述民族主义、民权主义、民生主义，明确“三大主义皆基本于民”。⑤以上所引，各有侧重，亦各有可议的地方，但是整体来看体现了晚清以来对“民”之认识的逐步深入。限于论题，无暇详述。围绕“民”的论述在晚清的众多报刊文章中都可以看到，仅从当时的刊物名称如《新民丛报》《民报》《觉民》《民声》《民心》《国民报》等等之上也能窥其一斑。而这里面对“民”之地位的高扬，并不只是注目于其政治地位而已，而是更进一步，在文化上确立其位置，这里包含着一个新颖的然而也是极为艰难的“颠倒文野”或者说“化野为文”的脉动。

本文认为，章太炎的《齐物论释》也可以置于这一脉动当中。他融汇内学与外学，以对“种子义”的创造性阐释为“以百姓心为心”奠立理论基础，相比于上述各家观点，更显示了理论的彻底性和系统性，而且其庄佛互证的方式也显示了理论的本土性。章太炎说：“就世法言，以百姓心为心；就出世法言，有依他心，无自依心。”⑥这是将“以百姓心为心”视为佛学在世间的运用。在章太炎看来，“佛学的高处，一方在理论极成，一方在圣智内证”，⑦它

① 宋恕《六字课斋津谈》，《宋恕集》，第67页。

② 严复《原强》，收入王栻编《严复集》第1册，北京：中华书局，1986年，第14页。

③ 梁启超《新民说》，《饮冰室专集》之四，北京：中华书局，1989年，第1页。

④ 刘师培《中国民约精义》，收入万仕国点校《仪征刘申叔遗书》第4册，扬州：广陵书社，2014年，第1668页。

⑤ 孙文《发刊词》，《民报》第1号，1905年。

⑥ 章太炎《菿汉微言》，《菿汉三言》，第20页。

⑦ 章太炎《佛学演讲》，《章太炎讲演集》，第103页。

要涤荡一切妄执,以实证真如为目的,因此在哲学上具有其他理论所无可比拟的革命性。但此革命性不是出离世间,而是返回来,立足世法,以百姓心为心,从而这种哲学上的革命性就必然具有政治上相应的革命性。就此而言,《齐物论释》乃是二十世纪中国革命的理论奠基之作。

Reversing Civilization and Backwardness: The Politics and Philosophy of Zhang Taiyan's *Qi Wu Lun Shi*

Zhou Zhan'an

Abstract: This article attempts to systematically explain the internal structure and purpose of Zhang Taiyan's *Qi Wu Lun Shi* by combining relevant Buddhist knowledge with the pulse of modern Chinese intellectual history. Firstly, with "anti civilization theory" as the center, analyze the writing motivation of *Qi Wu Lun Shi* in specific historical contexts to introduce its main idea; Secondly, analyze how *Qi Wu Lun Shi* mainly starts from the comprehensive application and transformation of the Consciousness-only School and Huayan School, and uses "losing oneself" to explain the true meaning of "Qi Wu"; Furthermore, it horizontally examines Zhang Taiyan's criticism of contemporary ideological trends such as evolution theory, modern Confucian classics, civilization theory, anarchism, etc. based on the concept of "losing oneself", and responds to existing research on *Qi Wu Lun Shi* from the perspectives of "pluralism" and "equality of differences"; Then, this paper discusses the acceptance and affirmation of concepts such as "the middle way", "common sentiment", "common interpretation", "human heart", and "human sentiment" in *Qi Wu Lun Shi*, as well as Zhang Taiyan's establishment of Zhuangzi's image as a "Bodhisattva interpretation" that does not enter Nirvana. It analyzes the transformation of "Qi Wu philosophy" from "losing oneself"; Furthermore, based on Zhang Taiyan's discourse on the meaning of "seed" in "Alaya consciousness", this paper analyzes his use of "putting people's hearts at heart" to alleviate and integrate the tension relationship between the above two aspects. Finally, in the ideological context since modern times, grasp the historical position of *Qi Wu Lun Shi*. Based on the above analysis, this article believes that *Qi Wu Lun Shi* is highly sensitive to the situation encountered in contemporary China, highlighting its sense of reality and political significance. On the other hand, it establishes its understanding of the same era on a profound philosophical analysis. These two aspects intersect in their resistance thinking towards the issue of civilization and backwardness, which can be summarized as "reversing civilization and backwardness".

Keywords: Zhang Taiyan, *Qi Wu Lun Shi*, civilization and backwardness, alaya consciousness, Buddhism

吴承仕批校章太炎《新方言》增订本发覆

——兼考章太炎、吴承仕早期书札的系年*

董婧宸

（北京师范大学民俗典籍文字研究中心、中国文字整理与规范研究中心）

摘要：国家图书馆藏有章太炎1914年10月14日赠予吴承仕的《新方言》增订本。是年10月30日，吴承仕阅完全书，在《新方言》各卷末撰写题识，并另作批校于天头。吴承仕的批校，多以歙语印证《新方言》之说，并对章太炎《新方言》之说做了补证和订误的工作，反映出吴承仕早年的语言文字学见解。结合吴承仕批校本《新方言》、章太炎《自定年谱》等资料可知，章太炎、吴承仕订交，始于章太炎1914年10月的赠书和书信。《章炳麟论学集》系于1911年至1912年的书信，实当作于1914年至1916年之间，时章太炎幽居于钱粮胡同，吴承仕前去问学。这些书信，也透露出吴承仕协助章太炎撰著《菿汉微言》和《齐物论释》定本的情况。

关键词：章太炎　吴承仕　《新方言》　书信系年

国家图书馆藏有吴承仕批校的章太炎《新方言》（字215/924：部五）一册，上有吴承仕民国三年（1914）十月的题识和批校。吴承仕的题识和批校为蝇头小字，多用《说文》本字，文字书以楷书而结体则保留小篆之笔意，饶

* 本文为国家社科基金重大项目“基于历代训释资源库的中国特色阐释学理论建构与实践研究”（22&ZD257）、北京师范大学中央高校基本科研业务费优秀青年创新团队项目“基于数字人文的《说文》跨学科研究”（1233300008）阶段性成果。

有古趣。[①]在批校中,吴承仕以歙语等语言资料对章太炎《新方言》增订本的相关条目做了补证和订正工作,透露出"素好声韵之术"的吴承仕早年的学术见解。与此同时,吴承仕批校本也是章太炎与吴承仕早期学术交往的重要见证,为订正章太炎、吴承仕早期书信的系年提供了重要线索。笔者不揣謭陋,试辑录吴承仕批校本《新方言》上的吴承仕题识和批校,并就吴承仕批校本的学术价值和学术意义略作发覆。

一、吴承仕批校本章太炎《新方言》上的吴承仕题识

国图藏吴承仕批校本《新方言》,后补蓝色函套,内一册,为 1909 年在日本出版的章太炎《新方言》增订本,正文十一卷,附《岭外三州语》一卷,铅字本。[②]书衣赭色,左侧有吴承仕 1914 年墨笔题识:"新方言一册(民或三年十月十四日/太炎师持赠　吴承仕志)"。[③]

吴承仕(1884—1939),字检斋,一作絸斋,歙县人。章太炎(1869—1936),名炳麟,字枚叔,余杭人。1913 年 8 月,章太炎入京,1914 年 1 月因大闹总统府,为袁世凯软禁,先被禁锢于京卫军教练处,2 月迁龙泉寺,7 月赁居钱粮胡同,至 1916 年 6 月始得出入自便。时吴承仕为司法部佥事,两人得以相识。章太炎《与吴承仕》第一札中,提及"仆向时作《新方言》,盖欲尽取域内异言,稽其正变,所得裁八百余事,未能周悉。今以一册奉上。书

① 吴承仕书以《说文》本字,如"国"作"或",《说文》:"或,邦也。从口从戈,以守一。一,地也。"朱希祖笔记:"或,国之本字,国乃俗字。"见章太炎讲授,朱希祖、钱玄同、周树人记录,王宁主持整理《章太炎说文解字授课笔记》,北京:中华书局,2008 年,第 528 页。吴承仕保留小篆笔意,见"册""承"等字下。本文辑录吴承仕题识和批校时,对吴承仕使用《说文》本字者,保留原貌;对吴承仕小篆笔意的文字,均依通行楷书录出。

② 关于《新方言》的历史背景、版本情况,可参彭春凌《以"一返方言"抵抗"汉字统一"与"万国新语"——章太炎关于语言文字问题的论争(1906—1911)》,《近代史研究》2008 年第 2 期;周敏秋《章太炎〈新方言〉版本源流考》,《文献语言学》2018 年第 1 辑;董婧宸《章太炎〈新方言〉的版本与增订内容》,《文献语言学》2018 年第 1 辑等。本文的版本名称,沿用拙文之称名,谨作说明。

③ 《新方言》增订本,书衣多有四周双边的书签,为黄侃题署的篆书"新方言(附领外三州语)"。此本无此书签,别有吴承仕手书题识。

不尽意，它日来过，当一二引伸之”，札署“十月十四日”，[①]与吴承仕在此本《新方言》上的题识时日相合，知此札当作于1914年。从书信内容来看，此本《新方言》和章太炎《与吴承仕(一)》一函，为章太炎、吴承仕初次交往时的赠书和通信(详下)。

《新方言》增订本内封为篆书“新方言”，下署“弟子黄侃敬署”。章太炎撰《新方言序》及目录，版心题“新方言序”，页码为一至三。《新方言》正文页码另起，顺次接排，版心题“方一”至“方十一”，次为刘师培、黄侃所撰《后序一》《后序二》，版心分别题“后序”“后序二”，共一〇二页。《岭外三州语》，内封篆书“领外三州语”，下署“侃再署”，页码另起，版心题“岭”，共五页。吴承

① 影印本收入吴承仕藏《章炳麟论学集》，北京：北京师范大学出版社，1982年，第5—10页；整理本收入马勇整理《章太炎全集·书信集》，上海：上海人民出版社，2017年，第397页。本文所引章太炎书信，编号均依《章太炎全集·书信集》，整理本中个别标点及释文有误，径改。

仕在获赠此书后,逐卷阅读,并在除《音表》卷十一外的各卷卷末,撰写题识:

卷一13a:民或三年十月十六日承仕斀此卷。
卷二59b:民或三年十月廿三吴承仕斀此篇。
卷三64b:十月二十四日承仕竟此卷。
卷四71b:三年十月廿六日承仕竟此篇。
卷五74b:十月廿六日竟此篇。部中未发钱。
卷六87b:三年十月廿八日竟此卷。
卷七88b:三年十月三十日承仕籀竟此篇。
卷八90b:十月三十日竟此篇。
卷九92b:三年十月三十日吴承仕读竟此篇。
卷十97b:三年十月三十日竟此篇。
岭外三州语5b:三年十月三十日承仕斀此册。

据此可知,吴承仕10月14日收到《新方言》,至10月30日阅毕《岭外三州语》,前后大约半个月。吴承仕卷五末题识中提及"部中未发钱",也是当时北洋政府薪资发放情况的真实记录。

二、吴承仕批校本章太炎《新方言》上的吴承仕批校

《新方言》增订中,以提行为标志,卷一至卷十共860条,《岭外三州语》共63条。以下,分别按照卷、条编号,迻录吴承仕批校。①为避繁琐,《新方言》正文仅摘录吴承仕批校涉及的部分,"[吴校]"后为吴承仕批校,"/"表示

① 关于《新方言》修订版的条目总数,笔者曾据浙江图书馆本《新方言》,论为859条。案《新方言》增订本16a有2.23条:"《方言》:凡细貌谓之笙",右文社本及浙图本《章氏丛书》在22a,误合于2.22条,故当860条。关于《新方言》条目的编号,《新方言序》卷号为0,《岭外三州语》卷号为12。如"2.1"指《新方言·释言第二》的第一条。至于《新方言序》及卷二、卷四末吴承仕另外撰写的批校,无对应的《新方言》条目,则仅注卷号而无条目编号。

此下批校为另起。具体如下：

0. 五方之言及少儿学语未清者，其展转讹混，必各如其位。[吴校]吾有三岁儿，言吃饭如吃板，证知古读重唇，所谓“各如其位”者也。

1.2　其以自谓，《宋书》范晔妻自称阿家，今鄙人谦退，自称小可，可即阿也。[吴校]歙人自偁其家曰阿家，阿读上声。

1.4　盍、盖声义相转，今人举物发声言盖，蝗曰盖蜢，蚤曰盖蚤，音古盍反。[吴校]歙人言盖蚤，其声如鸽。

1.9　何与可、阿同一声，故问讯言何者，苏州言阿是，通语言可是。[吴校]顺天常语有“可不是”，即“何不是”矣。

1.16　蹇、謇亦皆训乃，或为然后，或为适才，或为顾反，随文解之。（《楚辞》两言謇謇，皆与发端言蹇、言謇者异，近人遂不能别。）训然后者，今语言介，或转如佉而入麻部。[吴校]训顾反者，今亦言介。杭州人惊物贵之昂曰介贵是也。此条似误。/介即曷，介贵者，何贵也。

1.19　四川、湖南皆读对声如兑矣。[吴校]歙亦读对如兑。

1.23　毛，无也。[吴校]无读重唇，与毛同纽。毛字训无，或是同音假借。今俗通作没。此条应附入后十二箓“无”字条，似不必独立。[1]

1.34　今湖北语犹谓此为故，音转如过，言此处则曰故里；或书作个里，非也。[吴校]歙人然许人语曰个是，即故是矣。/歙人言是，音转如此，或如起。

1.37　《王风》：彼其之子。笺云：其或作记，或作己，读声相似。其本箕之籀文，故江西谓彼人来曰箕。[吴校]歙人偁彼曰其，音如题。舌头纽，与古合。[2]/太炎先生说，偁彼如耕去声者，乃渠字也。十月十七日又记。

1.41　《小尔雅》：微，无也。微、无双声。[吴校]微无古同重唇，微

---

① 案，十二叶“无”字条，指 1.87“无古音本如模”条。

② 案，吴承仕批校，下原有“又偁彼如耕去声，支耕对转也”，后涂去。

无同训,或是同音通假,与毛同例。

1.41　浙江衢、严、金华至绍兴之诸暨,略指彼处以示人则曰微头,微音如枚。[吴校]歙人指彼处示人曰微一边,指彼人曰微一个人,读微如门。

1.42　谓前此曰头些,或曰前些,些亦读如鲜;谓后此曰后些,些读如躧。[吴校]歙人谓此后曰之后,或曰临后。之后者,之其通用。临后者,临即尔,古盖同泥纽。/歙人言些,音促如札。言此时曰尔些,音如札。彼时曰故些,音如个札。稍远之时曰微些,音如门札。或言歇,曰尔歇、故歇等,歇亦些也。

1.48　《说文》:处,止也。[吴校]吾歙则言处在,而读在上声。

1.55　《说文》:俔,间见也。……凡称适才为间者,亦曰顷者。[吴校]歙谓俄顷曰一俔俔功夫,读俔如歇。/太炎先生谓此条误。

1.56　《说文》:俄,行顷也。[吴校]歙谓少待顷刻曰俄一俄。音如岸。/俄一俄者,当是徯字。果若是,则此条应附入后三十篥“伿”字下。[1]十月二十日。

1.65　今人谓甚曰好,如甚大曰好大,甚快曰好快,与古言孔正同。[吴校]歙谓甚曰老,又曰蛮。如云老大、老长、老蛮大、老蛮长等。老者,好之音变欤。蛮者,曼欤。

1.68　《小尔雅》:肆,极也。《说文》:肆,极陈也。《大雅》:其风肆好。传:肆,长也。通以今语,犹言极好耳。[吴校]歙连言忒杀,或言泰杀,如忒杀好,泰杀好等。

1.87　无古音本如模,今闽、广间言毛近之。[吴校]吾歙询人有亡曰有不,非作无音。

1.88　《易》言“或鼓或罢”,《论》言“欲罢不能”,义为休止。今人言休止曰罢,此本字也。又为商问语,如曰好罢、走罢,是也。[吴校]今商度语曰好罢等,恐罢为不之音转。犹文言好否也。/又作决定语,如曰

① 案,三十叶“伿”字,指2.136“《说文》:伿,隋也”条。

走罢，亦是本字，如言去休归休矣。

2.3 《方言》：鼃、律，始也。今通谓小儿为小鼃子，吴、越之间谓小儿为小律子。[吴校]小律子者，恐律即儿字。犹尔、你矣，未必有始谊也。

2.4 今扬州、镇江、杭州通谓小儿为小犽。[吴校]歙言小牙儿。

2.12 《诗·邶风·绿衣》，一章言曷维其已，二章言曷维其亡。亡亦已也。福州谓作事了为作亡，若通语言了言歇矣。[吴校]谓作事了曰亡，恐是通语。歙语如是，直隶亦然。或是完字。歙又谓作了曰作好，顺天又谓作好曰作对。

2.18 古人于大物辄冠马字，马蓝、马蓼、马䗪、马蜩、马蚿是也。[吴校]直隶言马蜂。

2.22 《方言》：揫，细也。郭璞音遒。[吴校]顺天亦谓缩小为揫，缩变为揫，音例与卡豆同。

2.25 《方言》懱爵，《荀子》谓之蒙鸠，又小虫谓之蠛蠓，是蔑、蒙皆有小义。[吴校]歙人正言懱爵，音转如麻，此是通语，非独歙也。

2.31 今扬州状扁曰逋逋，逋音如巴。鱼、模转麻，若父今称爸矣。[吴校]歙人状扁曰扁蹋蹋，若父今俑爹，不知是不。

2.32 《说文》：竵，不正也。[吴校]俗字作歪。

2.35 《说文》：丫，羊角也。[吴校]鄂人俑不好曰太丫了，当是乖字。

2.35 凡诸邪侧皆曰丫。[吴校]此当属后三十二筴"诖"字。①

2.39 《说文》：宀，冥合也。[吴校]歙谓覆器不令泄曰宀，音如美去声。直隶曰密，或即密字本谊。抑是宀字，二者皆可通。

2.39 直隶谓射覆为猜苘。[吴校]歙人谓射覆曰猜枚，或曰猜梦，皆即微字。于几微之谊冣合。直隶谓射覆为猜苘，与歙语同。当是微字，非苘字也。

① 案，三十二叶"诖"，指2.158"诖，误也"条。

2.40　浙江谓钱背为莴。[吴校]歙谓钱背为莴。音如目。

2.40　衅,裂也。字亦作璺。[吴校]歙音璺如命。

2.47　《说文》:尣,尳,曲胫也。从大,象偏曲之形。[吴校]今谓曲曰尣,通作弯字。

2.48　《说文》:緧,圜采也。[吴校]歙音如蠢,凡物反复相纠,谓之緧箸。

2.49　《毛诗·国风》传云:乔,上竦也。[吴校]歙谓物暴起曰乔,音正如窍,曰乔上去。

2.57　今江、淮间人谓揣度事宜曰母量。[吴校]歙亦偁母量,亦偁大约莫,亦偁大莫约,亦偁母一母。

2.69　《说文》:亭,民所安定也。[吴校]歙谓小儿安谛曰亭当。

2.78　今人言一次者或言一造。[吴校]《说文》:僧,终也。今谓一次为一僧,俗作遭,或非造字。

2.86　《说文》:攒,冣也。[吴校]此条当附于后卅五箓"篡"字条下。①

2.99　《说文》:弸,弓强貌。今人状物之坚强曰弸硬,读如崩。[吴校]今人谓本无所有而勉为侈泰,曰弸场面,此语以冯为之,亦通。

2.102　《说文》:陊,落也。徒果切。[吴校]通语谓物下落为陊,音如跌,仍同纽耳。

2.126　今庐州鄙人谓都邑人曰奋子。[吴校]今通语谓满洲蒙古人为奋子,书作达子。

2.130　胡、倭、蛮,四裔之国也。[吴校]歙诋人无理曰倭理,或曰蛮理。

2.139　今吴、楚、闽、广皆谓愚为禺,俗误书牛。[吴校]歙亦为惷人为牛。

2.140　《庄子·庚桑楚》:人谓我朱愚。[吴校]朱愚安知非即

① 案,卅五叶"篡"字条,指2.179"屰而夺取曰篡"条。

侏儒。

2.141　《方言》:董,锢也。陕西、河南谓以函胡语使人不解为锢董住。[吴校]歙诋人儇薄曰锢董,与本谊少异。

2.143　《方言》:杜,蹬也。《广雅》杜、蹉皆训蹬。[吴校]歙诋人出纳之蹉曰杜蹬,杜音如斗。

2.144　《说文》:蹉,行难也。[吴校]歙谓治事中止不前曰蹉箸,又曰蹉一蹉,如作书执笔不下,行路不进,皆曰蹉,与行难之训合。

2.156　《说文》:俄,行顷也。《广雅》:俄,衺也。今自扬州至浙东西皆谓无赖诃人受钱者为俄王。[吴校]通语今赖诈人取钱曰俄诈。/俄诈当是讹诈,非俄字也。

2.175　《说文》:刺,戾也。癶,足刺癶也。读若拨。[吴校]通语谓恶妇人曰泼妇,即癶妇也。歙谓人无忌惮曰杀泼,即刺癶也。

2.179　《说文》:屰而夺取曰篡。[吴校]歙俑篡钱,音如楚简切,北方初患切。

2.184　《说文》:佳,善也。[吴校]《方言》:娃,艳美也。今人言小娃娃,亦得。

2.195　《说文》:嫢,媞也。居随切。媞,谛也。[吴校]歙俑人安详曰媞嫢,音如斯文。

2.198　《方言》:捆,就也。[吴校]当是稛字。

2.202　《说文》:覦,欲也。[吴校]歙谓心有欲急欲得之曰覦,音亦如侯。

2.207　《说文》:豧,豕息也。[吴校]歙谓大怒曰忾豧。豧亦重唇。/作鬻字亦得,言气盛如沸水上出也。

2.210　《尔雅》:恫,痛也。瘝,病也。[吴校]歙言痛亦言瘝,瘝音如贯。

2.212　今人谢人劳苦则曰难谓你,犹言难报也。[吴校]作"难为你"亦得。

2.222　《说文》:愒,息也。去例切。[吴校]歙谓少休曰歇憩。当是愒憩连语也。

2.243 《方言》:謰謱,拏也。[吴校]歙俩人语繁絮为謱搜,又曰謰謱謱,謱读如罗。又曰謱里謱搜。/又即《颜氏家训》之络索。

2.251 凡卜问吉凶视其繇辞曰敪卦,音如对课。[吴校]敪卦读敪如对,对打同纽,则作贞字亦通。

2.254 《方言》:台,匹也。[吴校]顺天言台,音变如荅。南方言台如本字。

2.255 《方言》:筑娌,匹也。[吴校]苏州曰娌筑,笃音与台等同纽,或即台等字耳。又读娌如㠯,㠯笃者,即伊等也。此条似稍迂阔。

2.260 《尔雅》:蹶,嘉也。……亦为惊叹之词。[吴校]此谊又见《庄子》"其意蹶蹶然恶之"(《至乐》)。

2.262 郝懿行曰:东齐里俗见人有善夸美之曰蹶蹶,即作厥音。[吴校]歙叹美词曰蹶蹶,音如公回切,又曰蹶蹶叫,叫不知当是何字。

2.267 今淮南、吴、越谓仰首曰昦起头。[吴校]歙谓仰首为昦头,或即昂字,不必作昦,亦得。

2.273 又谓旁睐微察曰督,音如秋,俗字作瞅。[吴校]督音如秋,亦尗豆之例。

2.285 《说文》:投,擿也。[吴校]义近者又有豛字。

2.288 《通俗文》:纵失曰兰。[吴校]舒纵不节,今通作滥字。

2.293 《说文》:夌,引也。[吴校]歙或谓提引曰夌,音如陵。

2.295 《说文》:般,辟也。象舟之旋。[吴校]俗字作搬。

2.296 《说文》:勓,推也。[吴校]歙亦谓推转圆物曰勓,音如来去声。

2.298 今人犹谓支格曰挡。[吴校]支格遮蔽之谊,似作堂字为长。

2.304 《尔雅》:斯,离也。[吴校]俗字作撕。

2.305 《曲礼》:为天子削瓜者副之,为国君者华之。[吴校]副俗字作劈。华俗字作划。

2.318　今人又谓以钱沽物有余而返其钱为爪，或谓之缴。[吴校]缴钱俗书作找。

2.324　《说文》：牂，扶也。[吴校]谓扶为牂，今为通语。读牂如七三切。

2.336　《方言》：揜，藏也。引伸为射覆。[吴校]歙谓诶不省事，堕人调中曰揜子。

2.341　《广雅》：刵，断也。字亦作珥。[吴校]歙谓杀曰刵一刀，读刵如泥既切，或即劈字。

2.345　鬄肉置骨曰冎。[吴校]歙人谓以齿鬄附骨之肉曰冎，读如本音，如云冎骨头，又言齦，读如本音，又言啮，读如介。

2.353　《说文》：穮，耕禾间也。[吴校]歙亦言穮艸。

2.357　蕲州谓跪曰跽，读如巽。[吴校]歙言跪如举，如江苏言鬼如举，言龟如朱矣。

2.359　《士昏礼》疑立，注：疑，止立自定之貌。[吴校]歙谓人騃立不动曰疑，音如騃，疑本牙音。

2.363　《周易》：朋盍簪。[吴校]郝谓簪即《尔雅》之"寁，速也"。

2.363　今直隶、山东谓车行所至小有宿留曰打䟢。[吴校]歙亦谓行路小休曰打撍，音如站。

2.366　《说文》：憂，和之行也。[吴校]今借用優矣。

2.393　今淮西、淮南、吴越皆谓藏物为亢，读如抗。[吴校]歙亦谓藏物为亢。

2.395　《说文》：寐，卧也。[吴校]歙劝小儿卧曰寐，音如门去声。

2.396　《庄子·外物》篇：螴蜳不得成。[吴校]歙言螴蜳，音如中困。

2.397　《说文》：𡲬，臿𡲬也。臿，从后相臿也。[吴校]歙谓人道曰臿，正作楚洽切。/又《说文》"插，刺内也"。音同臿。歙语当自插字。

2.406　《说文》：䬵，设食也。[吴校]歙市井间诮人多食不厌曰䬵，音如戴上声。

2.412 《说文》:湎,饮也。[吴校]歙谓吞曰湎下肚,读如闵,又不谓饮矣。

2.414 《说文》:慢,惰也。趧,行迟也。[吴校]迟钝曰慢,乃是通语。

2 [吴校]歙誉人聪察,或云聪明,或云聪察。

2 [吴校]《说文》:抠,给也。《士丧礼》注曰:"抠,晞也。"段谓按之使干,歙正谓此干彼湿,按之使干曰抠干。音如井。

2 [吴校]《说文》:扐,裂也。《易》扐谦,马云:"扐,犹离也。"歙谓弃去无用之物曰扐,读入声。

2 [吴校]《说文》:捇,裂也。歙正谓中裂物曰捇。读如陌。江苏音转如掐。

2 [吴校]《说文》:揩,缝指揩也。歙言揩籠,音如丁。

3.1 《广雅》:翁、公、叟、爸、爹、箸,父也。[吴校]歙人亦偁父为爸,为叟,俗书作伯叔,非也。亦偁爹爹,亦偁㚕㚕,音如荅。/说部多偁达达,或即爹爹之音转。然非以偁父。

3.3 《说文》:蜀人谓母曰姐。[吴校]黄州亦偁母为姐。

3.4 《广雅》:毑,母也。[吴校]歙亦谓母为毑,音如移,俗书作姨。

3.22 四川谓婢曰蛮,其乞买携养之童竖曰蛮男。[吴校]歙谓携养之儿曰蛮男,蛮读上声,男转为内,谓继母曰蛮母。

3.23 《广雅》:辩,使也。…… 自余多言跟班,皆辩字也。[吴校]俗书作伴当,伴字由俾转可知。

4.2 《说文》:囟,头会脑盖也。[吴校]歙言囟门,读门如明。

4.4 淮南音乌拐切。[吴校]乌拐切之音,俗书作歪,今亦为通语。

4.8 所在称脸,惟福州呼为面耳。[吴校]歙亦偁面,或言面孔,或言面皮。

4.9 浙之杭州、绍兴言紫辅,音如匍。[吴校]歙言紫辅,亦言紫唇辅,辅音如匍。

4.11 今人谓面中窊为歁脸。[吴校]歙谓面中窊曰凹。

4.21　今浙西谓目眥生创曰覞针。[吴校]歙亦作覞针,俗书偷针。

4.26　《说文》:髆,肩甲也。[吴校]歙谓肩曰肩髆,肩音如干。髆如本音,然亦可作封字。

4.35　孤踝本双声,孤借为軱。[吴校]歙谓胫下骨隆起者曰脚孤踝,孤音如古,踝音如来上声。/歙又谓豕脚近蹄处曰脚軱,音如库,胫上曲处曰脚𧏮,音如宛,然上二名仅施之已杀之豕。

4.51　《说文》:跔,天寒足跔也。[吴校]歙正谓天寒足不信为跔,或读如本音,或读如求,亦谓人啬遴为跔,此则引申谊矣。

4　[吴校]《说文》:耿,耳箸颊也。歙语正如是,因引申以言事物之下垂而附着者。如云望下耿,耿下去等。

4　[吴校]今通语誉人手好曰十指尖尖,即攕攕也。

5.11　今人言门柣犹作门犄。[吴校]歙言门柣,如槛而开口呼,音如啖,亦谓窗为槛窗。

6.33　《说文》:篙,鬲也。[吴校]歙谓煮物已孰犹不去薪曰篙,顺天鄙语言姑笃笃者,则状其声耳。

6.37　《方言》:熬、聚、煎、僬、鞏,火干也。[吴校]鞏,今俗通作烤。

6.60　《说文》:紩,缝也。直质切。[吴校]歙为密缝曰鉄,不作舌头音。

6.66　《说文》:绲,织带也。[吴校]直隶言缘。

6.67　《说文》:缉,绩也。今绍兴谓络经为缉绩,绩音如债。[吴校]歙与绍兴同。

6.68　《说文》:鞔,履空也。[吴校]歙谓以布冒履曰鞔鞋,音如苾,以革冒鼓曰鞔鼓,音如奔。

6.75　《说文》:緌,系冠缨也。[吴校]歙言緌如须。

6.103　《三仓》:柹,札也。[吴校]歙谓供薪之木片曰柹柴,音如派。

6.124　《说文》:瓬,败也。[吴校]歙谓败瓦曰瓦瓬,读如边浊音。

6.136　《说文》:炫,爛耀也。淮南、浙西谓明赤曰炫红。[吴校]歙亦言炫红。

7.1 《广韵》虹亦入四绛古巷切下,今直隶、山东及淮南北正作是一音。[吴校]歙呼虹正作古巷切。

7.3 《说文》风,八风也。[吴校]歙读风如分。

7.8 《说文》:曅,安曅,温也。[吴校]歙亦言温曅,音如吞。

7.9 《说文》:凊,寒也。[吴校]苏州谓寒为凊,音如荫。

9.18 《说文》:松,木也。《唐韵》及宋《广韵》皆祥容切。[吴校]歙亦祥容切。

10.1 《尔雅》:有足谓之虫,无足谓之豸。今浙西或谓虫为虫豸。[吴校]歙亦谓虫为虫豸,音如台上声。

10.2 今直隶谓蝉为即蟧。[吴校]歙谓蝉即蟧,蟧读如娆,或言即即蟧。

10.15 今南方多谓长踦为喜子,或曰壁喜。[吴校]歙别言喜子。

10.16 《说文》:蟺,夗蟺也。《广雅》:蚯蚓,蜿蟺也。[吴校]歙谓蚯蚓红女,俟考。

10.18 今人犹谓毛虫为蛓毛虫。[吴校]歙谓毛虫为却蛓,却不知当作何字。

10.19 《尔雅》:蠓,蠛蠓。[吴校]歙偁蠛蠓,二字同读,如蒙去声。

10.22 蝘蜓,守宫也。[吴校]歙言蝘蜓,上字读如见,下字读如典。

10.34 《说文》:孚,卵孚也……江南或转如捕。[吴校]歙亦言捕。

10.56 《方言》:虔,杀也。引伸为去阴。[吴校]歙谓去畜阴曰犍,音如献。又谓去牛阴曰登,俟考。

12.34 《广雅》:覂,弃也。[吴校]歙谓以指弹物弃之曰覂,音如帮勇切。古音方本重唇也。

12.57 《说文》:桊,牛鼻中环也。[吴校]歙亦谓牛鼻桊,音如居倦切。

在这些批校中，涉及具体批校年月的，有1.37条"太炎先生说，偁彼如耕去声者，乃渠字也。十月十七日又记"，及1.56条之"十月二十日"，均在卷一。又1.55条，有"太炎先生谓此条误"的补记。吴承仕卷一末署"民或三年十月十六日"，知此三条补记，均为校完此卷之后的补记。其中1.37和1.55，章太炎与吴承仕的批校意见不同，或为十月十七日吴承仕拜访章太炎后所记；1.56条则为十月二十日阅至卷二后，将卷二的相关条目补书于卷一下。

三、吴承仕批校本章太炎《新方言》的学术价值和历史背景

（一）吴承仕批校本《新方言》和吴承仕早期的学术探索

在《新方言》中，章太炎旨在"察其声音条贯，上稽《尔雅》《方言》《说文》诸书"（《新方言序》），"比辑里语，作今《方言》"，[①]即秉承清儒音义互求、考求本字的学术理念，结合《说文》等小学专书，根据语音的规律，收集方言资料，考证方言本字。1914年，因吴承仕致书章太炎，"称歙音多合唐韵"，章太炎赠以《新方言》。吴承仕收到章太炎的赠书后阅完全书，并在批校中对章太炎之说作了补证和订误，这些批校，也反映了吴承仕早年学术思想。具体如下：

其一，章太炎1921年在为吴承仕撰《经籍旧音题辞》中曾言："歙吴承仕检斋素好声韵之术，从余讲论，欲绍明江、戴诸公旧艺。"[②]指出吴承仕上绍江永、戴震一脉，注重声韵之学。在吴承仕批校《新方言》中，有大量的以歙语印证《新方言》之说的批校。具体而言，如1.2条，章太炎考证"凡发声言阿者，即丂字也"，吴承仕"歙人自偁其家曰阿家，阿读上声"；1.48条，章太炎考证"处"字，吴承仕"吾歙则言处在，而读在上声"；2.406条，章太炎考证"今人留宾为设酒食谓之待。虽相承作待，其字当作䛑矣"，吴承仕"歙市井间消人多食不厌曰䛑，音如戴上声"，皆为注明歙语声调之例。又2.179条，章太炎考证"《说文》：屰而夺取曰篡"，篡字《广韵》"初患切"，吴承仕"歙偁篡钱，

① 章太炎《与刘师培（三）》，《章太炎全集·书信集》，第134页。

② 章太炎《经籍旧音题辞》，收入吴承仕《经籍旧音序录　经籍旧音辨证》，北京：中华书局，1986年，第3页。

音如楚简切,北方初患切";7.1 条,章太炎考证"虹"《广韵》"古巷切",吴承仕"歙呼虹正作古巷切",皆为以反切注明歙语音读之例。又 7.3 条,章太炎考证"风"之音读,吴承仕"歙读风如分";10.22 条,章太炎考证"绍兴谓在地者为蝘蜓,蜓本音徒典切,今从舌头转舌上为陟邻切",吴承仕"歙言蝘蜓,上字读如见,下字读如典",皆为以直音注明歙语音读之例。另外,就声纽方面,章太炎《新方言序》云"五方之言及少儿学语未清者,其展转讹混,必各如其位",指出方言变化、小儿学语,声音讹混之例,往往是发音部位不变,而发音方法有别。吴承仕批校云"吾有三岁儿,言吃饭如吃板,证知古读重唇,所谓'各如其位'者也",以吴承仕次子吴鸿迈(1912—1987)之音读,申述章说。另 1.23 条、1.41 条,吴承仕亦论及"古无轻唇",补证章氏之说。

其二,吴承仕的批校,在歙语之外,也举出了北京话、通语、江苏、苏州、黄州等地方言音读,对章太炎《新方言》作了补充。其中,言及北京话者,吴承仕批校或称"顺天",或称称"直隶",分别见 1.9、2.12、2.22、2.254、6.33 和 2.12、2.18、2.37、6.66 条下。如 1.9 条,章太炎考证"何与可、阿同一声",吴承仕"顺天常语有'可不是',即'何不是'矣";又 2.18 条,章太炎考证"古人于大物辄冠马字",吴承仕"直隶言马蜂"。言及通语者,见吴承仕批校 2.12、2.25、2.102、2.126、2.156、2.324、2.414、4.4 条下,如 2.25 条,章太炎考证"《方言》懱爵",吴承仕"歙人正言懱爵,音转如麻,此是通语,非独歙也",说明《方言》"懱爵",歙语、通语皆谓"麻雀"。另外,吴承仕批校中,2.357等条下提及江苏,2.255 和 7.9 条下提及苏州,3.3 条下提及黄州,均为援引不同方言,对章太炎《新方言》方言考证的补充。

其三,章太炎《新方言》考证方言本字,吴承仕批校中,则多会指出后出俗字,对章太炎之说加以补证,见 1.23、2.32、2.78、2.295、2.304、2.305、2.318、3.1、3.4、3.23、4.4、4.21、6.37 等条下。其中,2.32 条,章太炎考证"《说文》:竵,不正也",吴承仕"俗字作歪";2.304 条,章太炎考证"《尔雅》斯,离也"及"《方言》廝,散也",吴承仕"俗字作撕",亦合于《章太炎说文解字授课笔记》。①

① 《章太炎说文解字授课笔记》,第 426、589 页。

其四，章太炎《新方言》考证方言本字，吴承仕在个别批校下，对章太炎之说作了订正，见 2.39、2.156、2.212、2.255 等条下。如 2.156 条，章太炎据《广雅》“俄，衺也”，以为“无赖诃人受钱者为俄王”的本字为“俄”，吴承仕“俄诈当是讹诈，非俄字也”，以为本字即“讹”；又如 2.212 条，章太炎据《说文》“谓，报也”，以为“今人谢人劳苦则曰难谓你，犹言难报也”，吴承仕“作‘难为你’亦得”，指出不必读作“谓”。这些考证，均反映出吴承仕的独立见解和独到思考。

（二）章太炎和吴承仕的早期交游及相关书札系年订误

吴承仕批校本《新方言》，关涉到章太炎与吴承仕的早期交游，也为订正章太炎、吴承仕的相关书札系年提供了重要线索。章太炎与吴承仕的信札，由吴承仕次子吴鸿迈递藏，今藏北京师范大学。北京师范大学出版社 1982 年出版《章炳麟论学集》，附有信札影印件及释文、系年。2010 年，改以《章炳麟论学手札》为题出版，释文、系年基本承袭旧貌。就章太炎、吴承仕早期信札的系年，姚奠中、董国炎《章太炎学术年谱》曾于 1915 年条下指出：“按系年，1911 年有书两通，1912 年书信甚多，1913 年、1914 年及本年无书信。然就书信内容看，系于 1912 年的多通书信，应当系于本年或 1916 年。”惜未就这些书信的年代作全面的考订。[①]汤志钧《章太炎年谱长编（增订本）》及马勇整理《章太炎书信集》《章太炎全集・书信集》等书，则大体承袭了《章炳麟论学集》的系年。[②]今结合吴承仕批校本《新方言》、章太炎《自定年谱》及章太炎相关著作，可以进一步推排章太炎与吴承仕早期书信的准确系年。

其一，章太炎《与吴承仕》第一、二札，为章太炎与吴承仕初次交往的信札，当在 1914 年，《章炳麟论学集》将此二札系于 1911 年，有误。第一札中先言“两得手书，推崇过当”，后又言及“来书谓近治《说文》”“来书称歙音多合唐韵”两事，知此前吴承仕曾两度致书章太炎，故章太炎覆书讨论学术。

① 姚奠中、董国炎《章太炎学术年谱》，太原：山西古籍出版社，1996 年，第 254—262 页。

② 汤志钧《章太炎年谱长编（增订本）》，北京：中华书局，2013 年；马勇整理《章太炎书信集》，石家庄：河北人民出版社，2003 年；马勇整理《章太炎全集・书信集》，上海：上海人民出版社，2017 年。

章太炎将考论方言本字的《新方言》一册奉赠吴承仕,也是为了答复吴承仕"歙音多合唐韵"一事。从内容看,这封书信内容详尽,较为全面地阐述了章太炎的学术志趣,兼论及清代学术,当为章太炎写给吴承仕的第一封书札。章太炎在北京期间的书信,如与汤国梨、龚宝铨等人的书信,或标注"阳",或不注"阳",实多用公历。[①]由此可知,章太炎第一次致书吴承仕,当在 1914 年 10 月 14 日。章太炎《与吴承仕》第二札,言"学问之事,终以贵乡先正东原先生为圭臬耳",与第一札"铨次诸儒学术所原,不过惠、戴二宗。惠氏温故,故其徒敦守旧贯,多不仕进。戴氏知新,而隐有所痛于时政,则《孟子字义疏证》所为作也"密切相关,推许戴震学术,当即作于第一札后不久。从称谓上看,吴承仕在《新方言》书衣题识称"太炎师",批校则称"太炎先生"。章太炎《自定年谱》民国四年(1915)条言:"歙吴承仕絸斋时为司法部佥事,好说内典,来就余学。每发一义,絸斋录为《葑汉微言》。"[②]与此相合。时章太炎寓居钱粮胡同,而吴承仕往学,遂拜入章门。

其二,章太炎《与吴承仕》第十四札、第十三札,当在 1915 年,《章炳麟论学集》将此二札系于 1912 年,有误。第十四札署"功章炳麟白,二十二日"。案,1915 年 9 月 8 日,章太炎长女章叕自经身亡。章叕为章太炎已出嫁的女儿,章太炎为章叕服大功服,故札中自署"功"。札中又言"接到手书,不胜感忿"云云,均与长女之丧有关。从年月看,阳历 9 月 22 日的次日,即农历八月十五日中秋,札中"明日想无月色,不至动人悲怀"之语,亦为此而发。由此可知,此札当作于 1915 年 9 月 22 日。第十三札言"《终制》曾自写大件,其原写一纸即归足下存之,但斯时勿遽示人耳"。章太炎《自定年谱》民国四年(1915)条言"是冬,多恶梦,自为《终制》",《终制》篇署"民国四年十月",则章太炎与吴承仕此札,当在此年岁冬。[③]

其三,章太炎《与吴承仕》第五札,当在 1916 年,《章炳麟论学集》将此札系于 1912 年,有误。第五札言"《齐物论释》第五章尚有未尽义","足下可携

---

① 相关系年,可参张钰翰编注《章太炎家书》,上海:上海人民出版社,2020 年。

② 《章太炎先生自定年谱》,上海:上海书店,1986 年。

③ 此条系年,《章太炎学术年谱》已有指出,见姚奠中、董国炎《章太炎学术年谱》,第 254 页。

《齐物论释》改定本来，当为补入”，并署“一月十八日”。案章太炎著《齐物论释》，有初本和定本之别。1912 年出版频伽精舍铅字本，1915 年春出版钱玄同题签之刻本，1915 年底出版右文社《章氏丛书》铅字本，所收均仅为初本。1917 年至 1919 年，浙江图书馆刊刻《章氏丛书》，《齐物论释》除初本外，增入定本一种。此札所涉内容，不见于初本，而见于章太炎《齐物论释》定本第五章。结合《齐物论释》的出版时间看，此札当作于 1916 年 1 月 18 日。这也透露出，章太炎在出版右文社本《章氏丛书》后不久，即开始《齐物论释》定本的撰作工作，且深通佛理的吴承仕，亦曾协助章太炎完成此书。

其四，章太炎《与吴承仕》第六、四、七、九、八、十一札，内容涉及 1915 年至 1916 年间章太炎口授、吴承仕笔录的《菿汉微言》的著述和誊录事宜，《章炳麟论学集》将此六札系于 1912 年，有误。《菿汉微言》1916 年出版铅字本，内封题“章太炎先生口说/菿㵃散言/民或五年四月印行”。书前有吴承仕题识：“此中所述余杭章先生口义百六十七首，起自乙卯，讫于丙辰之初。就所忆持，次弟疋记。”第六札署“二十五日”，札中言“近复见《管子》解自证分处”，当指《菿汉微言》“《管子·内业》篇”一节，[①]札中又言“《庄子》中所说‘有弟而兄啼’，即今自然洮汰之论”，当指《菿汉微言》“《庄子·天运》篇说”一节，[②]知此札当作于 1915 年至 1916 年间。其余五札，与《菿汉微言》之《成内色论》有关，主题密切相关，当在 1916 年。考第四札署“二月十七日”，其中讨论“陈那、护法《观所缘缘论释》”，第七札署“初二日”，第九札署“初三日”，则称“《成内色论》迻书时不必题署，仍录在佛学部中可也”，知第四札最早，为初步讨论，作于 1916 年 2 月 17 日。第七、第九二札前后相接，疑作于 1916 年 3 月 2 日和 3 月 3 日，此时，章太炎拟题为《成内色论》。同时，第七、第九二札，除《成内色论》外，还言及“魔”字当作“磨”，并请吴承仕代购《诸方等经》《俱舍论》等佛经事。在著作体例上，《菿汉微言》共“百六十七首”，每则提行，大体以类相从，而无具体条目之名称，故章太炎指出此条当在“佛学

① 《章太炎全集·菿汉微言》，上海：上海人民出版社，2015 年，第 38 页。
② 同上书，第 25 页。

部”一类下,并提及“不必题署”,即不必另有标题。最终,这一段内容,收入《菿汉微言》“《观所缘缘论》云”一节。[①]第九札还言及“前日所付漫录一册,其中所论古算术、医经及人种等条,究须录入”,其中,古算术当指《菿汉微言》论及古天文算术的“《管子·轻重戊》”至“今之算术形法”诸节;[②]医经当指《菿汉微言》“张仲景”两节;[③]人种当指“《宋书·五行志》”及“《鲁颂》”两节。[④]此札表明,章太炎已先有初稿,并指示吴承仕抄入《菿汉微言》清稿。第八札署“二十二日”,是章太炎在前述《成内色论》基础上,提出“《成内色论》尚少一救一难,今应补入”,请吴承仕“迻书时望照此写”。这一部分内容,今见《菿汉微言》“《观所缘缘论》云”节下。[⑤]至第十一札署十二日,在提及“覆内色之论”外,又言及“驳洛耆围氏非忍识论一条,约五百字,必欲增入佛学部中”,此见《菿汉微言》之“康德以来治玄学者,以忍识论为最要”[⑥]节下,在《成内色论》之后。札中又提及“书稿已有三万”,今《菿汉微言》全书约三万五千字,则章太炎撰写此札时,《菿汉微言》已基本成书。由此可知,此五札当均作于 1916 年。同时,这些书信,也透露出章太炎《菿汉微言》的成书情况。第九札提及“前日所付漫录一册”,第八札、第十一札均提及章太炎已有成稿,嘱吴承仕抄录,则知《菿汉微言》成书,虽用笔语体裁,但仍有不少内容,是章太炎亲自撰写,后交吴承仕誊录并排印出版。

其五,章太炎《与吴承仕》第三札,提及“何不来谈胜义”,第十、十二札中提及请吴承仕代为催促购置佛经事,均在章太炎幽居钱粮胡同时期,当作于 1914 年至 1916 年间。《章炳麟论学集》系年在 1912 年,有误。

四、结　　语

国家图书馆所藏吴承仕批校《新方言》增订本,是章太炎、吴承仕二人

① 《章太炎全集·菿汉微言》,第 8—9 页。
② 同上书,第 60—63 页。
③ 同上书,第 57—58 页。
④ 同上书,第 55—58 页。
⑤ 同上书,第 8 页。
⑥ 同上书,第 9—10 页。

1914年10月订交的重要见证。吴承仕《新方言》上的批校，及章太炎和吴承仕最初的通信，主要围绕清代学术尤其是清代小学展开。及至20世纪20年代，吴承仕撰《经籍旧音序录》《经籍旧音辨证》，请章太炎作序；章太炎撰《新出三体石经考》，与吴承仕书札往还并最终吸收了吴承仕的数则考证。这些围绕小学及经学的讨论，是章太炎、吴承仕最初论学主题的延续。

另一方面，1914年至1916年章太炎困居钱粮胡同期间，所重不独“谨守朴学”。在以《新方言》缔结师生之谊之后，章太炎和吴承仕的书信和交流，则转向寻绎经典，发明玄理。《菿汉微言》最后一则，有章太炎对这一时期思想学术的夫子自道：

> 癸甲之际，厄于龙泉，始玩爻象，重籀《论语》……顷来重绎庄书，眇览《齐物》，芒刃不顿，而节族有间。凡古近政俗之消息，社会都野之情状，华梵圣哲之义谛，东西学人之所说，拘者执箸而鲜通，短者执中而居间，卒之鲁莽灭裂，而调和之效，终未可睹。譬彼侏儒，解遘于两大之间，无术甚矣。余则操齐物以解纷，明天倪以为量，割制大理，莫不孙顺……自揣平生学术，始则转俗成真，终乃回真向俗，世固有见谛转胜者邪！后生可畏，安敢质言？秦汉以来，依违于彼是之间，局促于一曲之内，盖未尝睹是也。乃若昔人所诮“专志精微，反致陆沈，穷研训诂，遂成无用”者，余虽无腆，固足以雪斯耻。①

细绎章太炎、吴承仕的信札往还，可知“好说内典”的吴承仕，曾在章太炎《菿汉微言》和《齐物论释》定本的撰著过程中，起到重要的协助作用。结合吴承仕《新方言》批校和相关史料的梳理，或能为了解章太炎彼时的玄理探索、现实关切和内心心境，提供重要的参考。

① 《章太炎全集・菿汉微言》，第70—71页。

A Study on WU Chengshi's Textual Criticism of Zhang Taiyan's *New Dialects(Xin Fang Yan)*: Review of the chronological order of the letters from Zhang Taiyan to Wu Chengshi

Dong Jingchen

Abstract: An additional edition of *New Dialect* criticized by Wu Chengshi is now one of the collections of National Library of China. On October 14, 1914, Zhang Taiyan presented this book as a gift to Wu Chengshi. Wu Chengshi finished reading the entire book on October 30th, and he wrote a topic recognition at the end of each volume of *New Dialects*, and made some textual criticisms in the upside of the book pages. Wu Chengshi's criticism mostly confirmed the theory of *New Dialect* in his home tongue, and made some corrections to Zhang Taiyan's theory of *New Dialect*. According to Wu Chengshi's textual criticism and other historical documents, it can be inferred that Zhang Taiyan's acquaintance with Wu Chengshi began with his gift books and letters in October 1914. So the errors in previous research regarding the chronological order of the letters from Zhang Taiyan and Wu Chengshi should be corrected. These letters also revealed that Wu Chengshi assisted Zhang Taiyan in completing the work of the *Zhuohan Weiyan* and *Qi Wu Lun Shi*.

Keywords: Zhang Taiyan, Wu Chengshi, *New Dialect*, chronological order of the letter.

章太炎、欧阳竟无关于唯识学“内色”义之辩

姚彬彬

（湖北大学历史文化学院）

摘要：欧阳竟无于1918年前后撰有《难〈菿汉微言〉成内色义》，于1984年由其弟子虞愚据吴承仕遗稿整理重刊，此文系针对章太炎《菿汉微言》中探讨唯识学“内色”义内容的驳议。核查《菿汉微言》原书，可见章太炎认定唯识学的“唯识无境”教义与“内色”之义间存在一些难以解决的矛盾，他提出万物皆有阿赖耶识的观点，试图解决有关难题。欧阳竟无的驳议则主要强调以无生命之物亦有阿赖耶识的观点与唯识学之成说不符，认为“内色”之义在唯识学体系内部亦不存在矛盾问题。实际上，章太炎对于唯识学“内色”义的新诠释，真实目的是欲借此证成万物皆有阿赖耶识这一命题，而与《齐物论释》中的平等观念相呼应。而欧阳竟无采“结论后之研究”的信仰先行立场，倾向于以玄奘系唯识学定论为终极真理的原教旨主义。这两种立场相互扞格，彼此很难取得基本共识。

关键词：章太炎　欧阳竟无　唯识学　内色　阿赖耶识　《齐物论释》

早期印度佛教在世界何以生成这一哲学基本问题上并无明确解释，至部派佛教期间，出现了众多学说，多近于心物二元论。[①]至公元3—4世纪出现的唯识学，才形成了一种近于西方哲学所说的“绝对唯心论”式的看法。唯识学的基本教义是“唯识无境”，他们认为，森罗万象的一切存在，都是虚

① 顾颉刚在《枫林村杂记》中曾记述赵朴初之语：“释迦牟尼所创之佛教，本为心物二元论。其后势力日大，党派渐分，唯心论遂占上风。”见《顾颉刚全集》第28册，北京：中华书局，2010年，第157页。

幻不实的,且都出于一个被所有众生共享的"阿赖耶识"的变现。从根本上说,这是要解答早期佛教的一个问题,亦即:世间诸行无常,那么此种无常的虚假表象,又是从何而来?佛教在其最初已否定了现实社会和人生的存在意义,认为其本质都是"苦"的(有漏皆苦),因此,他们在修行上的终极追求,一直是"断惑证真"。唯识学顺着这个思路推导,认定虚幻的世界必然出于错误或虚假的认识,但世间众生的眼耳鼻舌身意六识都是个体性的,解释不了作为"共相"的世界表象,在唯识学人士看来,"假象"必出于"妄识",世界表象类似于一个"集体梦",因此他们设定出一个高踞于六识之上并统御一切的"阿赖耶识",构造了这个"集体梦"。尽管佛教界人士不愿意承认阿赖耶识即本体,但就逻辑理路上说,无论如何解释,也确有一定本体性质。

既然唯识学认定森罗万象一切虚幻不实,自然也就不承认物质世界的客观性。那么,如何论证物质也是精神性的东西?为此需要大费周章。他们进一步的设定是,认为人的一切认识能力和认识行为,都是在阿赖耶识这个范畴内发生的,因此,他们将认识主体称之为"见分",认识对象称之为"相分","见分"和"相分"之间的关系,是阿赖耶识内部的"内循环"。就此而论,美国电影《黑客帝国》中所描述的"母体世界",其与唯识学的世界观,在结构上相当类似。

在佛教的基本术语中,所谓"色"即物质,而唯识学则又有"内色"之说,《显扬圣教论》中称:"内色,谓根及根所居处色。"①意思是眼耳鼻舌身意六根及与六根当下对应的认识对象,即所谓"内色";而又有所谓"外色":"外色,谓除根及根所居处,余色声香味触。"②以王守仁《传习录》中之"岩中花树"公案为喻,"你来看此花时,则此花颜色一时明白起来"此即"内色";"你未看此花时,此花与汝心同归于寂"此即"外色"。在1918年前后,章太炎与近代佛学家欧阳竟无就唯识学的"内色"之义曾有过一番争辩,本文就此略作考论。

①② 《显扬圣教论》卷五,见《大正藏》第31册,第503页。

一、欧阳竟无佚文《难〈蓟汉微言〉成内色义》的发现

1984年3月《法音》杂志上刊登了一篇近代唯识学者欧阳竟无的佚文《难〈蓟汉微言〉成内色义》,由虞愚整理,全文如下:

先明唯识旨意,后辨解外难。先明唯识旨意者,若论“圆成”,非色非心。世间“遍计”,既执有色,又执在外,执到究竟,则与大觉全不相应,是故遍计为无。今许“依他”有杂乱识,但去其执,则与大觉非全不应,是故依他是有而不真实,此唯识旨意也。论者方便善巧,就俗名言,诠不执法以破遍计,须得其旨方不堕负。若许其色则唯是内,世间无“外”之一字。盖内则“色”“识”浑融,虽言是色与识无异,是为不执之色,故曰内色非无。若许其外则唯是识,世间无“色”之一字。盖识则内外浑融,虽言是外与内无异,是为不执之外,故曰他心是有。故唯识家,但涉外境,明言必加“似”字,曰似外境。因明定例,置“汝执”意,若不置“似”言,必堕“自教相违”“相符极成”诸过。

后辨解外难者,抄来云云有三番辨论,皆未得唯识本旨。今复论之,第一段难言:内色似外境现,自心相分。同时同处何不普现,而以远近去来成此隐显?应答彼言:远近去来是内色差别,“末那”分别执所成故,执此差别亦普现故(内色之中,分别著者为似外境为远为来,似而执之,此是遍计分别。缘此分别而不执为真则为依他。依他乃是“能缘”非所执故)。第二段难梦中无“空”“明”缘。应答彼言:梦中有梦中之识与觉异,即梦中有梦中之“空”“明”缘亦与觉异。设如彼作梦者,梦为人遮闭其眼,则梦中忽不见物。此两段若许其色则唯是内,唯是无外之内,不许此内为对外之内,故不堕负。第三段难言:既无外境,有何所以求此果者。此因犯“随一不成”过。我宗识果,不以汝外境成故。《成唯识论》虽无外缘,由本识中一切转变差别、及以现行八种识等展转力,彼二分别而得生。转变云者,由“因缘”“所缘”“增上”三缘助种,从生位转

至熟时而生分别,然此三缘皆识所变并非外境。展转力云者,谓现行"心王""心所"及所变"二分""不相应""无为"诸法为缘,相助以力而成分别,然此现法缘并不离识,亦非外境。此段但许其识,不许其境,故不堕负。

至抄中所救云一切矿物皆有藏识,此语有过。一、外道执无情有命根诸论已破故;二、"情""器"世间应无差别故;三、教中明明说无情故;四、论说外谷麦等是识所变非实种子,无熏习故;五、若许物各一识,一身之中,含矿非一则有多识,应成多人,云何一身故。然唯识家许物唯是识者,许物是有情所变,唯是有情之识故,非许物各一识故。又许有多识者,许多有情之多,非无情之多故。亲光菩萨《佛地经论》:"外物岂是极微合成,实有体性,多因共感?但是有情,异识各变,同处相似,不相障碍。如众灯明;如多所梦。因类是同,果相相似,说名为共。"据此所说,净土是诸佛识变。土属于人,故唯有各变各识为各土。同处相似,姑假名共。另立一土为物共有,然且不许,况说矿物另含有识耶?(《楞严》十二类生,所诠各别,非此所难。)①

欧阳竟无是近代唯识学研究重镇支那内学院的创始人,整理者虞愚系其弟子,他在文末说明,此文于"解放前,曾在《中大季刊》露布,惟标点错误颇多,且无注释。吾友黄之六教授整理其先师吴承仕先生遗稿,发现所留前贤论文中有此篇,虑其以讹传讹,嘱愚重新标点并加简明注释"②云云。据此,检索此文最初曾刊于《中大季刊》1926 年第 1 卷第 1 期,原刊文末有吴承仕之按语:

戊午三月十四日,得梁漱冥书云:"许季上、林宰平辈,以《菿汉微言》中成内色义,寄示欧阳氏,欧阳氏作驳议一首,如上所钞。"郤后转呈章先生,先生复书答难,惜已遗弃不可得。兹检出欧阳氏原函,载入季

①② 欧阳竟无《难〈菿汉微言〉成内色义》,《法音》1984 年第 3 期。

刊,以为哲学家探讨之资焉。民国十五年五月十日吴承仕记。[①]

由此可见,欧阳竟无此文当撰于1918年(戊午),系针对《菿汉微言》中有关"内色"问题讨论的驳议,后章太炎亦有答复,可惜后来找不到了。而虞愚在1984年所整理发表者,则是据吴承仕藏稿而重加校点。

二、章太炎《菿汉微言》中论唯识学"内色"义的内容及解读

核查《菿汉微言》原书,确有关于"内色"问题之论,欧阳竟无之文当就此而发者,文曰:

《观所缘缘论》云:"外境虽无,而有内色,似外境见,许眼等识带彼相起,及从彼生,具二义故。"又说:"极微是缘,然非所缘;和集相是所缘,然非是缘。互阙一支,皆不成立。"其论至明了矣。设有难言:"既许内色,似外境见,内色惟是自心相分,何故同时同处不能普见内色,而以远近去来成此隐显差别?"论者必言:"臧(藏)识虽具一切相分,而为末那所执,局在形内,是故不能普见。"应复难言:"若境界在外者,汝义可成。既说内色,内色则是臧(藏)识所具,臧(藏)识虽被末那束于形内,而此内色岂复在外? 唐申此救,岂能解惑?"论者必言:"眼识生时,藉空、明缘,以内色无空、明缘,是故不能内见。"应复难言:"空明缘者,亦是自心相分,无有外境,既具在心,何因阙缘而不能见? 又眼识生,非一切时藉空明缘,如睡梦位所见景像从眼识生,而彼岂有空明外缘? 是故此救亦不成就。"论者必言:"臧(藏)识普见,即同无见,是故自心不能了别。"应复难言:"普见则同无见,我亦许立,然彼触受所得,既非外境,还即自心内色一分,同在普见之中,何因独能偏见?"论者又言:"自心相分是种非果,果则能见,种子非见,是故无普见事。"应复难言:"既无外境,

① 欧阳竟无《难〈菿汉微言〉成内色义》,《中大季刊》1926年第1卷第1期。

有何所以而成?此果应一切时,惟是种子,终不见果,而今有果能见,此救不成。"为说至此,唯识诸师皆穷。①

试解此论之大意:

章太炎首先指出唯识宗典籍《观所缘缘论》的一个矛盾问题,即不承认外境实有,故物质(色)依附于感官(眼耳鼻舌身意六根)而虚假存在,故称"内色","似外境见",意思是看似是外境,其实还是阿赖耶识变现,是假象。但同时《观所缘缘论》又承认部派佛教的说一切有部的"极微"(极其微小的粒子)之义,承认物质由微粒构成。"极微"是物质生成的"缘"(直接内在原因);"和集相"(将微粒结合在一起的相状)是物质生成的"所缘"(这里指感官接触事物后所挟带的认知模式,类似于康德哲学的"先天知性形式"),"缘"和"所缘"这两个条件缺一不可。这里隐含的一个矛盾是,既然唯识学设定"内色"这一概念,却又承认"极微",那么,"极微"是否独立存在,抑或亦属于"内色"呢?引发章太炎进一步思考的,应该就是此问题。

进而,章太炎假设有人来质疑唯识学"内色"说,并设计出几番问答。第一,既然"内色惟是自心相分",并非客观存在,而是阿赖耶识的组成部分,那么一切众生同具,都在心内而不在心外,这样的话,所有人都应该普见一切才对,为什么人们因为"远近去来"的条件,有的人能看到这些看不到那些,有的人能看到那些看不到这些,所见事物不同?对这一质疑,回应是,因为虽然大家共享同一个阿赖耶识,但每个人的末那识(第七识自我意识)不同,末那识因执取阿赖耶而形成虚假的自我认知,故所见不同。

第二,进一步质疑,尽管每个人因为末那识产生认知局限,但"内色"亦属于阿赖耶识的一部分,末那识执取阿赖耶构成虚假自我意识,"内色"亦在所执之内,因此"末那识"概念的设定不能解释此疑问。对此答复是,正如眼识的认识能力,要有"空"(空间)"明"(光明)这两种基本条件,就"内色"而论,对于那些不具备"空"和"明"的条件的人,当然无法看到。

---

① 章太炎《菿汉三言》,上海:上海书店出版社,2011年,第8—9页。

第三，再进一步质疑，在唯识学的理论设定下，即使“空”和“明”一样也是“自心相分，无有外境”，二者也在心识内部，因此这个条件并不存在欠缺与否的问题。正如人在做梦时所看到的景象，并不需要外在的“空”和“明”等条件，而唯识学理解的现实世界，正如梦中一样，所以“空”和“明”不能当做“内色”不被普见的借口。对此答复是：“臧(藏)识普见，即同无见，是故自心不能了别。”意思是阿赖耶识(藏识)对于众生而言，就像陆地生物看不到空气、水中生物看不到水本身一样，所以众生有认识的局限性。这样问题仍没有结束，质疑者仍然还可以问，那大家同处于心识内部，为什么有的人能看到某些事物，有的人却看不到？问题仍没有解决。

章太炎认为，接下来唯识家只能应对说：事物作为“相分”的存在，本质上是以“种子”(事物成形之前的潜在状态)存在的，对于在“种子”状态时候的情况，人是看不到的。但对此仍可质疑：唯识家认定唯识无境，那么“有”(世界的存在表象)是怎么显现出来的？当然是由种子的“果”(事物已成形的状态)构成的，既然对于有的人显现为“果”，这个“果”就是共时性的，不应该对另一部分人表现为“种子”。故章太炎断定，穷尽唯识学的一切理论可能性，都无法解释何以“内色无法普见”这一质疑。

简言之，章太炎的意思显然是，唯识学把“色”区分为“内”与“外”本身就没有必要，既然境不离识，那么一切色都在识之“内”。既然一切众生同具并同享阿赖耶识，那么如何解释每个个体的认识差异，就成为一个难题。

因此，章太炎自己设计出一种解释方案，意图补救此难题，即认定不仅众生同具阿赖耶识，即使无生命的矿物，也都有阿赖耶识，其说如次：

> 是故，我今救言：“一切矿物皆有臧(藏)识，随其大小，以为身体，识与识者，体相名数等无差别。由彼臧(藏)识与己臧(藏)识对构，方能映发，识识相遇，如无线电对至即通，不烦传送。如是己识，方起自心相分变见，似彼境界为所缘缘。彼识不与己识对者，除睡梦位乱意识外，则自相分不能变起，由是远近去来能成隐显差别，无同时同处普见之过。”彼若诘言：“矿物可许有识，而彼真空决定无识，不能对至，何因自心相

> 分变见真空可触可见。真空既非含识而可触见,即知矿物亦尔。汝义不成。”应答彼言:“谁说真空是可触相,直无触耳。又此真空亦非可见,琉璃瓶中排气令尽,自外望见,曾非真空,惟是空一显色。而彼显色是白日光,或爟火光,日火有识,与己识对,是故相分变见日火光象,非见真空。汝难不成。”彼复难言:“既执矿物有识,所见则成外境,何得说言自心相分?”应答彼言:“外境是无佗(他)心,实有唯识云者,许各各物皆唯是识,非许唯有自心一识。说有佗(他)心,岂成违碍?又今所见,且非佗(他)心,但由佗(他)心对至自心,即有相分变见,无所难过。佗(他)心亦能自见相分,而此所见,唯是自心相分,非是佗(他)心相分。所以者何?无有少法,能取少法故。如无线电甲乙两端,虽相波动,乙端之动,非甲端动故。”
>
> 上来且依众生明了识,说为唯识师解围。若定果色,虽无佗(他)心对至,亦见色相,此由专注一境所成。其与梦境治乱虽殊,还成一类。若诸大觉,己心佗(他)心等无有异,所起海印三昧,亦能普见,以无所见,故无不见。然非众明了意识所证,故不具说。若就真谛,普见别见同是虚妄;以相分,即是心上障碍;若离业识,即无见相故。①

章太炎认为,一切矿物(也就是一切物体)皆各自存在其阿赖耶识,人类之所以能看(感受)到或看(感受)不到某一物,是因为彼此间的阿赖耶识发生或不发生感应,这种感应就像无线电之间的相通一样。此堪称奇思妙想,不过在正统的唯识学者看来,这一定是不能接受的,因为他们只设定了有情众生有阿赖耶,土木瓦石之类属于“无情”,不属于“众生”。

不过章太炎则有他坚持的理由,因为他认为此解可应对各种可能的质疑。——如果有人问,如果矿物皆有阿赖耶识,而绝对的“真空”也“可触可见”,亦应有阿赖耶识,但“真空”非矿物,这是自相矛盾;章太炎则认为,一般人所说的真空其实包含了空气和光线,这并不是“真空”,如果去除了这二

① 章太炎《菿汉三言》,上海:上海书店出版社,2011年,第9—10页。

者，真空只是什么都没有，并非“可触可见”之物。如果有人问，如果设定矿物皆有阿赖耶识，那么岂不是违背了“唯识无境”这一基本原理，成了外境实有，并非是自心的“相分”之义了？章太炎认为并不违背，因为这样外物与众生都是“识”，只有此识与彼识的对待（“他心对至自心”），二者相对时，对方的现象就是自心的“相分”，正如甲无线电感应到了乙无线电的信号，并非是发生了实质性的改变。最后，章太炎补充说，如果修行成就至佛的境界，则自心与一切他心彻底打成一片，无见无不见，如《华严经》所说“海印三昧”，到了这个境界，此问题才能被彻底超越。

由此可见，章太炎对唯识学“内色”义的重构，一切生命体或非生命体，均被他叠加了一个“阿赖耶识”的概念，这种解释模式，可能有意无意地靠近了他一向尊奉的《大乘起信论》“真如生万法”的哲学结构，《起信论》中有“心生灭者，依如来藏，故有生灭心。所谓不生不灭与生灭和合，非一非异，名为阿黎耶识”[①]之说，以真如佛性与阿黎耶识（即阿赖耶识）同体而异名，因此阿赖耶识成了能生万法的“真心”而非“妄心”。但在玄奘一系的唯识学者看来，所谓“境不离识”，即外境为阿赖耶识变现，而终将统摄于阿赖耶识，阿赖耶经过“转染成净”的漫长过程后，作为“未来时”的清净如来藏才得以开显出来，在这一过程中，外境始终从属于心识主体。而章太炎的看法则指向“境等于识”，心境万象，一切平等，没有什么高低之分。他在最看重的哲学作品《齐物论释》中开篇即谓：“《齐物》者，一往平等之谈，详其实义，非独等视有情，无所优劣。”[②]明确指出“平等”之义并不局限于有生命的“有情众生”，作为“无情”的万物，亦应涵盖于内。

太炎早期作品《菌说》中，早已认定植物、矿物等亦有知，文谓：

> 盖凡物之初，只有阿屯，而其中万殊，各原质皆有欲恶去就，欲就为爱力、吸力，恶去为离心力、驱力，有此故诸原质不能不散为各体，而散

① 《大乘起信论》，《大正藏》第 32 册，第 576 页。

② 章太炎《齐物论释》，见《章太炎全集》（六），上海：上海人民出版社，1986 年，第 4 页。

> 后又不能不相和合。夫然,则空气金铁虽顽,亦有极微之知。今人徒以植物为有知者,益失之矣。《楞严经》曰:"由因世界,愚钝轮回,痴颠倒故,和合顽成,八万四千枯槁乱想。如是故有无想羯南,流转国土,精神化为土木金石,其类充塞。"是佛家亦知金石为有知。①

所谓"阿屯"即原子,太炎以物质粒子运动之力,属于与生命现象类似的情形,与生命体的知觉能力本质无别,亦属于一种"极微之知",此说近于泛神论,亦与唯物论以生命为物质运动现象之说略似。而且,他还在佛教典籍中找到了《楞严经》的论述为据。由此可见,章太炎在《蓟汉微言》中认定一切"矿物"之类亦有阿赖耶识之说,有其早年的思想渊源。

不过,内学院一系佛学是不承认《楞严经》的,欧阳竟无的弟子吕澂曾撰《楞严百伪》,以之为汉地所伪造的佛典,认定"《楞严》一经,集伪说之大成,盖以文辞纤巧,释义模棱,与此土民性喜鹜虚浮者适合,故其流行尤遍。……此侂傺颟顸之病,深入膏肓,遂使佛法奄奄欲息,以迄于今,迷惘愚夫坚持不化者尤大有人在。"②他们注定在此问题上不可能与章太炎有共识。

三、欧阳竟无驳议章太炎说的基本立场

欧阳竟无之文,术语繁复,但对照章太炎《蓟汉微言》中的论述,其实也并不难理解。欧阳竟无先利用唯识学的"三性"之说,阐明本宗所持之基本立场。三性说在众多唯识典籍中皆有论述,如《瑜伽师地论》的《摄抉择分》谓:"云何名为三种自性?一遍计所执自性,二依他起自性,三圆成实自性。云何遍计所执自性?谓随言说依假名言建立自性。云何依他起自性?谓从众缘所生自性。云何圆成实自性?谓诸法真如。"③三性即遍计所执性、依他起性与圆成实性。所谓遍计所执性者,遍计为"周遍计度"义。所执是指

① 章太炎《菌说》,见《章太炎全集》(八),上海:上海人民出版社,1994年,第5页。
② 吕澂《楞严百伪》,见《吕澂佛学论著选集》第1册,济南:齐鲁书社,1991年,第370页。
③ 《大正藏》第30册,第703页。

对象。即于因缘性诸法，不能看到其本然的真相，而执着于妄境的认识阶段。所谓依他起性者，“他”指因缘而言，认识到一切有为法都是依因缘而现起的，非固定的实有，而是如幻假有的法。所谓圆成实性者，圆为圆满，成为成就，实为真实义。指遍满一切处而无缺减，其体不生不灭而无变异，且真实而不虚谬，为一切诸法实体的真如法性。《摄大乘论》以蛇绳为譬喻来说明此三性之含义：如暗中有人怀恐怖之念，见绳而误以为蛇，此蛇现于恐怖之迷情上，系体性皆无之法，此喻遍计所执性。绳是因缘假有的，此喻依他起性。绳之体为色、香、味、触等四尘，此喻圆成实性。欧阳认为，以三性判分，唯识学据“依他起性”而立教，故“是故依他是有而不真实，此唯识旨意也”。即“境”依“识”而起，其本质则是虚幻的，“故唯识家，但涉外境，明言必加‘似’字，曰似外境”，而非认为有真实意义上的外境存在。

进而，欧阳竟无据唯识学的正统教义，来解答章太炎所自拟的“三番辨论”。首先，关于众生“何故同时同处不能普见内色，而以远近去来成此隐显差别”的原因，欧阳的解释是因为凡夫皆处于“遍计所执”状态下，错误执着于一切外境为实有，因为每个人末那识所执着的情况不同，故所见者亦不同。其次，欧阳以睡梦中的情况与日常生活的情况不同，因此梦中的“空”和“明”亦与日常生活的“空”和“明”不同（但并非梦中没有“空”和“明”），若进行比较，梦中也有被人捂住眼睛而看不见东西的可能性，可见也离不开“空”和“明”作为认识中介。最后，欧阳认为“既无外境，有何所以而成”之语犯了因明学上的“随一不成”的过失，所谓“随一不成”，指论辩的一方使用了双方并非共同认可（共许）的前提作为推论基础。唯识学认定“唯识无境”是不用论证不言自明的前提（所以欧阳前文强调“内色”的“内”指“无外之内，不许此内为对外之内”），但章太炎对此前提加以了质疑，认为“无外境”与“内色”说之间是有矛盾的，所以欧阳直接认定这个问题不需要讨论，然后征引并解释《成唯识论》中讲阿赖耶识变现万物过程中“因缘”“所缘”“增上”三缘所起之作用皆不离于识之说的教义。以上三点，皆近于自说自话的教义阐释，明显并不是正面回应哲学基本问题的态度。

欧阳竟无在后文反对章太炎“一切矿物皆有藏识”之说的论述，亦无外如此,如谓“外道执无情有命根诸论已破故”“教中明明说无情故”等论,无非是说若以“无情”之物亦有阿赖耶识,是历来佛菩萨们早已否定了的说法,也不需要再讨论了。惟“若许物各一识,一身之中,含矿非一则有多识,应成多人,云何一身故”之语,算是颇为有力。尽管章太炎后来是如何回应此质疑的,我们已经看不到了,不过,太炎早年在《菌说》中已曾论及此题,谓:“动植皆有知,而人之胚珠血轮又有知。”因此,人类的生命现象,并非是一个独立性的产物,“盖夫爱恶相攻,一身之中而肺肝若胡、越也”,①人性之生成,“盖内有精虫,外有官骸,而人性始具”。②这显然是吸收了近代西方生理学知识的说法,与法国启蒙思想家拉·梅特里在《人是机器》中表达的机械唯物论的人性观念相当类似。太炎之于佛学,一向擅长“创造性诠释”,绝不拘泥于固有教义。唯识家设定“阿赖耶识”这一概念,本亦以之为生命轮回流转之所依,但章太炎并不认可佛教的这些神秘主义信仰,其以物质形态之变化即所谓“轮回”:“轮回之说,非无至理,而由人身各质所化,非如佛家所谓灵魂所化也。六道升降,由于志念进退,其说亦近,而所化者乃其胤胄,非如佛家谓灵魂堕入诸趣也。”③凡此种种,无非“以己意进退佛说”,但在内学院欧阳竟无等这些虔诚的佛教居士看来,这无疑恐是将颠覆佛教存在合法性的“外道”之说罢?

欧阳竟无最后举《佛地经论》“外物岂是极微合成,实有体性,多因共感?但是有情,异识各变,同处相似,不相障碍。如众灯明;如多所梦。因类是同,果相相似,说名为共”之说,不承认唯识学对“极微”说有所认可,并再次强调经论中对“矿物另含有识”之说的否定。简言之,这基本靠征引本派经论的方法,以自以为确定的教条来应对不同观点,简单否决了对方进行独立哲学思考的合理性,在一定程度上再次表现了内学院历来偏向于原教旨主义的“护教学”立场,其经论之娴熟、信仰之虔诚固然毋庸置疑,但明显并未表现出应有的思辨水准。

---

① 章太炎《菌说》,见《章太炎全集》(八),上海:上海人民出版社,1994年,第3页。

② 同上书,第7页。

③ 同上书,第8—9页。

四、余　论

欧阳竟无之文原刊(《中大季刊》1926年第1卷第1期)末尾尚附有一段当时的校读者伍剑禅的按语,其中认为:“章先生旨据依他,欧阳先生旨重圆成,故二家皆有辨也。善读者执三性以为衡理之归,则两先生之言皆有益矣。”[①]这恐怕是彻头彻尾的误读,很明显,欧阳竟无以唯识学宗旨呼应“依他起性”,即以“境”依“识”而起;而章太炎之说隐含着心物平等的理念,近于真如缘起之说,若格以三性说,相对切近于所谓之“圆成实性”。据吴承仕说,太炎此后于欧阳之论还有回应,但文稿“惜已遗弃不可得”。不过,1921—1922年前后章太炎与欧阳竟无的弟子吕澂再次发生过与唯识学有关的一次论辩,[②]更明显地表现出章太炎与内学院一系在佛学立场上的根本分歧。简言之,章太炎受《大乘起信论》的影响,倾向于以阿赖耶识为“能生万法”的“真常净心”;而内学院学者恪守玄奘一系之成说,坚持以阿赖耶识为构造世界幻相与众生无明烦恼根源的“妄心”,此即佛学上的“真心”说与“妄心”说之别(与儒家的性善、性恶之别有一定相似)。此外,章太炎于佛学采“以己意进退佛说”的独立哲学思辨立场;而内学院佛学采“结论后之研究”的信仰先行立场,倾向于以玄奘系唯识学定论为终极真理的原教旨主义,其思想体系的封闭性与排他性特质非常明显。这两种立场相互扞格,彼此间自然很难取得基本共识。

欧阳竟无所领导的支那内学院,在近代唯识学复兴的思潮中处于核心地位,他们在文献考掘、教义重建等方面确有重要贡献;但其基本思想立场,实为一种颇为僵化的繁琐经院哲学形态,因为始终不脱信仰主义的藩篱,其原创性和思辨深度其实相当有限。以往学界对他们的思想贡献的评价(包括笔者早年的有关研究),也许有些不客观地夸大了。陈寅恪曾在《冯友兰

① 欧阳竟无《难〈菿汉微言〉成内色义》,《中大季刊》1926年第1卷第1期。

② 参见姚彬彬《1921—1922年章太炎、吕澂、黎锦熙论学书简考释》,《佛学研究》2014年第1期。

中国哲学史下册审查报告》中评价他们说:“若玄奘唯识之学,虽震动一时之人心,而足归于消沉竭蹶。近虽有人,欲然其死灰,疑终不能复振。其故匪他,以性质与环境互相方圆凿枘,势不得不然也。”①此论知人论世,堪称公允。

克实而言,一切繁琐哲学的体系内部,都有其“内在自洽”性,他们从不认为存在解决不了的难题。针对一切外人所认定的矛盾之处,他们只要不断堆砌概念并进一步再增加并设定条件,最终总是能七弯八拐地找到解释方案。对于他们内部人士而言,只有解释得好不好的问题,并没有能不能解释的问题。欧阳竟无所作之论述,其实就是这一套路。而章太炎对于唯识学“内色”义的诠释,其实目的并非在问题本身,而是欲借此证成“万物皆有阿赖耶识”这一命题。此可印证于其《齐物论释》的基本哲学观念,如太炎释庄子“万物与我为一”语谓:

> 言万物与我为一,详《华严经》云:一切即一,一即一切。法藏说为诸缘互应。《寓言》篇云:“万物皆种也,以不同形相禅。”义谓万物无不相互为种。《大乘入楞伽经》云:“应观一种子,与非种同印,一种一切种,是名心种种。”②

章氏在此将《庄子·寓言》篇的“万物皆种也”的“种”释义为唯识学的“种子”(按旧训或释为“种类”),在唯识学中,“种子”是构成阿赖耶识的基本单元,认为种子生现行,为变现外境的直接原因(亲因)。由此,“万物皆种也”就被章太炎理解为“万物互为因缘”的意思,因此“万物皆有阿赖耶识”自是章太炎所诠释的“万物皆种”的题中应有之义。《齐物论释》的基本要旨,章氏曾于后来的《国学概论》(1922 年讲稿,曹聚仁记录)中有总结,谓:“近人所谓平等,是指人和人的平等,那人和禽兽草木之间,还是不平等的。佛

① 陈寅恪《冯友兰中国哲学史下册审查报告》,见《陈寅恪史学论文选集》,上海:上海古籍出版社,1992 年,第 511 页。

② 章太炎《齐物论释》,见《章太炎全集》(六),上海:上海人民出版社,1986 年,第 31 页。

法中所谓平等，已把人和禽兽平等，庄子却更进一步，与物都平等了。仅是平等，他还以为未足，他以为‘是非之心存焉’，尚是不平等，必要去是非之心，才是平等。庄子临死有‘以不平平，其平也不平’一语，是他平等的注脚。”[①]太炎认为，就“平等”的境界而言，道家的庄子去除了世俗层面上的物我、是非之心，应为最高；其次则为佛教的众生平等，能够“打破生命之现象”而证得“不生不灭之心”；最后才是西方民主思想的“人和人的平等”。《齐物论释》中所谓：“齐其不齐，下士之鄙执；不齐而齐，上哲之玄谈。”[②]“齐其不齐”是说意图通过人力去改变客观世界，强行使之变得“平等”，太炎觉得这只是一种不学的妄想，因为若不能提高人的思想境界，“平均主义”总是最终要败给人性之私。因此，只能通过“不齐而齐”，也就是改变主观世界，以臻“以道观之”的“物无贵贱”之境，来实现最为理想的“平等”。要之，以佛入庄，以期证成人我不二、天地万物一体的终极平等观念，即章太炎借诠释唯识学“内色”义以表达“一切矿物皆有臧(藏)识”的微意所在。

---

① 章太炎《国学概论》，上海：上海古籍出版社，2000年，第34—35页。

② 章太炎《齐物论释》，见《章太炎全集》(六)，上海：上海人民出版社，1986年，第4页。

The Debate between Zhang Taiyan and Ouyang Jingwu on the "*neise*" Issues of Yogacara

Yao Binbin

Abstract: Ouyang Jingwu wrote an article around 1918 titled *Refuting Zhuohanweiyan's Viewpoints on the Issue of Neise*, which was reissued after being proofread by his student Yuyu in 1984. This article is a criticism of Zhang Taiyan's views on the matter. By understanding the original book of Zhang Taiyan's *Zhuo Han Wei Yan*, From this, it can be seen that Zhang Taiyan believes that there is a serious contradiction between Yogacara's core teachings and the issue of "*neise*", He proposed the view that there exists Alaya consciousness in all things, attempting to solve those contradictory problems. And Ouyang jingwu's refutation opinion is that Zhang Taiyan's views do not conform to Yogacara's original teachings, Therefore, he believes that there is no paradox on this issue. But in fact, Zhang Taiyan's new interpretation of the concept of neise is to prove the view that Alaya consciousness exists in all things, This can be consistent with the concept of equality in *Annotations on the Theory of Unification of Things*. However, Ouyang Jingwu studied this issue based on the belief position of fundamentalism, So, it's difficult for them to reach a consensus on this divergent issue.

Keywords: Zhang Taiyan, Ouyang Jingwu, Yogacara, *Neise*, Alaya consciousness, *Annotations on the Theory of Unification of Things*

论《文始》“孳乳”的形、义线索*

陈晓强　肖存昕

（兰州大学文学院）

摘要：“孳乳”指因语义变化而孳生新词。词汇的孳生推动着文字的繁衍，汉字形体是研究“孳乳”的重要线索。从显性层面看，《文始》“孳乳”之词大多在字形上无关联；但从隐性层面看，《文始》中看似无字形关联的孳乳之词却通过多种途径建立了字形的联系。“义”是“孳乳”的核心、关键问题，《文始》“孳乳”以字形造意、词源意义、词汇意义（含训义、文义、词义等）为意义线索是合理的，但《文始》没有区分不同意义线索的性质及功用，导致一些错误。明其是，辨其误，在《文始》基础上有很多工作需要推进。

关键词：文始　孳乳　字形线索　意义线索

章太炎《文始·叙例》：“音义相雠，谓之变易。”“义自音衍，谓之孳乳。”①“变易”指因语音变化而孳生新词，“孳乳”指因语义变化而孳生新词，“变易”和“孳乳”是上古汉语单音节词汇孳生的基本途径。相对而言，学界对《文始》“孳乳”的讨论较少，其中原因一方面是因为《文始》用“孳乳”条例系联的同源词，部分词的关系混乱、结论牵强，真知与错误交织在一起，后学很难合理评价其中正误；另一方面是因为汉语漫长的发展历史让很多词的孳乳轨迹复杂且模糊，而汉语的单音节性和汉字的表义性又经常掩盖着词

* 【基金项目】国家社科基金项目“汉语词汇孳生与汉字形体繁衍关系研究”（21BYY028）。匿名审稿专家对本文提出了重要的修改意见，深表感谢。

① 章太炎《文始》，收入《章太炎全集》（四），上海：上海人民出版社，2014年，第177页。后文引《文始》，仅在引文后括注“p页码”。

汇历时演变的轨迹,这就在客观上导致了"孳乳"问题的研究难度。

汉语词汇的孳生推动着汉字形体的繁衍,"孳乳"在根子上是词汇孳生的问题,但在形式上往往表现为字形的繁衍。由此,造成《文始》"孳乳"字、词纠缠的问题。另一方面,汉语和汉字毕竟是本质不同的两种符号系统,词汇孳生和字形繁衍并无必然联系。《文始》讨论词的"孳乳",能否从字形束缚中走出来?《文始》"孳乳"如何利用汉字字形线索?这些问题,是讨论《文始》"孳乳"首先要关注的问题。"义"是"孳乳"的核心、关键问题。传统小学中的"义",是一个含混的概念,包含字形造意、词汇意义、词源意义等。这些不同的意义,在《文始》"孳乳"中都有反映。《文始》对同源词的系联及意义关系的说明,以《说文解字》①训释为基。《说文》训释,在方式上有形训、声训、义训,在意义上有字义、词义、源义、文义、经义等。《说文》训释的复杂性,更是加剧了《文始》"孳乳"意义线索的复杂与混乱,使《文始》的很多真知灼见淹没在混乱的"孳乳"意义中,进而使《文始》的价值长期得不到学界应有的重视。

鉴于以上原因,笔者不揣浅陋,以《文始》"鱼阳"卷(p309—352,宏观层面)、《文始》"且"族(p334—337,微观层面)为基础语料,对《文始》"孳乳"的形、义线索进行考察,希望能起到抛砖引玉的作用。

一、《文始》"孳乳"的字形线索

《文始》"孳乳"的方式途径非常复杂,有点对点的"A孳乳a"和点对多的"A孳乳a、b、c……",也有多对点和多对多的"A、B……孳乳a""A、B……孳乳a、b……"。复杂的方式途径,为《文始》"孳乳"字形线索的考察带来困难,例如:"A孳乳a、b、c……"中,A与a、b、c的字形或全部有联系、或部分有联系、或全部无联系。跳出A点,在词族内部或互通词族中经常又能看到和A关系密切的B、C等,沿着和A相似的轨迹孳乳新词,多组孳乳交

① 后文《说文解字》简称《说文》,段玉裁《说文解字注》简称《段注》。

义互通，形成更加错综复杂的字形关系。鉴于此，下文从两个层面考察《文始》"孳乳"字形关系：显性层面，考察"A"与"a""b""c"等的母子字形关系；隐性层面，考察 A、B、C 等的孳乳在相互照应中所显现的字形关系。

(一) 显性层面的考察

为了对《文始》"孳乳"之字形线索有相对全面的认识，本部分对《文始·鱼阳类》中的孳乳进行全面考察。为了便于分析、说明"孳乳"之母子字形关系，本部分将《文始》一组孳乳分析为多条，如将"A 孳乳 a、b、c……"分析为"A 孳乳 a""A 孳乳 b""A 孳乳 c"……多条；再如，将"A、B……孳乳 a"分析为"A 孳乳 a""B 孳乳 a"……多条。

经分析，《文始·鱼阳类》用"孳乳"系联的同源词共 756 条，字形关系有三类：直接构件关联、过渡构件关联、[1]无关联。例如，"(甫)孳乳为尃，布也。为敷，㪟也。二同字。为誧，大也。为博，大通也。为溥，大也。三同字。溥对转阳变易为旁，溥也。"(p312)其中"溥"字的直接构件为"氵""尃"；过渡构件为"甫""寸"。"敷""博""溥"通过直接构件"尃"关联；"甫"与"溥"的过渡构件关联；"溥"与"旁"字形无关联。

1. 直接构件关联

(1)"形意"[2]与"形意"

共 2 条：女孳乳如(p330)，如孳乳奴(p330)。

(2)"形意"与"形声"

共 116 条："形意"孳乳"形声"115 条，其中形意字为形声字声符者 97 条，例如"土"孳乳"社"(p326)；[3]形意字为形声字义符者 15 条，例如"白"孳乳

---

① 对汉字进行拆分，第一层级的构件为直接构件，其他层级的构件为过渡构件。"全字的造字意图是通过直接构件来体现的。"详王宁《汉字构形学导论》，北京：商务印书馆，2015 年，第 99—100 页。

② 为了简明、清晰地说明"孳乳"字形关系，本文将"象形字""指事字""会意字"统称为"形意字"。《文始》对词族中诸词关系的说明，以《说文》训释为基；基于考察《文始》"孳乳"字形线索之目的，本部分直接据《说文》形训判断"形意""形声"结构，不再讨论《说文》形训之正误。章太炎持与《说文》形训不同的观点，则以章太炎观点为据，如"社"，《说文》认为是"从示、土"的会意字，章太炎认为是"从示、土声"的形声字。

③ 《章太炎〈说文解字〉授课笔记·社》："社从土声，因古齿音敛归舌头音故。"详章太炎《章太炎〈说文解字〉授课笔记》，北京：中华书局，第 9 页。

“皅”(p338);[①]形意字与形声字有相同构件(主要为形符相同)者 3 条,例如“凥”孳乳“居”(p314)。[②]“形声”孳乳“形意”1 条,例如“䍐”孳乳“㓞”(p347)。

(3)“形声”与“形声”

共 107 条:声符相同者 54 条[③],例如“枯”孳乳“殆”(p341);义符相同者 22 条,例如“責[④]”孳乳“貲”(p336);形声 A 为形声 B 之声符者 30 条,例如“旁”孳乳“滂”(p313);特殊情况 2 条,为“鹽”孳乳“鹽”(p330),[⑤]“𡨄”孳乳“盲”(p340)。[⑥]

2. 过渡构件关联

共 69 条,大多为具有互通关系的声符的关联,[⑦]例如,“方”孳乳“榜”(p350),“甫”孳乳“敷”“博”“溥”(p312)。“方”与“旁”,“甫”与“尃”,存在声符互通关系。[⑧]再如,“如”孳乳“拏”“絮”(p331)。“如”“奴”关系密切,《文始》认为“如”孳乳“奴”,《文始》“如”之连带义下孳乳有“拏、挐、帤、袈、絮、絮”(p331),“拏”与“挐”,“絮”与“絮”,形音义存在密切关系。

3. 字形无关联

共 462 条[⑨],例如,“把”孳乳“秉”(p312),“秉”孳乳“柄”(p312)。[⑩]再如,

---

① 《说文》:“皅,艸华之白也。从白巴声。”

② 《说文》:“凥,处也。从尸得几而止。”“居,蹲也。从尸古声(据《段注》改)。”

③ 特殊情况 2 组:①“尢”孳乳“枉”。“尢”《说文》重文作“尪”,“尪”“枉”声符相同。②“嘏”孳乳“祜”“姑”。《说文》:“嘏,大远也。从古叚声。”据《说文》形训,“嘏”与“祜”“姑”声符不同;據《文始》“古”孳乳为“嘏”“诂”“殆”,章太炎似以“古”为“嘏”之声符。

④ 为便于说明字形关系,文中部分字用繁体。

⑤ 《说文》析“鹽”为“从鹽省,古声。”据《说文》则“鹽”前“鹽”后。《文始》颠倒“鹽”“鹽”之孳乳顺序,原因为:《说文》:“鹵,西方鹹地也。”“鹽,河東鹽池。”“鹽,鹹也。”据《说文》训释,“鹵”“鹽”意义关系更近;“鹵”为来纽鱼部,“鹽”为见纽鱼部,“鹽”为喻纽谈部,“鹵”“鹽”语音关系也更近。《文始》以初文“鹵”为出发点系联词族,便出现“鹽”前“鹽”后的现象。

⑥ 《说文》:“𡨄,亡也。从亡无声。”“盲,目无牟子。从目亡声。”

⑦ 形声字声符的互通关系,详陈晓强《论汉语同源词的声符互通现象》,收入王宁主编《民俗典籍文字研究》第 5 辑,北京:商务印书馆,2008 年,第 215—225 页。

⑧ 详陈晓强《形声字声符示源功能研究》,上海:上海古籍出版社,2021 年,第 397—411 页。

⑨ 特殊情况 2 组:“牙”孳乳“齟齬”“鉏鋙”,《文始》第 318 页;“阬閬”孳乳“康食”,《文始》第 343 页。单音节词孳乳为双音节词或双音节词的孳乳,无关字形问题。

⑩ 《说文》:“柄,柯也。从木丙声。棅,或从秉。”“秉”与“柄”之或体“棅”的直接构件关联。又,“匚”孳乳“筐”。“筐”《说文》重文作“匡”,“匚”“匡”字形关联。基于考察《文始》“孳乳”字形关系之目的,本文直接据《文始》所论显性层面的字形关系将“秉”“柄”与“匚”“筐”类的情况分析为字形无关联,不再深究所论字因异体及通用而产生的字形关系。

“午”孳乳有“各、吾、语、洛、罜、挌、御、却、禦、[①]抗、岠、圄、敔、𠜾、枑、圉、辜、㴖、卬、仰、莒”(p316—317)。

4. 小结

从显性层面看,《文始・鱼阳类》用“孳乳”系联的同源词,字形没有关联的占比达61%,字形直接构件关联的占30%,过渡构件关联的占9%。上古汉语词汇孳生经常和汉字形声孳乳相伴而行,上古汉语词族中很多词的字形在形声字声符层面有联系。《文始》“孳乳”字形无关联现象高达61%,与汉语、汉字的事实不符。处在晚清中西方文化碰撞、交流时代的章太炎,较早地受到西学的影响。《文始・叙例》:“文字者,词言之符。”(p175)字、词混同是传统小学的弊端之一,章太炎已有区分字、词的先进认识,他对传统小学研究拘牵字形的现象提出批评;[②]在具体词族的系联实践中,章太炎难免会矫枉过正,有意规避字形线索,由此导致《文始》“孳乳”在显性层面出现不合事实的过多的字形无关联现象。

就字形有关联的《文始・鱼阳类》“孳乳”情况看,关联绝大多数发生在形声字声符层面,这符合汉语、汉字的事实。在汉语词汇孳乳派生的推动下,春秋战国时期形声字已占汉字大多数。《文始・叙例》:“《文始》所说亦有专取本声者,无过十之一二。”(p180)即便在显性层面,《文始・鱼阳类》“孳乳”中形声字声符关联者占比在35%左右,如果深入到“孳乳”之字形隐性关联层面,声符关联者的占比会更高。“专取本声者,无过十之一二”,是章太炎对字、词区别的刻意强调,我们不能把“无过十之一二”理解为《文始》词族中字形关系的事实。当然,“专取本声者,无过十之一二”,这一观点对

---

① 《说文》:“禦,祀也。从示御声。”段玉裁认为“御”之声符为“卸”,“卸”之声符为“午”。逐层溯源,则“午”与“禦”的过渡构件关联。对此类未成定论且字形孳乳轨迹已很模糊的字形关系,本文分析为字形无关联。

② 《文始・叙例》:“昔王子韶创作右文,以为字从某声,便得某义,若句部有鉤笱……夫同音之字,非止一二,取义于彼,见形于此者,往往而有,若农声之字多训𦨵大,然农无𦨵大义……盖同韵同纽者,别有所受,非可望形为验。况复旁转对转,音理多涂,双声驰骤,其流无限,而欲于形内牵之,斯子韶所以为荆舒之徒,张有沾沾,犹能破其疑滞。今者小学大明,岂可随流波荡?”(p179—180)

汉语词源学的发展有误导。就此,沈兼士指出:“今《文始》全书取本声者,才及十一,将谓二十三部之通转,胜于声母与形声字自然分化之为可信耶?”①

(二)隐性层面的考察

章太炎的词源学思想,以中学立根基,以西学为参考。受西学的启发,章太炎高度重视语言与文字的区别;但是,汉语与汉字存在特殊密切关系的事实,传统小学以汉字为线索研究汉语的方法,是章太炎无法回避的。从显性层面看,《文始》“孳乳”之词大多在字形上无关联;但从隐性层面看,字形上看似无关联的孳乳之词却通过多种途径发生了联系。例如:

> 麤、粗又孳乳为駔,壯马也。……对转阳则为壯,大也。为奘,驵大也。在阳又孳乳为獎,妄彊犬也。(p336)

在显性层面,“駔”与“粗”字形直接构件关联,与“麤”过渡构件关联;“壯、奘、獎”则与“麤、粗”字形无关联。跳出该组孳乳的限制,《文始》“且”族中藉义之“且”孳乳为“爼、苴、蒩”“莊、蔣、䈇”,助义之“且”孳乳为“助”“䏶、将”,往义之“且”孳乳为“𨑩、徂、齟”“將”。以上诸组孳乳之词的字形,通过形声字声符“且”“爿”发生密切联系。《文始》“且”族中,“且”声字还有“租、阻、诅、㡯、怚、岨、租、伹、祖、虘”,“爿”声字还有“戕、牄、妝、奬”。回过头看“壯、奘、獎”与“麤、粗”的字形关系,则可看出在显性层面字形无关联的孳乳之词,其实在隐性层面有密切的字形联系。举一而窥全貌,《文始》对形声字声符线索的利用,绝非其《叙例》所言“专取本声者,无过十之一二”。汉语和汉字的关系,不同于印欧语言和其文字的关系。早期有西学视野的中国学者,还无法对汉语和汉字的特殊关系有深刻认识,这难免让他们在科研实践中陷入两难境地:强调语言与文字的区别,则可能会弱化汉字形体线索在汉语研究中的价值;强调汉字形体线索,则可能会混淆汉语与汉字。这种两难

① 沈兼士《右文说在训诂学上之沿革及其推阐》,收入《沈兼士学术论文集》,北京:中华书局,1986年,第112页。

境地，又会导致两类看似矛盾的研究失误：有意忽视形声字声符线索或被形声字声符线索束缚。拙文《论〈文始〉“初文”的价值与局限》[①]已对《文始》忽视形声字声符线索的问题有讨论，本文不再赘述。下文讨论《文始》受形声字声符线索束缚的问题。例如：

> 于宫室为阼，主阶也。主阶亦所以荐，周公践阼，《荀子·儒效》言“履天下之籍”，此以籍为藉，履藉即践阼，然则阼亦藉之孳乳也。（p335）

“藉”是衬垫之席，“阼”是台阶，二者词义无关，《文始》为什么要将它们牵连在一起？《文始》“且”族网络系统中，“且”声和“乍”声具有照应关系：“阻”与“乍、笮”相应；“觑、粗”孳乳为“作、迮”；“作”孳乳为“祖”“詐、虘”。将“藉”“阼”放在“且”族系统背景中，则可明章太炎系联“藉”“阼”之深层原因。从表面看，章太炎为“藉”“阼”找到的义通关系为：“（藉）所以荐也”，“主阶亦所以荐”。这种义通关系有些牵强，“藉”孳乳“阼”可能与语言事实不符。

又如：

> 凡作始者皆造次试为之，未能精致。故因有创造之义。……作始之义又孳乳为祖，始庙也。（p336—337）

《文始》“且”族表粗疏义的“觑、粗”孳乳为表初创义的“作”“初”等，“作”“初”等又孳乳为“祖”。《文始》在“粗—作—祖”之间建立的孳乳关系，有些迂曲。黄侃：“‘且’字有始意，故示部云：‘祖，始庙也。’又，‘初’古读齿音初母，古无初母者，当入清母，模韵（鱼）。且，古亦读齿音清母、模韵。然则‘且’字者，即‘初’字之语根也。”[②]黄侃对“祖”词源理据的讨论，比章太炎清晰。《文始》“且”族中“祖”所处的孳乳位置不合理，重要原因之一是章太炎

① 陈晓强《论〈文始〉“初文”的价值与局限》，收入北京师范大学民俗典籍文字研究中心编《民俗典籍文字研究》第30辑，北京：商务印书馆，2023年。

② 黄侃《文字声韵训诂笔记》，武汉：武汉大学出版社，2013年，第57页。

试图在“且”族中为“作、迮”等“乍”声字找到合理位置。形声字声符“且”与“乍”是否有互通关系,还需要深入讨论,章太炎在“作”“祖”之间建立孳乳关系,不如黄侃直接沟通“且”“祖”。由此,可看出《文始》在刻意摆脱形声字声符线索束缚的同时又深受形声字声符线索的束缚。汉字字形线索在汉语研究中是一把双刃剑,《文始》遇到的问题,仍然是目前汉语研究经常遇到的问题。

二、《文始》“孳乳”的意义线索

《文始·叙例》:“物有同状而异所者,予之一名,易与鼍、雁与鴈鹅是也。有异状而同所者,予之一名,巨与黔、鼠与雈是也。”(p178)同状,是相同或相通词源意义的关联;同所,是相同或相关词汇意义的关联。《文始·叙例》:“若欲偭追生民之始,官形感触,词气应之,形状之辞宜为最俶,以名召物,犹其次矣。”(p179)形状之辞,因词源意义的“同状”发生联系;以名召物,因词汇意义的“同所”发生联系。词源意义和词汇意义是《文始》“孳乳”意义线索的基础。此外,字形造意也是《文始》“孳乳”的重要意义线索,特别是“初文”“准初文”的字形造意。①

(一) 以字形造意为线索

《文始》对汉字形体线索的利用,主要在两个层面:对象形、指事、会意字,多以字形造意为线索;对形声字,多以形声字声符为线索。形声字声符

① 匿名审稿专家指出:状所引申,只是汉语词义引申众多规律中的一种,其他如时空引申、动静引申、因果引申、施受引申的例子,在《文始》中也很多,也是《文始》系联孳乳的重要规律。笔者根据《文始·叙例》相关论述及《文始》具体词族所系联同源词的意义关系,从词源意义、词汇意义、字形造意三个角度考察《文始》“孳乳”的意义线索。这三个角度,是从宏观角度对汉语字词意义的逻辑分类。匿名审稿专家指出的“时空引申、动静引申、因果引申、施受引申”可归入词汇意义的“同所”。王宁师将词义引申规律分为两种类型:理性的引申和状所的引申。理性的引申包括时空的引申、因果的引申、动静的引申、施受的引申、反正的引申;状所的引申包括同状的引申、同所的引申、通感的引申。(详王宁《训诂学原理》,北京:中国国际广播出版社,1996年,第55—58页。)本文所论同源词意义关系的“状”与“所”,与王宁师所论“状所的引申”,内涵不一致。笔者从不同角度提出对“状”“所”的理解,旨在加深对问题的讨论。

线索的问题，上文已讨论。字形造意线索的问题，拙文《论〈文始〉“初文”的价值与局限》①对《文始》“初文”以《说文》形训为据、拘泥于字形造意的问题已有讨论，本部分以《文始》“且”族为语料，对相关问题作进一步讨论。

大徐《说文》：“且，荐也。从几；足有二横；一，其下地也。”小徐《说文》：“丌，古文以为且，又以为几字。”《文始》以《说文》训释为基，认为：

> 丌、且皆准初文。……丌字古文以为几字者，非竟读之如几，乃以为爿字耳。丌、爿鱼阳对转，盖亦一字异声，丌象几在地，爿象牀之支兰，而爿纯象形，乃似先丌而造。……且、爿同字，且有二横，爿有直柎。(p334—335)

按，《广雅》：“俎，几也。”《说文》：“牀，安身之几坐也。从木爿声。”②段玉裁注：“牀之制略同几而庳于几，可坐，故曰安身之几坐。牀制同几。”“且（俎）”“爿（牀）”“几”形制相似，故在文献中有通用的情况，例如《史记·项羽本纪》：“（项王）为高俎，置太公其上，告汉王曰：‘今不急下，吾烹太公。’”如淳曰：“高俎，几之上。”《礼记·内则》：“父母舅姑将坐，奉席请何向；将衽，长者奉席，请何趾，少者执牀与坐。”陈澔集说：“牀，《说文》云：‘安身之几坐。’非今之卧牀也。”

“且”“爿”形制接近、字用相通、语音相近（声母照二归精，韵母鱼阳对转），是否可以据此判断为“同字”？

追溯原初，“且（俎）”“爿（牀）”功用有较大不同。甲金文“且”作“（合21106）”“（合1567）”“（且壬尊，商代晚期）”“（小臣艅犀尊，商代晚期）”等形；在“且”基础上添加义符“肉”则为“（合6157）”“（作册般甗，商代晚期）”，象置肉于且（俎）上之形，学界释为“俎”或“宜”。《说文》形训“从几；足有二横；一，其下地也”不合“且（俎）”甲金文造意。“爿（牀）”甲骨文作

① 《论〈文始〉“初文”的价值与局限》，《民俗典籍文字研究》第30辑。

② 大徐本《说文》为“安身之坐也”，此处据《段注》改。

“□(乙 2778)”“□(乙 2772)”等形，单纯看“□”“□”之形，的确有可能是“几”或“且(俎)”的纵向书写，但由“□”参构的甲骨文“疒”之字形“□(前 5.44.2)”“□(乙 738)”看，殷商时期的“□”并不像秦汉时的“安身之几坐”，而接近今人的躺卧之床。殷商时“□”与“□、□”的功用有很大区别，《文始》根据《说文》对“且”的错误形训“从几”及“牀”之义训“安身之几坐也”，认为“且、爿同字”，存在问题。

陆宗达认为：“‘俎’与‘牀’存在着外部特征上的相似点和职能上的某些共同点。首先，二者都是荐籍之器，俎为祭祀时荐肉的礼器，牀是荐人身之依据。它们都处于被荐物的下部，这是外部特征上的相似点。其次，……无论‘俎’或‘牀’，其作用都是‘安人’，①这正是它们在职能上的一个共同点。”②按，殷商时期“且”“牀”的外部特征是否相似，存疑，但二者都为荐籍之器，无疑。《文始》“且、爿同字”的观点不正确，但“且”“牀”以荐籍为源义而同源的可能性是存在的。从《文始》“且”族宏观的字词网络看，“且”声字和“爿”声字有较整齐的对应关系，这进一步让我们深思《文始》关联“且”“爿”的合理性。

“声符在形式上是文字问题，在实质上是语源问题。”③“爿”声字大量出现在“且”族，也有可能是“爿”在语根、字根层面假借“且”的结果。《文始》的很多问题，出在忽视了形声字声符假借现象而对字根字形造意与语根词源意象进行生硬牵合。

又如：

> 且、爿同字，且有二横，爿有直树，故爿又孳乳为枪，歫也。枪又孳乳为戕，枪也。且又孳乳为柤，木闲也。枪即所谓“木擑枪累，以

① 《说文》：“牀，安身之坐者。”“宜，所安也。”“牀”从“爿”，“宜”从“且”，《说文》以“安”训“牀”“宜”，因此“安人”之用成为陆先生论证“且”“牀”同源的重要线索。《说文》训释是系联上古汉语同源词的重要线索，但对《说文》系联法的功用，需辩证地看待。

② 陆宗达《“且”和它的同源词释证》，《辞书研究》1987 年第 1 期，第 85—90 页。

③ 《论汉语同源词的声符互通现象》，《民俗典籍文字研究》第 5 辑。

为储胥”者，[①]是与木闲同物，柤、枪亦一字，以对转异声也。（p335）

按，据目前可见古文字资料，《文始》所论“且”“爿”字形造意的关联存在问题。而且，《文始》据“爿”字形之局部“直柎（笔者按，即牀足）”推出“爿又孳乳为枪”过于牵强。这种据字形局部特征来探求词语孳乳轨迹的情况，在《文始》中并不少见。这一问题，拙文《论〈文始〉“初文”的价值与局限》[②]已有讨论，此不赘述。《文始》认为：“且、爿同字”，“爿又孳乳为枪”，“且又孳乳为柤”，故“柤、枪亦一字”。《文始》对“柤”词源理据的探讨，十分牵强。“柤”是木栅栏，和阻拦之“阻”、诅咒之“诅”意义相通，《文始》由“柤”又系联出“阻”“诅”。“柤、阻、诅”中的“且”同出一源是可能的，由错误的出发点“柤”系联出相对合理的“柤、阻、诅”，类似情况在《文始》中随处可见。真知与错误杂而相处，研读或利用《文始》，既不能因其真知灼见而迷信盲从，也不能因其错误荒谬而弃如敝履。明其是，辨其误，是我们后学必须要面对的问题。

（二）以词汇意义为线索

《荀子·正名篇》在谈到“制名之枢要”时说：“物有同状而异所者，有异状而同所者。”章太炎在此观点基础上，将“同状”和“同所”作为系联上古汉语词族的基本意义线索，这在汉语词源学史上有划时代的意义。“物之得名，大都由于触受。”[③]上古汉语词汇的造词机制，主要为：因“状”而“感”，因“感”而“名”。命名的过程即对事物认知的过程，认知的过程表现为由表及里、由表象到概念。在概念尚不完备的情况下，上古汉语词汇主要通过表象思维来产生（即“同状”），这不同于现代以概念思维为特征的造词方式。随着语言的发展，随着概念的完善，根据已有词汇的意义而派生新词的情况

---

① 上海人民出版社《章太炎全集》殷孟伦点校本《文始》作“枪即所谓木擗枪，累以为储胥者”，标点误。“木擗枪累，以为储胥”出自扬雄《长杨赋》。苏林曰：“木擗栅其外，又以竹枪累为外储胥也。”韦昭曰：“储胥，藩落之类也。”参萧统编，李善注《文选》，上海：上海古籍出版社，1986 年，第 404—405 页。

② 《论〈文始〉“初文”的价值与局限》，《民俗典籍文字研究》第 30 辑。

③ 章太炎《国故论衡》，上海：上海古籍出版社，2003 年，第 32 页。

(即“同所”)便越来越占据主导地位。“同状”与“同所”是孳乳新词的两条基本意义线索,但二者在汉语词汇发展不同阶段所起的作用有很大不同。就上古汉语单音节词的孳乳派生而言,“同状”所起的作用远远要大于“同所”。对“同状”和“同所”在上古汉语词汇派生过程中的不同地位、作用,章太炎的认识尚不到位,《文始》中因“同所”而系联的同源词有很多错误,特别是《文始》将词义的“同所”扩大为文义、训义的“同所”,导致更多错误。例如:

(将)旁转清则孳乳为请,谒也。(p336)

按,《广雅》:“将,请也。”王念孙:“《卫风·氓》篇‘将子无怒’,毛传云:‘将,愿也。’郑笺云:‘将,请也。’《郑风·将仲子》篇‘将仲子兮’,《小雅·正月》篇‘将伯助子’,毛传并云:‘将,请也。’”[①]《段注》训“将”:“《毛诗》‘将’字故训特多:大也、送也、行也、养也、齐也、侧也、愿也、请也。此等或见《尔雅》,或不见,皆各依文为义。”古人训诂多为具体文义的训释,即黄侃所论“隶属之训诂”;文义经过归纳、概括才能成为词义,即黄侃所论“独立之训诂”。[②]《文始》很多地方径直根据“隶属之训诂”系联同源词,如根据“将,请也”系联“将”“请”。文义不等于词义,这种以文义、训义的“同所”为线索系联同源词的方法,显然存在问题。

有些情况下,《文始》还会进一步演绎“隶属之训诂”以沟通文义、训义或词义的“同所”,则问题变得更加复杂。如《诗·小雅·楚茨》:“济济跄跄,絜尔牛羊,以往烝尝。或剥或亨,或肆或将。”诗句描写杀生祭祖祀神的场景,其中的“将”,毛亨和郑玄看法不同。毛传:“肆,陈。将,齐也。”郑笺:“有肆其骨体于俎者,或奉持而进之者。”又,《诗·周颂·我将》:“我将我享,维羊维牛,维天其右之。”郑玄笺:“将,犹奉也。”孔颖达疏:“以将与享相类,当谓致之于神。”根据《诗经》内部文例的互证,我们认为以奉、献义训上两例之

---

① (清)王念孙《广雅疏证》,张其昀点校,北京:中华书局,2019年,第377页。

② 《文字声韵训诂笔记》,第189—190页。

“将”，更妥帖。“将，齐也”，“齐”即调剂、调和，《段注》“将”：“言烹之必剂量其水火及五味之宜，故云齐其肉也。”《文始》“𠨍”族：“《诗传》‘将，齐也’，亦即𠨍字。”(p346）按，《说文》：“𠨍，事之制也。”“卿，章也。”“将”“齐”“𠨍”“卿”，《文始》关联这几个词的逻辑为：“将”之调剂，要遵守制、章，进而推出“将”即“𠨍”字。章太炎以“将，齐也”为线索的演绎，在逻辑上存在错误：首先，“齐”只是“将”的训义，该训义是否合文义，还是有争议的问题；其次，文义不等于词义，即便“齐”训合于“将”的文义，即便“齐”义合于“将”的词义，也不应以文义、词义演绎后的“所”为线索系联同源词。章太炎将训义、文义、词义混淆在一起找到的“同所”线索，十分牵强，导致《文始》相关结论的错误和表述的晦涩。又，《文始》：“或曰：将训帅，古字亦宜作𠨍，军将皆命卿，出师专赏罚事之制也。亦通。”(p346)“𠨍”有可能为“卿(卿)”之省简。《文始》认为“𠨍”变易为“卿”有一定道理，但章太炎又根据“卿”“将”职官义的“同所”，在词源层面生硬牵合“卿”“将”则存在问题。

综上，《文始》以词义的“同所”及训义、文义的“同所”为线索来系联同源词，存在较多问题。《文始》“同所”表层的问题，有些显而易见，诸如据文义、训义的“同所”系联同源词。《文始》“同所”深层的问题，则是混淆词汇意义与词源意义，这一问题至今仍是汉语词源学的难题，汉语词源研究的很多成果在这方面的错误屡见不鲜。就此，王宁、黄易青《词源意义与词汇意义论析》[①]有深入讨论，本文不再赘述。

（三）以词源意义为线索

王宁指出：“词义内部实际上存在两种不同的因素，一种是词的表层使用意义，另一种是词的深层词源意义。”[②]《文始》“且”族的基础观点为“几、爿、俎、苴、蒩、藉、席、荘，皆所以荐也”(p335)，“所以荐”即是这一批同源词的深层词源意义。

《说文》：“且，荐也。”段玉裁曰：“且，古音俎。所以承藉进物者。”朱骏声

① 王宁、黄易青《词源意义与词汇意义论析》，《北京师范大学学报(社会科学版)》2002 年第 4 期，第 90—98 页。

② 王宁《训诂学原理》，第 105 页。

曰:“疑即俎字之古文。”[①]桂馥曰:“凡从且者,皆有荐藉意。”[②]《广雅·释器》:“俎,几也。”王念孙曰:“且与俎古同声。俎之言苴也,苴者藉也,言所以藉牲体也。”[③]王力以为:“且、苴、菹、藉、俎”[④]“藉、席、菹(苴)、荐、箬(蒋)”[⑤]同源。张舜徽曰:“且与荐、苴、菹皆双声,语原同也。且,古读与俎同,当即俎字之古文。”[⑥]综上,《文始》以荐藉义为“且”之语根义并认为“且”与“俎”“苴、菹”“藉”“席”“蒋、箬”同源,学界对此基本能达成共识。语音层面,且(精鱼)、藉(从铎)、席(邪铎)、蒋(精阳),诸词声母都为齿音,韵母鱼铎阳对转。语义层面,这批词所记录的事物不同,但他们的功用“皆所以荐也”。“物有同状而异所者,予之一名。”(p178)陆宗达、王宁说:“‘状’指物体的性状,‘所’即处所,也就是每一事物的本体。”[⑦]显然,“且、俎”“苴”“菹”“藉”“席”“蒋、箬”诸词是“异所”关系。接下来,就需要思考这批词之间的“同状”关系。这批词所记录事物,都具有荐藉(垫)的特征和功用,但这些事物的形状显然是不同的。因此,在词源意义层面不能简单地将“同状”理解为相同的性状。章太炎《语言缘起说》:“物之得名,大都由于触受。”[⑧]“触受”是对事物性状的感知。感知相同,则予以同名,故刘师培认为:“古人观察事物,以义象区,不以质体别,复援义象制名,故数物义象相同,命名亦同。”[⑨]上古汉语同源词之间的“同状”,早期主要表现为事物性状的相同或相似;在汉语词汇发展派生过程中,产生新词的具象思维逐渐向抽象思维演变,“同状”之“状”也由性状向功用、特征等方面拓展。陆宗达、王宁论“同状”,既有“同形”“同态”之性状的同,也有“同用”之功用的同。[⑩]“且、俎”“苴”“菹”“藉”

① 朱骏声《说文通训定声》,北京:中华书局,2016年,第440页。
② 桂馥《说文解字义证》,济南:齐鲁书社,2013年,第1245页。
③ 《广雅疏证》,第639—640页。
④ 王力《同源字典》,北京:商务印书馆,1982年,第167页。
⑤ 《同源字典》,第289—291页。
⑥ 张舜徽《说文解字约注》,武汉:华中师范大学出版社,2009年,第3481页。
⑦ 陆宗达、王宁《训诂与训诂学》,太原:山西教育出版社,1994年,第378页。
⑧ 《国故论衡》,第32页。
⑨ 刘师培《刘申叔遗书》,南京:江苏古籍出版社,1997年,第1239页。
⑩ 《训诂学原理》,第119—120页。

"席""蒋、篨"诸词的"同状",是在词源意义层面的宽泛"同状",并非指性状的相同,而是指特征、功用的相同。在以上诸词基础上,《文始》以荐藉为源义又系联"础""舄""屐""莊",下文分别论之。

> 《广雅·释宫》有"础""舄",皆训碣,则丄、葙、藉并得孳乳。(p335)

按,《广雅》:"础、舄、磌,碣也。"王念孙:"础之言苴也。苴,藉也,所以藉柱也。《淮南子·说林训》:'山云蒸,柱础润。'《众经音义》卷十八引许慎注云:'楚人谓柱舄曰础。'舄之言藉也。履谓之舄,义与此同也。张衡《西京赋》云:'雕楹玉舄。'字通作'舄'。"[①]章太炎的观点与王念孙接近。语音层面,础(初鱼)、舄(心铎)、且(清鱼)、葙(精鱼)、藉(从铎),照二归精,鱼铎对转,诸词上古音相近。意义层面,"且、葙、藉"为物下之垫,"础、舄"为柱下之基,"且、葙、藉"与"础、舄"具有宽泛意义上的"同状"关系。

> 其屐训履属,则苴之孳乳。(p335)

按,《说文》:"屐,履属。从履省,予声。"由于缺乏文献例证,"屐"是什么样的履,难考。《文始》认为:"赤舄字借雒为之,恐是屐之变语。"(p335)屐(邪鱼)、舄(心铎),"屐""舄"语音相近,声母同为齿头音,韵母鱼铎对转。"舄"在铜器铭文及传世文献中多假借表示鞋履。《左传·桓公二年》:"带、裳、幅、舄……昭其度也。"杜预注:"舄,复履。"晋崔豹《古今注·舆服》:"舄,以木置履下,乾腊不畏泥湿也。""舄"为用于朝觐、祭祀等大礼的高贵之履,装有木制的厚底。"舄"又假借表垫柱之石,分化字作"磶"。《墨子·备城门》:"城上百步一楼,楼四植,植皆为通舄。"孙诒让《间诂》引苏时学曰:"四植即四柱。舄,同磶,柱下石也。"以木垫下之鞋履与以石垫下之柱础,词义上尽管没有联系,但在词源意义上具有"同状"关系,"舄"的两个假借义"鞋

① 《广雅疏证》,第502页。

履""柱础"有词源意义层面的关联。《说文》:"苴,履中艸。""苴"是鞋中的草垫,"屐(舄)"是木垫之鞋,《文始》认为"苴"孳乳"屐",表面上看是鞋义的关联,实质上是藉(垫)义的关联。[①]这种关联看似牵强,但有其合理性。

莊亦且属,盖葅、藉之或字。(p335)

按,"莊"之本义,众说纷纭。段玉裁云:"壯训大,故莊训艸大。引伸为凡壮盛、精严之义。"马叙伦云:"《玉篇》曰:'莊,草盛皃。'必有所本。"林义光云:"藏之本字。"李孝定云:"《说文》'莊'及古文'𦹢'并即'葬'之异构。"[②]《玉篇》:"壮,草盛也。"《唐韵》:"莊,草盛貌。"盛大与庄重、庄严具有义通关系,加之"莊"与"奘、奘"之声符相同,我们认为段玉裁、马叙伦观点更合理。《文始》以"且""爿"互通的藉(垫)义为基础,并据《释名》"莊,装也。装其上使高也"而认为"莊"为"葅、藉之或字","莊严字借为壮、奘、妆"。《文始》在"且"之藉义下孳乳"莊",可能有误。语根"且"既有藉垫义,也有粗壮义,"莊"当为"且"粗壮义之孳乳。

结　　语

王力曾评价《文始》:"其中错误的东西比正确的东西多得多。"[③]对此,我们持不同看法。"变易"和"孳乳"是上古汉语词汇孳生的基本途径,学界对此基本能达成共识。《文始》以"变易""孳乳"为基本条例系联上古汉语词族,在理论、方法上并无问题。"变易"之词的原初意义相同,而"孳乳"之词的意义在运动变化,就同源词的系联而言,"变易"易而"孳乳"难。因此,《文

① 陆宗达《"且"和它的同源词释证》:"(舄)是荐籍人足之物,其位置在人足之下,亦安身之具,所以与'俎'存在着联系。"陆先生直接以鞋履荐籍人足的功能来分析"舄(屐)"的词源意义特征,笔者从木垫之鞋的角度理解"屐"的词源意义。提出不同看法,旨在加深对问题的认识。

② 李圃主编《古文字诂林》第一册,上海:上海教育出版社,1999年,第378页。

③ 《同源字典》,第41页。

始》“孳乳”出现的问题比“变易”多。考察《文始》“孳乳”问题，形、义线索很重要。《文始》以“同状”（词源意义）和“同所”（词汇意义）为同源词的基本意义关系，以形意字的造意和形声字的声符为系联同源词的重要字形线索，这些在理论、方法层面也无问题。《文始》的问题，出在没有区分词源意义、词汇意义、字形造意、词义训释、文义训释的不同性质及它们在同源词系联中的不同功用，出在没有合理利用汉字字形线索。这些问题，学界已有较深入的讨论。理性的认识，需与具体材料相结合。分析《文始》具体材料，可看出，《文始》的确有很多错误，但正确的地方更多。不论在宏观的原理、方法层面，还是在微观的同源系联层面，《文始》都有很多值得我们学习、借鉴的地方。我们不能因《文始》存在一些问题而忽视《文始》的价值。前修未密，后出专精，在《文始》基础上有很多工作需要推进。

On the Clues to the Form and Meaning of Chinese Characters under the term "Zi ru" in *Wen Shi*

Chen Xiaoqiang　Xiao Cunxin

Abstract: "Zi ru" refers to the breeding of new words as a result of semantic changes. The breeding of vocabulary drives the reproduction of words, and the shape of Chinese characters is an important clue to the study of "Zi ru". From the explicit level, most of the words in "Zi ru" are not related to each other in terms of glyphs; however, from the implicit level, the words in *Wen Shi* that seem to be unrelated to each other in terms of glyphs are related to each other through various ways. "Meaning" is the core and key issue of "Zi ru", and it is reasonable that "Zi ru" in *Wen Shi* takes the meaning clues of structural meanings, etymological meanings, and lexical meanings (including interpreted meaning, literary meanings, and lexical meanings, etc.) as the clues to meaning. But *Wen Shi* does not distinguish between the nature and function of different meaning clues, which leads to some errors. There is a lot of work to be done on the basis of *Wen Shi* to clarify its meaning and identify its errors.

Keywords: *Wen Shi*, Zi ru, chinese character clue, meaning clue

"共和"之难

——辛亥革命之后章太炎、张謇、梁启超就组党一事纷争考论

丁　玎

(南通大学历史文化学院/法学院)

摘要:章太炎和张謇在辛亥革命之后,曾因筹备统一党一事会晤。两人后因意见不合,并没有维持合作关系。在1911年末至1912年之间,二人因组党意见不合发生纷争,乃至交恶。究其原因,章太炎与张謇的隔阂,在于二人所属政党性质、身份和政治立场都难以调和。且张謇与梁启超在此间合作,梁启超亦介入统一党组建事务,并以其居中调停的立场左右事件走向。辛亥革命之后,在组阁一事上,张謇与梁启超协作,排挤国民党中的激进派,这致使双方的偏见加深。从中可见士绅精英和激进革命派之间,因文化、身份和政治观念方面根深蒂固的隔阂,难以真正有效地对话和沟通。三方人物中,章太炎、梁启超和张謇之间,构成了强大的张力,也导致了三方就观念、理想和政治实践上的冲突。

关键词:章太炎　张謇　梁启超　统一党　辛亥革命

1911年辛亥革命爆发,身为革命党领袖的章太炎和立宪派代表张謇,都在其中扮演了重要角色。章太炎秉持革命党人的立场,对清政府所遗存的势力心存疑虑,却也依然主张国家统一,支持孙中山、黄兴与北洋政府共同建都北京。作为江南士绅中的代表,张謇同样主张国家统一、劝服宣统皇帝退位,并拟《清帝逊位诏》。又在孙中山、黄兴与袁世凯之间调停,促成南北和解。二人在辛亥革命中曾有过此番短暂的合作。后世研究者多称述其在辛亥革命中的贡献。1912年,南北达成短暂的和平,是年于北京建立国

民党,章太炎、张謇都曾参与国民党总部建党大会,也曾有过一次会晤。然而,在短短一年之间,二人从合作关系变成形同陌路。据文献记载和后世研究,二人分裂皆因其"政见不合"。①二人之间究竟如何从合作走向背道而驰,尚有待深入探究。

在以往的研究中,已有针对张謇、章太炎二人在辛亥革命这一历史事件前后的心态、交游、经历的研究文献和专著。张朋园先生在《立宪派与辛亥革命》一书中,对辛亥革命前后中国的立宪派活动及各省立宪派的组织、活动过程进行系统研究,指出张謇作为江苏立宪派领袖,有能力左右咨议局议员选举的局势。②氏著也肯定了张謇在此历史事件中的贡献,辨析了张謇在革命前夕与立宪派思想的鼓吹者梁启超之间的关系,实质并不亲密,张謇并不认同梁的激进言论。也稍有提及张謇在辛亥革命后的思想转向,即与革命党人短暂接触后,对之改观一事;及其联合黄兴、孙中山,而又因对日借款而心生不满一事。③但其研究并未关注张謇与章太炎两人间发生不睦的根源,也未曾注意张謇曾与梁启超合作排挤革命党人的历史。谢俊美指出张謇与保守官僚程德全二人都出于民族国家立场对孙、黄等人持欢迎态度。④但文章只论及张謇等人对革命的积极一面,未及探究之后与孙、黄、章太炎等人的嫌隙。卫春回的《张謇与辛亥革命再谈》,则叙述了张謇届时与章太炎、宋教仁、黄兴、于右任等人的会晤,论及"必定和组建政府有关"。⑤并敏锐察觉张謇与孙、黄就汉冶萍公司一事发生严重分歧。⑥然而作者论述主旨是立宪派领袖张謇的历史功绩,故不能详细展开分析革命派代表章太炎、

① 谢俊美《辛亥革命前后程德全与张謇关系述略》,《安徽史学》2016 年第 1 期。此外,章太炎于 1911 年辛亥革命爆发之际尝与程德全面谈,程德全旋即与张謇等人发送电报,双方于此际已有过从,商谈组建联合政府事宜。汤志钧编《章太炎年谱长编》卷三,北京:中华书局,1979 年,第 364 页。

② 张朋园《立宪派与辛亥革命》,上海:上海三联书店,2013 年,第 30 页。

③ 同上书,第 182—183 页。

④ 谢俊美《再论张謇与辛亥革命》,收入张謇研究中心编《张謇与辛亥革命》,上海:上海书店出版社,2019 年,第 11 页。

⑤ 《张謇与辛亥革命》,第 23 页。

⑥ 同上书,第 25 页。

孙、黄与立宪派张謇纠葛之深层原因。

除此以外，尚有围绕张謇的专题研究，如朱昌峻的著作，其中第四章论及张謇支持立宪及在访日期间与梁启超、孙中山会晤的经历，分析了张謇的士绅阶层属性，并认为他持调停立场，也述及 1912 年张謇与孙、黄等人的冲突乃至分裂，论定原因在于他认为孙、黄出卖了国家利益。在张謇的现代化事业一章中，谈及他引进了一批英国保守主义政治理论著作，可见张謇内心对 19 世纪西方激进的社会理论毫无兴趣。①这也为本文阐发张謇面对革命派的复杂心态，提供了一些史实。即，张謇对革命派的不信任，有社会精英的偏见，其思想中天然的保守、精英立场，也使他与革命思想绝缘，对新型政党和社群也心存隔膜。此外，周锡瑞的《改良与革命》一书，以张朋园对各省咨议局议员资料的统计和分析为基础，指出咨议局成员有大量"较低层绅士"。较年轻的咨议局成员更容易接受新型政党形式，但也指出，这不能成为其思想更先进的例证。士绅阶层遵循传统科举考试的程序，与封建社会的统治阶层具有天然的联系，他们在顺应时代的过程中发展工商业，因此成为开明的立宪派士绅。②其对立宪派士绅的界定和点评，也对本文关于张謇与章太炎的评价有所启发。

本文探究了梁启超与张謇在面对章太炎时，曾经合力采取了一些政治手腕，并将这一议题从章太炎、张謇扩展为三方关系讨论，得出其行为背后实有理念之争与程序上的争议。在辛亥革命的历史背景下，三方纷争所折射出的，恰是新思潮在与传统政治程序碰撞中，所激发的不同思想、观念和实践的冲突。

一、未曾见录的会晤

1912 年，辛亥革命之后的政局波诡云谲，孙中山当选为中华民国临时

① Samuel C. Chu, *Reformer in Modern China, Chang Chien, 1853—1926*, Columbia University, 1965, pp.59—68, 77—79, 169—170.

② 周锡瑞《改良与革命：辛亥革命在两湖》，杨慎之译，南京：江苏人民出版社，2007 年，第 122—126 页。

大总统，与北京的北洋系军阀领袖袁世凯进行着磋商。在暂时停火的协议下，南方的革命党也开始筹划、组织成立一个正式的政党。这一年里，章太炎作为革命党元老，也积极参与了筹建国民党的活动。不但如此，他还有一套建立共和国、成立两党制及议会选举制度的设想。同一时期的张謇僻居南通县，仍然在筹办其大生企业，同时往返于上海与南通之间，时刻关注着政局的动向。作为立宪派代表，张謇对建立政党一事也颇为投入。他参与、领导了上海的统一党筹备工作，并联络江南的地方士绅和官员，也在南通县建立了统一党分部（后改名为共和党）。在此之前，张謇业已牵头建立初具政党形态的江苏咨议局，由各省咨议局联合会为基础所建立的宪友会，已具备全国性政党意味。①张謇参与了统一党的筹备、建立过程，在其中扮演了主导者的角色。

辛亥革命之后，在地方上逐渐形成江浙与湖北两个势力中心。张謇是江苏人，又掌控了盐业，经营着实业，其交际网络和影响力遍及江浙的上流社会。统一党成员集中了立宪派和革命党人，成员多为江浙士人，其中还不乏清政府的官僚。这些地方士绅多与张謇相识，彼此形成一个交际网络。②章太炎作为革命派的领袖，在党内和江浙地域，以及留日人士中也素来享有较高的声望。浙江立宪派与革命派关系也较为友好，且浙江咨议局也持开明、包容的政治立场。③双方都面临着同一个问题：辛亥革命之后，政党事务和中国的未来当何去何从。从两党的筹备进程可见，统一党和革命党（是后发展为国民党），起初被设定为两个可以互相牵制的政党。此时，立宪派的成员通过加入政党，而暂时和革命党党员成为同列，也在民国政府中获得席位。在这一年间，张謇曾经在南通欢迎过章太炎，并且在南通统一党支部的欢迎会上发表了一番礼数周到、也不失热情的讲话。这封演说稿题为《南通共和党欢迎章太炎部长演说》，后被收入《张謇全集》，兹移录如下：

① 章开沅《张謇》，北京：团结出版社，2011年，第123页。
② 同上书，第143页。
③ 张朋园《立宪派与辛亥革命》，第132页。

> 今日为本县分部成立之期，本部理事章太炎先生又适惠临，凡关于本党此后各种进行之事，正可就商于太炎先生，请其指导。民国虽已成立，进行方针尚未确定，恰如混沌时代，则此后如何进行，凡在国民，皆有责任。然此说范围太广，且国民程度尚浅，尚未能全数有此种监督知识，遂不得不倚赖少数政党为之担任。然政党非可以随意结合，必须确有监督指导之程度。近来政党名目甚多，半由于随意结合，在今日时势，必不能免此种团体。然必须赖有一种稳健之政党，其党中之人物，必须于社会有满足之信用，有正当之政见，方能吸收各党成一最有力之政党。现以各种政党而论，其能有稳健之价值者，实以本党为最。太炎先生学识之丰富，道德之高洁，尤为本党所敬服。此次惠然来通，凡本分部一切进行之方，均请先生指导。①

在《全集》中，这封演讲稿的发表时间被标志为1912年4月8日。据《张謇存稿》所载，原文刊发于报刊上，其抬头称谓"南通共和党"或为事后改订。笔者在翻阅《章太炎全集》时，见《演讲集》上册所录章太炎演讲稿题名为《在统一党南通县分部成立大会上之演说》(1912年4月8日)。另外，在张謇本人《柳西草堂日记》中也提及，直到是年5月10日才成立共和党："统一党与民社、国民协进会、国民公会、共进会合并，开成立共和党大会。"②国民党元老邹鲁在《中国国民党史稿》中也明确先有统一党，再有共和党这一史实。并论及章太炎等前革命党元老因政见分歧而离开改组一事："旧日党员，反有以为革命成功，洁身远引，复有因政见不合，而别有所组织，如章炳麟等之为中华民国联合会，孙武等之民社是也。"③从张謇的演讲稿看来，措辞颇具官方色彩。只言片语之中，可见张謇对政党、政党如何执政所秉持的

---

① 张謇《南通共和党欢迎章太炎部长演说》，杨立强等编《张謇存稿·张季子九录校补稿》，上海：上海人民出版社，1987年，第535页。

② 张謇《柳西草堂日记》，李明勋、尤世伟主编《张謇全集》(第八册)，上海：上海辞书出版社，2012年，第737页。

③ 邹鲁《中国国民党史稿》，上海：东方出版中心，2012年，第121页。

态度。比如对政党的特性,他的要求是“稳健”;对当下民众的看法则是“国民程度尚浅,尚未能全数有此种监督知识,遂不得不倚赖少数政党为之担任”。而章太炎是以党部部长的身份来访的。章太炎的演讲稿全文见录于《章太炎全集》中,对张謇的说辞却有些针锋相对之意:

> 学会不能有多数,政党可以有多数。中国国民程度虽不能人人具有政治之知识,然政纲仅荦荦数端,尚不难于研究。专制时代无论矣。民国成立,不可不有政党以为政府之辅助。学会系研究学理,政党系实行政见。政见单简,普通之人尚易了解,况在议员乎?政党之作用全在能选择议员。①
>
> 伸张国权为吾党唯一之政见。吾党之监督政府者,监督其丧失国家权利耳。辅助政府者,辅助其勿再丧失权利耳。已丧失之权利,吾党希望其恢复而已。恢复权力,全赖有强有力之政府,吾党亦但尽其辅助之力而已。②
>
> 统一党发生于江苏都督所组之中华民国联合会。孙之同盟会、康之保皇党,其会长往往重于一人,谓之为会长专制可也。本会理事五人之组织,系欲以政纲为主体,不以个人为主体。③
>
> 孙、康主义本不相同,然试问其冲突之原因,以政见相冲突乎?抑以私人关系相冲突乎?故彼两党曰康党、孙党,皆以个人为代表,而非以政见相争论也。故本党力祛此弊。④

尤可注意者,张謇提出统一党的宗旨是稳健的风格、建设性的主张,而章太炎对统一党的要求多而具体,尤其针对了几项党务,并要求其撇清与保皇党(即康党)的关系。此外,全文没有回应张謇提出的“稳健为本党唯一特

① 章太炎《在统一党南通县分部成立大会上之演说》,章念驰编《章太炎全集》(十四)《演讲集》,上海:上海人民出版社,2018 年,第 167 页。

② 同上书,第 168 页。

③④ 同上书,第 170 页。

色"这一要求,反而着力强调其党派的制造破坏、制造冲突这样的功能上。如演讲稿结尾所云:"本党所用破坏手段,如汉冶萍、如参议院借债问题,亦系破坏手段,但与革命不同耳。虽所用种种手段不能必效,然唤起舆论,未尝不发生动力。但分部、支部能多设立,则将来救济之法,不虑其无矣。"① 需要注意的是,章太炎所谓的"破坏",并不指涉暴力活动,而是具有一定观念色彩的:在章太炎看来,统一党具备比较好的基础,可以成为一支影响社会舆论和人心的力量。这意味着,在辛亥革命之后,如何在激烈的派系斗争中保留一支中立的政党势力,成为江南士绅和革命派领袖都同样关注的问题。只不过,以章太炎的革命气质,他的统一党构想中就有保存其革命同仁精神的理想。这与更具有实用主义精神的"稳健"主张并不一致。这一理想化的建党主张也自然会受到较大阻力,且章氏随后对此事愈发失望,研究者对此已有述评。②

综览两通演讲,张謇的官方说辞之下,隐藏着一丝疏离和难言之隐。而章太炎的说辞则句句犀利,且乍看之下,也许令张謇、也令今天的读者多少感到困惑。前者显然在回避一些矛盾;后者则将所有矛盾悉数披露,并且主张制造事端、不破不立。张謇的心情恐怕很难是平静和愉快的。事实上,在日记中他也无法掩盖这种情绪。他没有记录这次南通会晤,但还是一再记叙道,自己对章太炎的观感极其不佳。据日记所载,三月六日(日记中所录月份据阴历,其时当系阳历 4 月 22 日)张謇"至沪",③是后在上海党部开会,他与章太炎当有信函往来(事件亦应涉及统一党组建诸事务),也有面晤,其不满情绪已经溢于笔端。

二十日(五月六日) 连续接章函电,槎枒特甚,乃知政治家非文章

① 章太炎《在统一党南通县分部成立大会上之演说》,《章太炎全集》(十四),第 170 页。
② 汪荣祖《章炳麟与中华民国》,章念驰编《章太炎生平与学术》,上海:上海人民出版社,2016 年,第 76 页。
③ 张謇《柳西草堂日记》,《张謇全集》(第八册),第 736 页。

之士所得充。①

二十一日(五月七日)　统一党开职员会,章太炎惑于谬说,意气甚张。②

《日记》中没有记录在南通的会晤。但在是年,除了南通与上海之外,他还曾在北京与章太炎会晤。《日记》载:“二日诣章太炎于贤良寺。华比银行陶大班邀饮。”③此外,张謇在其《啬翁自订年谱》中,也没有记录与章太炎的几次会晤。也许是因为是年他奔波于上海、南京与南通之间,分身乏术。而在章太炎现存的文稿中,除了与此事件相关的演讲稿,也未见其私人对张謇的评说。从人情常理推断,二人均不想言说的,正是令双方都感到不快的事情。然而,从张謇的日记还是可知,他们在这一年间,相聚的次数颇为频繁。在南通、上海、北京均有所会面,且所为事件都与筹备政党有关,双方意见确实有很大的冲突。那么,每次会晤有如何的进展、双方有什么样的情绪和立场,就值得考证,并尝试将当时的历史场景恢复一二。

二、纷争起因

首先,按照张謇《日记》及其他文献所载的时间线索来看,章太炎曾以部长身份于1912年4月8日来南通统一党分部;5月9日、10日在上海与张謇往来、会晤,之后成立共和党;是年9月,二人在北京会晤,此时国民党已正式成立。邹鲁《中国国民党史稿》第一篇《组党·第三章·国民党》:“民国元年八月二十五日,国民党开成立会于北京,同盟会合统一共和党、国民共进会、共和实进会、国民公党而成立者也。”④

二人的见面、交章往来,都是围绕着政党事务及国民党改组一事发生的。欲寻找其线索,也只有从与建党相关的文献中查找。张謇因其清朝状

①② 张謇《柳西草堂日记》,《张謇全集》(第八册),第737页。

③ 同上书,第743页。

④ 邹鲁《中国国民党史稿》,第121页。

元身份及其文化修养，又因晚清幕府生涯中历练出的涵养，即使性格再耿介，也多少带有官僚所特有的圆滑、含蓄的特点，在一般的演讲中不会过多陈说个人情绪，在个人的日记和年谱中又尽可能不记载这些私人的观感。反而是章太炎，一向敢于言说，也有名士风范。章太炎在其演讲中毫不掩饰自己的情绪和观点，将他与张謇在事务上、政治上的分歧，悉数道出。根据章太炎的演讲，再行推演张謇的言语和态度，整件事的来龙去脉就清晰多了。

首先是章太炎在上海的统一党会议上发言，其中言及在组党及联络政党成员时，张謇的举措就令章太炎大为不满。见《关于统一党不与他党合并之演说》(1912 年 5 月 9 日)：

> 此后，移本部于北京，不开成立大会者，因先在上海业已成立也。于是上海一处，即托张季直主持。临别时，与季直口说主持合并事件，不可让步。后上海来电，却举基本干事，所谓基本干事者，各团出四人，此假合并之名，而无合并之实，俨然是一联邦政府。且各团基本干事，多至二十人，各不相认，办事亦不能如意。故仆对于基本干事一节，始终极端反对，与季直电商者三四次，季直以失信为辞。……季直则论干事者，当在四处活动，而办事则委之事务员。仆电问曰：所谓活动者，以何者为标准？且从何处稽核？季直覆电云：彼等不取薪水，可暂置之。案此是以干事为官衔，称干事儿不办事，与满清官吏称官而不办事者同。腐败余风，何可学步？①

其中所述统一党合并一事，章太炎在同年 5 月 7 日北京统一党欢迎会上，曾经明言其立场。"统一党之成立，同人颇费艰辛，而宗旨与实力，实当今最有力之政党，促国民进步，有非浅鲜。若云归入民社，夫岂本党之愿，然现在国民协进等会，均与民社联合为一，本党未便独树一帜，且于此加入，正

① 章太炎《关于统一党不与他党合并之演说》，《章太炎全集》(十四)，第 173 页。

可使共和一致进行,组成一极大共和政党。”[①]与5月9日在上海的发言相比,当时他尚且与张謇有所协商,多少做出了让步,同意统一党合并为共和党。但仅仅两日之后,章太炎对张謇的态度就急转直下,个中原因很可能就在于:上海的统一党内加入了太多立宪派成员,这导致一个现代政党过于冗余,又有地方士绅拉帮结派之嫌。从张謇与之协商的结果看,这些成员有名无实,张謇认为无妨党内事务。但是,作为统一党内的活动家,章太炎的看法大相径庭:这些冗余的人员,其存在就挤占了党内的资源和名额。除此以外,恐怕还有隐情:张謇并没有把章太炎的意见放在心上,甚至他本就不太喜欢革命党人,因之有意无意地借机增加自己方面的势力。至于章太炎,他虽然与张謇公开叫板,但终究已是于事无补,只能凭此公开抒发情绪的场合,聊以浇个人胸中的块垒罢了。章太炎言及,他与张謇曾几度电函往来,而沟通不果,正可与《日记》中所载“二十日(五月六日)连续接章函电,槎枒特甚,乃知政治家非文章之士所得充”一语相印证。张謇对章太炎的印象不好,并目之为“文章之士”,这与他的官样文章中所称美的“太炎先生学识之丰富,道德之高洁”已经大不相同。至于章太炎,对张謇的举措也很不满,直接谓之为官僚腐败风气。实际上,章太炎在4月8日至南通的演讲中,也一并批评其迂腐习气,对张謇或张謇处理南方政党事务的做法,他一直积压着个人的不满情绪。章太炎批评传统中国官僚体系的切入点也很有趣。他不对政府的专制统治发表责难之语,反而批评政府运行不高效、政府治理权力不够集中:

> 中国惟汉可称专制,三国以降,名为专制,实则放任。一般盲从之人,顾名不顾实。……社会、自由各党所持主义,若均产之类,中国在古时已发现,如不患寡而患不均,即此义也。中国即以八股考试而论,腐败极矣。然其主义并无等级制度包含其中,其不平均者,但帝王制度而已。然帝王制度亦仅有专制之伪名,并无专制之实力。各党盲从之人,

① 章太炎《在北京统一党欢迎会上之演说》,《章太炎全集》(十四),第171页。

仅能顾名,不能顾实,对于救亡之道,殊不适用。①

章太炎所批评的问题,是专门针对统一党而发表的。在同一年 5 月 9 日的演说词中,他就明言不许统一党与他党合并。然而,这一天统一党与民社、国民协进会、国民公党、国民公会、共进会合并成为共和党,并举办大会。因之是党又称统一共和党。国民党内持激进立场的元老,对统一共和党的印象也与章太炎如出一辙:其骑墙派色彩极为强烈。如邹鲁在《中国国民党史稿》第三章中所述:“统一共和党中立无所倚,为汉则汉胜,为楚则楚胜,共和党畏之,久谋与之合并,特其党人大半为同盟会会员,数议不协,今见其与同盟会合并,嫉之尤甚,由种种方面破坏之,其间不容发,幸告成功,亦足以为庆也。”②这一派势力实即张謇所领导的地方乡绅势力,他们在北洋政府和南方革命军之间摇摆不定。而被党内元老目之为仇雠的则是具有保皇党色彩的共和党。邹鲁评价为:“且以成功之后,党员中难免流于骄纵,更招嫉妒者以反对,及后合数党而成之共和党,几以对抗同盟会为职志。及总理退位,南京留守府取消,唐内阁辞职,北京临时参议院之初期,共和党之势,在院内与同盟会之势相等,复甘为袁世凯所利用,加以统一共和党,在院内得有二十余议席,往往依附共和党,而同盟会在院内之主张,常为所扼。”③

邹鲁之说正可为章太炎的说辞作注解。章太炎一直反对统一党合并,实则深恐统一党中的立宪派与保皇党、北洋政府的官员合作,从而挤占同盟会尤其是革命党中坚力量的议席。至于张謇何以一味联络故旧知交,加入大量旧官僚和南方立宪派士绅的党员席位,对章太炎的要求则一味推诿,或以“食言为辞”,就可玩味了。以张謇当时的声望地位,这件事实非不能,而是刻意不愿为之。章太炎对此举当然是不满的,但当时其人并不能在统一党中发挥关键的影响力,因此也只能通过言语表达不满。他于是年 5 月 15 日在黄花岗烈士周年纪念会上的发言,便直言自己痛惜时局的心态:“况诸

① 章太炎《在北京统一党欢迎会上之演说》,《章太炎全集》(十四),第 168 页。

② 邹鲁《中国国民党史稿》,第 122 页。

③ 同上书,第 121 页。

烈士皆纯粹的革命党,今以一瞑不可复活,而一般龌龊之官僚,现依然存在。纯粹的革命党,现亦多变了官僚派,此真中华民国之不幸也。”①此时正值统一党诸党合并之后,激进的革命党人的情绪可见一般,双方的矛盾正在暗中扩大。而章太炎的讲话,多少将藏在暗处的龃龉摆到了明面上。

反观张謇,他在这一年秋季北上抵达天津,复至北京参加国民党建党大会,并约见了北洋政府、共和党和章太炎等人士。其《日记》详细记载了这段时日内的行程,兹罗列如下:

七月(阳历八月)北上:十日　至沪,即为苏省筹本月军饷事。②

十九日　筹饷事了。

二十日　至下关,住盐局。蛰先来。隽卿、信卿邀饮于万花楼。

二十二日　渡江乘津浦车,行至徐州站,宿次日车上。

二十三日　至济南,宿悦来客栈。遇张雨葵(一爵)。

二十四日　早渡泺口黄河,河之铁桥未成。七时半至天津,宿得意(德义)楼。③

二十五日　共和党党员多人来晤。访平爵内,同诣比领事谈通借款。

二十六日　共和党开欢迎会。访沈雪君,闻其避兵出京,借种植园设传习所,至竭蹶。

二十七日　与张岱杉谈。王饶生、蹇季常来。访张今颇都督,年七十矣。

二十八日　早车入都,借住东城西堂子胡同刘聚卿宅。④

八月(阳历九月):二日　诣章太炎于贤良寺。华比银行陶大班邀饮。十一日　国民党本部答宴于六国饭店。十七日　各部长公宴于东兴楼。二十四日　诣洹上。二十五日　与竹君诣美使嘉乐衡。午后与

① 章太炎《在黄花岗烈士周年纪念会上的演讲》,《章太炎全集》(十四),第177页。

② 张謇《柳西草堂日记》,《张謇全集》(第八册),第742页。

③④ 同上书,第743页。

莼生诣天津。二十六日　自津返，留书于梁任公。二十七日　诣洹上。以盐政官制草案稿交周部长。二十八日　早车启行赴汉口。令汤福运动、植物，由海道回沪。[①]

8 月、9 月之间，张謇的事务行程十分繁杂，且并不以政党事务为主，反而还在为其所经营的盐垦事务及筹备江苏省军饷一事奔忙。尤可注意者，他在参与完北京的统一共和党总部会议及国民党总部答宴会后，又奔波于京津之间，且特别记载了“留书于梁任公”。其所言说的秘辛已不可详知，但是张謇对国民党事务大约只是匆匆观望一番，并没有十分花费心力介入其中。反而是对涉及他切身利益的事务，比如江苏的盐业，比如筹集资金、向银行融资等事务，十分用心和关注。且在此期间，他还访问京中故旧，唏嘘不已。如见其故交沈寿(雪君)，闻其避难之际的窘境，几至“竭蹶”，言语之中也不无感伤怜惜。张謇在此间反而不怎么受到政党事务的烦扰，公私事务分散了他的精力。但从另一方面看，国民党中元老，对立宪派人士的不满情绪，却在建党之后达到了顶峰。章太炎等国民党元老直接表达了对统一共和党中人士的愤怒情绪，甚至将其与娼妓类比，言辞犀利，令人难堪。见章太炎《在北京根本改革团成立大会上之演讲》(1912 年 11 月 25 日)：

革命以后，政党发生，革命党人纷纷组党，今日国民党与共和党中，革命党人、立宪党人皆有之，统一党中虽无立宪党人，亦无革命党人，惟民主党乃纯粹立宪党人所组织者也。今日之最可恶者，惟有立宪人不可不深恶痛绝者。立宪党人所以可恶者，在于狐媚无耻，与娼妓无异。在前清时代，献媚亲贵，于中取利，本不知政党为何物，不过是肃党、泽党间党而已。前清倘无立宪党，其灭亡或不至如此之速。自有立宪党以后，运动二字始输入北京，粉饰文章始布满天下。立宪党既断送了前

---

① 张謇《柳西草堂日记》,《张謇全集》(第八册)，第 743—744 页。

清,尚曰果真立宪不至亡国,真无耻之言也。①

如果说这次演讲指向立宪派,尚且含蓄。那么他在9月5日的演讲中直接点出地方势力排斥孙中山,就已经很明显地指向张謇了。《在孙中山约请北京议员茶话会上之演讲》(1912年9月5日):

解职以来,失职者或谋暴乱,结党者惟务夤缘,而中山超然事外,从未赞成一语,至可佩服。惟现在有一部分地方党,不惟不顾国家,兼亦不顾本党。即如中山为革命元勋,今日亦遭排斥,人之无良,一至于此。然以鄙人观之,彼地方党之排斥中山,不啻以卵投石耳。何则?彼一般结党营私者,固不可一日无党。若长厚如中山、功名如中山者,又安用党为!②

章太炎所说地方党之排斥孙中山,很难不让人联想到当时江浙保守势力的代表张謇。事实上张謇也确实对孙中山意多不满。其中有他复杂的政治立场,也有个人的情感和偏好。作为一个传统儒家士大夫,他又曾经获得过晚清政府的职位以及状元的荣誉,实在很难发自内心地接受一个没有功名傍身、更谈不上修养的革命党人。他甚至更愿意接受黄兴而非孙中山。③另一方面,张謇也把更多的注意力放在实务上,这使他对暴力革命、对破坏一个社会运行机制的革命活动,天然地具有排斥情绪。在一方的自我克制之下,另一方不断陈说不满,这一情势反而更加深了彼此的隔阂。明明都是为了和平统一的目标而合作,却落得彼此指责的结果。此事虽令人惋惜,但也更说明双方都有一套可以自圆其说的理由和不得不遵循的立场。若无一定坚决之立场,也不可能存在无法化解的阻碍。

① 章太炎《在北京根本改革团成立大会上之演讲》,《章太炎全集》(十四)《演讲集》,第180页。
② 章太炎《在孙中山约请北京议员茶话会上之演讲》,《章太炎全集》(十四)《演讲集》,第178页。
③ 章开沅《张謇传》,杭州:浙江古籍出版社,2021年,第139页。

三、纷争激化

在统一党建党一事中，实不仅仅局限于章太炎与张謇双方势力之间。章太炎组建统一党的方略基于其不被派系斗争左右的理想，进一步说，这是基于他对建立平等国家的理想。这也意味着，他对两党制的支持，实际上也只是暂时的。章太炎的政治理念，更倾向于平等而非古典主义的“共和”。而在张謇看来，组建政党，除了维持其中立和稳健的方针之外，也必不可免要调停各方势力，并为未来在内阁组建及争夺议席诸事务中提供力量。同样主张建立一个中间派政党，两人的出发点看似接近，但细考其行事风格、举措，实则大相径庭。而在这一事务中，还有重要的参与者，就是与章太炎一直有纠缠争论的梁启超。而梁启超对统一党及之后的共和党，就有另一种偏于政治观念和哲学思维的立场。在辛亥革命后，梁启超也多方活动，他与章太炎早已针锋相对。与张謇对照，可以看到，二人针对革命党人的态度和举措，恰恰可以概括为互为表里。张謇似乎隐于幕后，在人际关系中运作着南北和议等历史事件；而梁启超则从学理、政治理论上宣传其言论，影响政党活动。他对“中立”这一立场的解释，也带有共和主义的色彩：古典色彩的“共和”意味着选举不同派系的代言人，这就和绝对的“平等”相对，而更注重秩序和自由的调和。梁启超早已深度介入了与章太炎的争论，更在具体事务上配合了张謇。

在张謇 1912 年 8 月、9 月的日记里，除了记载与章太炎在北京的一次会晤外，还记录了 9 月 26 日，他曾拜访梁启超而未果。他“自津返，留书于梁任公”。当时梁启超居住在天津，往返于京、津之间，调停各党派之间的关系。这次交往的内情不得详悉，但梁启超也对立宪派示以拉拢和支持，对张謇持有同情和理解，而对前清所遗留的北洋系官僚和南方革命党则都不甚满意。他与张謇的过从及相商事宜，可以从 1912 年 10 月 11 日的家书中窥得一二。据其与家中幼子梁思顺书信可知旅居天津的经历：

> 到津后情形,由汝叔报告,想先达。三日来无一刻断宾客,唐绍仪及前直督张锡銮皆已来谒,赵秉钧、段祺瑞皆派代表。门簿所登已逾二百人矣。各省欢迎电报,亦络绎不绝,此次声光之壮,真始愿不及也。张謇、黄兴皆候三日,因初十在湖北开国庆纪念,彼等候至初七不至,遂皆往鄂耳。……连日赴共和、民主两党欢迎宴会及演说会,又地方官纷纷请宴,应酬苦极。……共和、民主两党合并已定,举黎为总理,吾为协理,张、伍、那皆退居干事,大约一月内现甚秘密。成立发表,国民党亦曾来交涉,欲请吾为理事,经婉谢之,彼必忿忿,然亦无如何也。①

其书信中言及内阁成员大致拟定,谓之“现甚秘密”,而张謇、黄兴都参与庆贺纪念会,双方尚且达成了一定的和解。且张謇本人对黄兴也颇存有好感。9 月 26 日张謇于天津留书梁启超,所密谈之事显然与国民议会选举及两党合并之事有关。而二者保持秘密商议,当有一段时间。且梁启超对国民党的印象极其不佳。这也有其前因。在上海的共和党筹备组党、合并的事宜中,也有梁启超活动的身影。他不但参与斡旋各方关系,更曾发表演说。其言谈中对革命派中一些极端的思想和暴力活动主张,十分反感。他固然持有立宪派的立场,但也愿意接纳思想不至过于激进的革命党成员。

何以如此认定?那是因为在 1912 年 10 月 10 日终于建成一个共和政体的现代国家之前,梁启超也参与了共和党组党、建党事宜,也与革命党中的激进分子有过交锋。在表面一团和气的建党、组建内阁的背后,则是为了选择党代表、争夺议会席位以及理想信念之争,而一直吵得不可开交的党争。是后于 10 月 20 日在北京国民党本部欢迎会的演讲中,梁启超提出政党作用有消极、积极两方面,一者可“免使缘政争以致流血也”,一者可“缘各行其是以导国家之进步也”。②在共和党本部欢迎会上的演讲则盛誉“共和党为最有历史、最有价值之党”,并谓近代政治之特点为“政治之公开”与“政

① 梁启超《致梁思顺》,《梁启超全集》(第二十册),北京:中国人民大学出版社,2018 年,第 14 页。
② 梁启超《莅国民党欢迎会演说辞》,《梁启超全集》(第十五册),第 13—14 页。

治之统一”两者，寄望共和党注意“意思之统一”与“行为之统一”。①梁启超盛赞国民党的建国功劳，但在演说中则将建设国家、谋求统一作为主题。对共和党推翻清专制统治，而能不致内乱，则更为赞赏，谓之“是故人人所痛恨之君主专制政治，实假手共和党锄而去之，此共和党不畏强御之一表征也”。②从中可见，梁启超对共和党寄予了极高的期望，这种态度取决于他对战争、特别是内战的深深的忧虑。尽管如此，在建立中华民国之后一年多的时间里，革命党人与北洋系、共和党之间一直有着冲突和争议。多方的矛盾并未得到调停，反而愈加激烈。梁启超的发言一边调和着国民党和北洋系的矛盾，一边也将其政治活动的重心，从“革命”转移到了“统一”上。从上文所引张謇与梁启超通信往来，及梁启超家书中的自述来看，他的活动也颇存有一些党派斗争所常见的手段。这并非如他所宣称的那么理想化，甚至是基于一种对固有秩序和平衡的信念。这与章太炎的理想不同，当然也与张謇的偏实用的行事风格有差异。对其调和论，汪晖将其概括为一种基于功利主义的道德实践。③

当统一党改组成为共和党之际，章太炎早已放弃了这个他原本寄予期望的政党。1912 年章太炎曾尖刻地抨击共和党内的“腐败官僚”，这一批评在梁启超次年的演讲中得到了回应。其理据是经过深思熟虑的，梁启超忧虑于暴力革命将导致社会动乱、社会建设无从维持；他更忧虑在外国军事势力环伺下的新政府，一旦发生暴乱，将给列强以瓜分中国的良机。在此种危机之下，宁可与不理想的政府合作，也不欲轻易发动战争。1913 年 4 月 16 日，梁启超在共和党两院议员恳亲会上发表演说，自陈共和党力求中立，在

---

① 梁启超《莅共和党欢迎会演说辞》，《梁启超全集》（第十五册），第 17—19 页。

② 梁启超《莅国民党欢迎会演说辞》，《梁启超全集》（第十五册），第 16 页。

③ 汪晖在《现代中国思想的兴起》下卷第一部第九章《道德实践的向度与公理的内在化》中概括其调和论时，论说梁氏用以平衡科学主义与人文主义的方式，正是一种功利主义哲学的基础：“他也是在一种新的知识谱系的背景上考虑有关国家、社会、教育制度改革和人的日常生活的构想。……他的科学观念含有深刻的道德主义色彩。这种道德主义不是强调单纯的道德实践，而是把社会制度、甚至国家制度的涉及和时间理解为一种具有道德实践含义的活动。这是一种功利主义的道德谱系。”北京：生活·读书·新知三联书店，2015 年，第 924—925 页。

国民党与北洋系之间谋求一种平衡。其《共和党之地位与其态度(共和党两院议员恳亲会演说笔记)》曰:

> 我共和党人,既不愿随逐腐败,又不愿附和暴乱,以此种不识时务、不合时宜之党,在理实难得生存之余地,遑论发达。不宁惟是,我共和党非徒消极的不肯随逐腐败、附和暴乱而已,更积极的欲矫正腐败、裁抑乱暴。介于两大之间而毅然与之相抗,此无异奋螳臂以当车毂,捧抔土以塞孟津,不自量至此极,自问亦良觉可笑。然我共和党同人,犹勠力进取而不辞者,诚确见夫腐败与乱暴两派之势力一日不消灭,则政治一日不能改良,此两派势力多存一分,即国家元气多斲丧一分,驯至非陷国家以当大敌,故地位之艰巨困衡,未有过于我共和党者矣。①

此外,他在这次演讲中还提到了自己对国际形势及历史过往的观察,认为共和党力主维持国家政权稳定,以防内乱之际外敌入侵。这是颇具有识见的:"吾党鉴观各国前史,见革命之后暴民政治,最易发生,而暴民政治一发生,则国家元气,必大伤而不可恢复,况我国今处列强环伺之冲,苟秩序一破,不可收拾,则瓜分之祸,即随其后,为祸宁有纪极?……吾党对于临时政府之设施,无一能满意者。虽然,以为当此存亡绝续之交,有政府终胜于无政府,而充乱暴派之手段,非陷国家于无政府不止。吾党微词惧,故虽对于不满意之政府,犹勉力予维持,以俟正式政府之成立,徐图改造焉。"②

梁启超和章太炎都曾旅居日本,经由东洋的文化转译,了解了西方文明和西方现代社会的政体。基于建立一个新国家、新党派的主张,两者的趋向,早年即由短暂投合转为分殊。梁启超巧妙地将其关注点集中在"建设"上,这一逻辑和他曾持有的"只支持立宪不支持革命"是暗合的。这一点上,他与张謇显然更容易有默契。非但如此,在其 1912 年 10 月 20 日《莅位民

① 梁启超《共和党之地位与其态度(共和党两院议员恳亲会演说笔记)》,《梁启超全集》(第十五册),第 71 页。

② 同上书,第 72 页。

主党欢迎会演说辞》中提及“凡政党必须有公正之手段”、“凡政党必须有优容之气度”，[①]这些都是针对和平时期公开合法的政党所提，而非秘密会党或学会。从中可见，其立场始终立足于和平统一。

结合上述1913年组阁后梁启超安抚革命派的言论，他的告慰又是否发自肺腑？是年7月25日，梁启超在与袁世凯的书信中分析了组阁前后的党派之争。在他的认识中，立宪派是最需要拉拢的，而革命派则最不可靠。他主张以议会这一机构和成熟的机制，将革命党势力边缘化。所指虽不甚明朗，与上文所引材料相照应，可知与张謇所交涉事务的思路相一致：

> 今国中出没于政界人士，可略分为三派：一曰旧官僚派，二曰旧立宪派，三曰旧革命派。旧官僚派，公之所素抚循也，除阘冗佥壬决当淘汰外，其余佳士大率富于经验，宜为行政部之中坚。夫以我公之位置运用行政部，非所忧也，最当措意者，思所以博同情于立法部而已。此其道固不可不求诸旧官僚派以外。旧革命派自今以往，当分为二，其纯属感情用事者，殆始终不能与我公合并，他日政府稍行整齐严肃之政，则诋议纷起。但此派人之性质，只宜于破坏，不宜于建设，其在政治上之活动，必不能得势力，其人数之多寡，消长无常，然虽极多，终不能结为有秩序之政党。政府所以对待彼辈者，不可威压之，威压之则反激，而其焰必大张；又不可阿顺之，阿顺之则长骄，而其焰亦大张；惟有利用健全之大党，使为公正之党争，彼自归于劣败，不足为梗也。[②]

梁启超的评价中，可见对“旧革命派”的提防。而这又与章太炎的主张相悖：章太炎所谓的“破坏”内涵比较复杂，他更主张保留一部分革命派的血液，使得这些新鲜的活力不至于因制度而迅速衰败。当共和党暗中被巧妙地换血、分化和转移之后，其“破坏”的主张似乎也让人自然联想到暴力革

① 梁启超《莅位民主党欢迎会演说辞》，《梁启超全集》（第十五册），第25、27页。
② 梁启超《致袁世凯书》，《梁启超全集》（第十九册），第555页。

命。这些自然也不是梁启超所愿意看到的。列文森对此有过精到的评价,以为他的民族主义情绪实则是其文化传统的另一面,也因此在保守和激进间选择了中立。[①]梁强调议会而有些刻意回避具有西方普世性质的文明,是基于他的民族自尊,那么建立议会就不过是一种手段,以确保民族国家的独立。

梁启超和张謇之所以能接近,除文化修养、阅历的相近之外,主要还在于有共同的政治主张。梁对共和党提出的建议有四:“一曰共和党自身宜取强立鲜明之态度”;“二曰对于政府宜取强硬监督之态度”;“三曰对于主义相近之党宜取融合态度”;“四曰对于主义相远之党宜取协商态度”。[②]这也与张謇所持“稳健”的主张比较接近。此外,就对西方殖民者的警惕而言,两者也有共通之处。张謇在1912年短短一年之内,与国民党疏远,除了党派立场之争外,还有一个隐藏的重要原因。张謇早年在淮军将领吴长庆门下作幕僚,曾经参与处理过朝鲜事务,对日本企图控制朝鲜政权、觊觎中国的野心,已经预见。甲午战争后,他的民族感情更是被激发。对外国势力企图通过金融手段控股晚清政府军工企业,更是早有所警觉,也一直坚沮其议。在辛亥革命成功之际,这个政党面临一个棘手的问题,即筹措新政府的军费及维持财政收入,因此难免有借款之需。而在孙中山与黄兴商谈欲妥协的一系列事务中,就有一件颇有争议的事:引外资入股汉冶萍公司。这一条是张謇无论如何都不愿接受的。[③]他在《日记》中载,1912年2月7日(农历辛亥年十二月二十日):“与孙、黄函,争汉冶萍不可与日人合资”;两日后(9日,农历十二月二十二日)“孙、黄答复,汉冶萍约已签”。[④]张謇曾于是年访问湖北武汉,也参观了汉冶萍铸铁厂,对其新式机器及产能皆颇感新奇。转而在一月之后,就闻知日资入股之事。2月18日,虽然孙中山等人也预见了将

① 列文森著,盛韵译《梁启超与近代中国思想》第四章《传统的替代物》,香港:香港中文大学出版社,2023年,第142—159页。

② 梁启超《共和党之地位与其态度(共和党两院议员恳亲会演说笔记)》,《梁启超全集》(第十五册),第73—74页。

③ 卫春回详细记叙此事,且述及张謇与孙中山初见面即有性情不合。孙、黄因政府资金不足,被迫与日方合办汉冶萍公司增资三千万,借款五百万以救急。卫春回《张謇与辛亥革命再探》,收入《张謇与辛亥革命》,第24—25页。

④ 张謇《柳西草堂日记》,《张謇全集》(第八册),第733页。

汉冶萍以私人名义与日资合办一事有所不妥，但从日方所借二百万元，也仍然作为担保借款收下。①这也意味着对中日合资一事，孙、黄仍然选择了妥协，只是降低了日资独占国有军工企业的风险。而在当时，张謇尚未经历为大生纱厂筹资困难、不得不与外资合办的人生阶段，也正值心系民族国家之时，所以对借款一事，其态度是深恶痛绝的。当时张謇的注意力也集中于盐务改革，因此也意欲向新政府争取更多财政支持，这也是他在京面见银行家的原因之一。这一点也加深了他与革命派的裂痕。②见识到现代工业的力量之后，张謇当然不愿意将关系国家命脉的重工业企业置于外人掌控之下。此事自然在他心里埋下了对革命党人的成见。在这一事件中，双方都有其艰难的现实处境，也都有各自的理由，因此很容易坚持不下，甚至形成裂痕。

张謇在与汤化龙的书信中就再三言及不可将国有重要企业与外资合营，以防国家经济命脉受制于人。这段时间内他始终没有改变自己的立场，而此时党派之争也愈发激烈。其《致汤化龙函》曰：

> 两党纷争，致公与少川受挤，思之危栗。幸公出以坚决，风潮渐平。但垫款虽可即定，而大借为吾国命脉之所关，断无中止之理。大借条件，必更甚于垫款。乘间抵隙，彼党大有其人。为国家危，更不能不为公虑。窃意此次共和党之对待少川，固由南京积忿，郁而思泄，但操之过切，其反动力乃全注射于一人，此不能不为吾党惜也。謇意临时政府期内，断不能再有摇动。前已电嘱翼之，加意匡助。今衅瑕已构，虽日言消融，终恐无效。
>
> 日前黎宋卿有电，促謇入都，而党中诸人，亦有电来。謇本有北行

① 电函内容为：“汉冶萍之款，系该公司以私人资格与日本商订合办，其股份系各千五百万元，尚未通过合同于股东会，先由该公司借日本五百万元，转借与临时政府，而求批准其事，先交二百万至五百万，俟合办合同成立，交清五百万。该款已陆续收到二百万元。本总统以与外人合股，不无流弊，而其交款又极濡滞，不能践期，是以取消前令。惟已收支之二百万元，照原约须为担保之谋。”孙中山《咨复参议院再次质询临时政府抵押借款等案文》，尚明轩等编《孙中山全集》（第九卷），北京：人民出版社，2015 年，第 45 页。

② Samuel C. Chu, *Reformer in Modern China, Chang Chien, 1853—1926*, p.77.

> 意,商之竹君,以为尚非其时。盖一恐以运动借款之名相加,一恐以组织内阁之事相拟,故迟迟未决。謇若北行,必先与彼党南中重要人物联络,表明此行专为调和党见与扶助现在内阁之意,使之不疑。到京后亦必与彼党款洽,并切嘱吾党,勿再有攻击政府举动。果能稍稍融洽,或于大借进行,免生障碍。但能否尽如吾意,殊不可知。①

据此可知,当时张謇仍然在各方之间斡旋,其心事所系,仍是国家的经济民生问题。此事即关系到官办企业的所有权,也影响张謇本人所经营的工商业。在汉冶萍公司与日资合营一事上,他与孙、黄二人也有分歧。张謇对向日本借债及孙、黄求助于洋务派买办盛宣怀一事,是非常不满也极为排斥的。这种发乎个人情感的不信任,使双方的合作本就非常勉强。因此于公于私,他都一直坚持调停,尤其是因为经济问题而愿意与北洋系妥协。此外,信中也明言黎元洪邀请其入京并商议组织内阁等事务,只是张謇当时也受党派争议所累,没有立即应允。在 1912 年 5 月组党到同年 9 月他在京、津两地的活动轨迹来看,也与其信中所述相合。9 月初在北京与章太炎会晤,大概正是与其交待、商议这份内阁成员名单及支持组建新政府一事。张謇的意图仍以协商为主,但并未有让南方革命党人参与决策的意愿。以章太炎的性格,更难以同意。他判断双方“衅瑕已构,虽日言消融,终恐无效”,也旋即应验。

然而,这其中就没有对章太炎等人的误解吗?章太炎同样持有民族主义立场,对黄兴、孙中山尝试对外借款等举措也有过反对意见。其激烈程度,恰好与其“破坏”主旨相符。即便是孙中山,也终究在权衡民族利益之后中止了这些条款。知悉此事的章太炎更致电孙中山,除了赞许之外,更言及江浙立宪派和工商界人士曾据此攻讦革命党人。②章太炎也忧虑政党形象,

① 张謇《致汤化龙函》(1912 年 5 月),《张謇全集》(第二册),第 338—339 页。

② 其 1912 年 3 月 3 日致孙中山电:“汉冶萍事,公将借款原约十二条电令取销,甚佩卓见。惟盛宣怀致电股东董事会,尚借口于公司合办草约十条亦经核准,诿咎我公,以肆狡诈。”汤志钧编《章太炎年谱长编》卷四,第 393 页。

对质疑方流露出了怀疑和敌对情绪。三方都为同样的民族利益和国家未来而忧心，他们的忧虑又变成了攻击彼此的武器。

四、各方心态

章太炎、张謇、梁启超三人，因为各自政治观点、党派利益的关系，而选择了合作或分裂。从他们的说辞和行动来看，在1912年南北势力于北平达成暂时的和平之后，张謇和梁启超赢得了短暂的政治上的胜利。其所以胜利的途径，也并不如其演讲、公开发表的言论所表现的那样公平和透明，在其私人日记、书信中，都留下了当时党同伐异的痕迹。这是一个悖论：辛亥革命后，虽然成立了具有现代形态的共和国，依照现代立宪议会的形制和程序选举议员、组建内阁，但主导者的心态仍没有完全脱离传统士绅的限定。张謇和梁启超，从政治实践和政治理念上，都更加容易达成理解。何况康、梁二人与张謇的交往渊源有自。康有为与张謇曾于翁同龢处晤面，尽管张謇对其印象不佳。保皇党时期，梁启超也曾拟援引其入会。①在拟定共和国内阁时，梁启超更将之作为立宪派的中坚力量而小心维护。梁在1911年与康有为的书信中，也阐明了选择推举袁世凯为现代国家领袖的原因：权衡利弊之后，袁世凯是当下可以调停各方势力的一个最可靠的选择项，若不与之妥协，恐更加保守的清朝满族大臣们上台，国内各方的对立情绪会更剧烈。何况辛亥革命爆发前后的“排满”呼声和民族主义情绪也不能纵容。也基于此，他提出“如此必明与民族主义为敌”。②

章太炎也同样不支持“排满”的言论，他是一个民族主义者，但其民族主义也有其基于传统中国精英文化的思考。③一个现象随之涌现：梁启超、章

---

① 见梁启超1906年12月20日《上康有为书》，《梁启超全集》（第十九册），第211页。

② 1911年11月后《上康有为书》，杨天石据台北近代史研究所档案馆藏整理，《梁启超全集》（第十九册），第218页。

③ 武昌起义时章太炎身在东京，其公开书信中有论及民族问题的言论，他并不支持狂热的“排满”行动，也指出民族革命具有与历史上的屠杀行为不同的性质。“曩日大军未起，人心郁勃，虽发言任情，亦无尽诛满人之意。”《章太炎年谱长编》卷三，第352页。

太炎虽然早在保皇党时期就有旧怨,但他们对当下革命的认识、对未来历史的走向,又有一定的共通之处。虽然对于未来的国家制度、政党建设各有其利益和主义的分歧,但是又无一不在民族问题、对现代社会的认识、对国家的统一等方面有一定的共识,甚至章太炎最初还有过同意"虚君共和"的妥协。也许,与其说妥协,不如说在事件爆发的当下,章太炎同样无法预见未来的秩序。每一个事件中人都在每一刻事件的变动中,摸索着自己的步调。①而当形势推移,革命已成定局,章太炎就决计不再考虑此议,而坚定对共和的支持。尽管如此,他通过程德全的牵线,与张謇等人开始了政党组建的活动。这看起来有些自相矛盾,毕竟在辛亥革命前夕,他还发表过《诛政党》一文,历数中国政党中七类人物,以史学传统的"朋党"目之,其中自然有康、梁与江浙士绅的代表张謇、汤寿潜。②个人在历史中,虽有形势所迫促下的决定,也有其出于自身学养、思想和性情的选择。章太炎表达的政党的"破坏"性质,实则不只是制度层面的,也是思想层面的。而这也一定会遭到谙熟其旨趣之人的反感。梁启超同样了解19世纪欧洲社会的思潮,也知悉现代哲学带来的科技进步、政治昌明。然而,他的态度就比较暧昧:他从早年激进反对传统,甚至鼓吹种族主义的经历中醒转,意识到未来某一天,中国的传统或许能为现代社会危机提供某种资源。③乍看之下,章太炎和梁启超似乎针锋相对,但他们所立足的基础又是一致的:都面对着同一个传统,只不过是传统的不同面向。章太炎谈及政治时,更专注于具体,而反对以粗暴的方式将一种理念强加于制度之上。组阁过程中,立宪派中人一味以日

① 1911年辛亥革命爆发后,盛先觉在与梁启超的书信中,议论及他曾试探章太炎对立宪的态度。彼时章已经有决议,但仍表示可以再行考虑。可见其心态:"觉又闻章曾有共和政府成立之后,首立清帝为大总领,后再黜而竟废之之议。以询章,章曰:'昔亦诚有是,然今大势已粗定,清廷万无能为力,且革命党势甚嚣嚣,再作此言必大受辱,吾今亦不敢妄谈矣。'……觉乃略道虚君共和主义,章求其详,觉因出先生所属携长书示之,章请俟三日略行研究而后相答。"《致梁启超书》(辛亥年十月十七日)十月十三日盛先觉曾访问章太炎,之后章终不复与之相见,可见其间其心境也有所反复,最终明确其反对帝制的立场。《章太炎年谱长编》卷三,第366页。

② 《章太炎年谱长编》卷三,第357—360页。

③ 列文森著,盛韵译《梁启超与近代中国思想》第四章《传统的替代物》"与传统决裂",第99—100页。

本政治制度为效仿对象，章太炎对此也颇为不满。①对民主代议制，章太炎并不狂热追捧，他也愿意从中国传统政治制度中寻找资源。这一旨趣和梁启超也颇有分歧。二人除去早年因革命党与维新党纷争而发生的私怨外，在政治制度的理解上也难以调和。何况梁启超在组党过程中运用程序，暗中排挤革命派，也加重了章太炎对政党的厌恶。章太炎在日本期间逐渐建立了以个体为本位、平等的世界观。②平等主义是他反对帝制、也警惕帝制复辟的立论基础。他自然也对代议制无法信任。而梁启超持论的基础变动不居，先是主张平等、批评西方古典共和制，后又开始转向调停居中，且对西方近代社会的革命有过研究。他在日流亡期间，接受了一些共和精神。这是一种以民主代议制的方式实践的古典政治。③梁启超与章太炎的区别在于，他的转变缺乏一些反思性，而又对将制度直接套用于本土政治实践过于乐观。章太炎的忧虑在事后证明是颇具历史远见的。

三方人物交互的过程中，其精神气质的差异也不容忽视。毕竟，除了关于民族国家等宏大主题的争议、利益角逐的考量，三人也有对自身、对关于国民的"自由"的不同理解。他们不同的出身经历和上升路径，也使其心态不同。相对而言，张謇是旧时代的清贵官僚，梁启超也是通过社会上层介入变革的新贵，章太炎走了清代经学家授学讲习的路径、是在野的精英革命家。三者对自由的理解影响着他们与他人共事时的好恶，也关联着对政治制度的理解。

---

① 章太炎曾于《大共和日报》发表《复张季直先生书》(1912 年 1 月 6 日)，反对其参考法、美两国政体的建议，另外主张在都察院安插"骨鲠之士"，强调监督功能。后又记叙其反对日本代议制的理由，皆因其欲避免帝制的复辟，《章太炎年谱长编》卷四，第 378—380 页。

② "1905—1917 年间，处于上升之势的革命党人与康、梁等流亡者之间展开了正面的政治论战，正是在这样一种特定的思想氛围中，章氏不仅对康有为、梁启超、严复等人的社会政治主张进行严厉批判，而且试图重构一个与以'公'、'群'和'进化'观念为基础的科学世界观截然相反的世界观。"汪晖《现代中国思想的兴起》下卷第一部，第 1012 页。

③ 郑匡民在《梁启超思想的东学背景》第四章《日本民权思想与梁启超》中分析了日本自由民权运动所接受的两种自由主义：一者来自英国传统，主自由；一者来自法国传统，主平等。成都：四川人民出版社，2020 年，第 173 页。梁启超的改革思路虽然多变，但总体落实于制度、器物乃至文化的变革，这与其思想理路是一致的。并参考其第三章，第 137—151 页。

显然,张謇尤其不能理解帮会中人的语言和举止,出于天然的情感和士大夫的骄傲,他都难以对这些人作出折中的评价。反观梁启超在事件经过中的态度与举动,他对张謇的拉拢和维护,是否也有另一重考虑?毕竟张謇等立宪派成员多为经验老到的官僚,他们更擅长于应对一个新兴国家的具体财政、法律和行政事务。那么不管出于实用的考虑,还是带有党派的偏见,张謇在各势力间调停,也自然会让革命派居于劣势。是后,章太炎与之不复往来,但并未有明显针锋相对的言辞。更为微妙的一点是,在 1926 年张謇去世之后,章太炎还写就了对其诗歌的评价:"(张謇)得濂亭(张裕钊)薪火之传,以文章掄科第者也,诗文别成一家,旨在经世致用。"[①]当年的恩怨已然散去,此刻章太炎对往事也已释怀。那些恩怨虽然夹杂着个人好恶,却始终无关私人得失。

作为地方精英的张謇,也难免无法适应革命党人的性格和气质。对儒者来说,会党中人的草莽气颇为陌生。如果梁启超因会党的恩怨而排挤对方,张謇的不适感反而加重了他的偏见。章太炎尤以偏至自况,演说言辞中也时有会党中人的江湖义气。如《在东京欢迎会上之演讲》中云:"独有兄弟却承认我是疯癫,我是有神经病,而且听见说我疯癫,说我有神经病的话,倒反格外高兴。"[②]他不独骂对手,也骂革命党中的狂热分子,又维护革命党人的尊严和成果。[③]甚至因此得了"章疯子"的称号。[④]章太炎将其精神病式的言行特意摘出,作为其早期革命派的标签。这看似与传统士人文化所标榜的君子形象不合,但实质上却符合章太炎自身的哲学。他力求民族革命、推翻清政府,因而在各方面的态度是最为坚决的,也愿意以偏至的行为来标榜自己的哲学。作为一个学者,其观点与言行务必有所统一,这也符合传统学

---

① 张謇著,徐乃为点校《张謇诗集·附录五》,上海:上海古籍出版社,2014 年,第 741 页。

② 章太炎《在东京欢迎会上之演讲》,《章太炎全集》(十四),第 2 页。

③ 章太炎《在北京根本改革团成立大会上之演讲》:"至于革命党,亦全非是好人,其毛病在于乱暴。……革命党人是强盗,立宪党人是娼妓,娼妓容有不强盗者也。所以'暴民政治'四字,对于革命党人可以骂他,唯立宪党人则尚不配说他。"《章太炎全集》(十四),第 180 页。

④ 1912 年章太炎在北京发表议论,其贬低者称之为"章疯子",鲁迅《补白》,引自《章太炎年谱长编》卷四,第 419 页。

术精神。但张謇显然与其大相径庭:世代务农又身为儒者,前半生一直顺应清代社会主流,革命对他来说未免极端。从个人的性情和喜好来说,张謇也显然更喜欢、亲近那些接受过传统士大夫训练的革命党人(比如黄兴)。章太炎的气质,尤其是带有“暴力”字眼的言语,对张謇而言既陌生又荒唐。

作为激进的革命派,章太炎对张謇与梁启超的不满,主要原因在于,深受传统社会上层精英文化浸淫的保守派,表面上遵从民主选举的程序,暗中却仍然持有党争的思维故习。双方都为了自身的利益而牵制彼此,尽可能为自己的党派争取更大的势力。从张謇、梁启超的互动和他们私下的表达中,也可以看到,他们对遏制激进的革命党人,是有共识、也有着根深蒂固的观念的。双方因为巨大的差异和观念的不可调和,而始终没有达成一个有效的沟通和理解。

然而,胜利的喜悦并没有维持太久。张謇于是年11月辞去国民政府的职务,也从此与革命党人彻底远离。据《日记》载,农历十月(阳历11月):

十四日　国务院电许辞职,即电程督,委人于二十四号接收。①

十六日　离职。②

尽管他不愿意理解革命党人,甚至带着一种固执的士大夫的骄傲,不愿意与缺乏精英文化素养的人交往;他对袁世凯本人又心怀另一种不屑。他有两封请辞函电,其中措辞,又至为沉痛,对袁世凯的弄权和治理方略持以更激烈的批评。诸如《辞勋二位电文》(1912):

前清时代,以曾忝科目,时时论列民生国计,而迄无效,由是为农以没世之志益决。共和建设,亦以国民天职,薄有献替。而民国成立以来,垂及一载,民生痛苦,倍于昔时。……远溯介推绵上之逃,即贪天而

①② 张謇《柳西草堂日记》,《张謇全集》(第八册),第746页。

无自;近维田畴关内之让,亦卖塞而无词。良知尚存,未敢承命。①

《再辞勋位电文》:

> 岂意人事舛午,兵匪迭扰,外人已易其试听,内政尚瞀于党争,国利民福,未知何日。大总统特定勋位,具有苦心,顾好官多钱,当施之于释兵之使相,若以小儒厕之,在总统未免以名器假人,在謇亦耻以口舌得赏,此前电硁硁不敢承命也。②

两封电函,前者以春秋人物介之推退隐深山、三国隐士田畴以中原失天子为由拒绝封赏来自况,后者直接以宋太祖杯酒释兵权暗示自己不愿意接受好官多钱,其中的讥讽之意已溢于言表。因为袁世凯意欲恢复帝制,在内阁中弄权,这是张謇当初并不想预见的。

回到历史现场看,1912 年的中国政党建设与政体建设正在紧张筹备中。不同派系的人,出于对现代政治的误解而站在了不同的立场上,有过一段纠缠不清的争端,并最终给历史学家留下了一个"政见不和"的印象。回顾当初三方人物的纠葛关系,还可以看到,三个不同身份、持不同思想和政治观念的人之间,形成了一股张力。

如果说梁启超、章太炎二人在思想上有不兼容处,这是较为显见的,那么张謇对两者的态度,就更加微妙:张謇更着力于在各种政治程序间游走,似乎不善于谈论抽象的哲学。然而,他确实有其政治主张,至少曾经接触过一些英国古典政治哲学家的学说。在他于光绪二十九年(1903)的演讲中,就引用了英国保守主义学者艾德蒙·伯克的论说,并历数西方诸家自由学说,而驳斥一种极端的平等观:"须知西儒说自由甚多,加尔来言不服从规则不能自由,士遮夫言自由以法律,博尔克言成自由在秩序,毕达哥拉斯言不

① 张謇《辞勋二位电文》,《张謇存稿》,第 537—538 页。
② 张謇《再辞勋位电文》,《张謇存稿》,第 538 页。

能制己，不能自由。……若如浮嚣之士所喜谈者，推之一家之中，父母兄弟夫妇子女人人如所说之自由平等，能一日相安乎？能自安乎？"[①]张謇似乎更亲近古典意义的共和精神。

不同于章太炎，张謇在政治立场上支持立宪派，对激进的革命思潮既心存戒备，又因其士人的身份而更加熟悉文化精英阶层。在江苏谘议局筹备过程中，张謇就在江南士绅中取得了较大的威望。立宪派更于 1909 年获得一时的风头。张謇参与了谘议局向国会请愿的运动，并修改了请愿书底稿。他甚至对请愿一事也持保守态度。因为他之前东游日本，自甲午战争失败后对各方人士也有所了解，对中国一旦丧失主权、以民众的智识恐招致社会巨大动乱这一可能，他心存深刻的恐慌和预见。[②]这种复杂的心境，在传统中国的士大夫精英阶层中不乏其人。这既与他们身为社会上层精英、天然对动乱恐惧有关，也基于他们对现实政治和国力的理解。这些当然不是以推翻旧秩序为目的的章太炎所能完全理解的。同理，张謇之流若要真正理解革命家，也不乏痛苦和困惑的过程。章开沅将张謇这样由旧式士大夫阶层转型为近代开明商人、实业家的历史人物，比作中国古代传奇中的龙女：为了适应人间的生活，龙女必须先经历脱去龙鳞的痛苦，并谓其"稳健有余而势头不足"。[③]这段评语，针对的正是光绪朝廷中身为帝党首领的翁同龢与张謇的政治立场和主政风格。张謇熟悉迂回而隐蔽的政治斗争，在面对社会变局时，出于思维的惯性和个人的偏好，也自然会选择保守、稳健的风格。而传统宫廷中的斗争经验，又被他传递到了辛亥革命之后的新的政治生活中。于是，在运作之下，他将西化的政党选举程序，不知不觉转变成了传统中国政治生活中再为人熟悉不过的党争。

反观章太炎和梁启超，两人也在政党问题上有分歧。章太炎对个体自由特别重视，他对个体与群治的思考，来自古典传统。如此则他不会鼓吹一种民粹的知识，那就违背了他对个体自由的理解。所以，不难理解他对政党

---

① 张謇《师范学校年假演说》，《张季子九录·教育录》卷一，第 6 页。

② 章开沅《张謇传》，第 254—260 页。

③ 同上书，第 138 页。

的感受何以如此复杂,而又在历史关头参与了相关事务。他的主张是:在组党事务上要有革命派自身的特色,中间派有其参与政治的使命,应当有立场。他更希望保留革命党人的个性。而梁启超的政治学理解就微妙了:他更重视“党”,而畏惧盲从的“群”。梁启超对中国历史上的革命和西方近代各国革命均有过考察,他对民粹的危险特别警觉,而不自觉地将一种流血革命的模式套在了对手身上。尽管梁启超质疑对手,却不能不看到,双方都基于一种精英的文化,在革命之后也成为新起的社会力量。假如就利益的视角来考量,张謇偏于现实,梁启超居中,章太炎趋于理想化。最暧昧的也是居中者:他们都清醒地意识到了现代的降临,但对是否要接受这一变革,内心仍然游移不定。

章太炎、张謇、梁启超诸人的合作与纷争,是一次政党之间的合作与尝试,也是对共和的一次实验。章太炎、张謇、梁启超诸人在各自的轨迹上行走,终于随其命运化为历史的尘埃。他们的观念曾经发生过碰撞,激发了各自的傲慢态度或愤怒情绪。这些历史人物似乎在某一时刻,成为了不同观念和社会阶层的化身。双方未曾调和,这是一种遗憾。然而,从晚清开始愈演愈烈的社会矛盾,新的政体、政党和哲思,使得新旧人物不得不努力达成多方合作,摸索一条建设制度的路径。直到20世纪,现代的闸门忽然打开,应对这一变局的精英阶层都是仓促的,留给他们启蒙大众的时间也不充裕了。将原因归结于任何一方都难免武断之嫌,从一件历史事件所折射出的多方纷争中,可见三方各有其傲慢和成见,其纷争背后更有学理、思想和社会实践的分歧,他们为建立民族国家的共同目标而合作,却又因分歧和误解而纷争。革命党、维新党和作为儒者的立宪派,各自皆有对传统的理解,在时代变局中也据此表现出不同的倾向,而当纷争发生,多方力量也合力促成了新与旧的交替。

A Hard Times of Republication: on the Harassment in between Zhang Taiyan, Chang Chien and Liang Qichao after The Revolution of 1911

Ding Ding

Abstract: Zhang Taiyan and Chang Chien got an attachment in preparation for the Unification Party after the Revolution of 1911. These two giants failed to keep a cooperative relationship and both sides never ever remembered any affair. From the end of 1911 to 1912, they had been quarreling frequently because they disagreed on how steps of the party's formation going on. The scholar reasoned through some clues a judgment about the splitting times between Zhang Taiyan and Chang Chien. Both sides shared the same transition of China, while they contained different nature and identified themselves differently with political standards of parties. So impossible to reconcile anybody. Chang associated with Liang Qichao, whom also intervened in the affairs of the Unification Party and controlled the trend of the incident with his position of mediation. After 1911, they succeeded in kicking out the radicals in the Kuomintang and deepened the prejudice of both sides. Series of effects to for communication and conversation between the gentry elite and the radical revolutionaries had proved to be disappointing since a deep-rooted estrangement in culture, identity and political concepts existed. It is obvious to find out a strong tension among Zhang Taiyan, Liang Qichao and Chang Chien, which also led to the conflict between the three parties on ideas, ideals and political practice.

Keywords: Zhang Taiyan, Chang Chien, Liang Qichao, Unification Party, Revolution of 1911

爱国始于事亲

——章太炎20世纪30年代《孝经》观对新学及传统的调和

左　晓

（清华大学）

摘要：五四新文化运动以降，“破家非孝”遽成时代思潮，“个体主义”成为新派学人用以凝聚“爱国”的价值基石。但是，用“个性”凝聚“爱国”极可能激化个体与集体之间的张力。在此背景下，晚年章太炎转而以孩童慕亲之“天性”作为爱国的逻辑起点。这一思路令爱国之情与个体最为真切的生命体验相连，缩小了个体与集体之间的罅隙。并且，章太炎虽然以“事亲”作为“爱国”的起点，但最终的落点却是“立身”，这一逻辑同样具有明显的个体主义色彩，在一定程度上调和了“传统”与“新学”，开拓出了一条令经学传统与“人人平等”的民国相对接的新思路，但这也要求章太炎必须对《孝经》进行新的诠释。因此，章太炎本于宋代理学将“孝”视作人伦天性的观点，兼采汉代经学将《孝经》视作政治文化的基本定位，借助罗汝芳“以孝悌诠释良知”的思路，以个体之孝启发民德，借此建构“自下而上”的认同凝聚，最终使得《孝经》更加契合民国“人人平等”的时代背景。

关键词：章太炎　《孝经》　新文化运动　民族主义　国家认同

1932年年末，章氏在致吴承仕的信中首次将《孝经》《大学》《儒行》《丧服》四书并提，并认为此四书是“自童丱以至白首，皆应服膺勿失”的行为准则，①后世学者据此将上述四经并称为“新四书”。1933年1月，章氏在《国

① 汤志钧编《章太炎年谱长编》（下册），北京：中华书局，1979年，第925页。

学会会刊宣言》中范四经且表二贤，四经即《孝经》《大学》《儒行》《丧服》，① 此时章太炎已将《孝经》置于“新四书”之首。同年 3 月，章太炎在无锡国专发表演讲，宣称“《孝经》以培养天性，《大学》以综括学术，《儒行》以鼓励志行，《丧服》以辅成礼教”，②甚至将之提升至“群经之纲要，国学之统宗”的枢纽地位。结合章氏 1931—1933 年的思想脉络，显见“新四书”体系绝非纯为学术而发，而是章太炎为解决民族危机有意提出的“经世之学”。章氏在彼时“非孝毁家”的时代思潮中逆流而上，将《孝经》置于“新四书”之首，俨然有期冀借“孝”救国救民之慨然意气。但问题在于，章氏该如何将时人眼中属于“帝国”的孝与“人人平等”的“民国”相衔接呢？

章太炎此时的《孝经》观具有极为重要的思想价值，足以作为切入其晚年思想的门径。然而，多数学者并未将章氏晚年的《孝经》观视作独立的课题进行深入分析。总体来说，当前学界对章氏晚年《孝经》学的研究大致可分为以下两种思路：其一，将之作为“非孝毁家”“为国破家”思潮的反对面。譬如，郭清香、③赵妍杰④便将章太炎转向《孝经》作为后“五四”时代反思“非孝”的重要例证。其二，将其视作章太炎晚年学术思想的片段略而论之。王锐在《章太炎晚年学术思想研究》一书中指出，章太炎提倡《孝经》，并非意在鼓吹“移孝作忠”，培养新式“臣民”，而是期冀以“孝”为基点，最终促使人人达到爱国家、爱人民的至高境界。正因此，章太炎的根本逻辑仍是强烈的民族主义，这和他早年的革命思想具有密切的承续性。⑤目前，只有刘增光先生于 2015 年撰专文研究章氏“新四书”体系中的《孝经》学。刘增光立足经学视域，认为章太炎“以郑玄的《孝经》学、阳明后学泰州学派的孝论为基础，

① 章太炎《国学会会刊宣言》，汤志钧编《章太炎政论选集》（下），北京：中华书局，1977 年，第 832 页。

② 章太炎口述，诸祖耿记录《历史之重要》，上海人民出版社编，章念驰编订《章太炎全集·演讲集》（下），上海：上海人民出版社，2015 年，第 488 页。

③ 郭清香《近代非孝论争再审视》，《船山学刊》2021 年第 2 期，第 27 页。

④ 赵妍杰《近代中国非孝论反思》，《社会科学研究》2018 年第 1 期，第 181 页。

⑤ 王锐《章太炎晚年学术思想研究》，北京：商务印书馆，2014 年，第 110—111 页。

将卑视并疑改《孝经》的朱熹作为非孝论之鼻祖”,[①]以此移花接木地批评新文化运动以降的新学思潮。刘增光先生指出,章太炎敏锐地意识到孝道伦理是中国文化的主体价值,足以彰显中华文明的世俗化与理性化,这在章氏眼中正是中华文明有别于西方宗教科学等形而上价值的最终依归,而这一思路根本又源于章氏终身秉持的“文化多元论”主张。[②]

刘增光此文解释了章太炎以《孝经》为“新四书”之首的根本原因,其观点无疑具有相当可取之处。本文需要补充的一点是:章太炎虽看似“扬汉抑宋”,但却仅采取了汉代经学将《孝经》之“孝”视作“门外之言”的政治定位,实则依旧本于宋代理学将“孝”定义为“人伦天性”的基本立场。不过,章氏开创性地引入了罗汝芳“以孝悌诠释良知”的思路来弥合汉宋之间的理论张力,期待以“个体之孝”启发民德,借此凝聚“自下而上”的民国认同,使得《孝经》更加契合民国“人人平等”的时代背景,最终再造国家认同。基于此,本文将结合彼时的时代背景,发掘章氏期望借《孝经》解决的深层问题,从思想史的角度重新审视章太炎在 20 世纪 30 年代重提《孝经》的根本原因。

一、重塑“门外之言”:章太炎对汉代《孝经》学逻辑的“倒置”

章太炎在论及《孝经》时曾两处明言汉儒,一次是在《国学之统宗》中说:“宋人因不愿讲《论语》此章,故遂轻《孝经》,不知汉人以《孝经》为六经总论,其重之且如此”;[③]一次是在《讲学大旨与〈孝经〉要义》中说“然汉人极重孝道,最讲《孝经》”。[④]章氏反复褒扬汉儒,显然意在反对以朱熹为代表的宋儒对于《孝经》的怀疑与卑视。然而,章太炎虽看似旗帜鲜明地“扬汉抑宋”,但这并不意味着章太炎承接了汉代经学对于《孝经》的基本看法——笔者认为

① 刘增光《章太炎“新四书”体系中的〈孝经〉学》,《中国哲学史》2015 年第 4 期,第 108 页。

② 刘增光《章太炎“新四书”体系中的〈孝经〉学》,第 112—114 页。

③ 章太炎口述,诸祖耿记录《国学之统宗》,《章太炎全集 · 演讲集》(下),第 481 页。

④ 章太炎口述,金震记录《讲学大旨与〈孝经〉要义》,《章太炎全集 · 演讲集》(下),第 517 页。

章氏此时论“孝”，实则恰恰意在“倒置”汉代《孝经》学的立论逻辑。

章太炎强调《孝经》“精微处归于政治”，①将其定义为具有政治性的“门外之言”；此论与宋儒将《孝经》视作“门内之言”的观点立异，的确是对于汉代经学观念的继承。陈壁生指出，在汉儒眼中，《春秋》是孔子以素王身份为汉世立法的大经大典，因此，著于《春秋》之后的《孝经》就被定义为令《春秋》之法落入现实的方法论，旨在寻求如何以政治为中心重建人间生活秩序。所以汉人视域下的《孝经》是一种政治哲学，其首要功能并非是教导每个个体如何爱敬父母兄长，而是在于帮助为政者自上而下设计一套以“孝”为基础的美好政制，使得下至庶人、上到天子，都能够在共同体中各行其孝、各安其位，最终复归失落的三代美政，使天下回归道德与文明。②

如上所述，汉人将《孝经》视作国家政制的价值基础，显然将《孝经》定义为“门外之言”。与之相应，汉儒所理解的《孝经》之“孝”，也并不仅仅是囿于家庭的个体事亲之情，而是一种具有“公共性”的“建构政治、社会秩序的核心理念”。③所以，《孝经》中才会出现诸多与个人道德之“孝”完全不同的论述：《孝经》开篇即语“先王有至德要道，以顺天下”，所谓“德教加于百姓，刑于四海”、“保其社稷而和其民人”更与个体生活和个体情感无涉——正因为《孝经》之“孝”是政教展开的核心与根基，是超越“私领域”的政治价值，所以天子之孝才不能囿于“爱敬父母”，庶人之孝才不能跃迁至“保其社稷”。相反，如果从无阶级的个体私德立场理解《孝经》之“孝”，就会产生种种无法解决的矛盾：如果每个庶人都追求“德教加于百姓”，而天子只满足于“谨身节用”，必定朝廷市乱、沧海横流。只有天子施行教化，庶民谨而随之，才有可能保障共同体的和谐与稳定。

然而，章太炎虽然认为《孝经》是“门外之言”，但他却把《孝经》之“孝”理解为个体化的人伦“天性”。譬如，他在给吴承仕的信中就提出“导扬天性，

---

① 章太炎口述，潘景郑记录《〈孝经〉〈大学〉〈儒行〉〈丧服〉余论》，《章太炎全集·演讲集》(下)，第523页。

② 陈壁生《孝经学史》，上海：华东师范大学出版社，2015年，第45—47页。

③ 陈壁生《从家国结构论孝的公共性》，《船山学刊》2021年第2期，第24—25页。

遏绝悖德,莫尚于《孝经》";奔赴苏州演讲《历史之重要》时又说"《孝经》以培养天性";[1]后来的《讲学要旨与〈孝经〉大义》则再度强调称:"惟《孝经》所说之语,句句系自天性中来,非空泛者可比。"[2]由是可见,章太炎显然没有将"孝"的核心内涵定义为政教价值,而是将其概括为孩童皆慕亲的天性自然,这种将《孝经》之"孝"个体化的理解已然与汉儒有云泥之别。

章氏论"孝"的根基与汉儒判然有别,这直接导致他对《孝经》经义的理解与汉代经师迥然不同。譬如,《孝经·三才章》中有言称:"夫孝,天之经也,地之义也,民之行也。"郑玄注解此处时语称:"春夏秋冬,物有死生,天之经也。山川高下,水泉流通,地之义也。孝悌恭敬,民之行也。"[3]后世学者认为,郑玄此解意为天、地、人皆有自然之道,天道即为春夏秋冬四季更替,地道则为山川水泉五土高下,人道则是不教而知的孝悌恭敬;而《孝经》中所说的"孝",指代的就是这种天有四时、地有高下、人有孝悌的自然状态。所以,"孝"之为大,就在于"孝"的本性是"天经地义"的自然和谐态;因此,坚持"孝"也就相当于坚持了令天地人皆顺的自然之道,天下随之也会变得和谐统一。[4]郑玄注的落点在于"和"——他所重视的是"孝"对于促进共同体融和的关键意义,强调的是"孝"能够令天下不肃而成、不严而治,这显然是一个极度政治化的理解。章太炎在《讲学大旨与〈孝经〉要义》中同样提及《三才章》此言,但他的理解却与郑玄全然不同:

> 其云"孝者,天之经也,地之义也,民之行也",此乃以人之德行,支配天经地义。换言之,即人之德行,实为天经地义是也。[5]

即便抛开后世学者的二次解读,我们也可以发现郑玄的注解将天经、地义与

---

① 《历史之重要》,《章太炎全集·演讲集》(下),第488页。

② 《讲学大旨与〈孝经〉要义》,《章太炎全集·演讲集》(下),第515页。

③ (清)皮锡瑞撰,吴仰湘点校《孝经郑注疏》卷上《三才章第七》,北京:中华书局,2016年,第50页。

④ 陈壁生《孝经学史》,第132页。

⑤ 《讲学大旨与〈孝经〉要义》,《章太炎全集·演讲集》(下),第517页。

民行并立，并未刻意突出某者的特殊作用；但章太炎却将人德直接升格为“天经地义”，其与郑玄之差异可见一斑。同时，这一注解也足以从侧面证明章太炎已经将《孝经》之“孝”理解为个体德行，而非维护政治体内在秩序和谐的价值归宿。

更为关键的一点是，章太炎还在有意解构《孝经》中的“五等之孝”，强调“民国人人平等，五种阶级，不必全依经文，但师其意而活用之，由近及远，逐项推扩可矣”①——章氏此言，几乎完全摧毁了汉代《孝经》学立论的基础。如上所述，汉儒对《孝经》的基本认识，是认为《孝经》重在教导天子通过政治安排，使共同体中的每个个体都能在以“孝”为核心的礼乐制度之中各行其德。所以，由天子到庶人的“五等之孝”正是《孝经》所描绘的共同体之关键所在。假如“德位合一”的制度解体，《孝经》设想的政治设计同样会流于空泛。郑玄的《孝经》注便完全以五等阶级作为立论前提：譬如，在《开宗明义章》中，郑玄注“先王有至德要道，以顺天下，民用和睦，上下无怨”一句称：“至德，孝悌也。要道，礼乐也。至德以教之，要道以化之，是以民用和睦，上下无怨也。”②郑玄将“至德”解为“孝悌”，将“要道”解为“礼乐”，最终的落点则是“上下无怨”，显然出自“以孝德政化天下”的理解。又如，郑玄在注《诸侯章》“在上不骄”时称：“诸侯在民上，故言在上。敬上爱下，谓之不骄”；③注“和其民人”时称：“薄赋敛，省徭役。”④注《庶人章》“谨身节用，以养父母”时则称：“度财为费，什一而出，父母不乏也。”⑤郑氏并未将“孝”理解为个体皆有的人伦天性，而将其释为针对不同阶级的政治设计。但在章太炎“民国人人平等”的立论语境下，所谓“五等之孝”荡然无存，“孝”也随之走下神坛，成为每个个体皆有所感的、超阶级的人伦天性。章氏论“孝”与汉儒绝异，至此再清楚不过。

综上所述，章太炎虽然与汉儒共享将《孝经》视作“门外之言”的政治定

---

① 《国学之统宗》，《章太炎全集·演讲集》(下)，第481页。

② 《孝经郑注疏》卷上《开宗明义章第一》，第10页。

③④ 《孝经郑注疏》卷上《诸侯章第三》，第29页。

⑤ 《孝经郑注疏》卷上《庶人章第六》，第46页。

位,但同时却将《孝经》之“孝”由政教价值拉回人伦天性,其论“孝”基点与汉儒迥然不同。笔者认为章氏此举之深意正在于消解汉代《孝经》学“天子德教万民”的“帝国”逻辑,以将《孝经》改造为“自童丱以至白首,皆应服膺勿失”的国民准则。

在汉人的视域中,《孝经》是教导王者如何治理天下的大经大典,其要旨在于帮助为政者设计一套以“孝”为基础的美好政制;倘若丧失实践层面的辅助,《孝经》经文随之也就成为了空泛的道德言说,根本无法肩负起展开政教的重要任务。总览汉代一朝,的确有相应制度令《孝经》经文落在实处:譬如,天子需在辟雍之礼中,通过尊事三老、五更教天下人孝父悌兄,以此令“君子之教以孝也,非家至而日见之也。教以孝,所以敬天下之为人父者也。教以悌,所以敬天下之为人兄者也”的经文具有现实生命力。又如,《孝经》中说“郊祀后稷以配天,宗祀文王于明堂以配上帝”,在汉代的政治实践中也有郊祀礼和明堂礼与之相应。然而,民国与汉朝已相隔千年有余,所谓礼乐政教、德位合一,都已经弥散在历史的滚滚尘埃中。时代的巨变已经不可能令汉人的理解落入现实,“人人平等”的中华民国也不可能复归旧日“帝国”的断轨。所以,这就要求章太炎必须将《孝经》的言说对象由“后王”转向更加具有普遍性的“国民”。

此时,我们需要再度复归章太炎的数次演讲,不难发现章氏始终在试图对《孝经》作出一种更加具有普遍性的解读——在《〈孝经〉〈大学〉〈儒行〉〈丧服〉余论》一文中,章氏曾有言道:

> 凡读《孝经》,须参考《大戴礼·王言》篇,盖二书并是孔子对曾子之言。《孝经》言修身,不及政治;《王言》篇专言政治,其云七教可以守国,三至可以征伐,皆是为政之道……吾谓《孝经》一书,虽不言政治,而其精微处,亦归及政治……①

① 《〈孝经〉〈大学〉〈儒行〉〈丧服〉余论》,《章太炎全集·演讲集》(下),第523页。

汉人认为《孝经》是一部教导王者治理天下的政治方法论，所言说的对象只是“后王”。然而章氏却明言“《孝经》言修身”，所谓“修身”自然是极为个体化、普遍化的言说。在《国学之统宗》中，章氏也申明《孝经》有助于确立“人之根本”：“讲明《孝经》《大学》，人之根本已立。”[①]并且，章氏每逢论及《孝经》就必然谈论“天性”——所谓“修身”“天性”放之四海而皆准，均是“自童卯以至白首”皆可服膺的普遍价值。可见，章太炎此时《孝经》学的言说对象极为广泛，几乎面向全体国民而发。所谓“爱国者，爱一国之人民耳。爱国之念，由必爱父母兄弟而起，父母兄弟不能爱，何能爱一国之人民哉”！[②]章太炎所期冀的正是“爱国之念，必由爱父母兄弟而起”，通过发掘每个国民皆有的“天性”自然，通过“修身”，继而由“爱亲”推扩至“爱国”，最终完成自下而上的国家认同。这一逻辑正是汉代《孝经》学天子德教万民这种“自上而下”逻辑的“倒置”。而章太炎的这一理解，恰恰承续了宋代理学对《孝经》之“孝”的基本看法。

二、孩提慕亲之“天性”：章太炎《孝经》观对理学的继承与对话

在理学的视域中，只有按照《大学》的逻辑先向内做好致知格物、诚意正心的“修身”工作，才能够“推此理”，继而向外寻求治国方略。《大学》提供的这一内外之别，同样也被宋儒作为解读《孝经》的基本框架。在宋儒眼中，“孝”首先是一种个人情感，然后才是个人道德，个体唯有按照“亲亲—仁民—爱物”的顺序自内而外推扩，才能最终引出政治生活。而章氏每逢论“孝”就必定言及“天性”，甚至将《孝经》定义为“自童卯以至白首，皆应服膺勿失”的普世性存在，这足证在章太炎的视域中，“孝”同样是一种无阶级的人伦亲情。其次，章太炎也继承了理学框架中“自内而外”的进德次序——

① 《国学之统宗》，《章太炎全集·演讲集》(下)，第484页。
② 同上书，第481页。

譬如,章氏强调“爱国之念,必由爱父母兄弟而起”,并认为“家庭如能打破,人类亲亲之义,相敬相爱之道,泯灭无遗,则社会中之一切组织,势必停顿,社会何在?国家何在?”①显见,章氏认为一旦家庭崩毁,“亲亲”不复存在,后续的“仁民”“爱物”随之也失去了赖以生存的土壤,社会国家便也成为了无法凝聚的空中楼阁。由此可见,在章太炎眼中,“孝”是一种自然亲切的人伦情感,而个体道德和政治秩序均源于这种最具确定性的血缘亲情,本质是基于自己生命体验“由己及人”的推扩——章氏“新四书”体系将《大学》置于《孝经》之后,其深意正在于此。

由上所述,章氏对《孝经》之“孝”的基本定位和论述框架都密切地承续了理学对于《孝经》的理解。带着这一结论,我们再次返回章太炎的演讲原文,重新审视他对于宋儒的批评:

> 学者谓《孝经》为门内之言,与门外无关……所谓“犯上作乱”。所谓“民用和睦,上下无怨”,均门外之事也,乌得谓之门内之言乎!宋儒不信《孝经》,谓其非孔子之书。《孝经》当然非孔子之书,乃出于曾子门徒之手,然不可以其不出孔子之手而薄之。宋儒于《论语》“孝弟也者,其为仁之本与”一章,多致反驳,以为人之本只有仁,不有孝弟。其实仁之界说有广狭之别,“克己复礼”,狭义也,“仁者爱人”,广义也。如云“孝弟也者,其为人之道之本与”,则何不通之有?后汉延笃著《仁孝先后论》,谓“孝在事亲,仁施品物”。孟子谓“亲亲而仁民”,由此可知孝弟固为仁之本矣。且此语古已有之,非发自有子也……宋人因不愿讲《论语》此章,故遂轻《孝经》,不知汉人以《孝经》为六经总论,其重之且如此……宋人疑之,可谓不知本也。②

章太炎对于宋儒的不满大致集中在两处:首先,《孝经》并非仅仅是门内之

① 《讲学大旨与〈孝经〉要义》,《章太炎全集·演讲集》(下),第518页。
② 《国学之统宗》,《章太炎全集·演讲集》(下),第480页。

言;其次,不可卑视《孝经》。而这随之就引出了一个不容回避的问题——以朱熹为首的宋儒卑视《孝经》,其原因概在于两点:其一,认为《孝经》之"孝"并未切中个体,因此不够亲切自然;其二,认为《孝经》一开始就着眼于政治问题,论述逻辑有违《大学》自内而外的进德次序。但上述两点也正是章太炎和朱熹共享的观念,为何章氏能够回避朱熹面临的理论困境呢?

必须承认,朱熹对于《孝经》的怀疑不无道理。当用个体化的"孩童慕亲之情"来理解《孝经》这部天子为政之书时,《孝经》中相当一部分政治化的经文随之便会窒碍不通。譬如,朱熹曾批判《孝经·圣治章》"严父配天"一语甚至可能导致天下陷入"大不孝"的混乱境地。[①]朱子的逻辑其实非常简单,既然"孝"是人类情感的第一步、是放之四海而皆准的自然天性。因此,天子之"孝"与庶人之"孝"并无本质差异,而读《孝经》的目的又是为了学到最高、最大的"孝",由此延伸出的唯一推论就是人人都去追求"严父配天"的至高孝礼,最终导致人人争做天子。并且,倘若按照"亲亲—仁民—爱物"的逻辑理解《孝经》经文,同样会出现诸多难以解决的矛盾。譬如,朱子在《孝经刊误》中曾质疑《孝经·孝治章》道:"此一节释民用和睦,上下无怨之意,为传之四章。其言虽善,而亦非经文之正意。盖经以孝而和,此以和而孝也。"[②]朱熹认为,修德的正确顺序应是"亲亲—仁民—爱物",如果按照这一逻辑,明王应当先自亲爱父母为始,而后方有仁爱万民、天下大治,进而"得百姓之欢心",即"以孝而和"。然《孝经》却一反此论,"得万国欢心"居然成为了明王"事先王"的尽孝手段,即"以和而孝"。因此,《孝经》的进德顺序和朱熹构建的理学框架完全相悖。后文朱熹对《广要道章》和《广至德章》的批判也源于理学与《孝经》修德次第的相互龃龉。

然而,章太炎不仅没有排斥《孝经》经文,反而积极地将其与"门外之言"衔接。笔者认为,章氏破题的关键就在于他开创性地引入了罗汝芳"以孝悌诠释良知"的思路,从而用"孝本论"取代了朱子的"仁本论"。此时,我们需

① (宋)朱熹《孝经刊误》,《古文孝经(及其他三种)》,北京:中华书局,1991年,第4页。
② 同上书,第3页。

要再度回归上文章太炎批评“宋儒”的文字——章太炎明确指出,“宋儒于《论语》‘孝弟也者,其为仁之本与’一章,多致反驳,以为人之本只有仁,不有孝弟”,本句正是理解章太炎的关键所在。章氏反对朱子“人之本只有仁,不有孝弟”的观点,并借此强调“孝”才是“仁”的根本;这一论断和朱子的“仁本论”相立异,可谓再清楚不过。

朱熹曾在注“孝弟也者,其为仁之本与”一句时详细地阐述了自身的仁孝观念。简单来说,朱子认为“仁”是“孝”的理论基础,“孝”则是“仁”的实践之本,理论框架大致可被提炼为“天理之仁—孝—具体仁行”。①在“理—气”论的框架下,朱熹认为“天以阴阳五行化生万物”时,“气”构成形,“理”则被赋予在人性之中;所谓“仁、义、礼、智”即是天理在人性中的具体表现,②朱子将“仁”与具有绝对性的天理相连接,也就相当于确立了仁孝关系中“仁”的理论核心地位。但是,“天理之仁”若要落实到具体仁行,还必须借助“孝”作为中介——在“家天下”的大背景里,“天理之仁”在人一生的生命尺度中彰显的首个场景就是家庭中的人伦亲情,所以孝悌之行自然便会成为道德类推的基础。因此从实践角度而言,“孝”足以被称为“行仁”之本。但是,正所谓“仁是理,孝弟是事。有是仁,后有是孝弟”,③蕴含在人性中的“天理之仁”才是生发出“孝悌”之行的根本,是逻辑链条的“第一因”与“绝对因”:“仁如水之源,孝弟是水流底第一坎,仁民是第二坎,爱物则第三坎也。”④

当朱子把“仁”与天地之心、生生之德联系起来时,“仁”便已经升格为“天理”的一部分,具有不可掳夺的超越性,这也就是章太炎所批评的“以为人之本只有仁”。正因此,在朱熹的理论体系里,这种与生俱来的“天理之仁”是催生“孝”的根本;“孝悌”虽然是“行仁”的开端,但只是“天理之仁”发用的一个节点、是发掘内心“仁”性的第一步,因而只能囿于“家庭”的局限,

① (宋)朱熹《论语集注》卷一《学而第一》,《四书章句集注》,北京:中华书局,1983年,第48页。

② (宋)朱熹《中庸章句》,《四書章句集注》,第17页。

③ (宋)黎靖德编《朱子语类》,北京:中华书局,2007年,第462页。

④ 《朱子语类》,第689页。

贯穿“亲亲”“仁民”“爱物”的主线仍旧是身为天理的“仁”：“孝弟乃推行仁道之本，仁字则流通该贯，不专主于孝弟之一事也。”所以，朱子的“仁—孝—仁”逻辑阐述的是“天理之仁”在现实的展开历程，“孝”身为中介固然有其重要性，但只有“仁”才是真正具有本体性地位的至高存在。章太炎便对宋儒“人之本只有仁”的“仁本体论”颇为不满，他反复强调“孝”才是“仁”的根本，俨然有以“孝本体”取代“仁本体”之深意：

> 昔孟子讲“爱亲敬长，为人之良能”，其后阳明再传弟子罗近溪谓“良知良能，只有爱亲爱长”。谓孔门弟子求学，求来求去，才知孝弟为仁之本。此语也，有明理学中之一线光明，吾侪不可等闲视之也。①

章氏此处提出罗汝芳之“良知良能，只有爱亲爱长”，俨然意在与宋人立异。在《讲学大旨与〈孝经〉大义》中，章太炎又一次提及罗汝芳道：

> 我国儒者之教，一在顺人情，一在有真凭实据。“孝”为人类天性，行之最易，孩提之童，无不知爱其亲，极有证据。明罗近溪尝云“良知为孟子所明言”，“孩提之童，无不知爱其亲也，及其长也，无不知敬其兄也”二语即是良知，此言最为精警透辟。②

由是可见，在章太炎的《孝经》学体系中，罗汝芳是极为关键的存在。

罗汝芳对前人的突破，概在于其“以孝悌诠释良知”的思路。简单来说，罗汝芳认为孝悌慈才是孔孟所言仁义的实质和核心精神：“盖天下最大的道理，只是仁义。殊不知仁义是个虚名，而孝弟乃是其名之实也。”③罗汝芳认为孝悌比良知更为根本，故而“以孝弟为王道”，“以孝弟为圣学”，将内圣外

① 《国学之统宗》，《章太炎全集·演讲集》（下），第480页。

② 《讲学大旨与〈孝经〉要义》，《章太炎全集·演讲集》（下），第518页。

③ 方祖猷编《罗汝芳集》（上），南京：凤凰出版社，2007年，第135页。

王统归于孝悌。[①]罗汝芳把发明良知具体化到“赤子出胎,最初啼叫一声”,“啼叫一声”这种赤子初生的良知良能,正是圣人与凡人原初一致的善根;而在赤子的“良知良能”中,又先天包含爱亲敬长之意。换句话说,在罗汝芳的视域中,“孝”才是“良知”的本质,这种“天性”是人性中与生俱来的“超越性”,因而足以被称作“仁义之实”。罗汝芳“以孝悌诠释良知”的观点与朱熹的“天理之仁—孝—具体仁行”逻辑分庭抗礼,为章太炎提供了一种有别于宋儒“仁本论”的“孝本”思路。所以,章太炎实则是用“孝”之“天性”取代了朱熹理论框架中“天理之仁”的地位,因此,“孝”也就超越了“天理之仁”落实为“具体仁行”的实践中介,而被赋予了某种不可撼夺的绝对价值。至此,我们才能够理解为何章太炎始终对“天性”保有极为明显的自信:

> 唯《孝经》所说之语,句句系从天性中来,非空泛者可比,故反对者无论如何激烈,余可断其毫无效用。[②]
>
> 换言之,即人之德行,实为天经地义是也。[③]
>
> 岂特共产党非孝,一辈新进青年,亦往往非孝。岂知孝者人之天性,天性如此,即尽力压制,亦不能使其灭绝。[④]

正因为章太炎将“孝”定义为“本体”,他才会坚定地认为反对“孝”的新派学者“毫无效用”,才会将“人之德行”升格为“天经地义”。所以,章太炎和朱熹虽然均认为“孝”是个体慕亲之情,但二者对于“孝”地位的认知却截然不同。朱熹仅仅把“孝”作为“天理之仁”走入现实的中介,而章太炎却将“孝”作为具有绝对性的“本体”,通过“天性”来对抗朱子的“天理”。

更重要的是:罗汝芳把发明良知具体化到“赤子出胎,最初啼叫一声”,

---

① 刘增光《从良知学到〈孝经〉学——阳明心学发展的一个侧面》,《中国哲学史》2013 年第 1 期,第 98 页。

② 《讲学大旨与〈孝经〉要义》,《章太炎全集·演讲集》(下),第 515 页。

③ 同上书,第 517 页。

④ 同上书,第 518 页。

而在“啼叫一声”这种赤子初生的良知良能中，又先天包含爱亲敬长之意，这也正是圣人与凡人原初一致的善根。因此，罗汝芳指出，广施教化的基础，就在于圣人与凡人共有的孝悌，只有以孝悌为教，才有可能发展出超越一切的普遍性。因此，罗汝芳认为《孝经》中所谓“爱敬尽于事亲，而德教加于百姓”正是指此而言。[①]这就意味着，罗汝芳虽然同样将“孝”定义为个体天性道德，但却成功地把它和《孝经》的经文衔接在一起，从而使个体之“孝”拥有了“德教”的公共意义。

并且，罗汝芳认为“赤子之心”即是圣人之心，只要能“自信从”和“自觉悟”，当下即可成圣人，论证的重点在于通过“启发民德”达成教化。[②]也就是说，罗汝芳的思路正是一种“自下而上”建构“德教”的逻辑；正如笔者上一小节所论，在“人人平等”的民国背景下，章太炎希望击破汉代“天子教化”的框架，转而以“自下而上”的方式建构国家认同，这一思路无疑和罗汝芳的观点极为相似。因此，章太炎之所以褒扬罗近溪，其原因概在于两点：首先，罗氏提供了一条以“孝”为本体的全新思路，在一定程度弥合了个体之“孝”与《孝经》经文的张力；其次，罗汝芳强调“孝”的普遍性，重在突出“启发民德”，而这又与章太炎“自下而上”凝聚国家认同的思路不谋而合，进一步完成了个体之“孝”与《孝经》“门外之言”的衔接。

三、再造“国家认同”：“事亲—爱国—立身”

章太炎将《孝经》之“孝”视作“孩提之童，无不知爱其亲”[③]的自然天性。孝之“天性”在章氏的《孝经》观中具有举足轻重的地位，他甚至有意将“天性”升格为对抗“天理”的本体性存在。但问题在于，章太炎为什么一定要选择爱亲之“天性”来凝聚爱国之心呢？最为明显的原因是由于“‘孝’为人类

---

① 陈壁生《孝经学史》，第336—338页。

② 危磊、林蔚轩《孟子和罗近溪对“赤子之心”认识异同探略》，《学习与探索》2014年第5期，第21—22页。

③ 《讲学大旨与〈孝经〉要义》，《章太炎全集·演讲集》(下)，第518页。

天性,行之最易”,[1]“孝”本于最普遍的生命体验,因而最易发用于现实,“择其切于时世可以补偏救弊者而提倡之,所谓急先务也”,[2]“行之最易”的属性令“孝”极为契合民族危机背景下章太炎对“致用”的焦虑。其次,正如刘增光先生在文章中所论,章太炎有意在用“孝”这种极具中国特色的理念来对抗西方的宗教性抽象价值。本小节笔者需要补充的一点是,章太炎导扬“天性”时,实则具有极为明确的对话对象——那就是新文化运动以降的“个性解放”与“个体主义”思潮。章太炎通过“始于事亲,中于事君,终于立身”的逻辑,开拓出了一条既能保全个体、又能促成国家认同的新路径;这一观点有别于五四新文化运动以降以个体主义推翻传统的观点,转而提供了一种令“传统”与“人人平等”的民国相对接的新思路。从某种角度说,章太炎成功地在“传统”与“新学”之间找到了一个中间点。

彼时新文化运动诸将反对家庭、导扬“个性”,其立论重点大致有二:其一,家庭是“偏私”的根源,正是因为家庭的存在,近代中国才难以凝聚普遍的国家认同,唯有借助“个性”才能达到“爱国”的大公境界。其次,家庭压制个体自由,而“个性”又是西洋“近世文明”的核心,因此家庭是阻碍中国步入“近世文明”的罪魁祸首。新派学人敏锐地意识到个体的独立自主对于现代社会具有重要意义,与此同时,他们也深知家庭之于中国文化传统的核心地位。故若要树立“个体主义”的新价值,就必须对“家庭”进行彻底批判。[3]然而,新学诸子在以“个性”进攻“家庭”的同时,他们的论述中也出现了明显的漏洞——傅斯年曾有语道:“我只承〈认〉大的方面有人类,小的方面有‘我’,是真实的。‘我’和人类中间的一切阶级,若家族、地方、国家等等,都是偶像。我们要为人类的缘故,培成一个‘真我’。”[4]章太炎便敏锐地捕捉到“个体主义”与“集体主义”之间潜在的张力,对新文化诸将“发展个性”的论调大

① 《讲学大旨与〈孝经〉要义》,《章太炎全集·演讲集》(下),第518页。

② 章太炎口述,诸祖耿记录《适宜今日之理学》,《章太炎全集·演讲集》(下),第507页。

③ 孙向晨《个体主义与家庭主义:新文化运动百年再反思》,《复旦学报(社会科学版)》2015年第4期,第62页。

④ 傅斯年《〈新潮〉之回顾与前瞻》,原载《新潮》第二卷第一号(1919年10月30日),选自欧阳哲生编《傅斯年卷(中国近代思想家文库)》,北京:中国人民大学出版社,2015年,第112页。

加驳斥：

> 今者新奇之说，流为格言……曰“发展个性”也，曰“打倒偶像也”。发展个性，则所趣止于声、色、货、利，而礼、义、廉、耻，一切可以不顾。打倒偶像者，凡一切有名无形者，皆以偶像观之，若国家、若政治、若法律、若道德，无往而非偶像者，亦无往而不可打倒者。洵若是，则于禽兽奚择焉？①

章氏的逻辑很简单：当“爱国”的“集体主义”与个体所追求的“声色货利”相冲突时，“个性”自然不可能屈从于集体，最终结果就是将国家也视作可以打倒的“偶像”。

面对个体主义可能产生的种种问题，章太炎的解决方案是用孩提爱亲之“天性”来挑战“个性”。毋庸置疑，“孩提爱亲”必然牵涉子女和父母两个主体，因此“孝”是一种与“个体主义”迥然不同的“关系型存在”。章太炎有意借“天性”与新学诸将立异，但这就要求他必须完成防守与进攻两个动作：一方面，章氏需回应新文化诸将对“家庭”的攻讦；与此同时，他还需要用“天性”弥合“个性”产生的种种张力，证明“天性”相较“个性”具有明显的优越性。笔者认为《孝经·开宗明义章》“夫孝，始于事亲，中于事君，终于立身”一句正是理解章太炎逻辑的关键——不过在20世纪30年代的大背景下，“君”只能被理解为对“民国”做出的人格化譬喻。所以，这一逻辑也就等同于“始于事亲，中于爱国，终于立身”：通过发掘“孩提爱亲”之“天性”自然，继而由“爱父母兄弟”延伸出“爱国之念”，最终确立“人之根本”，这正是章氏历次演讲中潜藏的草蛇灰线。

如上所述，新文化学人认为家庭是“偏私”的渊薮，唯有个体主义才可能凝聚“爱国”的大公境界。正因此，源自墨学的“兼爱”就成为了新派学者在

---

① 章太炎口述，王謇、吴契宁、王乘六、诸祖耿记录《论读经有利而无弊》，《章太炎全集·演讲集》(下)，第571页。

个体主义背景下用于替代儒学“仁孝”凝聚爱国之心的新价值。章太炎也意识到了这一点,因此在《国学之统宗》中,章氏才会特意强调儒墨分际,批评墨家的“兼爱”思想道:

> 儒墨之分,亦可由《孝经》见之。墨子长处尽多,儒家之所以反对者,即在“兼爱”一端。今之新学小生,人人以爱国为口头禅,此非墨子之说而似墨子。试问如何爱国?爱国者,爱一国之人民耳。爱国之念,由必爱父母兄弟而起,父母兄弟不能爱,何能爱一国之人民哉!由此可知,孝弟为仁之本,语非虚作。《孝经》一书,实不可轻。《孝经》文字平易,一看便了,而其要在于实行。平时身体发肤不敢毁伤,至于战阵则不可无勇,临难则不可苟免,此虽有似矛盾,其实吾道一贯,不可非议。于此而致非议,勿怪日讲墨子“兼爱”之义。①

章太炎早年倚重墨子可谓尽人皆知,但此时却立足儒学立场批判“兼爱”,将自己往日推许的墨学作为驳斥“新学小生”的切口。刘增光先生便敏锐地捕捉到这一矛盾之处,认为章氏意识到基督教的“博爱”与墨家的“兼爱”存在明显的逻辑相通,所以,章太炎对于儒墨分际的判断,本质是借此拒斥西方的抽象言说。②刘增光先生重在阐述章太炎树立中国文化主体性的深意,此论可谓极为精当。但就上述引文观之,章太炎由《孝经》而至墨子,最终立足点却是批驳新文化诸将的“爱国”路径难以维系。由是可见,章氏实则提出了两对矛盾:其一是儒墨之别;其二则是他的“爱国”路径与新学小生的“爱国”路径之差异。因此笔者需要补充的一点是:章氏借墨学判别中西,此举同时也是与“新学小生”救国路线相立异的尝试。

伴随着“西学东渐”思潮的兴起,沉寂近两千年的墨学再度得到学者的重视。时至五四新文化运动之际,诸多学者上承晚清墨学复兴之势,通过宣

---

① 《国学之统宗》,《章太炎全集·演讲集》(下),第481页。
② 刘增光《章太炎“新四书”体系中的〈孝经〉学》,第113—114页。

扬墨学批判儒教，甚至借之沟通西方价值观念。譬如，易白沙便将墨家之“尚同”解读为“民主法治”；①“只手打孔家店”的吴虞则更为直接地表达了自己沟通中西的目的：“如墨子之兼爱，即耶稣之博爱平等也；墨子之明鬼，即苏格拉底之信重鬼神也……”②“兼爱”作为墨家的核心学说之一，自然也得到了新文化阵营的重点关注。钱玄同便直接将“兼爱”称作“民国之道德”，而将儒家伦理斥为“帝国之道德”。③“帝国道德”和“民国道德”之比喻极为生动地展现出钱玄同对“仁爱”与“兼爱”的不同态度。值得注意的是，钱玄同的观点并非一家之言，而是在时人中具有相当影响力的普遍观点。所以在彼时的时代背景下，“墨学”具有极为特殊的地位：它既是对抗儒学的武器，同时也是接洽西学的端口。此时对于“儒墨之分”的讨论已经远远超出了学术范畴，转而进入了意识形态领域。新文化诸将判别儒墨、强调儒学专制而墨学平等，并借此引入西学，本质目的正是希望利用墨学中强烈的平民色彩消解传统宗法礼教的合法性，促使民众与传统的封建伦理观念决裂，进而建立起一套有别于儒学、以自由平等博爱等观念为本位的西式意识形态——这正是相当一部分新文化学子所设想的“救亡图存”之路。正因此，章太炎崇《孝经》而反兼爱的实质其实是借之驳斥新文化学人所提出的救国方略。

如上所论，章太炎意识到倘若按照“发展个性”的论调延伸，最终的结果绝非是人人平等的“兼爱”世界，而很有可能沉沦为解构一切价值的虚无主义。新文化学人将“爱国”建立在“非孝”的基础上，这也就意味着他们将“爱国”与个体实存和人类生命体验中最为真切的情感体验全然剥离，“爱国”也就随之沉沦为空洞的道德说教，必然如同墨家的“兼爱”说一样难以长久维系。而当“国家”的集体价值与“国民”的个体价值出现冲突时，深受“个性”影响的个体又怎可能甘愿让渡自身的权利？倘若再悲观一些，一切真实可

---

① 易白沙《广尚同》，陈先初编《易白沙集》，长沙：湖南人民出版社，2008年，第16—27页。

② 吴虞《辨孟子辟杨墨之非》，田苗苗整理《吴虞集》，北京：中华书局，2013年，第358页。

③ 钱玄同《赋得国庆》，《钱玄同文集：随感录及其他》（第二卷），北京：中国人民大学出版社，1999年，第210页。

感的价值最终都可能变为抽象的空中楼阁,与"孝"无关的"爱国"、与"家"脱钩的"祖国",都会沉沦为踩在脚下的"偶像"。所以,以"兼爱"为基础的"爱国"只会加强"个体主义"与"集体主义"之间的张力,而绝对不可能成为支持个体"临战有勇",乃至奉献生命的实际价值。正因此,章太炎才会反复申明《孝经》绝非是"与门外无关"的"门内之言",努力弥合"孝"与"国"之间的潜在紧张。在章氏的视域中,"事亲之孝"不仅不会导致偏私,而是"爱国心"产生的前提基础,并且"爱国心"也唯有建立在"孝"上才足够可靠。

至此,章太炎似乎已经将私德性的"孝"与国家认同相衔接;但是,他又该如何处理"孝"遏抑自由的批判呢?首先,章太炎将"孝"定义为人的本然之情,而这也就相当于剔除了后世为"孝"所附加的宗法色彩:"惟彼辈所恃理由,辄借口于'反对封建',由反对封建而反对宗法,由反对宗法而反对家庭,遂致反对孝行。不知家庭先于宗法,非先有宗法而后有家庭。"[①]章太炎之说可谓切中了新文化学者的"命门"所在——新学诸子宣称家庭有违平等、钳制自由,核心论点实则在反抗宗法礼教。章太炎将"孝"简化为人之自然"天性",也就相当于解构了"孝"的宗法伦理内涵。既然"孝"与宗法制之间没有必然关系,由"孝"所凝聚起的"家庭"自然也就无所谓钳制"自由平等"。章太炎巧妙地击破了新文化学者立论的逻辑基础,将"孝"与"封建"划分至两个截然不同的领域,因此,"孝"与"新道德"之间的关系自然也就不再是"水火不容"的劲敌。

更关键的是,章太炎继承了《孝经》"始于事亲,中于事君,终于立身"的论述逻辑,直接将"立身"作为《孝经》的价值依归:

> 讲明《孝经》《大学》,人之根本已立。[②]
>
> 做人根本,究竟何在?研究做人之根本书,又有何种?其实不外《论语》一部。《论语》之外,当为《孝经》。[③]

---

① 《讲学大旨与〈孝经〉要义》,《章太炎全集·演讲集》(下),第518页。

② 《国学之统宗》,《章太炎全集·演讲集》(下),第484页。

③ 《讲学大旨与〈孝经〉要义》,《章太炎全集·演讲集》(下),第515页。

换句话说，在章太炎的视域中，“孝”作为一种“天性”，是延伸出“爱国”的基础价值，但“孝”的最终落点却是“确立人之根本”——这就意味着，“爱国”也是个体“立身”的必要前提。基于这一逻辑，“孝”不仅不会压制个人自由、阻碍国家凝聚，反而是勾连“个体”与“国家”的灵魂主线，这在一定程度上也能够弥合“个体”与“集体”之间的张力。而笔者甚至认为，章氏此时强调“家庭”，甚至可能是他用于保护个体自由的必要手段：在个人主义崛起的“五四”时代，部分时人甚至强调以个体直接面向社会来重构理想的人群组织，其特色便是儿童公育、父老公养、不要家庭。①倘若“家庭”走向消解，社会必然走入“公生公养”的“大政府”模式。但政府的职能、责任越多，同时也意味着其所掌控的资源越多、控制力越强。因此，“公生公养”的思维蓝图一旦落入现实，极可能造成“以众暴寡”的悲惨结局——章氏终其一生都对“集体”保持警惕，而这也正是他早年思想的余脉。

四、余论：章氏《孝经》观的核心问题意识

在汉代的时代背景下，《孝经》是展开一国政教的大经大典，这一看法不仅根植于汉朝特殊的时代背景，而且必须依赖成套的礼乐制度才能令经文深意落在实处。因此，章太炎继承的只是、也只可能是汉儒用《孝经》凝聚国家认同的精神，而并没有承续汉代“天子以《孝经》德教万民”的基本看法。在汉儒眼中，《孝经》是一部帮助天子建构和谐共同体的方法书，本质逻辑是“自上而下”施行教化；而在“人人平等”的民国背景下，章太炎却希望建立一种“自下而上”的认同，即从国民个体开始推扩，最终凝聚爱国之心，这一思路是和汉儒的逻辑完全相悖的。正因此，章太炎继承了理学“自内而外”的进德次序和对“孝”私德化的理解；但与此同时，章太炎也非常反对宋儒鄙视《孝经》、将《孝经》与政治相分割的思路。相较以朱熹为首的宋儒，章太炎走

---

① 赵妍杰《去国去家：家庭在重构社会伦理中的地位》，《清华大学学报（哲学社会科学版）》2020 年第 2 期，第 15 页。

得更远的一步在于:朱子无法弥补天性之“孝”与政治化《孝经》之间的张力,所以朱子最终选择怀疑《孝经》并非圣人之作;然而章太炎却通过借鉴罗汝芳“以孝悌诠释良知”的思路,以“孝”为本体,从而完成了个体之“孝”与《孝经》的衔接,同时还开创了一条有别于汉代天子施行教化的“启发民德”之路。至此,章太炎通过“启发民德”,完成了“自下而上”的认同凝聚,最终使得《孝经》更加契合民国“人人平等”的时代背景。

章氏之所以费尽心机,将《孝经》改造为适合民国语境的新经典,其本质原因在于要与五四新文化运动以降的新派学者立异。新学诸子认为,家庭压制个体自由、阻碍国家凝聚,是近代中国渐入衰微的重要原因。正因此,他们通过导扬“个性”、破除家庭,以期让中国更快地迈入“近世文明”。然而,用“个性”凝聚爱国的思路无法弥合“个体主义”与“集体主义”之间的强烈张力,这不仅可能令爱国之情流于空泛,甚至最终会导致“国家”的沉沦与消解。基于上述前提,章太炎选择用“孩童慕亲”的关系性存在来挑战“个性”。章氏借助“始于事亲,中于爱国,终于立身”的逻辑,通过“爱父母兄弟”延伸出“爱国之念”,最终确立“人之根本”。这一框架不仅能够将爱国之情与个体最为真切可感的生命体验相连,避免令“爱国”走向道德空谈;同时将“爱国”作为“立身”的中介,成功地弥合了“个体”与“集体”之间的罅隙。所以,章太炎此时的《孝经》观实则是令“封建传统”与“人人平等”的民国相对接的新思路,同时亦开拓出了一条既能保全个体、又能促成集体认同的新路径。这一观点既有别于中国传统思路,也有别于五四新文化以降的“全盘西化”。在一定程度上完成了“传统”与“新学”国家认同的调和。

由是可见,章氏最为核心的问题意识实则是:在西方文明崛起的时代背景下,“人人平等”的中华民国究竟该如何建立起一套既有别于封建帝制传统,又有别于西方文明的,具有中国历史特色的自我认同。所以,章太炎晚年的《孝经》学并非是其人学术史的边缘地带,这一问题根本所关涉的是中国该往何处去、中国该如何在西方文明中保持独立性、中国该如何以自己的方式迈入“现代”等一系列生死攸关的问题。

National Identity Begins with Filial Piety: Zhang Taiyan's Reconciliation of the New School and Tradition in the 1930s with his View of the Classic of Filial Piety

Zuo Xiao

Abstract: Since the New Culture Movement and the May Fourth Movement, the idea of "breaking away from family ties and abandoning filial piety" rapidly became a prevailing trend. Individualism emerged as a new intellectual movement to consolidate the values of "patriotism". However, using "individuality" as a basis for "patriotism" could potentially intensify the tension between individuals and the collective. Under this background, in his later years, Zhang Taiyan turned to the "innate nature" of children's love for their parents as the logical origin for patriotism. This approach connected the sentiment of patriotism with the most genuine life experiences of individuals, narrowing the gap between individuals and the collective. Furthermore, although Zhang Taiyan used "filial piety" as the starting point for "patriotism," his ultimate goal was "personal integrity." This theory also had obvious individualistic undertones, to some extent reconciling the "traditional" and the "new studies," and opening up a new path that bridged the Confucian tradition and the concept of "equality for all" in the Republic of China. However, this required Zhang Taiyan to provide a new interpretation of the "Classic of Filial Piety." Therefore, based on the Neo-Confucianism from the Song dynasty that viewed "filial piety" as an inherent human nature, Zhang Taiyan also adopted the approach from the Han dynasty that considers the "Classic of Filial Piety" as the basis of political culture. By employing Luo Rufang's perspective of "interpreting moral principles through filial piety and brotherly respect", Zhang Taiyan aimed to inspire civic virtue through individual acts of filial piety, thus constructing a "bottom-up" sense of identity that ultimately made the "Classic of Filial Piety" more compatible with the contemporary context of the Republic of China's "equality for all".

Keywords: Zhang Taiyan, The Classic of Filial Piety, New Culture Movement, Nationalism, National Identity

域外章学

从戴震到章太炎

——“文”和“理”的哲学谱系

[日]石井刚　著　李培炜　译

(东京大学)

摘要:本文探讨章太炎如何承接戴震的“理”,彰显章氏哲学和戴震学术之间的特殊承接关系,尤其要指出他借助于戴震的治经方法,进一步进行对“文”观念的探索,让我们勾画出“理”和“文”的哲学谱系。章太炎试图保有文与言之张力,统一法的普遍性与个的特殊性。这是他对语音中心主义的批判,但同时也阐明文作为邂逅他者保留渠道的功能。章太炎对戴震哲学的继承意味着把后者的经学研究提升到了原—书写维度。章太炎努力感受戴震的主体性气息。这个动机构成他对文的孜孜追求。

关键词:戴震　章炳麟　文　理　语音　文本　原—书写

本文系拙著《戴震与中国近代哲学:从汉学到哲学》(2014 年)终章《从汉学到哲学》的完整翻译。本书着重分析中国近代哲学在其形成的过程中对乾嘉考据学大师戴震的学术如何进行诠释并把它提炼成为“戴震的哲学”,而“戴震的哲学”话语的出炉正标识着两种中国近代哲学话语类型的成立:一为开端于刘师培的中国近现代哲学的主流方向,一为章太炎试图发展而并没有得到充分发扬的方向。两者都从戴震的“理”概念出发,走向互相影响却各不相同的哲学建构道路,因此,我们可以说,中国近代哲学是接续戴震有关“理”的探索而形成的。本文则着重探讨章太炎如何承接戴震的“理”作为全书的总结,由此彰显章氏哲学和戴震学术之间的特殊承接关系,尤其要指出他对戴震的治经方法具有独到的理解。其独到将我们进一步带入“文”的探索,让我们勾画出“理”和“文”的哲学谱系。本书之所以把这一谱系的描述当做全书的总结,便是因为这里存在着经典诠释的重要问题。换句话,此文预示着笔者在本书刊行之后思考的“文场的哲学”端倪。

一、回 顾 全 书

本书所试图描绘的中国近代哲学,简而言之,是指以清代汉学为重要转折点而创生出来的哲学话语。正如本书开头所示,清代汉学的特征在于实事求是。清末民初时期的科学精神叙事,可以说是凭借敏锐地捕捉到清代汉学的这一特征而成立的。但如果不追问究竟何为“是”的问题,那么这一叙事就不会展开为哲学话语。

以《孟子字义疏证》为中心的所谓戴震的“哲学”文本群,自清末以降,具有了多样解读的可能。然而,这些文本并未被解读为寻求是的条件的话语,而是在围绕“欲望”的伦理议题中为论者所评价。围绕“戴震的哲学”的话语以何为焦点?本书从对这一问题的探寻出发,再一次以追问是的条件的话语,重新定位戴震的位置。

但要追问是的条件,就必须先有正确性的基准。正如胡适的实验主义哲学所阐明,清代汉学获得了建立这种基准的方法论,并借此使得对于实事之是的探求(是非判断)成为可能。本书称其为全称命题的提出。

本书认为,这标志着为近代哲学诞生作准备而发生在中国思想史上的历史性转折点。并且,带来这一转折的正是宋明理学与明末西学的邂逅。然而,在将耶稣会士所传播的天文历算学知识翻译为中文的过程中包含着诸种概念,为这些概念命名的语汇却不是从零开始产生的。相反,这是既有的中文词汇与新知识化合的结果,通过再次重新组合构成了新的概念。

对戴震而言,是非的判断应该由正确的理的正题来保证,而正确的理应该由人的本性来阐明。人的本性,把对自然进行完整描述的可能性作为一种权利来掌握。对自然的描述依据于理性,戴震将这种描述所阐明的法则性秩序称之为必然。自然的动态中具有法则性,自然和必然应该在人之善性的作用下和谐地结合在一起。

但是，戴震的这种自然/必然的预定和谐旋即会引发下面的疑问：以何为实，事如何被认知？戴震试图以实事求是为方法来探求是的条件，他的计划自然只能朝向超越论的方向。特别是《孟子字义疏证》最后所到达的权这一概念，作为重新追问实事求是之基础的切入点，可以说是提供了打开新视角的契机。

将权的问题置于正面并对戴震进行讨论的人是胡适。但不待胡适，刘师培和章太炎可以说已经将戴震最终到达的超越论视角问题化了，因为他们都追问了戴震所说的理成为理的条件。

但他们的追问方式却得出了似乎截然相反的结论。刘师培一面通过质疑使理成立的主观方面，批判名分论，进而否定一切的名。但在另一面，他又毫不怀疑地认为语音能正确模仿自然音律，方言的差异或语言的差异能被克服，也应当被克服。他的无政府主义思想，指向了通达一切所造就的大同式乌托邦，在这个意义上可以说是一种世界主义的版本。他的思想之所以如此，是因为他同时相信人性的同质性与自然的内在和谐。

另一方面，对章太炎来说，无法接受像刘师培那样的同质性前提。他主张只有否定正处、正味、正色，才能实现真正的平等。对他来说，理并非先验地被赋予，而是使用同种语言的群体所共有的习惯的积淀。尽管章太炎将其理解为一种根源上隐含暴力记忆的约定。

章太炎认为，理的秩序作为一种约定，毫无疑问是对本然的偏离。然而，与刘师培尝试诉诸目的论的和谐假说所设计出的通往恢复本然的历史哲学不同，章太炎主张选择隐（＝依据）于未到达本然之前的状态。并且，语言，尤其是文字所编织的书写语言，是应该依据的存在证明的平面。可以说阿罗耶识（藏识）含藏的性质，在实践方面，正是作为被书写的语言而呈现出来的。

如此，书写就具有了极大的实践意义。对章太炎来说，天籁正是使多样的万物得以讴歌其存在与生命的条件。万物各自发出不同的声音，证明其在那一瞬间的存在。所谓文，应当是维系万物共生的平面；是通过异化主体,将主体的存在从瞬间转换为永恒的唯一方法。

本书的立场是,以戴震为源头的中国近代哲学可以由刘师培和章太炎来代表两种不同方向。刘师培否定理的普遍性,却又期待先验的同质性与和谐的可能性,为破除名分而展开了大同论式的无政府主义。他所期待的历史进化的原动力,是与阳明学相通的道德良知之存有。通过主体的道德判断,才能到达普遍的正确性。他的思想试图保留这种可能性,又可以说与梁启超的课题有关联。刘师培作为章太炎的盟友,以反清民族主义革命的意识形态活跃在辛亥革命时期。对小学有卓越见识的他,不论在政治上,还是学术上,都被定位于清代汉学的谱系之上。但本书经过考察认为,刘师培的思想毋宁说是承接了宋学的问题机制而展开的。在这一意义上,刘师培的思想可能与20世纪30年代以来延续至今的现代新儒家的诸多思想更具亲和性。

另一方面,章太炎却要通过依靠随顺性来试图重新激活文的可能性。20世纪20年代,胡适高度评价章太炎对诸子学的哲学诠释。胡适试图将作为实事求是之学的清代汉学视为汉学哲学,并以戴震为汉学哲学的顶点。这与刘师培在接受戴震的汉学的同时试图在对宋学的关心之下发展戴震思想的方式,是不同的路径。在倡导革命并展开复古的学术话语的意义上,刘师培和章太炎虽被屡屡并称,二人的思想亦互有参照,却朝着各自的方向构成了独自的领域。

然而,章太炎的做法又与胡适不同。表现最为明显的差异,无疑是关于文的看法。胡适是白话文运动倡导者、新文化运动旗手,而章太炎试图借由古文重新确认文的可能性。但正如在第六章中所见,这种尝试不是文学的复古。毋宁说与戴震的情况类似,这是通过古文来谋求革新,是在20世纪初现代文明的转换中,与强大的他者语言邂逅之后出现的概念更新的尝试。

二、章太炎的“文”与“言”

如第六章所论,章太炎认为在讨论文学时不能忽视文之所以为文,并认为无句读文才是能够脱离语音，体现文字固有性质的文的基础。但仅仅如此，还不能正确地把握齐物思想，因而必须在语音与书写语言的关系中来思考文。这是在考察理与齐物的连续和断裂之时不可或缺的工作，也是本书为了呈现中国近代哲学的实践意义，在结尾所应当探讨的课题。

章太炎认为语言活动是对外物的表象行为。表象的方法并不限于文字。根据他的观点，除了口语与文字之外，图像和仪象（雕刻等立体造型）也是表象。口语（＝言）是将一个一个事物线性地衔接起来的话语，瞬间生成，消逝而去。相比之下，文字可以通过在平面之上的记录来克服口语的局限性。在这个意义上，章太炎说图画也具有与文字同样的功能和作用，文字和图画是同时成立的。

章太炎的表象解释，也与其对汉字形成的解释相关联。换言之，文字（尤其是六书中的指事、象形）所具有的视觉上的符号化功能，正表现了言所无法取代的文的特有性质。在这个意义上，章太炎对于文过度追求“兴会神旨（感兴之趣）”[①]一事持消极态度。兴会神旨是通过押韵和骈俪之类的修辞手法形成的表达，所以在一般意义的文学中，不如说修辞技巧的巧妙性有助于提高作品的价值。但章太炎参照姉崎正治的表象主义，认为文的技巧性越高，语言表象作用中本来具有的“病质”也就越严重：

> 言语不能无病。然则文辞愈工者，病则愈剧。是其分际，则在文言质言而已。文辞虽以存质为本干，然业曰“文”矣，其不能一从质言，可知也。文愈离质，则表象益多，而病亦益笃。[②]

因此，如何抑制语言的病质愈加严重的问题，成为章太炎的文学中不可或缺的视点。修辞技巧不能流于浮薄。修辞的巧妙往往是由发挥语言的语

① 章太炎《文学总略》，《国故论衡》中卷，《章氏丛书》，京都：中文出版社，1970 年影印本，第 451 页。

② 章太炎《正名杂义》，《訄书 初刻本 重定本》，北京：生活・读书・新知三联书店，1998 年，第 219 页。

音特点来达成的。因此在文中运用语音要素,势必会强调兴会神旨的部分。

但语音也有优点。例如,口语虽是瞬间性的,然正因如此,口语甚至获得了超越时间的生命。方言之中古音古义被保存下来的事实足以说明这一点。[①]但这也不过是表明,语音作为考证古代字义的手段是有益的。章太炎认为,在言之中应被考虑的特有价值,其实是其所具有的教化性。

章太炎在《齐物论释》中说:“徒以迹存导化,非言不显,而言说有还灭性,故因言以寄实。”[②]也就是说,为了留下教化痕迹,语言的表达是必要的。因为语言所具有的“还灭性”,可以斩断永恒反复的流转轮回,朝向真如实现解脱。[③]按照章太炎在其他地方的解释,佛教所说的真如,是与道具有相同实质的概念。[④]换言之,就是真理。于章太炎而言,真如无非是在《五无论》中所揭示的作为无的本然。

必须注意的是,这里被视作问题的并非文,而是言。章太炎在此处谈论的不是书写语言,而是口语。更不能忽视的是,所谓言,是包含着不言的语言行为。这句话接着如下展开:

> 即彼所云“言无言,终身言,未尝言,终身不言,未尝不言”(《庄子·寓言》)。《大乘入楞伽经》云:“我经中说,我与诸佛菩萨,不说一字,不答一字。所以者何? 一切诸法,离文字故,非不随义而分别说。”是与《寓言》所说,亦如符契。[⑤]

这段话想说的是,尽管教化之中言的表达是不可或缺的,但言在本质上不能为事物的存在本身命名。而且,在与佛和菩萨的问答中,即使什么都没有

---

① 参见彭春凌《以“一返方言”抵抗“汉字统一”与“万国新语”——章太炎关于语言文字问题的争论(1906—1911)》,《近代史研究》2008 年第 2 期,第 65—82 页。

② 章太炎《齐物论释》,《章氏丛书》,京都:中文出版社,1970 年影印本,第 348 页。

③ 关于“还灭性”的解释,参见高田淳『辛亥革命と章太炎の斉物哲学』,东京:研文出版,1984 年,第 142 页。

④ 章太炎《原道》下,《国故论衡》下卷,《章氏丛书》,第 484 页。

⑤ 章太炎《齐物论释》,《章氏丛书》,第 348 页。

说，也可以互相理解。这表明，作为对话参与者所用的沟通策略，言与不言被置于同一层面。也就是说，言的价值不是凭借言本身就能完成的，而是通过与不言的配合来实现。如此，口语发挥了教化的功能。换言之，言这一行为的特征，是借由感通所面对的他者的气息来保证的，与之相比，表达了什么则是次要的。可以说并不是通过表达的内容，而是通过存在的气息来实现言的沟通。

章太炎在教化的层面强调言的功能性。另一方面，知识和信息的表达与传达则是与此不同的领域。这不仅是因为言中含有不言，更重要的是，言“本无恒，非有定性”，①随着时间和空间的差别而无限变化，而且宛若“空中鸟迹，甫见而形已逝”②一般，瞬间消失无踪。因此，为了超越时间、空间的限制来传达信息，就必须采取与口传相异的形式。章太炎排斥今文经学，坚持古文经学的理由也在于此。因为古文经学正是在“依准明文，不依准家法”③这一点上体现了它的价值。

知识在师徒间依靠口传而流传下来，这样的传承方式不能通过文来相互参照，因而有所局限。章太炎之所以执守于通过文来传达和继承知识，而不以师教或家法，正是因为文弥补了言的局限。章太炎说：“知文辞始于表谱簿录，则修辞立诚其首也。”④文是对于外物的精确的表象行为，表谱和簿录可以说是无句读文的典型，也是揭示出文之原始意义的典型。因此，判断文成功与否的标准，在于它是否诚实地记述了对象。必须在这一意义上来理解“修辞立诚其首也”。⑤

“修辞立诚”的准则，反过来也成为判断口头论辩优劣的标准。在讨论先秦诸子百家中的纵横家与名家之时，章太炎聚焦于他们的表达样式，评价其特质，认为“凡立论，欲其本名家，不欲其本纵横”。⑥那么，所谓“论”是什

① 章太炎《齐物论释》，《章氏丛书》，第 354 页。

② 章太炎《文学总略》，《国故论衡》中卷，《章氏丛书》，第 450 页。

③ 章太炎《名解故》下，《国故论衡》中卷，《章氏丛书》，第 462 页。

④ 章太炎《文学总略》，《国故论衡》中卷，《章氏丛书》，第 451 页。

⑤ 作为有关章太炎的修辞与文的批评性解释的优秀著作，林少阳『「修辞」という思想——章太炎と漢字圏の言語論的批評理論』，东京：白泽社，2009 年。

⑥ 章太炎《论式》，《国故论衡》中卷，《章氏丛书》，第 467 页。

么样的文呢？章太炎说：

> 论者，古但作侖。比竹成册，各就次第，是之谓侖。……言说有序亦曰侖，坐而论道是也。《论语》为师弟问答，乃亦略记旧闻，散为各条，编次成帙。斯曰《侖语》。①

从这一论述中也可以看出，在文的样式中，论与语音是密切关联的。因为论是记录口语的体裁。不过，论作为一种凭借文字写下的记录，受到记录媒介(竹简)形状所导致的外在制约。因此，其所记录的内容，需要有与竹简的形状相吻合的顺序和条理。《论语》的问答体，就兼具了口语的性质和条理性，是论的典型范例。论是口语的记录，却不必押韵。因此在章太炎的文学分类中，论被归类于有句读无韵文。从内容的角度来看，论也是有条理的思维活动。②

名家和纵横家都长于演说。但章太炎提出，从论的角度来看，两者各有优劣。因为纵横家的语言是雄辩的口语，尽管不是歌唱，却宛若有吟赋之趣。且这样的语言浮华虚美，辞有枝叶，纵横家以此方式来吸引听众。另一方面，追求论理的严密性是名家的特征，论理稍有破绽就会招致条理崩坏。“论理”，即论述理才是名家话语的中心。正如章太炎在给邓实的书信中所说，“名之所稽者理，分理明察，谓之知文”，③章太炎认为明理乃是文的核心，对他而言名家的话语才应该是论的典型。

三、戴震与章太炎

知识和信息的传达与继承，借由文字的记录而实现。但这不可避免地

① 章太炎《文学总略》，《国故论衡》中卷，《章氏丛书》，第450页。

② 章太炎说：“编竹以为简，有行列䚡理，故曰‘侖’。侖者，思也。”所谓“侖者，思也”是《说文解字》对“侖”的解说。章太炎《论式》，《国故论衡》中卷，《章氏丛书》，第465页。

③ 章太炎《与邓实书》，《章氏丛书》，京都：中文出版社，1970年影印本，第730—731页。

与作为个体的人的存在方式相矛盾,因为个体生命总是洋溢在“此时/此地”的瞬间性之中。这就是章太炎所说的如同“空中鸟迹”的东西。声音也是这种生命的表征。章太炎在《齐物论释》中强调,“自抒其意”的声音的无限多样性是世界的理想样态。捧起个体的存在气息对章太炎来说应该是极为重要的议题。论,这种文的样式,可以说能在最大程度上确保文之所谓为文和声音的存在证明。

在以小学为核心的学术体系中,章太炎追求“众同分”或者说是作为全称性通则的理。这种先验的法则性,也是以戴震为顶点的清代汉学所追求的。章太炎不得不关心普遍性和法则性的清晰叙述,在这个过程中形成了他特殊的文论。他对戴震《勾股割圜记》的尽情赞美充分说明了这一点。

然而,只是在叙述的内部完成逻辑,这样的话语终究无法包涵茫洋的世界全体,后者永远地重复着无限的生成变化。章太炎弃公理而取齐物的原因就在于此。论之所以重要,正是因为其中保留了辩论者的气息作为痕迹。在这个意义上,章太炎的方法,可以说是在保有文与言之张力的同时,想要将法的普遍性与个的特殊性一同捧起的实践尝试。

鲁迅曾评价《訄书》说:“读不断,当然也看不懂。”[①]鲁迅的评语可以说是立足于语音中心主义文体论。在语音中心主义中,书写语言是死的语言,文字的书写,常常不过是在语音的表达之后所进行的行为。但章太炎批判语音中心主义,追求文之所以为文。文字具有与语音记录完全不同的独特价值和功能。或许可以说,这是在死的语言中才可能具有的特征。由汉字构成的书写语言,相较于欧洲语言的书写语言,死得更加彻底。但正是由于汉字的书写语言死得彻底,对读者来说,自由地诵读才成为可能。东亚的人们共享着借由汉字记录的文本,面对这些文本可以用自己的语音来阅读。这时,读者在自己的语言系统内部,与曾经存在于外部的中国叙述者实现了交感。在这样的场域中,阅读文本的行为经验本身,既是对文本意义的领会,同时也必然促成新的释义产生。

① 鲁迅《关于太炎先生二三事》,《鲁迅全集》六,北京:人民文学出版社,2005 年,第 565 页。

经书中心主义与西学中源说并存于戴震的学说之中,这揭示了戴震想要与西方诸种学问争夺起源权利的欲望。本书不是仅将戴震的这种欲望视为狂热的原教旨主义或者民族主义的表露,而是试图看作捧取古典权威与理性主义这两者的话语战略。如果说这是为了汲取外来知识所采取的战略性话语的话,那么,争论起源权利究竟在谁手中这件事本身也就不再是目的。

我们认为,在戴震对权的论述背后,潜藏着与其所依据的法完全不同的他者之阴影。自不待言,在与尚且陌生的他者之间如何确保与他者邂逅的渠道才是重要的。这无疑是哲学在无止境地追求普遍性和真理的同时,为了丰富其自身、保持其生命力的唯一方法。如此,对起源的欲望就被赋予了不同于权利中心化的意义。

晚年意识到权之重要性的戴震,终究未能走得更远。如何才能够在感受到使常法从根本上发生变化的潜势力存在的同时,仍能构想某种普遍性呢?章太炎尝试在天籁的回响之下,描绘出一个因不齐故而一切平等、承认无限多样性的齐物世界。可以说在这一点上,章太炎继承了戴震未竟的课题。

并且,简而言之,为戴震与章太炎所共有的关于理的探求,保证了这种关联。我们不由得再次回想起哲学最初被翻译为"理学"。从戴震到章太炎,联结着二人的思索实践,使作为理之学的哲学的形态浮现出来。

四、文本与解释

章太炎的实践,说到底是在文的层面上进行的。与宋学强调修身式的日常生活的伦理实践不同,这是一种话语实践。应该说章太炎的哲学实践核心,是在随顺于文的同时,想象超越于文的领域。

现代新儒家在康德批判哲学的引导下,将中国哲学作为一种道德形而上学,并试图对其进行近代式重构。有论点试图将中国哲学从囿于近代学院派的学问体系中解放出来,关注其中本有的实践方面,进而将哲学话语转换为更丰富的形态。①作为对于现代新儒家的某种替代,这样的议论可以说是具有有力批判性的尝试。

但这种尝试也将跳过清代、直接关联宋明作为自明的事实。在这一点上,其实共享着现代新儒家的思想史图景。究竟是从什么时候开始,中国哲学被认为应该在承接宋明、跳过清代汉学、直达近代的谱系上进行描绘的呢?在文的实践中追求真理的知识的传统,是在清代汉学、特别是从戴震到20世纪上半叶之间逐渐形成的。这难道不是被现在的中国哲学所遗忘了吗?胡适应该意识到了这一问题,他试图在从顾炎武和颜元到戴震的谱系之中找出哲学作为科学的可能性。而同时,对这一问题的回答,恰已为章太炎所尝试。本书试图沿着这条线索,发掘出从清代汉学开始的中国近代哲学的潜流。

一般认为,章太炎宣告了经学范式的死亡,他将经重新解读为史,把儒家的特权地位降低到与其他诸子同等的位置。②另一方面,近代所构成的大多数中国哲学话语,由于直接承接了宋明理学,并没有认真面对经学解释学的实践,似乎是将"儒学"近代式地再次特权化了。自不必说,这样的举动与章太炎的旨趣大相径庭。后者试图沿着从小学到诸子学的知识路径,将哲学构想为求问真理之学。

经学的死亡宣告,并不立即意味着经学解释学的终结。章太炎试图在小学的基础上,探求诸子学文本所蕴含的真理。这意味着,戴震在给是仲明的信中所示的经学方法,被章太炎置换为了诸子学文本。

但这里又产生了一个问题:使得文本生成和解释成为可能的根源性的

① [法]杜瑞乐《儒家经验与哲学话语——对当代新儒学诸疑难的反思》,《中国学术》第14辑,2003年。(*Joël Thoraval*, *Expérience confucéenne et discours philosophique*: *Réflexions sur quelques apories du néo-confucianisme contemporain*, Perspectives chinoises, N.71, mai-juin 2002.日本语译:ヅュエル・トラヴアール(*Joël Thoraval*)「儒家の経験と哲学の言説——現代新儒学におけるいくつかのアポリアについての省察」,广濑玲子译,『中国——社会と文化』第19号,2004年)

② 岛田虔次可以作为这种观点的代表。岛田虔次『中国革命の先駆者たち』,东京:筑摩书房,1965年。此外,岛田虔次「辛亥革命期の孔子問題」,小野川秀美、岛田虔次主编『辛亥革命の研究』,东京:筑摩书房,1978年。

文,究竟在何处。[①]换言之,戴震所谓的道,和章太炎所谓作为真理载体的经,究竟在何处。之前提到,应该以不同于自身权利中心化的形式来解释对起源的欲望,可以说这一点埋下了导致问题的伏笔。

这个问题决非炫奇之说。经书并非从一开始就是不变的稳定文本,这在经学中是相当常识性的知识。[②]经的原始形态只存在于历史彼岸。

被认为是孔子所删定的六经(《诗》《书》《礼》《乐》《易》《春秋》)原本是什么样的,我们已无法知晓。更何况,即便孔子删定六经是史实,我们也不知道由孔子所汇集为六经的原始文本群是怎样的,以及为什么经被删定为六经。换言之,为了使孔子之六经得以成立,不是应该考虑在这之前就已经有如同"原—六经"一样的东西,作为原文本而存在吗?

近藤光男在对《屈原赋注》进行分析的过程中,注意到戴震使用了"经之亚"的概念。[③]戴震的经学并不试图直接逼近六经。不仅仅是《屈原赋》,戴震所做的大量校订工作,无论是《算经十书》,还是《大戴礼记》,都是旨在复原被定位为亚经的经典。清代后期,段玉裁之孙龚自珍试图将戴震视为"经之亚"的诸文本再度统合到六经之下:

> 桑钦《水经》一篇,以配二十九篇之《尚书》。《左氏春秋》、《春秋公羊传》、《郑语》一篇,[及《太史公书》],以配《春秋》。重写定《大戴记》、《小戴记》,加《周髀算经》、《九章算经》、《考工记》、《弟子职》、《汉官旧仪》,以配《礼》古经。《屈原赋》二十五篇、《汉房中歌》、《郊祠歌》、《铙歌》,以配《诗》。[④]

---

① 平冈武夫批评了章太炎对"经"的训诂性理解,认为章太炎不能相信"形而上的常道"的至高性,无法理解贯穿经学传统的"情意"或"精神"。这是对训诂学实证主义的批评。但是,把情意或精神与科学性相对立并不一定恰当,对此的讨论是本书的主旨。然而,本书最终的落脚点是对"根源性的文"所在的追问,这是与平冈的批评相呼应的点。问题在于,把"根源性的文"还原为从理中分离出来的情意或精神,是否是唯一的路径。关于这一问题,将在另外的文章中讨论。平冈武夫『経書の成立』,东京:创文社,1983 年,第 15—17 页。

② 桥本秀美『論語——心の鏡』,东京:岩波书店,2009 年。本书追溯了《论语》的文本及其诠释的生成过程,扼要地帮助我们理解经学解释学的动力学。

③ 近藤光男「屈原賦注について」,『清代考証学の研究』,东京:研文出版,1987 年。

④ 龚自珍《六经正名答问五》,《龚自珍全集》,上海:上海古籍出版社,1975 年,第 40 页。译者注:引文似有脱落,据原文补。

龚自珍认为,六经最初是由周王朝的史官所作的记录文书,但随着周朝的衰落而散佚,汉代之时已经无法复原。[①]也就是说,六经只是作为已经不存在的原—经而存在着的。反过来可以说,因为没有完整形态的原始文本,六经作为经(=经线)起到了约束后代解释的作用。

如果是这样的话,那么戴震倾力于"经之亚",就不仅仅是绕过了六经,而是绕过不存在的六经,通过重构其周边文本试图阐明六经的世界(=道)的行为。[②]

使得文本和解释的不断生成成为可能的文的实践,真的可以脱离任何原—书写语言而成立吗?之所以必须提出此问,无他,是因为不得不警惕那些想要以非历史的方式,对传统或古典断章取义,并利用于确立正统的手段。经学解释学拒绝这种手段,它要求我们在仔细地阅读文本和注释的同时,将在解释之中的主体气息隐藏起来,莫为人知。

通过注释,戴震的愤懑与遥远的屈原相互感通,捧取其愤懑的章太炎亦是如此。在对文本的阅读和解释中,他们应该感受到了对方的呼吸。只有在仔细阅读之中才有可能实现的相遇,被寄托于文的实践之中。通过从中追溯作为理之学的中国哲学的谱系,我们一定能够找出中国哲学的另一种面貌。

---

① 龚自珍《古史钩沉论》,《龚自珍全集》,上海:上海古籍出版社,1975年,第21—28页。

② 以上,关于龚自珍"六经皆史"的说法,在2010年1月11日于北京大学举办的学术讨论会("全球化时代的高等人文研究:北大—东大—纽约大学三边学术交流与合作恳谈会")上,笔者进行的口头发表《批评的汉学,汉学的批评——经,史,诠释的生成与主体》中曾提到过这一问题。

From Dai Zhen to Zhang Taiyan: A Philosophical Genealogy of "*Wen*" and "*Li*"

Ishii Tsuyoshi, Trans. by Li Peiwei

Abstract: The author investigated the way how Zhang Taiyan developed Dai Zhen's concept of *li*, or pattern. Doing so, the author indicated the significance of Zhang's thought of *wen*, which was a comprehensive concept including multiple meanings such as letter, text, writing, and so forth. Then the genealogy from Dai to Zhang can be summarized to be one from *li* to *wen*. Zhang's elaborating on the concept was directly derived from Dai's philological study on Confucian classics. Thoroughly articulating the tense relationship between writing and phonology, Zhang attempted to integrate legal universality and individual specificity. Zhang successfully developed Dai's study of Confucian classics to be philosophy reaching the inquiry on "arche-writing".

Keywords: Dai Zhen, Zhang Taiyan, *wen*, *li*, phonetics, text, arche-writing

勾陈与考释

馆森鸿《似而非笔》解题与译注

[日]馆森鸿 撰 邓 红 解题 邓 红 宗昊南 译注

（日本北九州市立大学文学部）

摘要：章太炎曾三次亲履日本，是为章太炎人生极其重要的履历，给他的思想打下了深刻的烙印。同样，作为中国近代史上的重要人物，他的每一次访日都受到日本各界的瞩目，一举一动都在日本留下了独特的痕迹。章太炎第一次访日是从1899年6月14日至1899年8月18日。日本汉学家、章太炎早年的莫逆之交馆森鸿氏所撰《似而非笔》一文，是章太炎第一次访问日本时的原始记录，其中多达近百条他和日本汉学界人士的"笔谈"手稿，堪称宝贵的东瀛遗珠。为此，我们尝试将《似而非笔》全文翻译成中文，并作解题加以说明。

关键词：章太炎 馆森鸿 《似而非笔》

解 题

一、关于作者馆森鸿

作者馆森鸿是章太炎研究中经常出现的人物。汤志钧著有《章太炎和馆森鸿》①一文，详细地叙述了二人的关系。关于馆森鸿本人的研究，大山昌道、林俊宏合著有《日治时期汉学家馆森鸿学问养成之探讨》②一文，介绍了馆森鸿的师长、青少年时期在家乡的学习经历、在东京的研修过程、在日

① 汤志钧《章太炎和馆森鸿》，收入氏著《乘桴新获》，北京：北京师范大学出版社，2018年。

② 大山昌道、林俊宏《日治时期汉学家馆森鸿学问养成之探讨》，《修平人文社会学报》第20期，2013年3月。

治台湾时期的工作情况和发表过的作品,分析了其学问的养成之道和作品的内涵基础。关于馆森鸿的《似而非笔》,大山昌道、林俊宏合著有《十九世纪末中日学术交流的一幕——以馆森鸿〈似而非笔〉为中心》,[①]讲解了章氏第一次访问日本的意义、过程和笔谈经纬,概述了笔谈的内容和学术价值。近年来,一些中国近代史研究者,也对《似而非笔》有所谈及,并在他们的论文中各取所需地利用了《似而非笔》章太炎"笔谈"的一些片段。综合上述论著,馆森鸿的生平大致如下。

馆森鸿(1862—1942),本名万平,字子渐,号袖海,故《似而非笔》以"袖海生"为笔名。日本陆前本吉郡松岩村(现宫城县气仙沼市)人。幼年时接受祖父馆森通光、父亲馆森古道的庭教,学习了汉文及和歌的基本知识。1873 年大概是馆森鸿十一、二岁时,在家乡上私塾和小学,老师有铃木春山、竹田东滑、永泽公效、佐藤岩根等。日本在明治五年(1872 年)公布学制,开始构建近代学制,1874 年馆森鸿的家乡也建立起了月立小学校,他曾入学该校,不过当时已经十二岁,应该是小学六年级了吧。也许是庭教功底扎实,又受过私塾教育,于是在 1878 年到 1881 年的三年间,馆森鸿在母校月立小学校当了三年小学教师。

由于他家乡的启蒙教师们都是一些乡儒或小学教师,只能教给他最基本的人生知识。家乡还没有建立起初中和高中,于是他大约在 1885 年时,毅然前往日本的政治、经济和文化中心东京研修,希望学到更高级且新颖的知识。

1885 年 8 月,馆森鸿在东京进入了明治时代著名汉学家冈鹿门[②]办的私塾绥猷堂,主要学习诗文。不久担任"塾头"一职(也即管生徒的小老师)达六年,为师从鹿门最长的学生。在鹿门学习的同时,他又于 1888 年进入

① 大山昌道、林俊宏《十九世纪末中日学术交流的一幕——以馆森鸿〈似而非笔〉为中心》,《鹅湖月刊》第 426 期,2010 年 12 月。

② 冈鹿门(1833—1914),幕末期的仙台藩士、明治时期的汉学者。名千仞,字振衣,号鹿门。早年入江户昌平黉,和重野成斋同窗。毕业后在大坂开私塾双松冈塾,提倡攘夷尊王论。维新后曾任职太政官修史局、东京府等。辞任后在东京开设私塾绥猷堂。1885 年,馆森鸿入绥猷堂拜冈鹿门为师。

另一个著名汉学家重野成斋①办的私塾成达书院，主要学习历史和经学。

1891 年馆森鸿结束在东京的学习，回到家乡气仙沼开办私塾，但是由于地势偏僻，加之维新后新学兴起，他办的私塾人气不旺，生活没有着落。就在这生活为难之时，其朋友之弟，时任台湾总督府文书课长的木村匡邀请他去台湾总督府就职。于是他在 1895 年 11 月赴台湾，担任起台湾总督府民政局文书科职员来。

在台湾期间，馆森开始展露出自己的文才，在《台湾新报》《台湾日日新报》等报纸的文艺栏发表了许多汉文和汉诗，结交了一大帮文坛友人。

1898 年戊戌维新失败后，章太炎因为参加了强学会、写过许多批判清政府的文章，被看作维新派分子而受到清朝政府的通缉。经过《亚东时报》日本职员山根虎臣和安藤阳州的介绍，章太炎于 1898 年 12 月 4 日避难逃亡到了当时为日本统治的台湾台北，担任《台湾日日新报》记者。在台湾期间章太炎写了很多汉文文章，也时常为馆森鸿修改文字，因而和馆森的关系密切起来。章太炎也很看重馆森的文才，曾在给汪康年写的信中说道："文士在此者，以法院长水尾晚翠、报馆主笔籾山逸、督府小吏馆森某为最。馆森者，冈鹿门之弟子，又事重野安绎。"②并称赞馆森的为人，说他"为人稳而轻利"。

在台湾期间，章太炎和馆森鸿过从甚密，乃至馆森鸿曾想正式拜章太炎为师，但被章拒绝而改行兄弟礼。也是在台湾时期，章太炎为馆森鸿的文集《拙存园丛稿》作了《拙存园丛稿后序》，以后还为馆森鸿所崇敬的照井全都作了《照井遗书序》。1899 年 6 月访问日本也由馆森鸿发案、带路并全程陪

---

① 重野安绎(1827—1910)，鹿儿岛人，号成斋。著名汉学家、历史学家。幕末曾学于藩校造士馆及江户昌平坂学问所。后任藩校助教。明治维新后参加太政官正院修史局的修史事业。1879 年(明治十一年)成为帝国学士院会员。1881 年(明治十四年)参加编撰《大日本编年史》。1888 年(明治二十一年)任东京大学文学部教授，史学会初代会长。重野于 1888 年 4 月在东京骏河台下设立成达书院，10 月馆森鸿进入书院学习，成为重野的学生。故《似而非笔》中馆森鸿经常提到重野。

② 章太炎《致汪康年》(1899 年 1 月 4 日)，《章太炎全集》(十二)《书信集(上)》，上海：上海人民出版社，2018 年，第 18 页。

同。根据《似而非笔》的记载，章氏访日的历程应该是 6 月 10 日从基隆出发，6 月 14 日抵达神户，8 月 17 日和馆森告别于横滨回国。二人并相约他日在中国再见。（以上均为阳历）

馆森鸿回到台湾后，将他自己陪同章太炎访问日本的经历以及章氏和日本各界人士的笔谈记录，整理成了一篇题为《似而非笔》的长达 6 万余字的长文，在《台湾日日新报》的文艺栏《落叶笼》栏目从 1899 年（明治三十二年）10 月 1 日开始连载，到 11 月 10 日连载完毕，连载共 19 回，每回大约三千字左右。也是在同一时期，章氏将旅日过程中游览京都的片段，写成《旅西京记》一文，刊登在了光绪二十五年（1899 年）10 月 18 日的《亚东时报》第十七号上，署名“菿汉阁主”。其中的一些细节和馆森鸿《似而非笔》的记载非常吻合。①

1900 年和 1901 年，馆森鸿先后访问了中国，和章太炎见面，重续旧谊。此后太炎经常向日本友人打听馆森鸿的情况，但馆森鸿一直任职于台湾，二人遂未能再见面。

1917 年，馆森鸿因身体原因辞去台湾的职务，回到东京，于 1919 年正式出版了《拙存园丛稿》，后担任过日本大学教授。1942 年去世。

二、关于《似而非笔》和《台湾日日新报》

《似而非笔》全文日文有 6 万余字，翻译成中文有 3 万 7 千多字，以半文半白的日语“平假名汉字掺杂体”写成，且没有标点符号。这在当时已经是最通俗易懂的形式，但现在读起来还是有些佶屈聱牙，晦涩艰深，这可能是该文到现在为止还没有被全文翻译成中文的最大原因。不过章太炎的“笔谈部分”是汉文照录，且打了圆点断句。“似而非”出自中文“似是而非”，“似而非笔”意为这篇文章虽然是我写的纪行文，但里面有很多章太炎的笔谈记录。具体情况可参见《似而非笔》（一）的开头部分。

由于整个文章很长，《似而非笔》全文在《台湾日日新报》日文版面的文艺栏《落叶笼》以连载的形式分 19 次才刊登完毕。《落叶笼》也不是每天都有，有也不只是登载《似而非笔》，故《似而非笔》的连载断断续续从 1899 年

① 载《太炎文录初编》，《章太炎全集》（八），上海：上海人民出版社，2018 年，第 143—145 页。

(明治三十二年)10月1日开始,到11月10日登载完毕。具体情况为:

1899年(明治三十二年)10月1日 《似而非笔》(一)

1899年(明治三十二年)10月3日 《似而非笔》(二)

1899年(明治三十二年)10月4日 《似而非笔》(三)

1899年(明治三十二年)10月5日 《似而非笔》(四)

1899年(明治三十二年)10月6日 《似而非笔》(五)

1899年(明治三十二年)10月7日 《似而非笔》(六)

1899年(明治三十二年)10月8日 《似而非笔》(七)

1899年(明治三十二年)10月10日 《似而非笔》(八)

1899年(明治三十二年)10月11日 《似而非笔》(八)。注:这个(八)为报纸印刷错误,应该是《似而非笔》(九)。

1899年(明治三十二年)10月12日 《似而非笔》(九)。注:这个(九)应该是(十),此时还没有发现印刷错误。

1899年(明治三十二年)10月13日 《似而非笔》(十一)。注:至此才发现前面的印刷错误,于是加以纠正,一下子跳到了(十一),恢复正常。所以原文没有(十)。

1899年(明治三十二年)10月14日 《似而非笔》(十二)

1899年(明治三十二年)11月1日 《似而非笔》(十三)

1899年(明治三十二年)11月2日 《似而非笔》(十四)

1899年(明治三十二年)11月5日 《似而非笔》(十五)

1899年(明治三十二年)11月7日 《似而非笔》(十六)

1899年(明治三十二年)11月8日 《似而非笔》(十七)

1899年(明治三十二年)11月9日 《似而非笔》(十八)

1899年(明治三十二年)11月10日 《似而非笔》(十九)。刊登完毕。

下面谈一下《台湾日日新报》。

1895 年 4 月 17 日签订的《中日讲和条约》(日本叫《日清讲和条约》,俗称《马关条约》),规定清朝将台湾割让日本,台湾成为了日本的殖民地。日本在台湾设立总督府,作为统治台湾的最高权力机构。第一任台湾总督为出身萨摩藩(今鹿儿岛县)的桦山资纪,他于 1896 年创立了由政府资助、萨摩人为主体、后来成为总督府官报的《台湾新报》。1896 年 6 月第二任台湾总督长州(今山口县)人桂太郎上任后,于 1897 年办起了长州人为主体的《台湾日报》,也得到了政府的赞助。两家报纸经常互相撕咬,矛盾重重,于是第四任台湾总督儿玉源太郎、民政长官后藤新平上任后,于 1898 年由财阀守屋善兵卫出面收购了这两家报纸,新开办了《台湾日日新报》作为政府的唯一官报,也是日据时代台湾最大的报纸。《台湾日日新报》开办时为六个版面,汉文占两个版面。《似而非笔》刊登在日文第一版下方的文艺栏《落叶笼》栏里。《新报》在《落叶笼》之前或之后还有一个《文苑》,主要刊登一些汉诗、汉文、和歌等。如 1899 年 6 月 11 日的《文苑》在第二版,刊登了章太炎唱和加藤雪窗等人的《淡水馆小集》诗。

章太炎在《台湾日日新报》先后发表了三十多篇论文以及一些诗作和诗作评论,其中重要的有《祭维新六贤文》(《清议报》先载)、《客帝论》(初载、后《清议报》重载)、《清廷侦获逋臣论》(初载)等。[①]这些都收入了《章太炎全集》。

三、关于《似而非笔》的价值

关于《似而非笔》的价值,我们认为怎样评价都不过分。对此本文不想多说,敬请读者诸君读完以后自己判断。本文想强调的有以下几点:

1. 收录章太炎和日本各界人士"笔谈"汉文原始记录 85 条(一条中有两段的算一条),间接语录 14 条(即馆森鸿用日语记录下来的),诗歌 6 首。这些语录和诗歌,大都没有收入《章太炎全集》。之所以说"大都",是因为有一条收入了《全集》,但不是来自《似而非笔》,而是来自别的途径。这一条为:

---

① 阿川修三《〈資料紹介〉『台湾日日新報』所載章炳麟论文について》,《中国文化:研究と教育:漢文学会会報》第 40 期,1982 年。

> 太史列传孟荀并称，汉人亦多言之。自唐以来，兰陵之学渐尔坠地。虽有程朱陆王之争，汉学宋学之辨，终不能出孟氏范围。先生生二千年后，独能抗希大儒，仔肩绝学，信秦汉后一人哉！《封建》《礼乐》等篇，力与唐儒相角，其旨似近迂阔，而精彻独到，迥非韩柳所能言。明季王船山始创崇重藩镇之议，与先生说若合符节。《汤武论》一篇，全取《荀子·正论》之意，而与梨州《原君篇》亦彼此神契。论庄子犹能超出俗见，且"论德非论道"一语，郭子玄、成玄英皆不能发，蒙吏有知，其当张目于九原矣。

本段以《题〈封建〉、〈礼乐〉等四论之后》为题，详细标点之后收入《章太炎全集》第十册。[①]其中"力与唐儒相角"的"角"字《全集》作"争"；"九原"之"原"字《全集》作"泉"。按："角"意同"争"。"九原"意同"九泉"，都指死后的世界，苏轼《遗直坊并叙》就有："岁月曾几何，客主皆九原。"

《全集》收入的这一条语录来自汤志钧先生著《乘桴新获——从戊戌到辛亥》附录《章太炎佚文三篇》，是汤先生从"关仪一郎编：《日本儒林丛书》第六卷所收照井一宅《庄子解》卷首，昭和四年出版"一书摘录而来的。

2. 可以澄清一些史事。譬如章太炎第一次去日本时何时启程、何时从日本回中国，目前没有定说。从《似而非笔》(一)来看，应为 1899 年 6 月 14 日踏上日本本土，从(十七)来看，应为 1899 年 8 月 18 日离开日本。头天晚上章太炎和馆森鸿告别于横滨，夜宿《清议报》宿舍，次日乘船返回中国。

又如章太炎为照井全都写的《照井氏遗书序》的经纬，可以在《似而非笔》(七)中找到答案。《序》中提到照井弟子太田代(《全集》误作"大田代")的《荀子论》，也是在日期间馆森鸿推荐给章太炎的。

再就是章太炎和井上哲次郎的关系。我们知道，章太炎对"王学"的评价有一个从低到高的变化，这个变化中不乏"日本阳明学"的痕迹。[②]本文中

---

① 章太炎《题〈封建〉、〈礼乐〉等四论之后》，《太炎文录补编(上)》，《章太炎全集》(十)，第 212 页。
② 邓红《章太炎与"日本阳明学"》，《管子学刊》2023 年第 2 期，第 71—82 页。

有三次提到“日本阳明学”的开创者井上哲次郎,且从内容来看二人交往甚密。《似而非笔》(六)有“井上哲次郎住在近邻,时常和枚叔叙谈”的记载。只可惜没有留下更详细的记录。

3. 根据文中记载,章太炎在日本期间见到的日本汉学家有十余位,基本上囊括了当时日本汉学界的半壁江山。最著名的有重野成斋、副岛苍海、国分青厓、太田代恒德、井上哲次郎、根本通明、桂湖村、石田东陵等,还有刚刚从东京大学毕业、即将崭露头角的久保田天随、冈百世(冈鹿门之子)等。本文详细地记载了章太炎和汉学家们交往的场面、谈论的问题、章太炎的观点等。谈话中还涉及十多位老一辈的汉学家,章太炎对他们评论有加,展示了未深度卷入政治之前章太炎的学术兴趣所在。

4. 章太炎的“笔谈”语录都是用极为简练的汉文写成的,有的近似于白话,一点也没有他在自己的著作中爱好使用古字异体字、拗口的词汇和晦涩的典故那样的风格。当然这是从读者为外国人而考虑的,但也可以看到章太炎在新文化运动之前还是能写通俗易懂文章的另一个侧面——行文风格可以因人而异。

结语

我们在将《似而非笔》翻译成中文时,注重以下几点,以作为译文的“凡例”:

1. 尽量保持原文半白半文的风格,这样做容易表达文章的内容。譬如谈经部分,翻译成现代口语可能会使文章轻佻而不达意。

2. 对文中出现的日本人名大都作了注解,而对中国人名则基本上没有加以注释。只是对一些古人的字号,如果不加以注解文章也许会读不通的地方,才略加注释。

3. 按照《章太炎全集》的标准,将文章收录的章太炎“笔谈”原文加以标点。

4. 为了保持原载文章的连载风格,按原样保留了原文的 19 个小部分。读者可将《似而非笔》看作一篇有十九节的长文。

本文由日本北九州市立大学文学部教授邓红和北九州市立大学研究生院文化语言专攻硕士二年生宗昊南共同翻译。邓红翻译了前半部分,宗昊南翻译了后半部分。然后由邓红加以校正，并增加了全部注释。由邓红负责全部文责。译文注释制作仓促，笔者水平有限，文中不免存在各种谬误，还望海内外专家学者海涵并予以批评指正。

2022 年 9 月吉日定稿于日本九州
2024 年 4 月吉日修订①

《似而非笔》译注

(一)

有人突然要求我加盟《落叶笼》。余乃一介半仙半俗的乡间书生，自揣难于写出能够满足人们所需要的稿件。不过我这里保存有章炳麟枚叔的笔谈记录，如抄其概要，再加上一点纪行文的话，兴许能得到方家的指正。得到允许后，特撰写此文，敬请大方君子不吝赐教。

◎满清

6 月 10 日，余偕同章枚叔和加藤雪窗【1】从基隆出发，船旅三日平安无事，于 14 日抵达神户。在船上，雪窗谈论起文学来。余答道，出发之前曾以“不读亦可”为题写下《县厅辞表》，才来到《新报》社的。雪窗说，此事正合鄙意，并出示了一首充满戏谑错别字的狂歌，【2】可惜原稿没有保存下来。雪窗又举出某本小说，说满清的“满”是源满仲【3】之满，“清”为清和天皇之清；源义经从虾夷经过西伯利亚进入满洲，今日的清朝即其子孙云云，说是在《义经再兴记》中看到的。余说：很久没有听到这样的说法了，无稽之谈，不足为信。唯枚叔闻其语后写下以下字样：“以满清为清和天皇之裔，仅更转一说曰，元明两代皆元明天皇之裔如何？以日本对月氏，以仙台对神户，亦

① 本文和译稿初载于武汉大学《人文论丛》2022 年第 2 辑。修订时得到日本成城大学教授陈力卫先生的校正，特此鸣谢。

绝对矣!”枚叔不愧是一名文思敏锐的俊杰。

◎枚叔之诗

在船上的端午节[4]前日,枚叔写下一绝示余和雪窗。诗曰:

鸿飞溟涬双丸白,蜃气微芒大地青。
我亦卜居哀郢客,明朝渤海吊湘灵。

枚叔又有哭刘制府诗,还有抵达神户时赠余之诗。

哭刘岘庄制府[5]

九州未易九天沦,挽日虞渊倚鲁文。
自有夷吾在江左,元规何事太污人。

入定苗刘外女真,魏公志节未全伸。
不须神道空谀墓,坠泪碑前是党人。

神户赠馆森袖海

尘世悼飘蓬,何如七首□(衝)。[6]
□(广)车危季布,复壁感孙嵩。
尊攘传遗事,文章脱旧封。
沪滨怀两铁(侠),回首一忡忡。

(去岁党祸亟时,余在沪滨。赖山根虎臣、[7]安藤阳州[8]之援,得至台北东国。患难之交,二子与君三人而已。)

◎游西京

在神户和雪窗分手,飘然前往西京游玩,逗留三日。首先去了北野天满宫,后造访了鹿苑寺。到达金阁寺时,枚叔甚感空气宜人,感叹“真出万国之上”，观耳冢而吊韩鬼，【9】还参观了博物馆。傍晚由旧友石川香桂带领前往东山的酒楼喝酒。枚叔看见舞妓的舞姿，非常高兴，连忙取笔写字，说是郑玄的《周礼注》有“袖手而舞”，久存疑问，今日看到舞蹈，始得解也。于是写下两首绝句相赠。香桂笑曰：“这个学者看见舞妓和艺者，便联想起《周礼》郑玄来，没有一句风流戏语，其迂腐可和东涯【10】先生受赐三弦琴匣却用来作书箱相比。”枚叔的可贵之处就在于此，十分罕见。枚叔赋诗一首赠与香桂。诗曰：

石川老兄招饮西山

恸哭宋皋羽，名家继谢安。
东山今日饮，掩泪复相看。
不折淮淝屐，空观厓岛澜。
何郊(如?)一樽酒，卧榻共君鼾。

是晚饮至半夜。次日寄了一封书函到上海。函中诗曰：

西京旅馆怀山根[虎]臣安藤阳州

落日下横滨，南冠念旧恩。
投金濑阳女，返璧滈池君。
天壤存豪士，东西一转轮。
客中买丝耳，绣作虎头痕。
(山根君字虎臣，安藤君名虎男)

加茂贞次郎【11】从大津来。枚叔写道：“昨游菅公祠及金阁、鹿苑二寺，又至耳冢吊韩鬼，观博物馆，晚饮于东山，胜景真出万国上。恨不能生八足以行，增十目以览耳。”真是感慨如斯。

次日拜访铁眼禅师。【12】余从基隆出发时，伊藤狮山曾托余带一株兰花给铁眼，于是吾等三人带着这盆兰花前往清水寺后面的愚庵拜访了铁眼禅师，半日清谈。枚叔看见副岛苍海【13】先生赠给铁眼的诗文，感触很深，遂赋诗一首相赠。后参观知恩院归还。枚叔对铁眼的为人称奇,写道:“相貌不凡,吐说亦绝俗,今世罕见之名僧。”并承诺要为其诗文作序,但最终未果,十分遗憾。

◎拜访青厓

在大津的加茂氏家里住了一宿,造访了圆澄寺、三井寺,然后登上观月堂眺望琵琶湖,赋诗一首。又送了加茂氏两首诗,随后抵达东京。

到东京后,首先拜访了梁卓如。【14】次日拜访国分青厓,【15】谈话终日,不知疲倦。青厓展示了万卷藏书,枚叔大悦,提出了许多问题,从一首诗文到世事,无所不及。还谈到了古书的真赝和经义,最后论及古韵。枚叔把笔,写下了亭林之说,并附上自己的意见。关于亭林的二百多字为亭林的原文,博闻强记可见一斑。归来后,我说今人槐南、【16】青厓并称,然其品学迥然不同。枚叔说:“塙评也。梅村、【17】渔阳【18】岂可与亭林【19】并论乎?仆亦嘉青厓之雅驯渊懿。”又读青厓诗二三首,赞赏不已。

注释

【1】加藤雪窗名重任(1851—1904),字子远,号雪窗,常州(今茨城县)人。日本陆军士官学校第一期生(1877 年毕业)。曾任陆军小队长、札幌农学校(现北海道大学)兵学教员等。明治二十八年(1895)10 月,以军人身份去台湾赴任,先后任台北县庶务课长、台北县土地调查局编纂。擅长汉诗、和歌,在台北时和土居香国等人组成“玉山吟社”,所作诗歌多发表于《台湾新报》。病逝前其所作汉诗、和歌的手稿托付给同乡兼诗友馆森鸿,后出版《雪窗遗稿》(台北市:馆森万平发行,1905 年),馆森鸿作序。

【2】狂歌是一种狂体的和歌,也即不纯正的和歌,亦称狂言歌、诙谐歌,以谐谑为主,反映日常卑近的生活,用语雅俗并举。

【3】源满仲(913—977)为平安中期的日本贵族、武将,其父为源经基,第一代源氏。源经基的父亲为清和天皇。源义经也是平安时代的武将,镰仓幕府初代将军源赖朝的异母弟。

【4】1899年农历五月初五为阳历6月12日。

【5】刘坤一(1830—1902),字岘庄,湖南新宁人。清朝后期政治家、军事将领,时任两江总督。

【6】此处为印刷空白,大概是因为当时印刷条件差印漏了。以后凡印刷错误或字迹不清处皆以方框代替。括号是根据文集补齐的。

【7】山根虎臣(1861—1911)又名虎之助,字炳侯,号立庵、晴猎雨读居士等,山口县长门人。少年失聪,独学汉文,后参加自由民权运动,创办《长州日报》。明治三十一年(1898)赴上海,创办《亚东时报》,为发刊人兼主笔。后被袁世凯聘任为保定军官学校教习,辛亥革命前因病归国,1911年在故乡山口县萩市去世。《亚东时报》为东亚同文会的机关报,主要赞助人为大东汽船会社老板白岩龙平(1870—1942)。

【8】安藤阳州又名安藤虎男,宫崎县宫崎郡广濑村人。先为译书公会(存在于1897—1898年间)雇员,后任职于《亚东时报》。1900年作为《国闻报》记者报道八国联军侵华事件,并因此授勋。1901年4月至1903年12月亦在保定。1911年在东京出版《青年必读公娼退治》,住址为本乡区春日町三丁目十一番地。

【9】耳冢为京都市东山区丰国神社门前的一座坟墓,埋葬的是在1592年丰臣秀吉侵略朝鲜、明朝万历帝发兵支援朝鲜的战争也即"万历朝鲜战争"中战死的朝鲜军和明军的耳朵和鼻子。根据当时日本的习惯,日军将朝鲜和明朝阵亡的将领首级献给主将请功,这就是所谓"首实检",对于阵亡的朝鲜和明朝普通士兵则将耳朵或鼻子割了下来,用盐腌制后献给主将请功。战后日本人将这些耳朵和鼻子收集在一起在京都建立了"耳冢"加以供养。由于死者大多是韩国人,所以又说"吊韩鬼"。

【10】东涯指伊藤东涯(1670—1736),伊藤仁斋长男,江户时代中期的儒学者。东涯先生将受赐三弦琴匣用来作书箱一事,见《日本逸话大事典》第2卷。

【11】石川香桂和加茂贞次郎为章太炎的旧交,但二人生平不详,暂且存疑。

【12】铁眼禅师本名天田五郎(1854—1904),号愚庵。磐城国(今福岛县东部)武士后裔。曾为山冈铁州的门客,后就职于大阪内外新报社,擅长汉诗和和歌,和正冈子规有交往。1887 年剃度后称铁眼,在京都清水产宁坂建愚庵,世称铁眼禅师。

【13】副岛种臣(1828—1905),号苍海,佐贺县人。日本明治时代的政治家和外交官,伯爵,曾任外务卿、枢密院顾问官、内务大臣等。擅长诗文和书法。

【14】梁卓如即梁启超(1873—1929),字卓如,一字任甫,号任公,又号饮冰室主人、饮冰子、哀时客、中国之新民、自由斋主人。当时流亡东京。

【15】国分青崖(1857—1944),本名高胤,号青崖,也写作青厓。仙台人。明治、大正、昭和时期的汉诗人。1890 年和森槐南、本田种竹结成诗社"星",被称为"三诗人"。

【16】槐南指森槐南(1863—1911),名古屋人。通称森泰二郎,号槐南,别号秋波禅侣、菊如澹人等。汉诗人、官僚,曾任太政官。号称明治汉诗坛第一人。

【17】梅村即吴梅村,本名吴伟业(1609—1672),字骏公,号梅村,苏州府昆山(今江苏省昆山市)人,祖父始迁居太仓州(今江苏省苏州市太仓市)。明末清初诗人、政治家,与钱谦益、龚鼎孳并称为"江左三大家"。

【18】渔阳即王士禛(1634—1711),字贻上,号阮亭,别号渔洋山人,斋号蚕尾山房,人称王渔洋,山东新城(今山东桓台)人。清代文人、政治家,康熙年间官至刑部尚书。著作有《渔洋山人精华录》《池北偶谈》等五百余种。卒谥文简。

【19】亭林即顾亭林(1613—1682),原名绛,字忠清。明亡后,改名炎武,字宁人。学者尊为亭林先生,苏州府昆山(今江苏昆山市)人。明末清初著名思想家、学者。

(二)

◎扬雄

余深感枚叔学问之精博,佩服得五体投地,唯独对他关于扬雄和《左传》

方面的学说有些不能信服之处。枚叔笃信《左传》，乃至不知其妄说之处。（对此已写入拙著《亲镫余稿》，这里不再赘述。）我说：子云以一首《剧秦美新》，为千载之笑骂，独昌黎极口赞叹，是不是因其文字有眩惑之处？枚叔答曰："盖《法言》持正，《太玄》深奥。若子云无《美新》事，虽非昌黎，孰不以大贤许之？"余曰：侯芭出自子云之门，以为《太玄》胜《周易》，然终不能胜《周易》。甚哉，知其人难矣。子云若有大节，不一定会去事王莽。昭明太子已经将《美新》收入《文选》，李善不言其为伪作。班固《典引》有"扬雄《美新》典而亡实"。今为何说《美新》无其事？

枚叔曰："《汉书·扬雄传》于雄所作赋及《解嘲》等，篇篇尽录，独不录《剧秦美新》一首。且云献符命事，乃刘棻所为，雄实不知。故近人有谓《美新》一首以刘棻伪托雄名者。二千年旧案至今不明，若果非雄作，则雄之负冤深矣。"然余仍不信，曾就此说询问过重野【1】先生。先生曰：此乃清儒考证家之说。昌黎经常学《法言》，如"弱之肉强之食"之类的话，便是从子云那里学来的。于是他拿出《法言》，指出其所在。重野先生和枚叔论说子云之语甚多，在此打住。

◎拜访重野先生

我带着枚叔多次拜访重野先生。先生称赞枚叔学问渊博，尤其精于考据训诂，说：迄今为止还没有见过章君这样的学者，颇为感服。有一天，植松果堂、【2】河田柳庄【3】等人一起来拜访先生，先生拿出《本朝文粹正读》和《日本诗史》《访古志》《怀风藻》等书籍给枚叔看，又拿出三十多本大学生的毕业论文。枚叔看见论文有论述老子、荀子、杨子的，写道："弟实觉其可喜，以子家合西学，是弟素志也。"又看了冈本保孝【4】的《说文解疏》，说学力优于安井息轩。【5】还谈及了王高邮、戴东原、惠定宇诸家的考证，可惜余未能记下来。

先生向枚叔出示了《新学伪经考》的《驳说》。《驳说》为庄原和【6】的遗著，其经学颇有渊源。余十多年前在先生处多次听过庄原讲经说，轮读过《书经》《周礼》二书。听说他四、五年前已经去世，不甚悲哀。枚叔认为《驳说》颇得要领，也为其早逝惋惜。

◎复辟

枚叔和余逗留了十五、六天。有一天他问我成斋先生的经学如何，我出示了《书》“复辟”之说，并说：吾师和根本通明【7】等人一起讲经，讲到“复子明辟”时，说周公称王为大政，此和伊尹放大甲自为王施政相仿，在此可见周公之所以伟大之处云云。根本听之大怒，立刻反驳说，魏源有《周公不称王辨》，而《三国志》裴松之的注里有周公称王之说。对此枚叔对此写道：

> 根本于革命等说，疾之如仇，未免太拘。即周公称王之说，汉儒古义如此，弟亦深然之。然欲服根本之心，亦自有说。夫兄终弟及，殷制本然。周承殷后，取其旧法，此何足疑？若夫传子之法，则自周公所特制，斯其所以复子明辟也。若周公不自创法而惟取殷制，则终周世皆兄终弟及矣。今取周又后定之制，以破定制以前之旧法，可乎？如是根本何词以辨？（未完）

注释

【1】重野安绎(1827—1910)，号成斋，鹿儿岛人。著名汉学家、历史学家。幕末曾学于蕃校造士馆及江户昌平坂学问所。后任藩校助教。明治维新后参加太政官正院修史局的修史事业。1879 年(明治十一年)成为帝国学士院会员。1881 年(明治十四年)参加编撰《大日本编年史》。1888 年(明治二十一年)任东京大学文学部教授，史学会初代会长。重野于 1888 年 4 月在东京骏河台下设立成达书院，10 月馆森鸿进入书院学习，成为重野的学生。章太炎在给汪康年的信中称：“馆森者，冈鹿门之弟子，又事重野安绎。安绎官宫内侍读，与黎纯斋最善，故文亦专学桐城，有《成斋文集》。盖与吴南屏相似，而风韵尚不逮，馆森亦以此衡量人材。”(《书信集》，《章太炎全集》[十二]，第 18 页。)故本文中馆森鸿经常提到“重野师”。

【2】植松果堂(1847—1909)，明治時代的汉学者。名彰，原为下总佐仓藩士(今千叶县)。从学于川田甕江。东京师范学校毕业，任教育于仙台师范等。后参加重野的“国史综览”编撰事业。

【3】河田羆(1842—1920)，号柳庄，江户(现东京)人。日本的地理学

家。曾任昌平坂学问所教授，维新后为明治政府的地图编纂事业尽力，编纂《日本地志提要》等书。1896 年和重野成斋一起出版了《支那疆域沿革图》和《支那疆域沿革略说》。

【4】冈本保孝(1797—1878)，江户后期到明治時代的国学家。江户(今东京)人。清水浜臣的门人，从学于狩谷棭斋。著作甚多。

【5】安井息轩(1799—1876)，本名衡，字仲平，号息轩。日向(今宫崎县人)，考证学派儒学者。初学于昌平坂学堂，后学于松崎慊堂，任昌平坂学堂教官。代表作品为《管子纂诂》。

【6】庄原和(1853—1898)，本名庄原谦吉，生平不详。著有《汉语字类》(青山清吉，明治二年[1869]版)。

【7】根本通明(1822—1906)，号健斋。出羽国(秋田县)人。幕末·明治时期的汉学者。曾任藩校明德馆教授、学长。东京帝国大学教授，帝国学士院会员。著述甚丰，尤擅长经学。

(三)

◎复辟(承前)

枚叔又继续说《康诰》：

> 王若曰："孟侯，朕其弟，小子封。"此万不能不以周公为王也。周公称王之说，至宋儒乃大哗而群攻之。然至《康诰》称弟之文，既不能以王为成王，于是不得不以王为武王。而武王之时，武庚尚在，康叔何得封卫？转辗纠葛，终不能通。根本岂未知此乎？

重野师没有详细听完如此热心的说词，但还是认为其大意合符节，颇为感服。

◎根本健斋

根本健斋先生的经说颇为精深，说《易》最妙，但余有一不敢相信之处。

其曰:《易》之震为东方,即指日本;又说《史记》"武王木主"之语,为后人窜入。等等说法,皆不能从。枚叔在井上哲次郎[1]处见到了健斋的《读易私记》,评曰:"根本《读易私记》大破革命之说,于共和民主无论矣。此公盖经□[2]之夷斋也。"又说,根本的渊博或过于安井仲平。余举出根本所说"载木主"之语,说:"根本先生之说近似于《新学伪经考》。"枚叔曰:"'载木主'之说,更不能驳。古者行师,以社主及祧庙之主行。行赏则于祧庙之主前,行罚则于社主前。见于《甘誓》,非独武王也。但文王非祧主,此似未切。然必以祧主行者,亦《周礼》既立之法。以前则亲主祧主,固在所不计也。"余想直接询问根本先生,但听说他在团子坂养病,遂未能前往。病愈后又去了秋田。余当书生时曾屡屡聆听先生之教,这次未能见面,很是遗憾。

◎归舰不可

枚叔拜访副岛苍海公见到其诗,赞曰"魁奇卓绝,独步百世"。又说如今的诗人不诵副岛公的诗,而推重槐南之辈,不知何意。听说当时有"战舰归还之议",便上书副岛公陈述自己的意见。书曰:

> 以敝国军政之不修,归之亦徒锈蚀耳。在贵国则失一舰之用,而在敝国仍未得一舰之用。然则归舰之策,犹委美锦于学制之童也。若存之贵国,有事相救,则犹垂棘之璧,寄于外府,不犹愈乎?且不独锈蚀而已。今贼臣既以亲俄为得计,恐此舰终归于俄,是则为虎传翼也。故为我东亚计,莫如存舰于贵国海军。如必欲规之,则当遣一知兵大臣为我整顿海军。庶几贼臣北虏,无以挠我之权。然贵国昔尝与英密约,不得为我办海军事务。今欲与英相商,密毁斯约,固自不易,则终不如不归之为愈也。

且曾对余说,归舰之议,仆以为爱我国所至,但不免姑息。此说颇有见地。余后来在西京拜见愚庵铁眼法师时,曾谈及此事。师谓章先生非寻常之学者,颇为感服。

◎不解玄

有一书生问枚叔说:“伊川、晦庵似乎不解《玄》,何如?”答曰:其实这是门户之见。然晦庵也说自己不解《春秋》,但于孔子也不敢讥讽,于扬子云则借不解而报宿怨。可见枚叔对子云也有不满足之处。枚叔又说:“昔魏文篡汉,曰‘舜、禹之事,吾知之矣’,此言可谓道破古人诈谋。舜、禹诚不过魏文之俦耳。但上古民朴而易欺,后世民智而难驭,此王莽所以不成,而舜、禹独得圣人之名也。此亦为大经师扼腕者矣。近人亦云,王莽为孔子后第一大经师,此语亦不诬。云云。”余对枚叔戏言道:“终于接近《新学伪经考》之说了。舔西哲之痔的轻薄才子,必喜此等话语。”二人不禁哑然大笑。枚叔说:盖其脑里印有“革命”二字,故往往有惊人奇语,不得不分别见之。

注释

【1】井上哲次郎(1855—1944),号巽轩。日本近代著名哲学史家,日本阳明学的奠基人。筑前国太宰府(今福冈县太宰府市)出生。时任东京帝国大学文学部教授,著有《日本阳明学派之哲学》等著作。

【2】此处原文为一空白,可能遗漏一字,存疑。

(四)

◎神器

余尝读过《保建大记》,【1】深爱其文,但对其所说以神器所在为皇统所在的理论不甚信服。安积澹泊、【2】赖山阳【3】等先生已经对此提出过批评,所以在此不再赘述。于是拿出一篇拙文《神器考》给枚叔看。枚叔评曰:“以神器所在为皇统所在,此王莽所以劫传国玺,袁术所以称帝也。”这和安积、赖之说相符,诚为确论也。

◎莽大夫

枚叔屡屡称赞扬雄,余多次问道:“晦翁《春秋》笔法写‘莽大夫扬雄死’。扬雄坐刘(棻)事及诛,恐受累及而从天禄阁上投身自杀。雄在《法言》的最后一章盛赞王莽的功德,比拟为伊尹、周公。又作《新美》之文颂莽,对此加以诟病者不独晦翁。何如?"

枚叔曰:"《汉书》但言投阁,并不言投阁即死。朱子于此亦似未深究。要之子云为人,但论《剧秦》一篇是其所作否耳。若不作此篇,虽为莽大夫亦不足深责。东汉中兴诸将,孰不先为莽大夫者?惟桓谭在西汉已仕,至莽时复仕,及光武时又仕。此则三朝元老,殊觉可嗤矣。云云。"

余曰:"我朝可与文若、桓谭相比之贤者如大江广元[4]之类,实为文若之亚流。主张王道者皆鄙之,然优于莽大夫吧。"

枚叔曰:"古人有难论定者,如子云则佐证不明,案尚未结。如文若佐证已明矣。然或谓其人专以救民为念,而不以汉魏之社稷芥蒂其胸,宛然伊尹五就。如此则又是圣人矣。"

余曰:"伊尹五就桀之事,柳河东辨之已尽。殊不知东坡以文若比之颜子,已失比伦。没有伊尹的大精神,仅以其五就之故智,以救民为口实之桀黠之流,吾兄引用某种说法,不免千载之訾议。余以为,依从先民之说,不得不诛伐莽、操、卓、懿之辈,不得不鄙视扬雄、桓谭他们。即使是文若亦不得不罪。枚叔不服从满清政府,心怀掀起革命之志气,所以其言往往越出常轨。然中国是易姓革命之国体,以王莽为大经师无不可。今日若有王莽,枚叔欲为其子云乎?"

◎《古事记序》

这篇序文无疑为古今第一名文。枚叔问起此文时,示之以《皇典文汇》。枚叔说:"与初唐逼近矣。宋元后人,岂能下笔?"往年杨守敬[5]来东京,见到《本朝文粹》,说此远胜韩、柳、欧、苏。日本诸家不读《文萃》一书,唯尚韩、柳、欧、苏,偏见也。《古事记序》之类如韩、柳再生,虽一字一句不能比拟。这都和枚叔之言相符合。川田瓮江[6]曾说《本朝文粹》不成文,遭到杨守敬的讥笑。然余不知其是非。

◎骈体文

枚叔在所见到的《本朝文粹》书后写道:

唐以前骈体所以可要者，以其虽用词藻，而仍能达理也。近世骈体，惟以藻绘为工，虽有名家，亦只能论史事之得失。若欲作一奏议则不能也。

注释

【1】《保建大记》为江户时代中期的儒者栗山潜锋的历史著作，尊王论的重要论著。1689 年成立，全 2 卷。栗山潜锋（1671—1706），名愿，字伯立、成信。京都人。江户时代中期的儒学者，山崎暗斋门下桑名松云的弟子。

【2】安积澹泊（1656—1738），名觉，字子先，号澹泊、澹泊斋。水户（今茨城县）人。江户时代中期的儒学者，朱舜水门人。著有《澹泊史论》、《烈祖成绩》、朱舜水的传记《朱文恭遗事》等。

【3】赖山阳（1781—1832），幼名久太郎，名襄，字子成，号山阳。大坂出生，江户时代后期的历史学家、思想家、汉诗人。著有《日本外史》《日本政记》，对幕末尊王攘夷志士有很大影响。

【4】大江广元（1148—1225），平安时代后期的贵族，镰仓前期的政治家、学者。

【5】杨守敬（1839—1915），原名开科，后更名守敬，字惺吾，号邻苏老人。湖北省宜都人。清末历史地理学家、金石文字学家、目录版本学家、书法家。1880 年出使日本，在驻日钦使黎庶昌手下充任随员。在日本期间收购了上万本珍贵中国古籍，1884 年将其贵重者以《古逸丛书》之名在日本以东京使署（公使馆）的名义出版。

【6】川田刚（1830—1896），别名毅卿，幼名竹次郎，号瓮江。备中（今冈山县）人。汉文学者，和重野成斋、三岛中洲共称明治三大文人。曾担任过东宫侍读，著有《近世名家文评》《文海指针》等。

（五）

◎论诗

余不会诗，也不懂得论诗。然最近毕业的文学士们，懂一点英、法、拉丁语,言必称弥儿顿、席勒的诗,视中国诗如粪土,特别认为我国的诗人毫无价值。他们夸夸其谈,虽话语风趣,但也十分可笑。碰巧枚叔来了,我给他出示了一张纸条。大意是说,敝国的诗人,大多不讲音学、韵学、字学,只是根据古来的习惯作诗。其诗节奏有相称者,也有不相称者。故西学之徒评之曰,虽诸家之诗,恐不成体。偶尔得到中国人的称赞,也只是侥幸而已,并非原本会作诗。余认为,大凡作诗者,并不一定要懂汉音吴音。以和音反复吟咏,亦能得自然之声调。诚能学至其妙境者,皆可称为诗。西学家所说不懂中文发音而做中国诗不能臻其妙境的说法,只是强辩和妄说而已。英国诗人弥儿顿先学拉丁诗,遂无所获。以弥儿顿之才,亦不能作他国之诗。唯独说日本人能作中国之诗,孰能信之?此说何如?

枚叔曰:"观贵国诗家作律诗,音韵亦合。夫诗非被之管弦者,但令平仄调和,即已合律。宫商角羽无所论焉。然则按支那韵谱而得其平仄,以此作诗,即已谐矣。所谓节奏,亦不过如此,岂犹有深眇幽秘之音,不可以书传者乎?弥儿顿不能作腊丁诗者,或腊丁诗非可专以一定之声求之,别有自然之节奏,不可以言语形容者。若支那诗固无藉此也。而贵国人作诗,亦偶有失律者,此实一时粗心,韵谱未熟耳。固不可以概论也。然支那词曲则贵国人无作之者,此因分别角徵,其律较诗为细耳。盖贵国人之不能作支那词曲,犹弥儿顿之不能作腊丁诗。若作支那律诗,则与此异论也。贵国人治经者亦多名家,然不讲古韵,此实遗憾。安井息轩辄以敝国王引之说经为穿凿,盖以其好改字也。夫不讲古韵,而但观其以漫不相同之字,改易旧经,则诚宜以为谬矣。然不知今韵异而古韵同者。古人辄以声近相借,苟明其韵,斯豁然无疑耳。国分青厓欲治顾亭林古韵之学,此实卓识。然此事亦惟用以治经,于治经中亦不过一端,况在今日,并治经亦觉迂疏乎?"

关于治经古韵之事暂且打住,请再讲一下诗。西学者曰:诗应该吟诵,和文章判然相异。且各国有自然之音,若不解其自然之音,而作其国之诗,我们只能叹其大胆而已。如果今日中国人作日本诗歌也即和歌的话,肯定不如日本人。法国人作英国诗,亦不能像英国人那样。只因为不能通达其国之自然之音。日本人作中国诗时,不通中国音,只能模仿古人的形式,作到平仄相谐而已。假令平仄相谐也不知音节相称。中国人称赞日本人的诗不错，恐怕只是虚誉而已。况日本人的吟诵杂用音调，又何能得知音节调和不调和。何如？

枚叔曰："各国之诗，皆与乐为一，支那周秦以上亦然。乃自汉以来，则诗与乐府，遂分为二。乐府可被之管弦，而诗不能被之管弦。魏晋六朝之诗，所以不用于琴瑟也。隋唐以来始有律诗，亦惟分别平仄。若被之管弦，则同一平仄相谐之诗，而音调大异矣。至于唐人拟作之乐府，其音律亦不同于古人，特自造新音耳。唐末始有长短句（即今之词曲）以被管弦，而诗则不用于此，但平仄相调，可以随口吟诵，不至有佶屈聱牙耳。支那诗乐之分，于今为烈。诗无所谓自然之音也。评诗者间有浮声切响等语，此特就其气之盛衰言之。气盛则为切响，气弱则为浮声，并不在声音之高下。贵国人于汉音之抗坠迟速，虽难细辨，然词气之刚柔则固人人能辨也。诗有盛气，自不失自然之音。若夫必以抗坠迟速相较者，此被之管弦之词曲而非诗也。和歌想必有自然节奏，此汉人为之，所以不能谐和也。贵国人作支那诗者，前人且勿论，今观副岛伯之诗，实完璧矣。槐南虽有香奁之诮，然音韵亦无不合也。其他浪作者，诚有不合，然其病不在不知自然之音节，乃在未熟一定之平仄也。"

敝邦诗之名家，近时则有梁川星岩、【1】赖杏坪、【2】菅茶山、【3】广濑淡窗父子【4】等，皆为巨擘。王漆园【5】独推星岩为大家，其他都不及。请问读过《星岩集》吗？

枚叔曰："星岩诗览过数首，未见其全集。所见者乃沪上东友此所携之选本。其中大约各家皆有数首，今不能记也。"（未完）

注释

【1】梁川星岩（1789—1858），名孟纬，字公图或伯兎，通称新十郎，号星岩。美浓国（今岐阜县）人。1807 年游学江户，就学于山本北山的奚疑塾，喜欢唐诗，组织白鸥诗社。有《西征集》（4 卷），被誉为"日本的李白"。

【2】赖杏坪（1756—1834），名万四郎惟柔，字千祺，又字季立，号杏坪、

春草。江户时期广岛藩儒臣,赖春山之弟,赖山阳之叔。擅长七言诗。

【3】菅茶山(1748—1827),名晋帅,字礼卿,通称太仲、太中,号茶山。备后国安那郡(现广岛县福山市)人。江户后期的儒学者、汉诗人。

【4】广濑淡窗(1782—1856),丰后日田(今大分县日田市)人,折中学派儒者,诗人、教育者。著有《约言》《迂言》《谈窗诗话》。广濑旭庄(1807—1863),江户时代后期的儒学者,汉诗人。淡窗之弟而非其子,馆森搞混了。

【5】王漆园(1836—1908),名治本,字维能,号漆园,慈溪黄山村(今属浙江宁波江北慈城镇)人,精通诗文,尤擅骈文。1877 年赴日,广交文人,留下多种序跋及点评。

(六)

◎论诗(接前)

“令师曲园先生《东瀛诗选》,【1】对菊池海庄、【2】鹭津毅堂【3】二人的诗称赞不已。这些诗集读过没有?”

枚叔曰:“亦未见之。然曲园师选成后,有《东瀛诗录》一卷,每人皆略记其事迹,及摘其名句。其中佳者实有媲美唐人。贵国诗不多用故实,此尚有唐人遗风。近闻槐南辈主张清诗,然清诗实远不如明诗矣。况其所主者,系梅村、简斋辈。梅村虽有事实而气体已不甚雅驯,简斋则真所谓轻清魔耳。要论清诗,终以阮亭为正宗。然比之明人,则终不及也。自主张清诗者出而诗潮俗矣。”

“北越有一个叫长尾秋水【4】的,其有一首松前竹枝脍炙人口。诗曰:‘海城寒柝月生潮,波际连樯影动摇。从是二千三百里,北辰星下建铜标。’时人称之为‘关东三绝’之一。其声调如何?”

枚叔曰:“此即所谓切响也。固不必知支那之自然之音而后能之。今试书一语曰‘吾必杀汝’,又试书一语曰‘汝幸全我性命’,则不必问其声音之高下,而自可得其气之高下矣,岂在计较音节乎?即如《离骚》和魏武帝《短歌行》,今支那人读之,亦不能知其自然之音。而气体之间,自可得其沉郁悲凉之概。”

又示之以有“三绝”之一之称的松井梅屋[5]的诗《勿来国》:“病骑瘦马胆犹寒,碧浪湔蹄去复还。落日平沙无限思、行人独度鬼门关。”此可称为绝唱乎?

枚叔曰:“此诗悲壮而兼哀戚,谓之绝唱诚非虚誉。弟有数语曰,自明亡以来至今二百五十年,以支那日本文辞相较,诗篇支那不如日本,古文则支那日本相伯仲,骈体则日本不如支那。”

真可谓真知灼见。

枚叔曰,有一个叫西一的人,所作《丁将军歌》甚佳。诗曰:“鱼在釜[兮],雉在罗,丁将军今可如何。为项王耶徒杀士,为李陵耶信可耻,不如代三军身独死。夜深帐里烛光青,半盏之鸩血吹腥,日东猛士闻堕泪,给舶送榇吊英灵。归帆一片威海晓,风萧萧水杳杳。”

不知西一何许人也。听说井上哲次郎住在近邻,时常和枚叔叙谈。[6]

◎**文学士之陋**

有三、四个文学士皆曰,日本人作中国诗,总会被中国人说三道四,终不成诗。不如作如今时髦的新体诗。有个叫土井晚翠[7]的文学士,出了一本新体诗的小册子。余曾取出来看了一下,觉得还是所谓长歌体裁,不成其为诗。如果这样的东西可称为诗的话,风俗文选、“迷踏落花雪”、[8]俳谐发句、长歌短调都可以称为诗了。本来词曲、诗、文章有着严格的区分。将诗词混杂是轻薄书生的不学无术所致。是何等文盲创造出了“新体诗”那样的名称,使得文化轻薄,文学者堕落,实为文学界之罪人。一时议论纷纷,众说不一。关于新体诗暂且不论。文学士们抓住枚叔的短处,为了将其压服而采取的手段甚为卑劣,对不懂西洋文字的枚叔作文理晦涩的笔谈,罗列出达尔文、弥儿顿之说,很无聊,只能说是愚陋之至。如果真有求知之心的话,应对其长处反复诘问,以求有得。若只是抓住其短处而欲屈之,恐非长者所为。在京都时,有个《日出新闻》的记者黑田某,和枚叔相见,立即谈论起性质善恶论来,笔谈纸张十余张。此人十分傲慢,颇有一决胜负之气象。天下这样的人太多了!

◎**景教**

来聚的文学士中有一个叫久保【9】的,擅长作汉诗,在同学中评价甚高。但看过他写的一篇汉文,惨不忍睹。他说,一直有一件事情想问,很早听说基督教传入中国很早,唐代的景教即是。不知现在中国的基督教的流传如何?

枚叔说曰:“小人则信,君子则否。而彼教人知其说之不足动人,于是牵引政治格致之学以自衒。此其志诚浅陋,而士人借以知中外大事,始而未尝不赖其力也。今则亦知其粗浅,而更思求欧西专门之学矣。”

久保曰,纪晓岚将景教和祆教混同,其愚可笑。君知其说否?

枚叔说:“景教实是波斯火教,非基督之说也。”

久保曰,余认为不然。景教为基督教一派,名为涅士得理安。同样是途径波斯进入支那的,故学者混同之。

枚叔曰:“然观碑中之旨,似于耶稣之说,亦不甚合。”

久保曰,“祆”字始见于顾野王的《玉篇》。然祆教流传于梁代以前,景教在唐太宗时传来,二教完全不一样。

枚叔曰:“若有据则可以祆为火教,景为基督也。若以意想则宁以祆为基督,景为火教。盖顾名思义,尚相近也。”

久保曰,唐人混同两教。然未料西洋的学者加以考证,如我前面所述那样。

枚叔曰:“利玛窦辈入中国时,诚以景教为基督,而今日教士又摈之。”

久保曰,西历五百年有一商人来中国,将蚕卵带到了罗马。然可知基督教大概很早就进入了中国。

枚叔曰:“此真妖僧矣。非井上圆了【10】之比也!”

我想,景教碑在德川政府时代见于禁制之书目,孤陋寡闻的吾辈还未见过其文。如果将从先辈那里听来的话再深究一下,久保之说大概是对的,所以才敢去询问雅博君子。

注释

【1】《东瀛诗选》是章太炎的老师、晚清学者俞樾(1821—1907)在日本学

者协助下编成的,正编四十卷,补遗四卷,共选了500多位诗人的5 200首诗。

【2】菊池海庄(1799—1881),本姓垣内,名保定,号溪琴、海庄。纪州(现和歌山县)人。江户后期到明治时代的汉诗人。有诗集《海庄集》,著作《国政论》。

【3】鹭津毅堂(1825—1882),名文郁,字重光,号毅堂、苏州等。尾张国丹羽郡丹羽村(现爱知县一宫市丹羽)人。江户后期到明治时代的汉诗人、官僚。著有《毅堂丙集》《薄遊吟草》等。

【4】长尾秋水(1779—1863),名景翰,字文卿,号秋水,别号卧牛山樵、青樵老人等,越后(现新潟县)人。江户后期的汉诗人。曾在水户学习汉文。

【5】松井梅屋(1784—1826),名元辅,字长民,号梅屋、梅花道人。仙台人。仙台藩医、诗人。

【6】此诗最初登在杂志《阳明学》4(61)(铁华书院,1898-12)上,署名西弌,据此订正处加以[ ]表示。诗后附有致"铁华老兄"文曰:"右丁将军歌,系威海卫战捷后数日之作。嗣后藏之筐底,不复推敲。前夜适读贵著《冰川清话》,至海舟伯惜丁氏一节,宿感复生,愈读愈深。乃取旧稿,微吟再三。今又不顾其芜,敢污清鉴,辛赐斧正。"按:西弌,号雷溪山人,福岛县磐城人,住小石川区表町91番地。井上哲次郎住109番地,为近邻。

【7】土井晚翠(1871—1952),本名林吉。日本的诗人、英国文学研究者。1897年东京帝国大学文学部英文科毕业。1899年出版第一部诗集《天地有情》。

【8】"迷踏落花雪"是日本古典文学作品物语《太平记》第二卷《俊基朝臣再关东下向之事》中的一句。

【9】这里的久保没有记下名字。从内容看,似乎是久保天随(1875—1934),存疑。久保天随为著名汉学家,诗人,本名得二。信浓国天远藩士后裔,生于东京。1899年东京帝国大学汉学科毕业,后任台北帝国大学教授。著述甚多。

【10】井上圆了(1858—1919),仏教哲学家、教育家。1885年东京大学文学部哲学科毕业。东洋大学的创始人。他是僧人,著有《妖怪学讲义》,故

章太炎如是说。

(七)

◎照井谦斋

谦斋先生名全都,出生于盛冈,【1】为杰出的经学大家。余虽风尘之吏,但一直仰慕先生,曾花五十元钱,购买了其《遗书》四册,其中收有《大学》《中庸》《论语》和《庄子》的注解,以及《封建》《礼乐》《汤武》《庄子》等论文。将之出示枚叔。枚叔读后写道:

> 太史列传孟荀并称,汉人亦多言之。自唐以来,兰陵之学渐尔坠地。虽有程朱陆王之争,汉学宋学之辨,终不能出孟氏范围。先生生二千年后,独能抗希大儒,仔肩绝学,信秦汉后一人哉!《封建》《礼乐》等篇,力与唐儒相角,【2】其旨似近迂阔,而精微独到,迥非韩柳所能言。明季王船山始创崇重藩镇之议,与先生说若合符节。《汤武论》一篇,全取《荀子·正论》之意,而与梨州《原君篇》亦彼此神契。论庄子犹能超出俗见,且"论德非论道"一语,郭子玄、成玄英皆不能发,蒙吏有知,其当张目于九原【3】矣。

又作《遗书序》放在卷首。余见《遗书》有发古人未发之说,也有不能感服之处,他日想揭其一二。

唯照井之学以荀子为宗旨。据说,照井花费许多精力注释《孟》《荀》《庄》及《论语》,其学说也融合这四部书而自立一家之言。据知情的东次郎【4】说,照井先生开始作五经之注后不久就病逝了,东君曾受照井之教。可惜世间不知还有如此经术大家,十分可惜。

◎不知庵

不知庵先生太田代恒德【5】继承照井氏衣钵,为一代硕儒。先生不求名声,退居林下,专事撰述。先生最初跟随照井氏学习,然后从海保渔村【6】学习考证和训诂，但其说有和先生不合之处。余曾经常出入其门下，得其教诲。有一天拉着枚叔去拜见了他，受到热情接待。先生说最近在注释《易经》和《书经》。枚叔读了他的《易经注》，疾书二百余字驳斥之。先生感叹曰，不管说得正不正确，立言皆有根据，作为年轻学者难能可贵。盖先生之《易》学，多取自干宝，取自虞、郑之说较少。根本通明的《易》学，主要根据郝氏之说。枚叔对此也不认可而加以了驳斥。先生的文章中说，禹时代的洪水涉及了葱岭以外的土耳其斯坦一带。枚叔带有戏谑的口气说，如果是这样的话，《山海经》中有君子国，禹为了治水来过日本吧。枚叔说，关于禹治水一事，均见于《禹贡》。《山海经》《水经》等和《禹贡》的不合之处，皆不可信。《禹贡》曰："昆仑、析支、渠搜，西戎即叙。"这里所谓析支、渠搜，即是所谓土耳其斯坦。这是郦道元、蔡沈之辈未能道破之处。即使不然也值得参考。

归来后，枚叔说："太田代君有尊攘诸公遗风。"余将过去手抄的先生的《原道》和《荀子论》给枚叔看。枚叔评论《原道》曰："文章迥不及昌黎，识则迈昌黎。如'先圣人而后天'一语，固非唐宋诸儒所能言。"又说，《荀子论》有千古卓见。余写道，他日定抄写赠之。枚叔大悦，说："弟殊深服太田代先生。贵国先儒徂徕、【7】春台【8】诸公，迥不及照井、太田代二公，云云。"

枚叔说那天在太田代处写的那个《易》说的驳论，其实就是一篇文章。我说如果只凭记忆的话，则不得要领。于是他写道：

> 若主张清淡元理，则王辅嗣以下之学，与汉儒绝异，固宜不取郑氏也。若主张汉学，则郑氏亦未为甚佳。盖虞氏最优，荀次之，郑则专以爻□说易。即阳爻在初则为子，在二为寅，在三为辰，以下可类推。阴爻在初为未，在二为酉，在三为亥，以下可类推。而就其爻所值之□合之天星十二宫，如牵牛、鹑首等是也。又以星之命名及其形象说爻词，其说太板，亦太穿凿。然以《礼》合《易》，则汉儒未有及之者。虽以星象为见端而实主人事，非京房辈比也。

枚叔虽对太田代的《易》说不感服，却敬佩其学识深邃。读完《原道》在

其后写道:

> 《原道》中篇与上篇相伯仲,皆可传之作。夫如文中子辈,后世或以圣人拟之,亦不过因其文耳。假使太田代先生在千年以上,今日安知无以先生为圣人者哉?贵古贱今,人之常病。大儒硕学,不得志于当世,亦由此故。如先生者,诚可悲矣。

太田代的《原道》有三篇,可惜余没有抄写下篇。枚叔读了两遍,写下了此跋语。尽管天气不好,再次去造访,可惜先生已经去了千叶的海滨,怅然而归。枚叔是多么的佩服他呀,即使他日拜访桂湖村【9】时,还在说"独服太田代君"。又对余说,虽没有见到照井先生,见到其弟子太田代君,东游不谓无益。先生可谓有海外知己也。

注释

【1】照井全都(1819—1881),本名照井一宅,又名全都,通称小作,号谦斋,别号螳螂斋。盛冈人。江户后期到明治时期的儒者。著有《论语解》《庄子解》等。章太炎曾为其作《照井氏遗书序》,收入《章太炎全集》(十)。

【2】本段以《题〈封建〉、〈礼乐〉等四论之后》为题,收入《章太炎全集》(十)。"角"字《全集》误作"争"。见《章太炎全集》(十),第212页。

【3】"原"字《全集》作"泉"。按:"九原"意同"九泉",都指死后的世界。苏轼《遗直坊并叙》有:"岁月曾几何,客主皆九原。"

【4】东次郎本名东政图,后恢复南部姓,通称南部次郎(1835—1911),盛冈藩士。明治维新后进入外务省,先任职天津,后任日本驻芝罘(烟台)初代领事。兴亚会会员。

【5】太田代恒德(1834—1901),名恒德,通称熊太郎,别号不知庵。陆奥盛冈藩士。幕末—明治时代的儒者。早年进藩校明义堂学习,去江户师从海保渔村,入昌平黉。曾任藩校助教、侍讲。明治维新后在东京开私塾。著作有《南部四世事迹考》等。章太炎《照井氏遗书序》作"大田代"。

【6】海保渔村，本名海保元备(1798—1866)，字纯卿、春农，号渔村，别号传经庐。上总国(今千叶县)人。江户后期经学家。大田锦城的学生，后在江户开私塾“扫叶轩”。门人甚多。著名者有学者岛田篁村、信夫恕轩，政治家鸠山和夫，财界有涩泽荣一等。著有《周易汉考》《尚书汉注考》《毛郑诗义》《传经庐丛钞》等。

【7】徂徕指荻生徂徕(1666—1728)，名双松，字茂卿，号徂徕，又号萱园。江户人。日本古学家萱园学派的创立者。

【8】春台指太宰春台(1680—1747)，名纯，字德夫，号春台，别号紫芝园。信州(今长野县)人。江户中期著名儒学者，蘐园古学派代表人物。

【9】桂湖村(1868—1938)，本名五十郎，别号雷庵。新潟县人。中国文学研究家。东京专门学校(现早稻田大学)英文学专业毕业。先后任东洋大学、早稻田大学教授。

(八)

◎谈经一

曾文正公在《读书录》里说《吕刑》篇是天地之巨观，只恨通读起来太难。其实通读起来难的不止《吕刑》篇，《中庸》《论语》等通读起来也难。如此说来，六经就成了无法解读的书了。然而钻研不可解读的书，难道不是学者应该做的工作吗？因此我想提出两三条疑问，向您请教，请不吝赐教。

费而隐。毛西河[1]曰:“道原有此显著者，即谓之费。”然费者，光明也。照井谦斋说，郑玄以“费”通“曊”，训为“明”，意思相近。太田代不知庵则说，费者悖也，指拂戾之意。在《墨子》等书中都可以见到这个字的含义，但皆与朱注不同。何如?

枚叔曰:“太田代说已有人言之。《墨子》借费为悖，悖即拂戾之义。说者谓君子道拂于时而身隐，本是汉儒之说也。今朱子《章句》分章划界，以‘君子之道费而隐’一句领章首。注疏本本不分章，以此句承‘素隐行怪中道而行半途而废’之下。盖素隐(康成读‘素’为‘傃’，训为‘向’)谓志所趋向，惟在隐遁。中道而行，半途而废，谓有志用世，才力不足而退。二者皆非君子之行。若君子则道拂而身始隐,不专向隐遁,亦不肯因才力不足而退。古义如此。”

蒲卢。左春谷[2]在《三余偶笔》中说蒲卢有五义。朱熹的《章句》中取沈存中之说以蒲卢为蒲苇。伊藤仁斋[3]曰:“不如蒲苇易生之明切,与地道敏树亦相照应。”太田代不知庵曰:“朱注是也。古注非也。”照井曰:“蒲芦者,逆旅也。”《庄子》里作“蘧庐”,说“仁义,先王之蘧庐也,止可以一宿,而不可久处。”推测蒲卢、蘧庐都是“逆旅”转声而来的。按照春谷的意思,就要在五义外再加一义了。

枚叔曰:“此却是照井公新义。照井公以古义发明哉经旨,而时参以诸子之语,故无胶滞不通之病。惟如‘蘧庐’等则太新耳。此种新说,弟往时亦好之,尝说《尚书》西旅献獒之义。马注以獒为豪,训为酋豪。弟则曰不必改字也。《后汉书》云盘瓠之后,为滇南雄长。是即以犬种而为王者,则獒自可读本字,何待改为豪乎?闻者大笑。”

如前所述,太田代先生的学识师承照井氏。特别值得一提的是他写的《皇极篇序文》的确得到了照井先生的真传。只可惜书里的说法缺少让人信服的观点,导致没能传播天下。请问对此书有何看法?

枚叔曰:“凡学问为人所宗与否,固视资望之高下,若取一说以示人,则不患其不服也。经学如法律,有成案,有证据,乃得为定说。苟有驳诘者,直据古义反复辨之,何患人之不屈乎?此文极高雅,识见亦卓。但儒者之道,有学无术,此最为患。太田代君或恐太泥古而不适时乎?即其言今世治法皆出于秦,然至欧洲之政,则不出于秦矣。贵国维新之政,亦不出于秦矣。此则太田代君以为是耶非耶。”

《易》说。刚才提到驳斥太田代先生《易注》之说,讲得太简略了,能否详细说来详闻?

枚叔曰:“干宝《易》说为京氏学,盖当王、韩清言之后,锐思復古,而间以谶纬杂之。今所存者,止二十八卦,而言周家革命者至十七事。张皋文曰,如是则《易》为周家符命之书,文武所以自旌其伐也。虽然,太田代君喜干氏说,而又以革命为非,则并失干氏之宗旨矣。京氏《易》亦孟氏之支流。然

《火珠林》乃筮书，纳甲亦不过取象如是尔。京氏大义，今未有所见焉。干之较京，理致为深，兼及礼乐制度，则又取于康成。名为京学，实自成一家，较邵雍辈之作伪，则灵光岿然，犹不屑伍、哙也。《易纬是类谋》等书，预测未来，稍近妖妄。干氏又不纯与此等同，盖止言已往耳。然就词傅会，何所不可？王莽时说《易》者曰，伏戎于莽，莽，上名也；升其高陵，升谓刘伯升，高陵谓高陵侯翟义也。苟如是说之，认句句可比傅往事。《易》有'自我西郊''王用享于岐山''东邻杀牛，不如西邻之禴祭'等语，故说者多谓文王自道。要之西郊西邻，皆属眇芒，唯岐山□，可作证耳。然帝乙归妹，则亦未尝不言汤。苟必以《易》为文王造周之宗旨，则不可通者多矣。箕子之明夷，赵宾谓阴阳气无箕子。箕子者，万物方荄孳也，故刘向、荀爽皆作'其子'，此可知《易》不专为一代鼎革而作也。"

根本通明说，卦爻之字为文王所作，经为是周公所作。太田代氏曰，经承史佚文功之旨而作之，十翼为仲尼师弟作之。何如？

枚叔曰："瞽史皆掌天道，即谓经系史佚所作，未尝不可。惟未有其证据耳。凡书在汉以前者，虽伪亦不得不以为真。盖事迹无效，孰为之左证？"

注释

【1】毛西河(1623—1716)，名奇龄，号秋晴、初晴、晚晴等，人称"西河先生"。浙江绍兴人。清初著名经学家、文学家。

【2】左暄，生卒不详。字春谷，清代安徽泾县人。拔贡生，官蒙城教谕。博通经史，勤于著述。著有《三余偶笔》《续笔》。

【3】伊藤仁斋(1627—1705)，名维桢，字源佐、源吉、源七，号仁斋、古义堂、棠阴。京都人。幕府前期儒学者，古学派的古义学派(又称堀川学派)的创立者。伊藤东涯之父。

（九）

◎谈经二

伊藤仁斋曾怀疑《大学》不是孔子的遗书。大田锦城怀疑《大学》《中庸》

两本书出自一人之手。窃以为两本书的文风截然不同,锦城的话不足为信。吾师成斋说,中庸者,以中为用,以庸为用,这样的注释都是错的。何如?

枚叔曰:“《中庸》作于子思,《史记》有明文。《大学》则本不知何人所作。且《礼记》四十九篇,《王制》《月令》,即秦汉人作,其他出于秦汉者,当亦不少。则谓《大学》出于后人,非无据也。惟谓两书为一人所作则诬耳。有引秦皇诏书(吾收天下书不中用者)以解《中庸》之义云,君子中庸,中用也,小人反中庸,不中用也。然如此则中亦读去声,弟谓此说颇可通。(君子之中庸也,君子而时中。小人之中庸也,小人而无忌惮也。)明谓君子之中用,因时制宜也。小人本不中用,然亦有中用时,则非无忌惮不可。盖狡诈贪暴,足以成事也。又曰择乎中用,却于文不顺,中用不可能甚当。”

《论语》。《论语》到底是谁编的,自古就没有定论。班固说是孔子门生一起编纂的。康成说是仲弓、子游、子夏等一起编纂的。安井息轩引用皇侃说,认为是孔子七十弟子共同编撰而成,认为皇侃的说法最接近真相。大田锦城说,上论是琴张所成,下论为原思所成,故二子独称其名,于是可以明确不会出于其他人之手。如何?

枚叔曰:“仲弓等撰定之说出于康成,是为最古。按荀子以仲尼、子弓并称,子弓即仲弓,孔子称其可使南面,而《说苑》谓南面即天子,然则邻几殆庶之材,自颜氏之子而外,独有仲弓而已。先圣微言,经纶宙合,囊括巨细,非斯人谁与修之?至今本《论语》杂糅三家,非专鲁论,则锦城之言独确矣。”

仁斋尊崇《论语》,以为宇宙第一书。他写了一本《论语古义》,驳斥了宋儒的学说,认为宋儒讲《论语》,讲仁义时专讲“理”而不知“德”为何物;讲忠信时专讲“用”而对重要的“功”却不提及。进而以《论语》为未定而求之于别书,或借用佛老的学说。这样的说法不得罪于孔门者鲜矣!仁斋先生的《古义》一书,成于顾亭林、毛西河诸儒之书未成之前。仁斋承战国之余,风气未开之前,独自发愤钻研,发挥古义,所以对宋儒学说的驳斥,不免有些矫激之处。

枚叔曰:“戴东原立意在以古训明义理,以廓清宋儒之杂释老者,仁斋之见亦同此。仆尝谓二程之学本于濂溪,而濂溪之师乃鹤林寺僧寿涯。然则所谓道统者可知也。然宋儒虽鄙倍驳杂，而其说足以廉顽立懦，其术足以经世致用。汉儒虽奥博醇雅，深得圣意，而自东汉节义沦陷党狱以后，世守其学者，乃鲜有志行可传。窃以郑、服说经，使词义制度粲然明了而止。其推迹治乱，曲畅微旨，则在口说而不在书。蜀先主谓从康成游，闻其言治乱甚备，今康成经注，曷尝有此？即江都、中垒，[1]稍为闳深，然亦浑沦不切。中垒《封事》诸篇，可为当世法戒。此乃在官言官，使其终身蓬荜，则褒、阎之戒，山陵之痛，亦未必著于其书矣。故知汉世大儒，说经简质，而微言不轻见诸简牍。贾、孔诸儒及近世汉学家，只能衍其笺注，而不能得其微意。故说经诚优于宋人，而立身致用则反不逮远甚。汉宣帝谓：'汉家本以王霸杂用，岂得如周人专任王道？'元帝反之，遂致陵夷。然则宋儒虽杂于二氏，而足以致用，犹杂用王霸也。后世之讲汉学者，虽矩矱绳度，不敢与孔子本意差池，而不足以致用。犹元帝之欲专任王道也。古者儒家本非一术，《儒行》十五种别，皆不合中行，则宋儒虽不合孔子，而自成一家，亦未为不可。墨守宋学者，以程朱为孔孟之世適，不可也，谓程朱为孔子后之圣人，则未尝不可也。宗仰汉学者，力诋程朱，以为虚憍诬妄，不可也，谓其与孔子殊途，则未尝不可也。夫孟荀朱陆之争，或以异己者为洪水猛兽，则虽谓宋儒得罪孔门，庸何伤？然桓文非不得罪于周室，而《春秋》特录其尊辅之功。霍光非不得罪于许后，而汉史极褒其翊赞之美。则亦宁为桓文、霍光，而毋为无罪之鲁僖公、田千秋也已。"

注释

【1】江都、中垒，指汉代的著名经学家董仲舒和刘向。董仲舒曾任江都相和胶西王相，故此处谓"江都"。刘向曾任谏大夫、中垒校尉等职，故称"中垒"。下面的《封事篇》见《刘中垒集》。

（十）

◎谈经三

枚叔谈论起经书来从不感到疲惫，他特别想寻得一本《服注左传》。在见到重野、太田代几位老师的时候，枚叔提起这件事。重野老师吩咐河田羆去找，幸而还在东京期间就找到了。枚叔对余曰："河田君允访为求《服注左传》，若果得是书，实不啻王莽得传国玺矣。假使弟为富人也，则当以万金易之。今弟为贫人也，亦当以全史易之。"

枚叔随身带着两三千卷经史百家之书，一有闲暇就取来阅读，读完后立刻取来毛笔记下心得，不可不谓之勤勉。我们在住处谈论最多的是经义，最常读的是照井谦斋的《遗书》。我说，松崎慊堂[1]的经术深邃，安井、盐谷等门生皆出自其门，可谓渊源大家。只可惜其经说还没有出版，无从得见，不能与照井先生的学说作比较得出个优劣。

枚叔曰："弟虽未尽见贵国经说，然据所见者，以为莫优于照井全都矣。专以训诂考订言，徂来、锦城、息轩诸君实美矣。然大义微言，必照井一人专之。其人虽非圣人，其言则圣矣。拟之古人，必在孟、荀、贾、董之间。汉之马、郑，宋之程、朱，未有及之者也。然亦有一病焉，于事实多不考，如云蘧伯玉盖孔子之旧相识也，而竟不指其名与官位，盖意欲扫空一切，然无谓也。"

之前我从东次郎君那里得知，照井先生并不多读书，也不务考证，只是驱使诸子来发挥经典之大义。枚叔说他不做考据也并没有错。关于照井的《遗书》，枚叔这样写道："媚于奥。'与其媚于奥，宁媚于灶。'晦庵以祭为说，而古实无奥祭。照井谓'奥者主人之所居，灶者迭饮食之所当矣。'而下句未晰，当改曰'奥者主人之所居，灶者中馈之所出'。谓媚主人不如媚妇人也。"

为人之本。"孝悌者也为人之本欤"。朱注曰："为者，施为也。"照井曰："为者，经营也。"是为同义。犹如仁斋曰：义犹为仁之本孝悌也。仆于这类说法中独取仁斋。

枚叔曰："宋儒谓性中有仁无孝悌，故不得不训'为'为'施为'，此实大谬。并良知爱亲之义亦忘之矣。照井不言性中无孝悌，而犹以'为'为'施为'，是其失也。曲园师说亦同仁斋，仆意亦然。盖谓性中无孝悌，直是空桑之徒耳。若令奉天父者说此经，则从朱子矣。"

启予足。枚叔曰："此解'启予足启予手'，谓非开衾而视，乃开放其手足也。按：古《论语》作'誃予足，誃予手'。忆《说文》'誃'字是'张肆'之义，与照井合，惜其未引。”

陈兰甫在《东塾读书记》中说，《论语》为六经之关键。太田代说，《论语》为六经之评论也。两者辞气相契。精通《论语》，六经或可自解。然宋儒们只讲《论语》《孟子》，却从不求于六经，盖亦知其不能解矣。假令尽通训诂，亦不能通其义。如对《尚书》“禋于六宗”一语，诸说纷纭，却未能决。

枚叔曰：“此等更觉纷纭，触处窒碍。然鄙意谓礼制尚属解可。盖古之禋祀，亦仿佛匈奴之祭天，或一祭，或再祭，或以为一天，或以为有无数天，固不能以理断之也。近人或言邵雍所绘之《河图》《洛书》，乃出于中亚细亚巴比伦，其说更为张皇幽渺矣。然窃意古人所为之事，亦有紊乱无条理者，唯《周髀经》言勾三股四弦五，则至今算家不能改，此盖古人之独见也。又如《易》言太极生两仪，两仪生四象，四象生八卦。邵雍又推之，自八而十六，而三十二，而六十四。粗观之，不过加一倍之数，了无精义。乃近人言植物学者，其论细胞分裂，亦谓自一而二而四而八而十六而三十二而六十四，则安知古人不已见及此也？”

适莫。无适也无莫也。徂来曰，适者亲也。莫者疏也。亦与朱注别矣。何如？

枚叔曰：“莫训为疏，借莫为漠，犹云漠然可也。适训为亲，此却难通，盖古训所无也。然窃谓如徂徕解则与‘义之与比’相贯串，如朱注则上下相隔。且训莫为不肯，亦出臆撰。两家皆臆撰，则宁取其贯串者。范宁说，即徂来所本，然其训亦未见之《苍》《雅》各书。贵国说经之儒先后踵接，而治小学者独稀，唯见冈本保孝耳。兄若能治此学，在贵国必出人头地。且贵国《一切经音义》，较我邦先辈所见为完备，此书大有益于小学，则治之较我邦更易也，如安井息轩注《左氏》，每以王引之为穿凿，亦由于小学未谛耳。”

敏政敏树。《中庸》中关于“敏政敏树”一段十分难解。照井先生把“蒲卢”解释为“蘧庐”，此说应如何解释？

枚叔曰：“忆郑注读‘敏’为‘谋’，亦不甚可解。若以‘蒲卢’为‘蘧庐’，则敏字甚切。敏者速也，人之于政治速治速乱，地之于树速长速凋。彼其成败与兴衰之亟，正与过蘧庐者相似耳。”

注释

【1】松崎慊堂(1771—1844),名密,又名复,字退藏、明复,号谦堂,别号益城、松下人。肥后(今熊本县)人。江户后期的儒学者。早年进昌平黉从学佐藤一斋。挂川藩校教授,后开私塾。门下生著名者有塩谷宕阴、安井息轩等。

(十一)

◎谈经四

李白在《嘲鲁叟》诗中这样写道:"鲁叟谈五经,白发死章句。问以经济策,茫若坠烟雾。"治经之士人大多为鲁叟那样的迂阔之辈。即使那些稍微出众的儒生,虽知贵仁义道德,却不知贵之所以然。不,他们困于无术。所以把精力倾注在了自己的著述事业上,以寻求千年知己。然而千年的名誉缥缈不可求,著述事业也是非常困难的。元遗山【1】有诗云:"千载身名后,不如即时一杯酒。"遗山居穷感物,故才作此诗以自调。而现在的年轻书生们谈论千载之前的扬子云,真可谓迂也。

枚叔曰:"子云没身之后,人尚知重其书。若处今日,则生时书或可传,十年则渐微矣,百年则如水之涸矣,千年则如火之熄矣。若欲待之,如入深谷,步步愈近暗处,此所以可慨也。然而亦有以文学自命,不营仕官者,则非如井上哲次郎之学不可也。"

然豪杰之士们期千载之子云,亦不为迂。于是继续前日之问曰:"先儒中井履轩【2】在《彫题》说:'注以思无邪为诗之效,则思字指学诗听诗者之情性也。恐非夫子之旨。夫子盖只言诗之为物,直写出其心思而无邪出者云尔。'何如?"

枚叔曰:"履轩之说极是,可扫空晦庵以郑风为淫奔之说。"

四海困穷。对此也有许多说法,这又作何解呢?

枚叔曰:"或谓德化所及,穷天际地。说虽可通,然魏晋间禅让之说,多不如此。盖以为尧德已衰,故'四海困穷',尧运已极,故'天禄永终',非指舜言也。鄙意'允执其中',非中庸、中和之中。《周礼》多以中为计薄,盖谓国家政治之册籍，付舜执之也。”

若果真是如此，其原意不免狭隘也。鄙意以为“厥中”乃中心之中，以承上句“惟精惟一”。

枚叔曰：“诚哉！‘惟精惟一，允执厥中’，乃东晋伪《古文尚书》语，而后人多以此说《论语》，故弟欲易之耳。”

是孰先传。“是孰先传焉，孰后倦焉”这两句也颇为难解。何如？

枚叔曰：“固难解，未知照井何解？”

于是我去查了照井的解说，却又没有弄明白。

子见南子。这一章也很难解。

枚叔曰：“照井并没卫夫人南子之说，而云不知何国人，盖亦有见于此。然所难解者，不在南子为何人，而在誓词耳。夫誓必明指效验。盖云天厌弃之，则无实据，非誓词也。故汉人有读‘厌’为‘压’者，谓天压杀之。而《论衡·问孔篇》驳之曰：‘天必无压杀人之事。’则此誓，乃设无验之言以欺子路，其谁信之！要之此章终不可解。”

匏瓜。张和仲曰，星名也。这个说法如何？

枚叔曰：“总之莫谬于朱注，谓匏瓜不能饮食。夫草木皆不能饮食，何独匏？其他或以《庄子》五石之匏为训，或以匏瓜星为训，似皆优于朱注。然《洛神赋》言‘叹匏瓜之无匹’，则古以匏瓜星为无匹偶。不言其不食，似尚隔一层。鄙意终取五石之匏为注。”

史之阙文。【3】徂来曰，古本史之下有阙文，传者把阙文两个字写得很小，转写时被误记入正文而已。此说如何？

枚叔曰：“盖‘史阙文’‘马借人’【4】二项似不相连附，故徂来疑之。然借人乘之，非谓他人无马而我贷与之也。言有马而不能调习，则借他人能御者，便乘而调习之耳。史阙文不敢擅增，有马不能御，不敢擅驾，皆谓勿任私智也。六艺之中，书、御居其二，史属书，马属御，解此即二事相连附矣。”

《武成》。邹叟曰：“吾於《武成》，取二三策而已矣。仁人无敌于天下。以至仁伐至不仁，而何其血之流杵也？”这是讲武王伐纣。然在这两三策之外也还有疑问，荀子曰：“盖杀者非周人，因殷人也。”与邹叟之说正相反，而与今者定《武成》相合。有先儒认为《武成》是后人伪作,何如?

枚叔曰:"今之《武成》,本东晋枚颐伪撰。伪古文之说,阎百诗早为论定,无足深考。《汉·律历志》所载,即《逸书》十六篇之一。刘歆《移让太常博士》所欲建立者,孔冲远《正义》以枚颐伪孔传为本,故诋《律历志》所载为张霸伪造。然《逸书》十六篇,东汉尚存,惟《武成》则建武之际已亡。《律历志》据刘歆为本,歆时《武成》固尚在也,此与今伪古文截然各异。至《荀子》所说,或以斡旋漂橹之义。然《荀子》又言'曹触龙断于军',则亦明谓周人杀之也。《逸周书·世俘》所载俘馘至数亿,则牧野之师无异黄帝之御蚩尤,岂尝敛兵观壁上哉?又曰纣之淫虐不过秦二世,而先世德泽则异乎秦矣。沛公之攻武关,秦民犹抗行拒战,况殷人乎?《尚书大传》云:'武王与纣战于牧之野,纣之卒辐分,纣之车瓦裂,纣之甲鱼鳞。'此战之证也。然溃卒奔北,岂无自相蹂践者?此又荀子之说所由来也。虽然传称'桀纣之民比屋可诛'则顽民之称,实与后世妄加胜国遗黎以此名者有异。同甫当南渡时,有激言之,不可以为典要也。"

注释

【1】元遗山(1190—1257),名好问,字裕之,号遗山,世称遗山先生。太原秀容(今山西忻州)人。金朝末年至元朝时期的文学家、历史学家。此诗见《元好问集·九月七日梦中作诗,续以末后一句》,原文应为"千载名,不及即时一杯酒"。

【2】中井履轩(1732—1817 年 4 月 1 日),名积德,字处叔,号履轩、幽人。生于大阪。江户中后期的儒者,属于折衷学派的怀德堂学派。幼时和兄中井竹山一起在大阪怀德堂,跟五井兰洲学儒学。担任怀德堂第五代堂主,后开私塾水哉馆。著书有《中庸雕题》《诗雕题》《论语雕题》等,收入《七经逢原》三十三卷中。

【3】史书上阙而不书或已脱漏的文字。语出《论语·卫灵公》:"吾犹及史之阙文也。"何晏《集解》引包咸曰:"古之良史,于书字有疑则阙之,以待能者。"

【4】《论语·卫灵公》云:“子曰:‘吾犹及史之阙文也。有马者借人乘之,今亡矣夫。”

(十二)

◎谈经五

明朝人的著书中有一本叫《尚书讲义》【1】的,有可取之处吗?

枚叔曰:“弟自愧未读。明人经说佳者绝少。盖宋儒不用古义,而于训诂尚不敢十分臆造,明人则臆造者多,故经说以明为最下。明人说《易》之书最多,喜其可以架空。贵国经说仿佛乾嘉以前诸儒,说理密而证据疏,敝国乾嘉以后诸儒,证据多而说理浅,合此两派,庶乎其可。”

王高邮的集子有没有单行本?

枚叔曰:“高邮未见其文集,惟《经义述闻》《读书杂志》《经传释词》三种,皆考证之书也。”

戴东原何如?

枚叔曰:“东原遗书,字字着实,治经必当观之。如无戴集,取《皇清经解》所存数种观之亦可。东原初以一举人入京,穷困无聊,授徒糊口。适钱竹汀往与谈,称为天下奇才,遂上疏荐之。时适编《四库全书提要》,特授翰林院检讨,自此声气始广,皆竹汀力也。然东原语人曰:‘并世学者,吾以竹汀为第二人。’盖东原固自谓第一人也。”

清儒的考证之书,最早流传开来的是顾亭林、毛西河的书。诸如戴东原、王高邮的书,则是维新之后才渐渐多了起来,但是研究者还是很少。只有庄原和不顾流俗非议,讲此二人之书。吾师重野先生深喜爱之。请问在经说这方面,戴东原和顾亭林谁比较优秀呢?

枚叔曰:“若通论学问,则亭林自过东原。若专论经说,则东原亦过亭林。”

高邮、竹汀这两人可否相提并论?

枚叔曰:“竹汀兼通经史,于经亦气体广大。高邮专治经,旁及秦汉子史,不说大义,惟研训诂。然训诂之精纯无过高邮者。”

如集此四公之力合为一人,可否称清朝第一贤圣?

枚叔曰:"恐亦未然。四君中唯亭林有经世才,亦兼理学气节。然于理学,固未尝反复辨论也,所差此一关耳。余三君学问虽优,奈疏实用何?二百年来说经者,必以乾嘉学派为最优,即戴、钱、王诸君是也。乾隆以前亭林、百诗诸公,小学未深,多有强解。至惠定宇出,乃一变。戴氏继之,遂风行于世。至道光之初,刘申受、龚定庵等主张《公羊》,渐为默深等所喜,至今日而康氏拾其唾余,此又一变也。康以惠、戴诸公专讲考订为大诟,其说流传于贵国。前在专门学校见一册书,专论哲学,并列东西诸人皆言经学无用。诚然。然今新学岂必皆有用?如哲学即最无用者,天文动植诸学虽有小用,深求之亦无用也。而西人孜孜于此,彼亦岂人人求有用乎?大抵世治则才智之士得有余闲,必将冥心孤索于此。今贵国亦略近升平矣,治经何不可?弟则处于乱国,不能不旁求新学耳。然□见事之必不可为,则仍将修吾故服也。"

我小时候曾学习英文书籍,但是不到半岁便放弃了。之后在治经之余,从事翻译却不得要领,错漏甚多。于是又回头跟随一位英文学者,听他讲卡莱尔的英雄崇拜论。他们的学说与《中庸》虽不相通却有些关联。至于说理,东西诸家的学说相差不大。遗憾的是,当初无钱糊口,如今当了一名薄官,在世间风尘中踉跄,几乎没有读书的时间。然时值升平之世,若能有闲暇,请予以勉励之。

枚叔曰:"薄官足以自给,公余可以读书,未始非乐。学问一事,必认定一路,乃可收效。如西说,兄虽涉猎及之,然观兄所好,终在彼不在此,则退而治经,岂非兄之始愿乎?近闻德人讲哲学者,颇寻求《周易》,则旧学之在他日,安知不更为新学乎?"

听说明治七年(1874)时,大久保公去天津,井上毅【2】随行。他时常告诉人们,西洋抄译六经者已有一万余人,因而人们反而向西洋人听取六经之说。盖儒者们锢敝迂阔,不知将其所学用于当世,故井上先生闻西方人抄译之事才如是说。现在日本和中国的典籍,几乎没有不经过西文翻译的。

枚叔曰:"大抵天资高者,必能知西学、经学之互相为用。若天资中等者，宁使讲西学而为有用，勿使讲经学而为无用也。若天资最下者，讲西学则炫耀新奇而不知实体，讲经学则株守陈腐而不能旁通，是无一而可也。”

惠定宇。说来惭愧，从没听说过惠氏，他的经学与戴东原相比如何？

枚叔曰：“名栋，苏州吴县人，著有《九经古义》《周易述》。前(?)令师重野先生以《周易》之学，惠栋、张惠言孰优为问即是也。条理明晰不如东原，然力主汉学，不参私见，唯惠氏耳。”

副岛公曾说，《春秋》与《万国公法》异文同义。所以他在当外务卿时，都根据《春秋》之义来处置。兄以为如何？

枚叔曰：“以《春秋》为万国公法，美人丁韪良亦言之，特其所著乃粗疏耳。去年贵国户水宽人【3】著《法理论丛》一书，中有《春秋时楚国相续法》一种，其全书收入帝国图书馆，书肆中有其目而或无其书，弟搜求之未得。归后以此书属君寻访也。(馆森注：这本书我后来也找过，但没有找到。)今日之新说，他日观之，当以为陈腐，于是更求旧说而新之，此循环之理也。今言欧洲政学者，必溯源于罗马、希腊，斯非其验乎？凡学有古今，而古不必旧，今不必新。盖新旧只视人心之好尚与否耳。古碑残石，得之者或以为甚新奇之物，此又其验也。学问之事，不必趋时尚。苟衣食裁足，以此为空谷幽人之(荣)[乐]趣，不亦可乎？君于新学，大抵不欲学之矣，则趣此可也。”

孔子不言乎，“鸟兽不可群”。我固未有过享乐山林的念头，又何愿空谷幽人之乐趣乎？(下略)

注释

【1】名《尚书讲义》者，有明朱璋撰。又南宋史浩亦有《尚书讲义》。

【2】大久保，应为大久保利通(1830—1878)，萨摩藩武士，和西乡隆盛、木户孝允并称维新三杰。维新后历任大藏卿、内政卿。1874年发生“台湾出兵”事件。大久保作为全权办理大臣赴北京负责谈判处理善后，井上随行。井上毅(1844—1895)，幼名多久马，号独独斋，梧阴。熊本藩士。明治时代的官僚、政治家。幼年进时修馆学习，明治维新后任法务省官员。曾任法制局长官、文部大臣。著有《梧阴存稿》和司法方面的著作。

【3】户水宽人(1861—1935),加贺(今石川县人)。日本的法律学家、政治家。东京大学法学部毕业,后任东京大学教授,众议院议员。

(十三)

◎东陵

石田羊一郎【1】君是我十几年来的知己,不仅在英文方面有所建树,也能作诗,为同辈人所尊重。近来闲暇时读英译本的《诗经》,颇有心得,于是我和枚叔一起前往浅嘉町的寓所去拜访他。东陵特别高兴,设酒席款待,与我们聊起了文学。坐上放有《蕉坚稿》、【2】《寂室语录》【3】等书,《蕉坚稿》在松下见林【4】和谷川士清【5】的论考中出现过,但却是第一次见到实物,如唱和明太祖的诗,要比明太祖的诗优秀。枚叔特别赞赏《金陵怀古》的几篇,认为堪比槐南的《浩荡诗程》。枚叔曰:"金陵一首甚佳。"东陵平生寡言少语,也从不对人物做出评价,这时候却问我道:"兄可认识山田天籁?"我回答道:"在台湾时听闻过,但是从未深交,你为何这么问?"东陵笑着说:"我之前从没听说过天籁这一号人物,两三天前看《日本新闻》的时候看到了他写的文章《与槐南论诗书》,虽然他论诗的观点与我有些相左,但是文章确实有趣,槐南若能写一篇回应的文章也一定很有意思。"余因而读了一下该文,枚叔也读了。记得是明治二十九年(1896)六月槐南作为(伊藤)春亩【6】相公的陪同一同前往台湾,这时天籁前去拜访并与他们交谈。我当时也在场,曾看见槐南骂他十分世俗,说从其笑脸可见他为人处世十分阴险。时过境迁,看见他与人讨论诗的长文,觉得其还是有可取之处。我过去认为槐南年轻气盛,作诗十分巧妙。仅凭借春亩公的欢心,作些献媚的诗,毫无大家风范。所以我说,槐南力图为春亩公增添光彩,却又在背地里窃光,不知欣赏槐南的人以为如何?

枚叔看了东陵的诗后评价道:"悲壮而沈郁。"东陵于诗,贵晋唐而不取宋元,最鄙视清诗。其诗既没有酬应之作,也无席上之作,故数量极少。常说"酬应席上"之诗作多了是诗衰败的根源,所以他的诗可谓惜字如金。然而那些把诗看作产业,并以此谋取名利的人在模仿东陵的时候会感觉有大的障碍。因此诗的兴衰不在一时，如果认为只要让作诗形成一个产业就足够了的话，那便是从根本上大错特错了。

枚叔读过东陵的诗后深感佩服，我说我也有一首诗，于是提笔写了一首五古，是当年伊藤春亩公前往上海时，我呈交的那一首，此诗日后附上湖村的评论，刊登在了《日本新闻》上。这一天在东陵家我们受到热情款待，饮酒畅谈，不觉时间如同白驹过隙。当初，东陵作为东道主时，约定了要拜访桂湖村的，于是我催促想要一醉方休的枚叔一起用过午餐，在热情的东道主的带领下，驱车前往日暮里的雷庵拜访湖村。

◎**湖村**

久闻湖村的大名，觉得他一定是个高爽瑰奇的伟男子，但见到他真人时有些失望。然他没有那种市井气，反而更为让人敬重。他那满屋子的藏书，还有许多天下奇书。开始笔谈时，牧野藻洲【7】也正好来拜访，我们五人相互执笔谈天，佳肴美酒，不被世俗侵扰，乐趣十足，看了《停云集》、【8】《济北集》、【9】《甘雨亭丛书》、【10】《足利本论语》【11】等书。湖村的笔谈简略而有要领，可惜他不善辞令。藻州的笔谈多议论而带笑谑之语。枚叔甚感有趣，便躺下开始读一本诗集，恍惚间竟然入了梦乡，他那毫不拘礼节的呼噜声，倒让人觉得有些可爱了。我第一次见到《济北集》，这本书被收录进了《元亨释书》，文笔不佳但作为历史资料十分珍贵。如果阅读《宁一山传》【12】就会发现书中还是有许多缺漏，也没有讲述心术的部分，这大概也是因为写这本书的时候，《元史》还没有成书，也不能太苛责作者。

按《元史》记载："成宗大德二年，速答儿乞用兵日本，帝曰今非其时，朕徐思之。三年，遣僧宁一山者，附商舶往使。"据此，有人说一山为细作，后来蒙古袭扰我国博多，也风传是这个僧人透露了我国的情报。

一山作为京都南禅寺的开创者德高望重，他的书画至今也受到世人的重视。而他是细作一事在《济北传》中找不到相关的记载，世人似乎也不甚谈及此事。

我对湖村说："枚叔从台北出发抵达东京，期间写了不少游记和诗，那些草稿都寄给了陆羯南。【13】在那之后还没能拜访陆羯南,不知道你是否听闻过此事。"湖村说:"在陆羯南那确实看过。"

"诗做得如何?"

"气魄似乎不足。"

枚叔睡了三五十分钟,我便叫醒了他,已经到了傍晚,我们应该告辞了。湖村十分殷勤地留我们用晚餐,餐后又开始笔谈,直到夜晚。我对附近并不熟悉,又已夜深,于是麻烦东陵向导。我们经过谷中,途经上野归还。途中东陵对我说:"枚叔论诗,颇得要领,也十分有趣。改日叫上湖村、青崖,大家都到寓所一聚,再畅谈一番。"但是后来东陵因为别的事去了水户,我们最终没等到机会再见面。

注释

【1】石田羊一郎(1865—1934),本名羊一郎,字士刚、号东陵。宫城县人。明治到昭和时期的汉学者、汉诗人。从学过国分青厓。共立学校英语专业毕业,历任共立学校教员、大东文化学院教授。著有《大学说》《老子说》《楚辞集注》《东陵遗稿》等。

【2】《蕉坚稿》为日本室町时代五山文学大家绝海中津(1336—1405)的汉诗集。绝海曾去明朝留学十年,诗集中有许多唱和明太祖的诗。

【3】《寂室语录》全名为《永源寂室和尚语录》,日本临济宗僧寂室元光(1290—1367)撰。

【4】松下见林(1637—1704),名秀明,字诸生,别号西峰山人(散人)。摄津(今大阪府)人。江户前期的国学者、儒学者。著有《异称日本传》《三代实录》。

【5】谷川士清(1709—1776),名升,公介,号淡斋,讳士清。伊势(今三重县)人。江户中期的国学者。著书有《日本书纪通证》《和训栞》《读大日本史私记》《勾玉考》等。

【6】春亩相公指曾任日本首相的伊藤博文(1841—1909),春亩为伊藤的号。

【7】牧野谦次郎(1863—1937),字君益,号藻洲、宁静斋、爱古田舍主人。香川县人。日本的汉学者,早稻田大学教授,东洋文化学会理事、斯文会常议员。

【8】《停云集》为清代翰林院仕诏方嶟的诗集。方嶟字谦山,生平不详。

【9】《济北集》为五山禅僧虎关师炼(1285—1346)的汉诗文集。

【10】《甘雨亭丛书》为日本安中藩藩主板仓胜明(1809—1857)的汉文集,刊于嘉永、安政年间,为《丛书集成续编》之一种。

【11】《足利本论语抄》为日本栃木县古时候(据说起源于平安时代)办的足利学校编的、供儿童们素读的教材,选择《论语》499 条语录中简单易懂的 63 条编辑而成。

【12】宁一山(1247—1317),又称一山一宁、一山国师,俗姓胡,中国浙江台州出身的临济和尚。作为元朝的使者赴日,受到镰仓幕府的怀疑而被监禁,后来历任建长寺、圆觉寺、南禅寺住持,开创了五山文学。

【13】陆羯南(1857—1907),明治時代的新闻记者,当时任《日本新闻》社社长。

(十四)

◎东陵的诗

枚叔拜访了东陵、湖村等人后的第二天,同我在居所谈论了很久。他评价东陵的诗道:“石田诗卓然成立,迈槐南万万矣。”我说道:“未免过誉了吧?”枚叔摇了摇头道:“以弟观之,品最高,他鼓公不能及。”我笑道:“兄每每评价敝国诸人士的诗时都提起槐南,槐南之流不足言哉。”枚叔道:“只因此公声名远扬,暂且作为评判标准罢了。”因我还不能领悟诗的风雅,遂将话题转向了别处。

◎桐城文派

说到桐城文派的话,虽然首推姬传先生,[1]然震川先生、望溪先生开其先,而渊源于六一居士。所以震川先生、望溪先生的文集早已经传播开来,姬传先生的文集则是最后流入的。据说在维新之前拥有《惜抱轩》的文人甚少。森田节斋[2]在好友处翻开《惜抱轩集》,读到了《登泰山记》后赞叹道:“天下之文,皆在此处。”遂向友人借了此集,几经催促才将其归还,可知此集甚少。近来以重野成斋先生为首,川田瓮江、四谷穗峰[3]等皆学桐城文派。我虽不是此文派的喜好者,也试着提了一些问题。

枚叔曰:“桐城派自姬传而后有管异之、梅伯言诸公,曾文正公亦私淑桐城者也。然其气息已稍殊矣。薛叔耘、黎莼斋皆曾公弟子,文以桐城为圭臬。二公没后,桐城绝响矣。然鄙意桐城派专法欧、曾,其规矩诚正矣。而才气未肆,格调未古,是亦一病也。与桐城并峙者,有阳湖派,为恽子居、[4]张皋文[5]所开。张深于经术,而文专取法昌黎。恽则驰骋百家,其文颇与老泉相似。故说者谓恽子居可于八家之外成第九家也。阳湖宗派,虽亦自桐城分支,而文气似较桐城为优,今则此亦渐绝矣。此外如侯朝宗、袁简斋诸公,才气虽肆而不能免俗,无足论也。惟汪容甫特树帜于桐城、阳湖之外,其文不法八家,而特宗东汉六朝,盖雅而未肆者也。魏默深、龚定庵之文,近颇风行。然魏多粗率,龚模拟诸子,未免太似,而仆亦自蹈其病焉。近世能文者,以湖南王闿运[6]为第一,较默深为纯矣。”

◎经史论存

一览关义臣[7]所编著的《经史论存》后,有何高见?

枚叔曰:“在上海时,黄公度以此书寄其友,从旁一览之。然公度于文章事不及黎莼斋,故视其评定,颇有所难解。曾涤生云古文之事,无施不可,惟难于言理耳。此最为见道之言,方望溪、姚姬传所不肯说。弟念如论鬼神,即不能不举西书、佛经以相辩驳。而如‘演若达多’等语,若入古文,便为不雅,故不得不作含溷语。然则由今思之,古文似应变体矣。”

◎三家之文

我将重野成斋、冈鹿门、[8]川田瓮江三先生之文与枚叔览之,枚叔读其各三五首,评价道:“川田《斯文学会记》可谓独得雄直之气,然与成斋又各有短长。盖成斋之洁，又胜于川田也。川田之雄直则过于成斋。”又曰：“此虽雄直而体势仍拘于方幅，有《东莱左氏博议》之病。如《海晏寺观枫记》，成斋所不屑为，诞而俗矣。鹿门气息必在宋元以上，体势又非帖括家修饰边幅者比，如‘长房缩地’等语，则桐城派不肯用，大抵近于侯、魏矣。”又评价《请藩公入朝书》道：“此文真可勒之金石矣。”

◎**谷公**【9】

枚叔问起谷公，余曰：“谷公出自安井先生之门，学力深厚，其说经虽是专门名家也有不及之处。”以《计介碑文》示之，枚叔曰：“谷公文亦精悍老成。其学其言，皆不似武臣。贵国能文知学者，往往于介胄见之。诚异矣。”

◎**元田侍讲**

又问起元田东野。【10】我道：“虽熟知谷公，但尚未顾及元田侍讲。我认为此人经术醰粹。曾在《国光》(杂志)上读过他的《尚书·咸有一德》讲义，品味很高，可惜文章有些不相衬。”于是向枚叔出示《明治孝节录序》及《小楠遗稿序》。

枚叔曰：“大抵经生多不长于文，然贵国尚兼之。支那二百年来汉学之士，愈出愈高，而或不能作信札，此则专门名家之一弊也。君观李善之注《文选》，其精博至矣。而词气之拙，实生民以来所未有。陆士衡《叹逝赋》‘知此路之良难’，李注云‘此路，即死路也’，其拙如此。”

◎**井上梧阴**【11】

枚叔曰：“前文部大臣井上之文何如？”遂以《梧阴存稿》以示之。

枚叔曰：“梧阴议论，盖同甫、水心之流亚也。特语语说尽，不如同甫之猾。”

◎**名字**

枚叔戏称余曰：“君与竹添井井【12】名字皆相近。曾记一事。明时有诸生与试官同名。试官恶之,因出一题令对。曰:‘蔺相如司马相如,名相如,实不相如。’其人应声曰:‘魏无忌长孙无忌,此无忌,彼亦无忌。’试官大屈服。”

余曰:“贱名虽然确实与竹添同出一处,与竹添相比却不足挂齿。问到名字,我也想起一事。我家乡有个姓横尾的人,举起长男,回头对妻子说道:‘以前的名字有带王字的,即樱丸王、遮那王之类,但却没有名字里带帝字的。我欲将此子取名为帝力。名中带帝这一事,我是开创者。’闻者皆为此好奇。”

枚叔曰:“当应之曰,帝力于我何有哉!古人不耻以犬马名,今则无之,亦是可惜也。然欧洲诸国花木船炮(舶?),多以维多利亚名者。前在上海,西人有两马。一曰李鸿章,一曰左宗棠,尚不足怪。或云德人爱犬者,以威廉第一名之,真绝倒。”

注释

【1】姬传为桐城学派之首姚鼐(1731—1815)的号,著有《惜抱轩文集》十六卷、《惜抱轩诗集》十卷。六一居士指欧阳修,震川先生指归有光(号震川),望溪先生指方苞(号望溪)。

【2】森田节斋(1811—1868),大和(今奈良县)人,江户末期勤王派儒学家。在京都从学于猪饲敬所和赖山阳,入江户昌平黉结识安井息轩。后在京都开私塾。著有《节斋遗稿》。

【3】四谷穗峰(1831—1906),名恒之,字子固,号穗峰。日向(今宫崎县)人。幕末到明治時代的汉学者。早年学于江户昌平黉,从学于塩谷宕阴、森田节斋。明治维新后曾任太政官历史课编修官、元老院书记官等。

【4】恽敬(1757—1817),字子居,号简堂,江苏阳湖(今常州)人,清乾隆四十八年(1783)举人,阳湖文派创始人之一。

【5】张惠言(1761—1802),原名一鸣,字皋文,一作皋闻,号茗柯,武进(今江苏常州)人。清代词人、散文家。少为词赋,深于《易》学,与惠栋、焦循一同被后世称为“乾嘉易学三大家”。又尝辑《词选》,为常州词派之开山,著

有《茗柯文编》。

【6】王闿运(1833—1916),榜名开运,派名世求,字壬秋、壬父。湖南湘潭人,出生于长沙府。晚清的经学家、文学家。著述甚多,后收为《湘绮楼全书》。

【7】关义臣(1839—1918),别名山本龙二郎、关龙二,号湘云。福井县人。政治家。曾学于昌平坂学习所,后任福井藩士,维新后任职明治政府,贵族院议员。

【8】冈鹿门(1833—1914),名千仞,字振衣,号鹿门。幕末期的仙台藩士、明治时期的汉学者。早年入江户昌平黉,和重野成斋同窗。毕业后在大坂开私塾双松冈塾,提倡攘夷尊王论。维新后曾任职太政官修史局、东京府等。辞任后在东京开设私塾绥猷堂,1885 年馆森鸿入绥猷堂拜冈鹿门为师。

【9】这里所谓“谷公”没有指名道姓,但从后面评论《计介碑文》来看,所指的是谷干城。谷干城(1837—1911),号隈山,土佐(今高知县)人。日本的武士(土佐藩士)、军人(陆军中将)。幼年在江户曾从学于安井息轩、安积艮斋。明治维新时作为勤王派参加倒幕运动。维新后曾任兵部省少丞、熊本镇台司令长官等,在镇压西乡隆盛掀起的西南叛乱之役中立下大功。《计介碑文》全称《陆军步兵伍长谷村计介碑》,收入《谷干城遗稿》,是谷干城为纪念在西南之役中立功而牺牲的谷村伍长写的碑文,用汉文写成。

【10】元田东野(1818—1891),名永孚,号东野,字子中。幕府后期到明治时期的儒学者,熊本藩士出身。幼年学于藩校时修馆。维新后由大久保利通推荐任宫内省出仕侍读。明治天皇《教育敕语》的起草者和主要推动者。

【11】井上梧阴即井上毅,号梧阴。

【12】竹添井井(1842—1917),名光鸿,字渐卿,通称进一郎。熊本人。明治时期的汉学者、外交官。历任日本驻天津总领事、朝鲜公使、东京帝国大学教授。曾游览中国内地,拜访过俞曲园、沈曾植、王先谦等,从陕西经栈道进入四川穿三峡入湖北,写出《栈云峡雨日记》,一时脍炙人口。

(十五)

◎百世来访

冈百世[1]来访。百世是恩师鹿门先生的公子,时年二十六。回忆起我在恩师的私塾里学习时,百世年仅十四五岁之翩翩美少年。弹指之间,已成为一名杰出的学士了。我自成年以来,浪走风尘,无所作为,难报师恩,实乃可惭可愧。枚叔听闻百世是鹿门之子,乃以重礼相迎,后二人笔谈。百世回以相见之礼后问道:“贵国近日之事与敝国维新前后的时候相似,阁下可读过家父的《尊攘纪事》?”

枚叔曰:“尊大人著作,在上海早读之。近日我辈之志,亦唯欲慕松阴、东湖、象山[2]诸公。然有一难者。贵国昔日志士甚多,而敝国士气不振,有志者无几。且贵国所戴之君,乃二千五百年之故主,恩如父子。敝国所戴之君,乃异域之君,○○○○,[3]则人心之不能激发,亦势所必至。又且尊攘诸贤,本在国中,而我辈则已逋逃海外。倒行反张,其势又难。此所以徒慕之而未有效之之术也。”

百世道:“兄台为何对学习敝国或西洋的语言文字一事如此感兴趣?”

枚叔曰:“年已三十二矣。欲学西语,舌强不人。已在庄岳之间,犹可学贵国语耳。人生不幸则遁于禅寂,而月照师[4]乃自浮屠而谋王室。我辈完发者深可愧矣。”

百世在大学时专修哲学,现在研究社会学,于是将此事告诉枚叔,枚叔听后大悦,提出种种问题。百世说道:“听兄台谈起国事慷慨激愤,试问东亚之近事当如何?”

枚叔曰:“慷慨何敢言?东亚近事,亦非蠡测管窥所能了,但谈社会之理耳。须边撒、[5]达尔文辈以生存竞争之学提倡全欧,而欧遂欲淘汰黄种以至于尽。今东亚之人,实二公笔墨所杀也。”

百世道:“兄台也以东亚人为劣种吗?”

枚叔曰:“虽不欲自谓劣种,然如敝国之昏惰怠废,则将终为劣种矣。虽仅存贵国之优种,何救于黄人全局乎?夫印度昔日有如许哲学之士,不可谓非最优之种也。而今为白人所噬,则固势力屈尔。一屈之后,白人以愚黔首之法愚印度，则自是为劣种矣。我东亚之人，亦非劣种也。而如印度则可畏矣。”

百世道：“想来印度人受佛教之弊，追求空远而不讲实学，以至于日渐颓败，遂被西方人蚕食殆尽。而今如果不去掉空想主张实学而培养人才的话是不行的，此为我研究社会学得到的一点见解。”

枚叔曰：“窃观《华严》《楞严》《阿含》等经，佛经亦未尝不凿凿有实据也。如言世界种，及欲界、色界、无色界等天，则固知星炬皆日，其旁皆有地球也。言世界如有白云者，则固知星团星气为世界也。言痴颠倒生金石，则固知金石虽极顽，而未尝不少具至微之识也。言如来藏不生不灭，则固知光热电未尝有增减也。并排上帝而空之，则固知上帝造人之为妄，而知生物皆以竞争而渐化也。何言其空乎？空者只禅定一派耳。净土之求福，禅宗之谈空，实可鄙弃。然未必是释迦本旨。如华严原人论一派，此固知生物学矣。”

百世道：“佛教、回回教、耶苏教皆有弊害，若取其精华去其糟粕，成立一大宗教，如何？阁下难道不想当此大任吗？”

枚叔曰：“弟意须达因等说一出，各宗教皆不攻自破。而其精者亦不能弃也，其空者又无可捉摸，难以破之也。即如儒书之言乾元，佛书之言性海，此果何物乎？搏之不得，验之不能，则亦无以破之也。如德国哲学，已多凭理想，而少实验矣，恐穷极必归于佛耳。讲各种哲学而遗社会者，其国必弱。如向所举佛经诸说未始无实验，而终不切于人事。印度之衰，其以此耶？儒书所言，大旨亦多在社会，但未穷极精妙耳。吾兄以为何说较胜？”

百世道：“一时之间很难言说，但听到儒学是以社会为主之说，我非常欢喜。”

枚叔曰：“讲求社会之学，必原于生存竞争，乃不得不探原于动物所自始。而就求其原点，则往往与佛学相关系。然其理亦有甚相背驰者，欲平之而无其术也。生存竞争之既极，劣者亡，优者存。夫自脊骨之鱼以至于人，其相化相搏相噬不知其更几何世矣。岂化至于人，遂截然止乎？他日人又必化一高等之物。而此圆顶方趾者，又将为其牺牲。鄙意则然。吾兄不哂其？”

百世道:“我的观点亦是如此,在充斥着生存竞争的今日,排除空理讲求实验之学,乃第一要务。”

枚叔曰:“空理征之于天,实事为之在人。故必排上帝而后可办事。庄周有言,人之君子,天之小人。天之君子,人之小人。盖今日则宁为天之小人,必不愿天之君子也。”

此二公笔谈甚多,以上其实只是大半部分,而且我还未将百世答复枚叔有关哲学社会学的答问全部登载。鹿门师当时正在山形一带游历,枚叔十分想见他却未能遂愿,感到十分遗憾。这也是我最遗憾之处。

注释

【1】冈百世(1874—1945)为冈千仞之子。明治三十一年(1898)东京帝国大学文科大学毕业,后任三井文库主任。

【2】象山即佐久间象山(1811—1864),名启。江户末期的学者,信浓松代藩士,先修朱子学,后修兰学,主张吸取欧美的科学技术强国,后为攘夷派暗杀。胜海舟、吉田松阴皆为其学生。

【3】此处空白 4 字,疑为章氏非难清廷之语,印刷时为避嫌而打圆圈。

【4】月照(1813—1858),名宗久、忍介、忍铠、久丸。为幕末萨摩藩尊皇攘夷派的僧侣。安政五年(1858)8 月安政大狱时,西乡隆盛和月照共同逃出京都回故乡萨摩藩,不被萨摩藩容纳。于是月照和西乡一起在锦江湾投水自杀。月照不幸溺死,西乡被人救起,后成大业。

【5】“须边撒”是英国哲学家、社会达尔文主义者赫伯特·斯宾塞(Herbert Spencer, 1820—1903)的日文汉字译名。也译作斯边撒、斯边琐、斯边锁。

(十六)

◎乌不欲白

枚叔曰:“读石川千代松[1]所著书,论乌黑色不能自变为白之故。其言曰:‘乌无他物害之,其色不妨为他物所见,故不愿变白也。’一笑。生物学家动称万物之形体色泽，皆由自己想成，乃其说遂至可笑如此。昔秦皇誓燕太子丹曰：‘当令马生角乌头白而后得归。’固以为绝无此事也。今如彼说，则马欲生角即可生，乌欲头白即可白矣！”余曰：千代松之说真可笑。然也有类似的。往年吾师冈鹿门去贵国旅行时，在宁波受到领事东次郎西餐款待。席间一名叫根贝尔的英国人谈论起莫尔的动物变生论来。他说：从前他在澳大利亚当地的猴群中生活过，自己也变得毛发耸立起来，看起来像一个真猴子。再就是有个动物学士在非洲的那答腊多养育了两只小猴，让它们和儿童们群居，饮食语言和儿童一样，然后又教给小猴学术技巧，其知觉举动丝毫与人无异，唯面貌稍异。这两件事可以证明莫尔的学说。这样的话唯独不能让宗教家听见为好。

◎耶苏

德川幕府的时候，经常将“马礼逊”这个人名和船名搞错，引起骚动。儒者不知音译和义译，误解事理的例子甚多。如今中国湖南有一个著名儒者王闿运，为学界泰斗。他选编了一本《八代诗选》，早就在东京各地流传开来。枚叔曰：“王氏尝说耶苏之义曰：耶者父也，所谓天父也。苏者，死而复生也，谓彼钉死七日而后活也。是等皆不知译音译义之别，强相附会则仅亦诮之。”我想这比刚才所说搞混“马礼逊”更加好笑，连泰斗大家都如此，更不要说一般人了。

◎俄人之远略

枚叔喜好谈时事，对俄国人占领满洲犹为气愤填膺。余对他说，吾师鹿门游览贵国时，榎本[2]担任全权公使驻北京。榎本嘉永五年(1852)年方15岁时入昌平黉学习，鹿门先生年长5岁为学长，所以隔了三十年再见面，还是殷勤接待。有一天谈到俄国人在满洲沿海蚕食，榎本曾在俄国驻扎过，熟悉俄国的情况。他说，西伯利亚原来只有偏西北处才属于俄国，为犯人流放之地。犯人们没有粮食，不得不在深山老林打猎，因而贪婪无厌。遂沿着黑龙江来到东方的出海口，建立港口。至此其边境才和中国、朝鲜接壤，属于偏僻地区。文化年间(1804—1818)派使者来日本,并开始侵略虾夷(北海道)地区。后派遣布恬廷[3]出使我国,任命比罗牟雍为满洲沿海巡检,上下黑龙江三次,遂得北塞之要领,逼迫清朝谈判“正疆之议”。俄国向北京派出使者始于顺治十八年(1661),算是清朝的旧交了。第二次鸦片战争英法联军攻占北京(1860)时,皇帝北遁。俄国乃派使者迎接恭亲王前往俄使馆,和英法两将军相见,商定赔偿,签订条约,才收拾了乱局。清朝不懂满洲沿海地区的重要性,且俄国使节有再造之功,遂答应其请求,致使黑龙江两岸到朝鲜北部的土地全部落入俄国人之手。按《一统志》有:盛京东北濒海之诸部皆隶属宁古塔黑龙江将军,地虽极边,其民属内,固未列外藩。魏默深论述此事,说,既不列外蕃,则东三省之边城,皆版图内之地也。而此数部之疆域,户口之多寡,一字未及。今人动辄称国初的声教犬不及使鹿之地,而其地在何方,其民如何,则茫然如绝域。国初平定东北边陲,规定满洲诸部,如今却不知何地云云。以本朝人谈本朝掌故尚如此,何言自古以来,更何论荒外?满洲之海岸既无记载,俄人侵略进来不足为异。然俄人觊觎满洲久矣。仆曾闻俄帝彼得微服游英国为工匠。及其登顶大位以后,专为远略之事,如黑龙江沿岸早已测量完毕。康熙和彼得生逢同时,远不能及。俄人占据满洲的野心自彼得起,没有能防备的康熙,缺乏深谋远虑。然彼得虽卓绝豪杰之主,犹不及秦皇汉武。如今遗憾的是不能从地下唤起秦皇汉武,方不能来谈论此事。

◎文中子

《文中子》是否王通之作?枚叔曰:“究其真伪不可知,然姑以真论之。弟读《文中子》,中有与巨公显宦来往踪迹,及多举未来之事以为验,此殆后人所增。然其人似非伪。王无功《白牛溪赋》云‘昔吾兄之所止’,则王通必有其人也。”曾闻房、杜、魏、薛诸公皆出自于文中子之门,果真如此吗?枚叔曰:“此等语,盖后人所增。不然彼何独不言其师耶?或竟疑为阮逸所造,则似太过。然即使出于阮逸,逸之学亦自不可及。即以阮逸当文中子可也。”

◎**五溪诗**

安江五溪[4]为十五、六年来的旧友，交谊不渝。从台南寄来《台澎日报》。五溪著有《随辕杂诗》十首。看见来自远方友人的诗作，感到非常高兴，便给枚叔看，以求评论。

枚叔曰：

> 作诗如作画。疏淡者易工，妍丽者难雅。惟写景能入豪芒，而用笔不杂藻绘，斯为神技。综览大箸，盖深得此意者。如新蒲江上两联，神似摩诘，[5]固有目共知。鄙意尤喜"数家村落过黄牛"一语，用意遣词，脱尽前人范围。彼句摹字拟者，亦可以愧矣。己亥七月枚叔书。

注释

【1】石川千代松(1860—1935)，日本的动物学家。1878 年东京帝国大学理学部毕业，留校任教，在日本首先开设进化论课。后留学德国。著述甚丰。

【2】榎本武扬(1836—1908)，江户末期(幕末)的武士、幕臣，明治时期的政治家。曾担任过外务大臣、海军卿、驻中国公使等。

【3】布恬廷又翻译为普佳京，全名叶夫菲米・瓦西里耶维奇・普佳京(1803—1883)，俄罗斯海军上将、外交官，曾任教育大臣(1861)。1852 年，率领舰队到日本长崎，要求日本开放贸易。1855 年，与日本签订《日俄和亲通好条约》。

【4】安江五溪(1875—1934)，名正直，号五溪，岐阜县白川乡人。日本的汉诗人，曾师事冈鹿门学习汉文。1897 年随后藤新平去台湾，任台南县知事官房秘书，1900 年任台湾基隆筑港局书记，后任职台湾总督府民政部土木局，负责调查台湾的古建筑，著有《台湾建筑史》。在汉诗方面造诣很深。

【5】摩诘即唐代诗人王维(693? —761)，字摩诘，号摩诘居士，河东蒲州(今山西运城)人，祖籍山西祁县。著名诗人、画家。

(十七)

◎柳下惠

枚叔愤激时事,有悲壮慷慨之作。即使有所讳忌,也不回避。枚叔曾有《上李伯相论时事书》那样的堂堂万言大文章。自言吾文章有不让人之处,可见其傲。现抄两段杂谈之语如下。

枚叔曰:

> 柳下惠为士师三黜,夫三黜亦必再起矣。直道而事人,何以能得此乎?公试思其义。弟以为,士师则主刑法捕盗贼者也,而下惠之弟则盗跖也。庄子云:"盗跖所过,小国守城,大国入保。"然则鲁之畏盗跖也甚矣。惟用其兄,则其弟或不入境行劫,是所以虽黜而不能不复用之也。而下惠之不去父母之邦者,无他,亦以己在,则盗跖不至入鲁而已。

◎周礼

枚叔有读太田代《政体论》后书,曰:

> 子夏云:义利之心,交战于中,故身瘠矣。弟近日一念为旧学,一念为新学,亦仿佛义利之交战也。然新学亦于旧学有益。使太田代不生今日,《政体论》亦未能如此详备也。今人喜以泰西制度说《周官》,是亦一益。不然徒觉《周官》之琐碎迂拙也。弟见贵国图书馆目录,《周礼》不列于经类,而列于政书类。此事可法。

◎惜别

枚叔学问之精博,从来日本的笔谈中略窥一斑。他曾在张之洞麾下,鹤立于二三千人中,可见不同凡响。余与之交谊后,日有所进,枚叔亦夸吾之笃志,答辩甚为恳切,能尽底蕴,对他人恐怕不会如此。枚叔曾说,明末的事迹在贵国诸家笔下尤为精辟。曾造访过文渊堂琳琅阁,没有得到奇书。求重野先生找的《朱舜水文集》,[1]也未得到。张非文的《莽苍园集》[2]我有手抄本。还购得有五六十本关于动物、植物、政治、法律、社会进化论、族制进化论、地球发育史等方面的书,并随身携带。枚叔认为,舜水、非文乃遁逃之臣。然在台北和东京都没有义公你那样的贤者。即使有,也只是王维诗所说"人情反覆似波澜"那样的贤者而已。枚叔不幸和顽固刻薄之徒相遇,反复遭到背叛,未能得到知己。在东京时,重野老师如没有生病的话,或许能有口饭吃,受到礼遇。天妒枚叔之英才,多次失去机会,十分可惜。枚叔归国之心已决,赠送余一支翡翠玉尺作为留别。这支玉价值二三十金,乃海外知己所赠,我受宠若惊而勉受之。

8 月 17 日夜,送枚叔至横滨,在《清议报》馆楼上,临别时对他说:"弟明年春希望去游贵国。"枚叔说:"兄如来,弟当作东道。杭州有一个叫林启[3]的人,一定要前往拜访啊!"呜呼,枚叔将要启程了。曾忆枚叔设酒拜母和我定交,余说《吕蒙传》有"拜蒙母为友"之语,如今拜老母订友,可谓古谊。枚叔勉励我说,希望能像吕蒙那样立功建业。我一事无成,有愧知己甚多,而今和至友相别,不由黯然。杜甫曾云"文章有神交有道",终于挥泪分手,枚叔亦会数日闷闷不乐吧。

◎重野先生诗

重野先生曾两度发疽,久治不愈。前去告别时所幸已经痊愈了。重野先生亲手教我文章,又赐给我两本载有他在学士会馆有关常用汉字之说演讲的杂志,说:"这是我最近的演讲。"余敬而受之,并恳求梦寐以求的题字。先生说今晚挥毫,送到你的住所。到了晚上真的特意送来了。先生平常不为人挥毫作字,而余能受此宠爱,实在是感谢不尽。

题画(扇面)

孤筇琴鹤步秋晴,厓树可观泉可听。

一路山村归到晚,夕阳闲却小茆亭。

小松内府像赞(幅)

一生匡救奉君亲,忠孝惟公得两全。
何人谬拟范文子,祈死事终青史传。

还赐给我"居德善俗"的横幅,这是《易传》之语。我拜受此赐后就出发了。

是日先生还出示了准备给枚叔看的从友人那里借来的《舜水集》,共有十六本,甚为巨观。余曰:他已经归国了。先生说痛之惜哉,你转话给他,受托之《服注左传》及《舜水集》一定找来送去。枚叔曾前去告辞过,而当时先生去温泉疗养去了,枚叔也深感遗憾。真是英雄知英雄,好汉爱好汉,此话真不欺人也!

注释

【1】朱舜水(1600—1682),本名朱之瑜,字楚屿,又作鲁屿,号舜水,浙江余姚人,明清之际的学者和教育家。明末贡生。清兵入关后,流亡在外参加抗清复明活动。南明亡后,东渡定居日本,在长崎、水户等地授徒讲学,受日本朝野人士推重。著有《朱舜水集》。

【2】张斐(1635—1687),字非文,浙江余姚人。明末遗民,明亡之后绝意仕进,图反清复明,曾两度赴日乞师,与日本人讲学论道,诗文唱和,广结友谊,其人其文在日本影响深远,然国内甚少为人所知。著有《莽苍园稿》(刘玉才、稻畑耕一郎编纂,南京:凤凰出版社,2010年)。

【3】林启(1839—1900),字迪臣,福州人。曾任杭州知府。在任期间兴办学校,提倡农桑,创办求是书院(浙江大学前身)、蚕学馆等。章太炎为求是书院首届学生。

(十八)

◎离京

我八月二十七日乘从东京出发的夜间列车,于第二天下午三点左右时抵达大津,拜访了加茂先生,并小住了两日。加茂尊公是一位儒学家,他谈论的话多出自经史而且有根有据，令人钦佩、信服。加茂先生欲送我沿琵琶湖运河南下去京都，我谢过他的好意，途中与他告别。之后动身前往拜访石川香桂。在那里住了四天后，从神户回程。

◎**愚庵十二胜**

我住在香桂那时，有一日去拜访了愚庵的铁眼禅师，与他一直交谈到了晚上。前些日子伊藤狮山送来的兰花，虽抽了三四寸长的新芽，还没有开花，但还是能感受到主人得其后的欣喜。有诗描写愚庵的胜景：

愚庵十二胜

归云岩

上无攀缘人，下有高卧士。但见白云还，不见青云起。

灵石洞

绝壁象开路，幽龛龙献灯。香烟时出洞，中有坐禅僧。

梅花溪

梅花三十里，一白雪埋溪。只有黄昏月，空山路欲迷。

红杏林

杏林唯爱花，花发邃禅界。累累千万株，可笑倩虎卖。

清风关

琅玕竹千个，应有鸾凤巢。孤关昼尚掩，一任清风敲。

碧梧井

昔日沈丹砂，清泉玉雪喷。【1】山僧汲井华，炊得胡麻饭。

枣子径

古径夕阳深，山禽鸣不聒。枣红大似瓜，仙客来医渴。

采菊篱

昨夜风霜肃，祇林秋色残。一枝篱下菊，唯许老僧餐。

锦枫厓

神斧削山骨，厓高飞鸟通。天边霞绮散，秋色照丹枫。

啸月坛

天高秋在地,云月共徘徊。仰首一长啸,蹁跹仙鹤回。

烂柯石

石径入松林,云深棋响散。樵夫晚不归,恐有斧柯烂。

古松坞

幽契唯兰竹,风霜不改容,怪他君子节,曾受大夫封。

这些诗出版后,很快在世间流传开来,副岛公等人为之作了许多次韵和诗,已经集成了一本小册子。在台湾的巨匠大家们也纷纷赠与和诗,这已经不仅仅是铁眼禅师之幸事,更是整个文坛的一大幸事。

◎栖霞和荒木

余对铁眼禅师的谈吐感到敬佩,其中有许多值得记念的话语。禅师问我,你真的不认识后藤长官吗? 我回答道,我从未求见过高官。在台北的政府内奉侍过桦山、桂、乃木、儿玉四任总督,但从来没有晋谒过。后藤长官来后我从没去过他的官邸。只是某日,长官叫我才接近之,接受了一些工作,但还不是特别熟识。禅师说:"后藤君曾对一个医学博士荒木说过:'兄的著书工作看似渺小实则伟大,而自己的民政工作看似伟大实则渺小。'荒木问其所以然。后藤这样说道:'兄多年的著书事业会流传天下后世,为自己带来不朽的名声。而我的政事在我身没之后,其功名会灰飞烟灭。故曰我还是不及兄。此非慰藉之语,而是事实。'"我说:"此乃高见。如果带着这么清醒的认识来从事行政工作,即使是骨朽也一定会留下名声。"禅师答道:"的确如此。切记要警惕那些要小聪明虚张声势之人,欺软怕硬之人只能成为一个俗吏。"

◎建兰

铁眼禅师乐于搜集各个种类的兰花,他指着一株说道,这是中岛真雄君[2]从遥远的福州给我送来的建兰,因为产于福建所以得此名。然而在爱兰家往往戏称它为“Tateran”。想想我国的普通人也有着这样的念法，青崖过去说过，某士人将“韩愈再拜”读作“Kan，iyoiyo saihai”或称“柳宗元”为“yanagi，munemoto”。近来台北也有人将圆山用日式的念法称呼为“Maruyama”，对于这一点也许没有必要大肆批判，然而风雅人士将建兰称呼为“Tateran”，就不免有些太过了。

注释

【1】此处缺2字。据其诗集补“雪喷”二字。

【2】中岛真雄(1859—1943)，广岛人。1890年作为荒尾精建立的日清贸易研究所所员来华活动，1897年任东亚同文会福州支部长，创立《闽报》。所以此处有从福州送来兰花一事。

（十九）

◎归航夜话

九月三日我坐上了从神户出发的横滨丸，在船上偶然遇见了户水万顷【1】君。万顷君潇洒利落，与他的谈话也十分有趣。他向我展示了他的老师山田新川【2】先生的诗集，躺在船舱内看完一遍以后，万顷问我道：“你不认识大野云潭吗？”我说，我久闻其名但从未见过。于是他说给你们介绍一下。他带着云潭君过来，我们三人一起交谈直到五更天。

云潭君自称以朱子学为主。我说我向来不喜欢宋学，汉学我觉得也有需要取舍的地方，最不相信魏晋隋唐的学问。然而对于汉学宋学，都没有深究，固还不能明白其中的奥妙。对朱子学的性命道体、太极无极之类的学说虽然都有涉猎，但是还没有达到深入探讨能够问难的地步。

我接着提问：宋儒的学说经常引用佛老的话。锦城认为“虚灵不昧”出自《大智度论》，“冲漠无朕”出自《庄子》，“明镜止水”出自《圆觉经》，“事理对言”出自《华严法界观》，“体用一源显微无间”出自《华严大疏》，“虚静无欲”出自《老子》，而其他诸如人欲之私，天理之公等话均非出自孔门诸子的语录，所以宋儒之说只能看作是一家之言，而难以认同他们是孔孟的嫡传。对于这个说法你怎么看呢?

云潭君说,兄台这个说法古已有之,至于为何要借用佛老的话,如果仔细审视当时的情势便不言自明了。我现在正在发行一本名叫《朱子学》的杂志,改日便送你一本,你读了以后,再听取你的意见。云云。

云潭重义理而强调考证的弊端,国分青厓也多次谈及此事。虽然我的学问偏重考证,但是我过去就曾认为,考证犹如医学的解剖学,不懂解剖学的医生做出的诊断不免让人感到不安,不根据考证的经说也难以让人信服,但是今天话也就只能说到此了。

大野君说,之前有本杂志刊载了一篇文章,驳斥岛田重礼【3】的学说,岛田当时很不高兴。我不以为然,觉得为了得到真理而起的争论,应当跳出礼仪之外,即使是君王、父亲、老师、友人也不该受其左右,这才是讨论历史时该有的样子。我的老师鹿门是艮斋【4】的门生,著有《驳艮斋〈今诸侯非王臣辨〉》一文,有关东儒生以为不明事理。其实这就是以正义之名不行私情之实。《左传》有“大义灭亲”,故我赞成老师的做法。岛田先生认为,公然接受朋友的驳斥,这就是把私交上的礼仪与讨论历史的意义混为一谈了。我在台湾住了三五年,诸君中也有把史论与《道德经》混为一谈的,在驳斥重野的学说时也顺带着抨击我,拿《道德经》来驳斥史论是本末倒置。大野说,兄台的说法深得我意。

大野称赞重野的文集,认为它不逊色于息轩和宕阴。我说,在文集的第一集里没有收录说理的文章,第二集或第三集应该收录。如果能收入《奉旨撰文》三首话,可谓“近古巨观”集了。我把第一集送给了台南的罗蔚村,请他给第二集作序。蔚村序曰“体格谨严有太史公风”。重野老师想给他回信,但是因为生病无法握笔,由我代笔写信传达了感谢之情。

根本通明解说庄子,以鲲鹏配合卦,讲《庄子》是说明《易》理之书,恐怕是邪说。重野老师则有取《庄子雪》之处。《庄子雪》糅合儒家,听说王闿运也注释《庄子》,说庄子为孔子之正传。章炳麟也曾说过庄孔可以合二为一。早年晋人这样的说法就初现端倪,然而那时还没有以庄子说孔子,以六经解说庄子的。

又问，对宋朝以后人们以六经解读《庄子》你有什么高见？大野君说，这样的说法古已有之，《庄子雪》有俗解之处，根本之说不足为取。我曾把《庄子》的英文译本给外山正一[5]看，问他能读此书不？外山没有理睬。我戏称，你是洋学博士。我虽不精通洋学，但通读这本书的能力还是有的。如果连你也无法通读的话，其他的文学博士恐怕更不行了，我时常听欧洲人说，即使是文学博士也有学识上薄弱的环节。

“如果船上还意犹未尽的话，便等到了台北再谈吧！”我们如此相约，可最终没能再相会。我想大野君以朱子学为基础，再融会东西的学问的话，一定会有所收获。真是有识之士呀。

◎围棋

我从去年以来寄宿在大东学人那里，闲暇时便去听围棋讲义，现在已经成为大东门下的一名“刚手”。在船上与大野君对弈，一战再战都大获全胜。一同坐船的石本兄来向我挑战，我也取得了胜利。胜者继续再战的三战四战也被我拿下，石本兄大笑说道：我们是运气太差了才输的，不是你有多厉害，不要骄傲。有游戏也有雅谈，这场旅行并不无趣。

◎收笔

我与枚叔的笔谈已积攒了百张有余。其中谈经的部分多加留意，因相互都是凭借记忆写的，如果是对照原文的话肯定会有许多错漏。我回答枚叔的关于日本的掌故和史实，在这里也就省略了。剩下的都是些一时兴起而不是深思熟虑写下的。如今看来有许多地方可以加以修饰，但是我又害怕会失去原本的意思，所以斗胆不加修饰地把这一部分翻译出来。但如果是那些专门给人挑错的阴险之辈故意找茬的话，我也在所不辞。

到现在为止的连载，除去纪行文之外，大多是枚叔所写的答辞，我想从中窥知清国儒学之一斑。对于也想踏上这条道路的人来说，仔细读来一定会有所收获。我把这些笔谈都藏在箱底，等他日能再见到枚叔时，便可继续与他交谈了。

注释

【1】户水汪(万顷)(1860—1917),加贺(石川县)人,《台湾商报》《台报》的发行人。

【2】山田新川(1827—1905),名长宣,字子昭,号新川,别号太刀山人。越中(富山县)人。江户后期到明治时代的汉诗人。著有《太刀山房绝句钞》。

【3】岛田篁村(1838—1898),名重礼,字敬甫,号篁村。江户(东京)人。明治时代的汉学家。幕末从学于海保渔村、安积艮斋,在昌平黉受到盐谷宕阴的影响。明治十年(1877)任东京帝国大学文科大学教授,文学博士。

【4】安积艮斋(1791—1861),名重信,字思顺,号艮斋,别号见山楼。陆奥(今福岛县)人。日本江户后期的儒学家、诗文家。1813 年在昌平黉进入林述斋门下学习,次年在神田骏河台开设私塾"见山楼"。与松崎慊堂、古贺縠堂等人亲密交往。1836 年被任为家乡二本松藩儒,1843 年成为二本松藩校的儒官。1850 年任昌平黉教授。弟子甚多。

【5】外山正一(1848—1900),江户(东京)人。明治时代日本的社会学者、教育者。文学博士。曾任东京帝国大学文科大学长、东京帝国大学校长、贵族院议员、文部大臣。曾至密歇根大学留学,擅长英语。

Explanation and Translation of Tatemori Kō's *Like but Not Written*

Tatemori Kō, Explanation by Deng Hong, Trans.
and Annotation by Deng Hong and Zong Haonan

Abstract: Zhang Taiyan's three personal visits to Japan were extremely important resumes in his life, and left a deep imprint on his thinking. Similarly, as an important figure in modern Chinese history, each of his visits to Japan was noticed by all walks of life in Japan, and every move he made left unique traces in Japan. Zhang Taiyan's first visit to Japan was from June 14, 1899 to August 18, 1899. Japanese sinologist, chapter Taiyan early years of firm friendships with the Tatemori Kō's compiled *Like but Not Written* article, is chapter Taiyan's first visit to Japan's original records, which as many as nearly a hundred of his and Japanese sinological circles, "pen talk" manuscripts. We try to translate the whole text of *Like but Not Written* into Chinese, and explain it by solving the questions.

Keywords: Zhang Taiyan, Tatemori Kō, *Like but Not Written*

“护法”后的勋位之议

——新见章太炎致黎元洪信札考释①

王克松

（中国社会科学院大学马克思主义学院）

摘要：2021 年秋，北京保利拍卖会公布了一通新见的章太炎致黎元洪信札，未署作年。本文对此札进行整理和系年，认为当作于 1922 年 10 月 1 日。自 1922 年 6 月至 1923 年 6 月，章太炎反复致信黎元洪，请求褒扬护法勋人，此札为系列致信的中间一环，涉及护法运动中诸多的重要人物及事件。本文考订了章太炎系列致信的经过，对相关历史人物和事件进行笺释。这封书札体现出章太炎后期政治活动中的艰难境遇，是章太炎参加护法运动、与黎元洪交往的历史见证。

关键词：章太炎　黎元洪　护法运动　授勋　信札

在民国初年的政坛上，章太炎与黎元洪过从甚密，从 1912 年初次见面到黎元洪去世，二人互相钦慕推重。章太炎曾盛誉黎元洪“功业格天，仁声彰著”，②并在黎氏身后撰有《大总统黎公碑》一文。可以说，与黎元洪的交往构成了章太炎后期政治活动的重要内容。2021 年秋，北京保利拍卖会公布了一通新见的章太炎致黎元洪信札，未见于此前公开出版的著作，为我们深入理解章太炎与黎元洪的政治往来，及其在护法运动中的政治境遇提供了新的启示。兹将札文整理如下，并结合相关史料加以考释。

---

① 本文的写作得到孟琢老师的指导，特此致谢！

② 马勇整理《章太炎全集・书信集》，上海：上海人民出版社，2018 年，第 658 页。

一、《章太炎致黎元洪信札》的系年与主旨

大总统钧鉴：

国庆将届，气象一新。前所论护法勋人朱庆澜等，似宜因此发表。又国会议员郭同前在公府，身值国变护法事起，随炳麟赴云南乞师。其时滇中将吏尚多狐疑，委曲诱导，意始坚决。师至重庆，吴光新兵败遁逃，卒成三省联盟之功。适黎天才、石星川等建义荆襄，炳麟与同力劝滇军在重庆者，以一旅顺流直下，则吴光新自然成禽（时吴光新窜至宜昌），而荆襄半壁可以巩固。然后与湘、桂各军会师武汉，南北始有均势。滇帅志浅意满，未能听从。是盖天定胜人，非谋士不臧也。炳麟以随陆驰说之劳，蒙公晋叙。念郭同随同办事，劳勚宜酬，可否量予官勋，以彰包胥存荆之绩。其人虽久居侍从，而因功食报，在我公不为偏私也。再故陆军中将蔡济民，辛亥倡义，已有殊功，曾已授勋二位。护法之役，济民于广济倡义，几遭掩捕，崎岖奔走，至于利川，与黎天才等相应，后为川中援军方化南所杀（方化南于九年夏亦已就戮）。虽保守弹丸，未能发展，而无故惨毙，可为悼伤。可否恤其后裔，以附兴灭继绝之义。又护法一役，先后五年，其因事见系者尚有数人。以炳麟所知，如鄂省聂豫等，久系江陵，尚未开释。其他与聂豫相同者，恐犹见闻所不及，似应以明令普予释放，使天下荡然，无有觖望之士。以上数端，前因郭泰祺入谒，已略书大概，属其转呈。恐事实未明，故敢明白条列如此，唯公鉴察焉。

章炳麟启

十月一日

此札未署作年，《民国政要致黎元洪函札暨相关历史文献资料图录》一书将

其推定为1917年所作,[①]实不可信。考之史实,黎元洪分别于1916年6月至1917年7月、1922年6月至1923年6月两任大总统。此札作于10月1日,称黎元洪为"大总统",1917年10月1日黎氏已然卸职,故系年于1917年为误。1922年6月黎元洪复任大总统,次年6月再次下野,则此札必作于1922年10月1日。此外,护法运动起于1917年,历时五年,正与此札中"护法一役,先后五年"一语相契,亦为系年于1922年之显证。

考其生平,章太炎在1922年6月到1923年6月之间,曾反复敦请黎元洪表彰护法运动有功之人。此札正是系列致信的中间一环,具体而言:

1922年6月19日,章太炎致信黎元洪,请求表彰护法勋人程璧光,以激励为国尽忠者。"惟念表彰勋烈,庶政所先。五年以来,以护法死难者,不可胜纪,而推本元功,则以海军总长程璧光为首。……五年以来,南方护法之业,实程璧光倡之。大义未伸,不幸惨死。今者法统恢复,日月重光,而程璧光赍志九泉,不睹中兴之业。我公追怀勋德,感悼如何?恳请追赠官勋,优恤后裔,以为忠于谋国者劝。"[②]按:程璧光于1916年任海军总长,1917年7月与林葆怿率海军第一舰队南下广州,并发表《海军护法宣言》,实为响应孙中山护法号召之先声。同年9月,程氏任护法军政府海军总长。1918年2月,在广州遇刺身亡。在章太炎致信之后,北京政府于1922年7月20日追赠程璧光为海军上将,于8月9日追赠程璧光以"勋一位",章太炎亦为之撰《赠勋一位海军上将前海军总长程君碑》。

1922年8月21日,章太炎再度致信黎元洪,强调褒扬护法运动有功之人之必要,如政府财政拮据,至少当授予勋位。"护法一役,劳绩之士甚多。唯今暂据初起为言,尊公以外,犹仆及林葆怿、陈炳焜(广东督军)、朱庆澜(广东省长)。林随尊公倡义,陈首义广东独立,朱首迎海军、国会至粤。除鄙人曾受勋二位外,林、朱皆未受勋。[③]今望黎公以此同时发表,或晋或授,

① 保利艺术研究院、保利艺术博物馆编《民国政要致黎元洪函札暨相关历史文献资料图录》,北京:北京燕山出版社,2021年,第37页。

② 《章太炎全集·书信集》,第528—529页。

③ "林、朱皆未受勋",不确。1916年,朱庆澜被北京政府授予"勋三位"。参徐友春主编《民国人物大辞典(增订本)》,石家庄:河北人民出版社,2007年,第362页。

不失权衡，人亦自无异议。”①林葆怿、陈炳焜、朱庆澜与章太炎，均为护法初起时即积极响应孙中山护法号召的人士。

1922年8月29日，章太炎被黎元洪授予“勋一位”，即此札所云之“蒙公晋叙”。章太炎曾被袁世凯授予“勋二位”，故以“晋”言之。1922年8月31日，章太炎就晋勋答记者云：“至此事发生动机，以余观之，当在褒奖程璧光一事。因恤程发表后，老黎曾嘱将西南护法有劳绩者开一名单。当时余闻单曾分两类：一为尚在西南，未承认中央者；一为已下野者，总计近六十人，林葆怿、朱庆澜等俱在其中。现在遗弃其他之数十人，而独表余一人，可知此事非出老黎之意。”②结合8月21日的信来看，在褒奖程璧光之后，尚有一份近六十人的护法运动褒奖名单，林葆怿、朱庆澜等人皆在其中。此次仅章太炎一人受勋，不免“贪功”之讥，故章太炎于此颇为不满。

此封新见信札正作于上述书信、答记者问之后，所论褒扬、优待护法勋人之事，亦与章太炎的主张一脉相承。札中建议褒奖郭同、蔡济民，释放因护法获罪之人，不久之后，北京政府于1922年10月12日追赠蔡济民为陆军上将，当为对此之回应。

二、《章太炎致黎元洪信札》中的“护法”群像

朱庆澜、郭同、唐继尧、黎天才、石星川、吴光新、蔡济民等人，皆为护法运动中的重要人物，信札于诸人之事迹经历娓娓道来，展现出护法运动中的人物史实。兹依书札行文，考释如下：

“前所论护法勋人朱庆澜等，似宜因此发表。”

朱庆澜，字子桥，浙江山阴人。1916年7月，朱庆澜被段祺瑞政府任命

① 《章太炎全集·书信集》，第531页。

② 马勇整理《章太炎全集·太炎文录补编》，上海：上海人民出版社，2018年，第603—604页。

为广东省省长。章太炎称其为“护法勋人”,因其在孙中山和海军南下护法的过程中发挥了重要作用。1917 年 7 月 6 日,孙中山与章太炎南下广东,共同谋划护法,朱庆澜亲自到黄埔迎接。孙中山提出在广东召集国会,朱庆澜也表示赞成。7 月 24 日,朱庆澜致电程璧光,表示欢迎海军南下护法,广东省政府要“以拥护约法,回复国会,划除国贼,为一致之进行”。[①]8 月 25 日,国会非常会议在广州召开,朱庆澜亦到会祝贺。这一系列态度让段祺瑞政府极为不满。在广东省的支持下,9 月即成立护法军政府,孙中山就任大元帅,章太炎被任命为护法军政府秘书长。

“又国会议员郭同前在公府,身值国变护法事起,随炳麟赴云南乞师。”“念郭同随同办事,劳勚宜酬,可否量予官勋,以彰包胥存荆之绩。其人虽久居侍从,而因功食报,在我公不为偏私也。”

郭同,字宇镜,江西上饶人。郭同是中华民国第一届国会(1913—1922)的众议院议员,于 1916 年任黎元洪总统府秘书,即札文所言“国会议员郭同前在公府”。章太炎到广东后,奔走于广州、香港之间,谋求军阀们的支持。10 月,他以军政府特别代表的身份奔赴昆明,与滇系军阀唐继尧联络,为军政府争取外援,郭同即在随行之列,此即“随炳麟赴云南乞师”之事。章太炎《自定年谱》云“与议员五人授元帅印证者及宇镜、少璜偕西,自交趾抵昆明焉”,[②]亦可与此札相证。入滇以来,章太炎为护法发出的书信多与郭同一并署名。章太炎于 1918 年 5 月 23 日离开重庆,前往湖北利川护法前线,郭同仍留守重庆。札文“郭同随同办事”,自非虚言。末句“我公”谓黎元洪,因郭同曾为总统府秘书,章太炎恐黎元洪爱惜羽毛、不予授勋,故言其“因功食报”,非黎氏之“偏私”也。

---

① 莫汝非《程璧光殉国记》(近代中国史料丛刊第 57 辑),台北:文海出版社,1970 年,第 48 页。

② 《章太炎全集·太炎文录补编》,第 786 页。

“其时滇中将吏尚多狐疑，委曲诱导，意始坚决。”

“滇中将吏”谓唐继尧等人。唐继尧，字蓂赓，云南东川人，滇系军阀，1916 年任云南督军。所谓“狐疑”者，唐氏虽明确反对张勋复辟，但对护法运动却采取了虚与委蛇的态度。1917 年 8 月，唐继尧宣布“护法”，以“靖国”为旗号，在孙中山的“护法”之外自立门户。9 月，国会非常会议选举唐继尧为军政府元帅；但他只在 10 月 7 日接受了章太炎带来的元帅印，始终不愿举行就职典礼，显然持观望敷衍之态度。章太炎在《自定年谱》中说“余至云南，蓂赓犹豫，不敢受元帅印证。……蓂赓始具礼受印证。然其文移号令，终自称滇黔靖国联军总司令，未肯称元帅也”，[①]即其“狐疑”之状。

当时川、滇、黔的局势十分复杂，章太炎向唐继尧建议，当趁荆襄黎天才、石星川有独立之意，迅速出兵会合，进而与桂军会师武汉。《自定年谱》载其议曰：“南北相持，不得湖北，不能取均势。今桂军方援湖南，荆襄黎天才、石星川亦思独立。君必待破重庆、定成都，然后东下，则岁时淹久，事将中变；且川人怨云南深，未可猝下也。宜分兵自贵州出湘西，取辰、沅、常、澧为根本，北与江陵相望，黎、石一起，计时湘中亦已下矣。乃与桂军会师武汉，敌人震耸，形势在我，刘存厚亦焉能倔强也?”[②]但唐继尧更看重向富庶的四川扩张，章太炎的进言并未奏效。其后，唐继尧欲进军四川，章太炎“以为中策，力赞之”，[③]此即札中“委曲诱导，意始坚决”之事。

“师至重庆，吴光新兵败遁逃，卒成三省联盟之功。”

1917 年 11 月 14 日，唐继尧以川军刘存厚阻碍滇军为名，指挥滇黔靖国联军进攻川军，联军司令部驻扎在贵州毕节。经过最初的失利，滇军最终成功突袭重庆，长江上游总司令兼四川查办使吴光新于 12 月 3 日撤出重庆。

---

①② 《章太炎全集・太炎文录补编》，第 787 页。

③ 同上书，第 788 页。

次日,滇黔联军进入重庆,旋即向川南进击,并于14日占领泸州。此即札中"师至重庆,吴光新兵败遁逃"之事。12月21日,川军熊克武加入联军,联军发展为"川滇黔靖国联军"。到了1918年2月,唐继尧基本控制了川、滇、黔三省,此即札中所谓"三省联盟之功"。

> "适黎天才、石星川等建义荆襄,炳麟与同力劝滇军在重庆者,以一旅顺流直下,则吴光新自然成禽(时吴光新窜至宜昌),而荆襄半壁可以巩固。然后与湘、桂各军会师武汉,南北始有均势。滇帅志浅意满,未能听从。是盖天定胜人,非谋士不臧也。"

石星川,字汉舫,湖北阳新人。黎天才,字辅臣,云南丘北人。1917年12月1日,鄂军第一师师长石星川宣布荆州自主,组织湖北靖国军,请求黎天才采取一致行动,并致电孙中山,愿与西南各省一同护法。12月16日,襄阳镇守使黎天才宣告襄阳自主,任湖北靖国联军总司令。此即札中"适黎天才、石星川等建义荆襄"之事。在这一背景下,孙中山在电文中多次嘱托章太炎劝唐继尧东下,与黎天才、石星川等会和,会师武汉,与长江下游、黄河流域的护法力量联合。然章太炎虽多次劝说,皆未奏效。《自定年谱》记载,章太炎、熊克武、郭同等人在1918年1月仍多次催促唐继尧东下。章太炎云:"今急以滇黔军蹑之,多即一师,寡则一混成旅,六七日可抵宜昌。滇黔蹑其后,荆襄当其前,吴光新必为虏矣。……今不亟取吴光新,与湘桂鄂三军直下武汉,是养寇也。"[①]正可与此札相印证。可惜的是,唐继尧"志浅意满,未能听从",始终托故不出。1918年1月,北军进攻荆州、襄阳,吴光新部参与了对石星川部的围剿。荆、襄两地分别于1月22日、27日陷落。1月27日,湘粤桂联军攻占岳阳,章太炎认为这是转败为胜之良机,复催促联军总司令谭浩明乘胜出兵武汉,并劝说唐继尧出兵援鄂,收复荆州、襄阳。但谭浩明等主张南北议和,不愿再战,唐继尧更百般推脱。至此,孙中山、章

① 《章太炎全集·太炎文录补编》,第789—790页。

太炎谋划的唐继尧与黎天才、石星川会合,与湘桂联军会师武汉的战略全部落空。章太炎感慨"是盖天定胜人,非谋士不臧也",当是充满了沉重的遗憾。

> "再故陆军中将蔡济民,辛亥倡义,已有殊功,曾已授勋二位。护法之役,济民于广济倡义,几遭掩捕,崎岖奔走,至于利川,与黎天才等相应,后为川中援军方化南所杀(方化南于九年夏亦已就戮)。虽保守弹丸,未能发展,而无故惨毙,可为悼伤。可否恤其后裔,以附兴灭继绝之义。"

蔡济民,字幼襄,湖北黄陂人。他参与了武昌起义,任起义军参谋部长,在辛亥革命中贡献极大,即札文所云"辛亥倡义,已有殊功"。1917 年 12 月 10 日,蔡济民率民军攻占广济,其后因战斗失利,辗转回到湖北利川继续护法斗争,任鄂西靖国军总司令。此即札中"于广济倡义,几遭掩捕,崎岖奔走,至于利川"之事。1918 年 5 月,章太炎到达利川,看到好友蔡济民"兵甚单",便劝说他投奔颜德基以壮大兵力。"守小县,统弱卒,责百姓输餫,又与唐克明相逼,甚非计也。颜德基兵尚盛,而甚慕君,君虽元勋,今时事已变,宜屈己就之,得彼千余兵,为指挥前敌,往攻郧竹,愈于利川多矣。"[①]蔡济民没有同意章太炎的主张,此即札中"保守弹丸,未能发展"之事。1919 年 1 月,蔡济民在利川被川军方化南杀害,章太炎甚感伤悼,故建议抚恤其后人。

三、《章太炎致黎元洪信札》中所见之政治境遇

这封为护法勋人请功的新见信札,是章太炎后期政治实践中的一个片段,在具体的历史事件和人物往来中,亦折射出章太炎在民国政坛中的艰难境遇。作为革命元勋,章太炎维护民主共和,反对专制帝制,满怀热忱地参

---

① 《章太炎全集·太炎文录补编》,第 793 页。

加了护法运动,这与他投身革命的初衷完全一致。“民国元年刚制定《临时约法》及建立国会时,章太炎并不视为珍贵”,①但经过五年的斗争与实践,他已充分认识到《临时约法》虽有缺陷,但毕竟代表了辛亥革命的政治成果,体现出民主共和的基本精神。因此,他为护法运动奔走呼号,极尽“随陆驰说之劳”,就是要铲除一切破坏《临时约法》的政治势力。在这一点上,我们始终能看到“百折不回,孤行己意”②的革命气魄,这也是作为革命家的章太炎最让人感佩之处。

与此同时,章太炎的护法实践是缺乏独立性的。他四处奔走,所依靠的只有旧军阀的割据势力,他反复劝说唐继尧等军阀,协调西南军阀和护法军政府的关系,都是为了给护法运动争取更多力量。在和军阀的长期交往中,章太炎深陷于军阀政治斗争的漩涡,往往唇干舌焦而事无寸进。某种意义上,这也体现出护法运动的局限性——主要依赖军阀势力,没有发动广大人民群众,这让依靠西南军阀来推翻北洋军阀的“一次护法”,注定以失败告终。在“一次护法”失败后的1918年12月初,章太炎痛加反思:

> 广西不过欲得湖南,云南不过欲得四川,借护法之虚名,以收蚕食鹰攫之实效,湘、蜀既得,而彼已偿初志矣。……外人徒见其宣布明电,慷慨自矜,而密电私议,实多不可告人之语。言和不过希恩泽,言战不过谋吓诈,里巷讼棍之所为,而可以欺大敌欤?要之,西南与北方者,一邱之貉而已。仆固不欲偏有所助,是以抵家五十日间,未尝浪发一语。③

在他看来,西南军阀与北洋军阀别无二致,都是“里巷讼棍”式的政治流氓。无论议和还是开战,也都不过是“蚕食鹰攫”、获取政治利益的无耻手段。在这样的局势中,章太炎清楚自己很容易为人利用,只得“未尝浪发一语”,陷

① 姜义华《章太炎思想研究》,北京:中国人民大学出版社,2009年,第449页。
② 章念驰编订《章太炎全集·演讲集》,上海:上海人民出版社,2018年,第2页。
③ 《章太炎全集·书信集》,第857—858页。

入了无奈的沉默之中。1906 年 12 月，章太炎在《民报》一周年纪念会上发表演说，强调革命不要依赖于“督抚”之势力。“直到如今，讲革命的，也想借到督抚的权，好谋大事，这真胡涂得狠。……他看自己革命，不如借用督抚略为容易，不知不觉，这下劣的思想，就随地涌现出来。殊不知志气果好，便万分险阻艰难的事，也办得去。若依赖督抚，到比自己革命更难百倍。”[①]十余年后，不依赖“督抚”的章太炎不得已地依赖起了“军阀”，也由此品尝了“比自己革命更难百倍”的苦果，令人感嗟不已。

军阀如此，北京政府亦何尝不然？章太炎之所以在 1922 年间反复呼吁授勋，与他当时的特殊境遇密不可分。如前所论，章太炎于是年 6 月、8 月分别致书黎元洪，强调奖励勋人之必要，8 月 29 日，章太炎即被黎元洪授予“勋一位”。问题在于，当时尚有六十人的嘉奖名单，为何只授章太炎一人？难道他一再上书，最终只是为自己争一个“勋一位”吗？这个“一枝独秀”的嘉奖，只会让他陷入尴尬之局。因此，他在受勋两日后便对记者谈及此事。一方面，强调“独表余一人，可知此事非出老黎之意”，为黎元洪开脱，体现出他对黎氏人品的充分信任；一方面，点明政府此举不过是对自己的羁縻控制，实在可笑。“惟勋位用意，原系表彰过去劳绩，与现在及将来之主张绝对无关，更不能有所交换。况现在主张联省自治者，各党各派均有其人，更不能以羁縻一人之手段，以障主义进行之全体，故此种举动，实甚可哂。”[②]在他看来，政府不满自己“联省自治”的相关言论，故以勋位羁縻之，但授勋旨在奖励旧功，与当下的政治主张毫无关系，自己也绝不可能因这枚勋章而三缄其口。与此同时，他在 10 月 1 日再度致信黎元洪，请求他广泛褒奖护法勋人。次年 6 月 27 日，他又一次致信黎元洪，强调要加大对“下级人员”的褒奖力度。“护法以来，有功者多蒙甄录，唯只及上级人员，而于下级多未及。此时更宜加以鼓舞(上级中亦有酬功未副者，仍望更加甄叙)。”[③]这可以视为对上述思路的延续。

---

① 《章太炎全集·演讲集》，第 68 页。
② 《章太炎全集·太炎文录补编》，第 604 页。
③ 《章太炎全集·书信集》，第 534 页。

结合章太炎当时的处境,他屡议授勋,其中未必没有让自己避免"独享大勋"的洗白之意。我们知道,章太炎对民国勋章极为珍视,将其看作自己有功于中华民国的证据,在《遗嘱》中专门强调"余所有勋位证书二件及勋位金章二件,于祭祀时列于祭器之上,不可遗弃"。[①]但他未曾想到,在受勋的当下还要应付北洋政府的心机手段,颇为无奈。

综而观之,这封书札是章太炎参加护法运动、与黎元洪交往的重要历史见证。1928年黎元洪去世后,章太炎撰有挽联:"继大明太祖而兴,玉步未更,倭寇岂能干正统? 与五色国旗同尽,鼎湖一去,谯周从此是元勋!"[②]在他的心目中,黎元洪不仅是创建中华民国的元勋,更是民国"法统"的承载者,是共和政体的理想领袖。1917年7月初商议护法时,章太炎主张让海军迎请黎元洪南下,否则"南方无主,何以自立"。[③]迎黎事不成,章太炎到达广东后阐述护法的宗旨:"夫共和国家,以法律为要素,法存则国存,法亡则国亡,合法者则为顺,违法者则为逆,持一法字以为标准,则可判别一切顺逆矣。"[④]9月,在云南军政界的欢迎会上,章太炎更是明确地指出,当务之急在于"经略中原,使黎总统复职,旧国会重开,倡乱群凶俱获正法,《约法》效力乃见真行"。[⑤]所谓"护法",其基本的含义就是维护《临时约法》,维护法治精神。章太炎又特别看重黎元洪对民国"法统"的代表,将拥戴黎元洪复任大总统视为护法运动的主要目标之一。在他那里,"护法"已经很接近"护黎"了。[⑥]孙中山、章太炎等人"找不到和民众切身利益密切相关、因而足以动员民众奋起反对军阀统治的口号,只能借助于《临时约法》、国会及支持黎元洪恢复大总统职务",[⑦]进而否定军阀冯国璋、段祺瑞执政的合法性。然而正如这封书札所述,虽然章太炎在护法的过程中四处游说,极尽奔劳,但这场

---

① 《章太炎全集·太炎文录补编》,第912—913页。
② 同上书,第747页。
③ 同上书,第784页。
④ 《章太炎全集·演讲集》,第249页。
⑤ 同上书,第250页。
⑥ 李学智《章太炎、黎元洪关系述论》,《史学月刊》1996年第4期,第62页。
⑦ 姜义华《章炳麟评传》,南京:南京大学出版社,2002年,第195页。

试图以军阀反对军阀的运动最终还是落空了。1922 年黎元洪复任大总统后，章太炎依然对他抱有很大期望，多次为他进言献策。黎元洪第二次任大总统的时间是从 1922 年 6 月到 1923 年 6 月，章太炎致信黎元洪讨论授勋也是从 1922 年 6 月持续到 1923 年 6 月，贯穿了黎元洪第二次任职的全部时间。黎元洪对章太炎有知遇之恩，章太炎则将黎元洪视为政治上的知己。这封“护法”后讨论授勋的信札的价值正在于，它既是章太炎参与护法运动的历史缩影，更是章太炎与黎元洪政治往来的生动注解。

Discussion on the Honor after the Constitutional Protection Movement: a Textual Research on the Newly Seen Letter from Zhang Taiyan to Li Yuanhong

Wang Kesong

Abstract: In the autumn of 2021, Beijing Poly auction released a new letter from Zhang Taiyan to Li Yuanhong, not signed for the year. This paper sorts out and dates this letter, and considers it to be dated October 1, 1922. From June 1922 to June 1923, Zhang Taiyan repeatedly sent letters to Li Yuanhong, requesting praise for the meritorious people of the Constitutional Protection Movement. This letter is the middle part of a series of letters, involving many important figures and events in the Constitutional Protection Movement. This paper examines the process of Zhang Taiyan's series of letters, and explains the relevant historical figures and events. This letter reflects the difficult situation of Zhang Taiyan's later political activities, and is the historical witness of Zhang Taiyan's participation in the Constitutional Protection Movement and his association with Li Yuanhong.

Keywords: Zhang Taiyan, Li Yuanhong, the Constitutional Protection Movement, award medals, letter

学人纪念

抚旧笺思往事念维铮

汪荣祖

（美国弗吉尼亚州立大学历史系荣休教授）

1986 年在杭州纪念章太炎逝世五十周年学术讨论会留影

引　言

张钰翰博士是朱维铮教授的及门弟子，他知道我保留乃师的一些信笺，希望于朱教授逝世十周年之际，出版一本信函集，作为纪念。十周年？真没有想到维铮兄离开我们已经十年了！犹忆他过世前二年，还在上海见过他，聚餐甚欢，情景如在眼前。

维铮兄与我通信较多的是在 1980 年到 1981 年之间，那时我自童年离开上海后，终于有机会重回祖国，计划研究章太炎，经在沪亲戚的介绍，得与维铮兄通信，神交一年半载之后，直到 1981 年的 7 月才见到面，与他相识也可以说是余杭文字缘。见面后相聚甚是愉快，可略见于信笺与照片之中。我生在上海，上海话是我的母语，七岁随父母迁居台湾，年逾不惑才能重临沪滨，正是少小离家老大回，吴音悦耳我泪催！

我应钰翰之邀，整理维铮兄给我的信，按时间先后原件排列。他工整丰润易辨的颜体笔迹，读来倍感亲切，值得注意的是他不用简体书写。我于信后略作说明，便知事情的原委。今日回顾往事不觉已近半个世纪，与维铮兄亦已“十年生死两茫茫”啊！抚旧笺，温旧梦，怀亡友！岁月不居，人生如梦，岂不谓然？

辛丑立冬撰于林口庸椽楼

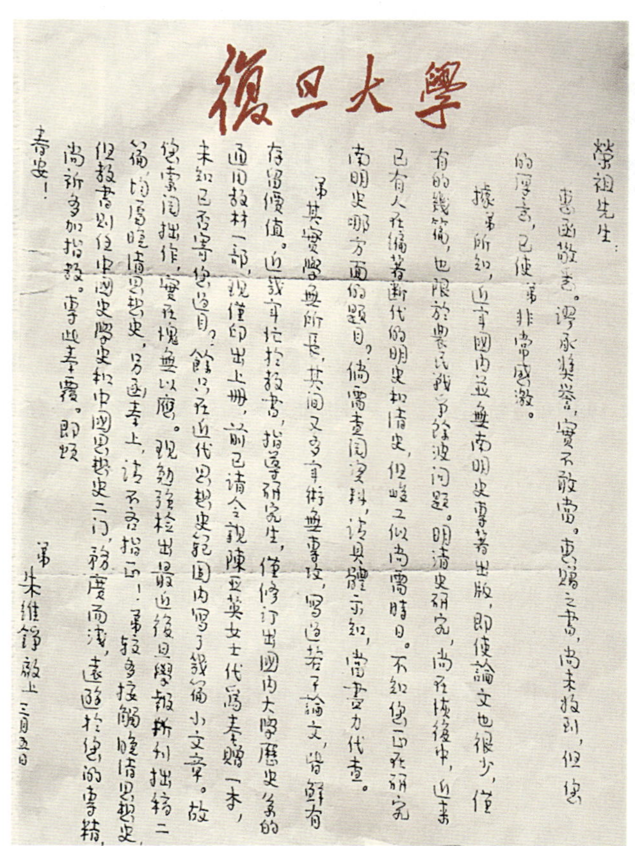
復旦大學

榮祖先生：

惠函敬悉。謬承獎譽，實不敢當。惠贈之書，尚未收到，但您的厚意，已使弟非常感激。

據弟所知，近年國內並無南明史專著出版，即使論文也很少，僅有的幾篇，也限於農民戰爭餘波問題。明清史研究，尚在恢復中，近來已有人在編著斷代的明史和清史，但竣工似尚需時日。不知您正在研究南明史哪方面的題目？倘需查閱資料，請具體示知，當盡力代查。

弟其實學無所長，其間又多年術無專攻，寫過若干論文，皆鮮有存留價值。近幾年忙於教書，指導研究生，僅修訂出國內大學歷史系的通用教材一部，現僅印出上冊，前已請令親陳亞英女士代爲奉贈一本，未知已否寄達您處？餘只在近代思想史範圍內寫了幾篇小文章。故您索閱拙作，實在愧無以應。現勉強檢出最近復旦學報所刊拙稿二篇，均屬晚清思想史，另函奉上，請不吝指正！弟較多接觸晚清思想史，但教書則任中國史學史和中國思想史二門，務廣而淺，遠遜於您的專精，尚祈多加指教。專此奉覆，即頌

春安！

弟 朱維錚 敬上 三月五日

这是朱维铮兄写给我的第一封信。自1950年后的东西冷战以来，北京与华盛顿互不来往长达20年之久，其间美国人登陆月球尚有三人，而无一人踏上中国土地。研究中国的美国学者向往中国心切，可想而知。记得报载有一美国学者到香港，驾一小舟至珠江落水，被警员救起遣返，仍未能真正踏上中国的土地。旅居北美的华裔思念故土之情，更不待言。美国尼克松总统于1972年访华后，有名望的华裔学者如杨振宁、何炳棣、叶嘉莹等都捷足先登，而当时比较年轻一辈的我们，未能及早返回祖国。直到1979年中美建交后，我托上海的姨母陈亚英介绍同年龄的学者作为笔友。姨夫夏禹师死于"文革"，姨母在华东师范大学教书，她曾留学英美，1950年从海外归国。她说她认识一位复旦大学教师朱维铮，年轻而博学，于是我先写信给他。维铮兄于1980年3月5日回复此信，以"先生"相称，语气又甚客气。我回信说，我们年龄相当，何不以"兄弟"相称，此后即以兄互称，他长我4岁，我称他为兄，更为恰当。我问及南明史，因当时我正在完成一篇有关晚明东南沿海战乱问题的论文，涉及南明与明郑。此文后来发表在德国的《华裔学志》[Young-tsu Wong, "Security and Warfare on the China Coast: The Taiwan Question in the Seventeenth Century," *Monumenta Serica, A Journal of Oriental Studies*, No.35(Fall, 1983), pp.111—196]。后来维铮读到我的学妹司徒琳(Lynn Struve)于1984年出版的《南明史》(*The Southern Ming, 1644—1662*)后，备致赞扬，并与司徒女士建立很好的友谊，曾到她执教的印第安纳大学访学。他在信中提到修订的"通用教材"就是《中国历史文选》，每篇文献的精要说明都出维铮的手笔。他对各文献的见解，以及给我看的我的中国史学史讲义大纲，虽仅短短几页，已见其有充分实力写一本具有特色的中国史学史。他师从周予同先生，对经学史下过苦功。我感到最遗憾的是，他未能于生前完成史学史与经学史这两部大书。所幸其门人将其残稿辑成《中国史学史讲义稿》与《朱维铮史学史论集》两书，使其遗泽得以长留人间。

復旦大學

榮祖兄：二月廿一日惠函并所賜大作，已經拜讀，因庶事煩多，未能即刻奉復。今天又捧讀三月廿八日大函，承蒙勉勵，倍覺汗顏，故需趕緊致歉，尚祈恕遲覆之罪。

兄研究晚清變法思想，用力之勤，為弟所不能望項背，拜讀之後，甚受啟發。大作的基本觀點，弟均表同意，惟於張之洞中體西用說之評價，與 兄之高見有差異，日後當從容請教。

兄所需章太炎二文，手邊均有，當即去複印。但雜誌上一文，係重排本，而雜誌不在手頭，複印後當覓來校勘，以便使用。複印需費不多，當然不能要 兄付出。惟寄費較昂，但今觀陳亞英女士即將去美，弟本欲請她給 兄帶幾本書。如 兄可容稍後，則擬請她一併帶去，也可免遺失之患，未知當否？另外，兄尚需何種資料，亦望示知，可代辦後趁便帶去。

弟早年專攻中國古代土地問題史，其後荒疏多年，近五、六年始轉入研究中國古代和近代思想史。多年來到處打雜，

復旦大學

術無專攻，似乎涉獵頗廣，其實淺薄得很。近幾年忙於教學，所開設的中國史學史及經學史課程，均係客觀需要，而被逼上馬的，談不上有專門研究。今觀大約對弟獎譽過份，致 兄有所誤會，故當說明，免 兄異日哂笑也。弟之學友，行年均與弟相若，有些問題還可找他們幫助。如 兄不棄，願在學術上常作討論，那弟當然是很高興的。

今觀陳女士探親回國時，如 兄能代覓一二本有關近代（晚清至民初）中美關係史的論著，要近年出版而史料較豐者，托她帶回，則無任感激。《明代史籍考》尚未達。所寄請益之拙文，因寄的是原本學報，故付平郵，可能遲到或遺失。弟原擬請今觀帶上前年復刊後的其它各期《復旦學報》，以便 兄可覘近年敝校學術研究概貌。如那兩份未收到，也祈示知，弟將補全奉上。專此佈覆。即頌

撰祉！

弟 維錚謹上

一九八〇年四月十一日

此信写于 1980 年 4 月 11 日。当时我的姨母正准备赴美探亲,所以维铮兄托她带书给我。自上次通信后,我们互寄书文。我曾寄给维铮兄几篇有关晚清变法思想的文章,其中我写到张之洞的体用说,自严复以来都说马体不能牛用,多加抨击,而我则认为《劝学篇》有“循序”一章,意在先打好中学的根底以为体,而后学西学为用,有违时贤对张之洞的负面评价。维铮兄说与“高见有差异”,即在于此。他觉得张之洞仍是要维护腐败的封建政体,不变旧就可以换新,是错误的。信中也可知维铮兄于 1980 年前已转向思想史研究,并讲授史学史与思想史。我寄给他的《明代史籍考》(*The Sources of Ming History*)一书是在香港出版的书目提要,共收录 819 种现存明代史籍的解题,书前有德国汉学家傅吾康(Wolfgang Franke, 1912—2007)的导论,公认与谢国桢的《晚明史籍考》同为研究明史的必备书之一。

榮祖兄：上月廿九日大函奉讀，因忙於雜務，遲覆為歉。賜寄之明代史籍彙考已收到，書中著錄較全面，惟近人重要著作略有遺漏，想是受條件限制的緣故。又承蒙詳介清末民初中美關係資料狀況，至為銘感。李氏書已請敝系定購。此題目係弟之友人在研究，弟實在不懂，有煩吾兄費神了。

關於中國傳統文化性格問題，弟也不信所謂屬於單元之整體的說法。五四時期新青年派提倡科學與民主，主旨在於反對封建文化，那是很對的。因為依愚見，百餘年間，中國社會敗象叢生，同傳統治地位的封建文化的僵硬和腐朽，是分不開的。但那時許多人對傳統文化缺乏分析，如俗語謂「[illegible]」，因而將中國文化中好的東西，也一概否定。這種傾向發展下去，引出兩個極端。一是梁漱溟的意見，他的東西文化及其哲學，比較西洋、中國和印度三種文化，以中國文化「以意欲自為調和持中為其根本精神」，既不像西洋文化那樣過份強調個人奮鬥，也不像印度文化那樣只顧回想過去，所以最好。另一種意見是陳序經為代表的「全盤西化」論，以為中國文化都是壞東西，應該無條件地照搬西洋文化（陳的意見集中見於全盤西化的辯護一文，載一九三五年出版的中國文化建設討論集中編）。這其實也是胡適、蔣廷黻他們的主張。後來王明（陳紹禹）主張完全模仿蘇聯的一套，我們稱之為洋八股或洋教條，實際上也是另一種形式的「全盤西化」論。這兩個極端，跳來跳去，使中國人民吃夠了苦頭。因而，弟以為研究中國傳統文化，必須避免重蹈兩個極端的覆轍，而採取分析的態度。在中國歷史上，炎漢盛唐所以雄居古代世界文明中居於前列，就是敢於吸收外國的好東西，將它消化，變成中國文化中血肉的成份。這樣，既吸取了外國文化，又改造過去的文化，使之成為有生命力的新的文化。好比一個虛弱的人吃了補藥變成一個強健的人，我們稱他變成了「新人」，而補藥中的養料便化成了「新人」的筋肉。我們也就無從分辨這筋肉中間，哪是舊質的延續，哪是補藥變成的新質。弟所以不贊成晚清的中體西用論，就是因為他們認為可以在不對舊文化做基本改變的前提下，而只要換件衣衫便能成為新人。具體地說，就是封建的專制政體，封建的君主獨裁，都可以照舊保存，而只要辦幾個廠，練幾名新軍，中國便可富強。那是做不到的，已經被歷史所證明。因此，弟以為中國民族文化中既有向上發展的因素，也有僵硬腐敗的因素，前者是發展民族新文化的條件，後者起的作用則相反。而對外來文化要麼全盤接受，要麼全盤排斥，實際都是後一因素的不同表現，並不能證明中國傳統思想的凝固性，或整體性。

弟於此問題缺乏深入研究，借 兄垂詢，故不揣淺陋，冒昧陳述一些粗糙的想法，尚祈指正。

近幾年，弟主要從事教學，除為本系高年級學生講授中國史學史外，還指導本系研究生（中國古代思想史）和外國進修生（經學史和古代思想史）。瑣事紛擾，我無個人研究時間，並非謙虛故作謙語。弟今年已六十四歲，目前精力尚可，但記性已大不如前，加以拙荊去年赴法進修數學，家事均由弟操持，所以想做點較深的研究，也常有力不足之嘆。較之兄正當盛年而學問日進，只有自慚而已。

復旦學報後刊五六全部十一期，以及家太史二文的覆印件，已送交陳正英女士處。另有國內新出版的中國通史教學參考書數冊，也請她一併帶交。吾兄最近研究和講授課程，如有新內容，有暇請示知。餘容另談。尊夫人請代候。專此奉覆，即頌

時綏！

弟維錚頓上

1960年代之初，在台湾有一场中西文化论战，当时由于胡适的声望，西化派声势较大，反胡派也奋力“围剿”胡适。胡适于1962年在“中研院”酒会上讲话时，提到被批判的不愉快事，一时激动，倒地身亡。多年后，我于1978年应邀回台湾师大客座一年，翌年正是“五四”60周年，台北联经出版社出版了我主编的《五四研究论文集》，其中收录了讨论学衡派梅光迪的文章。我一直以为五四新文化运动不仅是新旧之争，也是两种不同新文化的论战，即胡适代表的全盘西化派与梅光迪等学衡派的反全盘西

化派,所以很想听听维铮兄的见解。我于 1980 年 5 月 30 日收到他这封洋洋洒洒的长信,信中指出梁漱溟与陈序经的两极之说,梁比较中、印、西三种文化,以为中国的才是最好的,固不足取,陈序经以为中国文化都是坏东西,应该无条件照搬西方文化,也不足取。胡适的影响比陈序经更大,胡后来虽改“全盘西化”为“全心全意的西化”,但自称仅仅是“名词之争”。他直到晚年,仍是全盘西化论者,认为东方文明是发展科学的障碍。我曾随吴相湘老师与同班同学于 1959 年往访胡适,我问他如何学好文言,他说文言根本不必学,依然认为文言是死文字,白话应该取代文言。维铮兄在信中指出王明是另一种全盘西化论者,他认为所有的全盘西化论者都“令中国人民吃尽了苦头”,可称真智锐识。他以“憎恶和尚,恨及袈裟”为譬,尤能一针见血,与西谚所谓“将婴儿与浴水一起倒掉”(throw the baby out with the bathwater),有异曲同工之妙,在在说明“好东西”不应该与“坏东西”一起丢掉。他提醒不要重蹈两极的覆辙,主张吸收外国的好东西,消化于中国的骨肉之中,才能改造过去的旧文化,成为有生命力的新文化。于此可以理解维铮兄为何对一些新儒家很不满意,就是觉得无法将旧“骨肉”赋予新生命也。

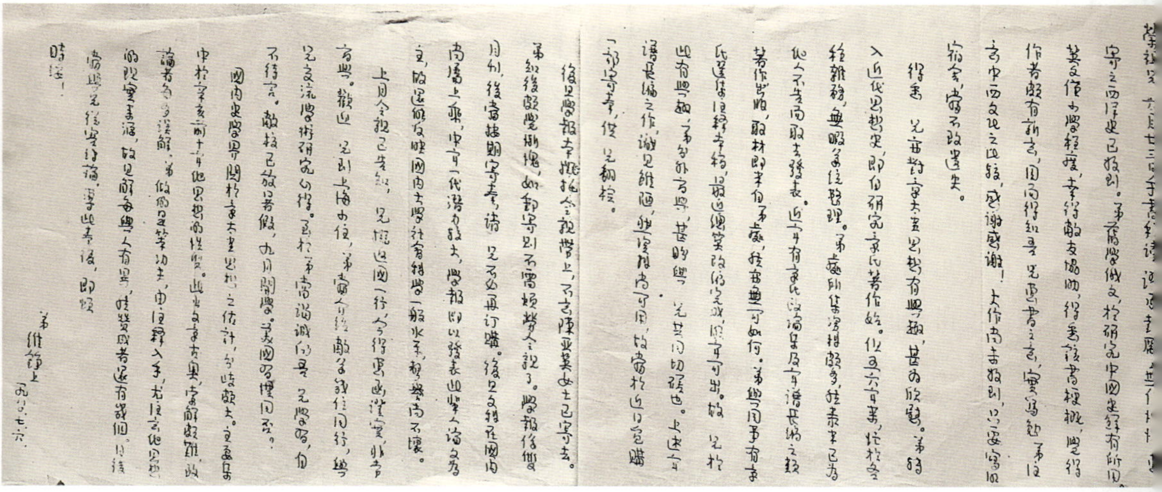

我到1979年中美正式建交之后才有机会回到祖国。美国科学院与中国社会科学院执行学者交流计划，自1980年开始每年互派20余名学者。我申请到1981年第2届的名额，申请的课题是章太炎研究。当美国科学院的资助确定之后，我即去函告知已可望回国访问研究半年。维铮兄知道我要研究的主题是章太炎时，非常高兴，于1980年7月6日回信说，因他转入近代思想史研究，就是从章氏著作开始，并承告国内研究章太炎的情况，他已有自己与众不同的见解，还提到已经收集到很多材料，泰半为他人取去，收入章氏政论集与年谱长编。这两部书确实是研究章太炎极为有用的参考书，我后来写书时，也经常翻阅。维铮兄对古奥的章文从注释入手，彻究其思想来源，可见其用功之深。他愿意和我相互切磋，并要介绍几位同行与我交流，我感到非常兴奋。他介绍的同行是复旦历史系思想文化组的姜义华与李华兴。后来华兴兄调往上海社科院，未多见面。至于维铮兄说“竭诚向吾兄学习”，是他的客气话，我岂敢当！我从维铮、义华两兄的交往中，获益良多。

荣祖兄：七月十六日手书奉读。所询章太炎诗文选注上册，文选部份确係全出弟手，惟付梓前经人乱改，塞入所谓儒法斗争词句不少，故弟已不愿过问。下册本已排版，因弟欲改上册後一併印行，因而中辍。然选文全被该论集窃取。今编选集，只能全部重搞，仍为注释本。该论选集选文不少，校错误甚多。其中如上册儒術真論附菌説，自页一四〇行三「公孟子謂子墨子曰」以下至本（页一四三），全係儒術真論正文，而非菌説文。又如上册页一三六失题诗，乃太炎錄南朝刘宋乐府的一首舞曲歌辞，赠日本某评论家者宫崎寅藏（白浪庵滔天）者，非太炎所作。此乐府名獨漉篇，見宋書及南齊書樂志，又見（宋郭茂倩）樂府詩集卷五四。該論集作者不察，致闹出大笑話。至於書中断句標點错误，達數百处，連近代人名也搞錯，如下册錄太炎致伯中書十許通，「伯中」全為「伯申」之誤。此手札本為友人弟鑒定者，被此公看見，偷抄去發表，但不識太炎手迹，故又搞錯。兄如用其材料，尚望留意考核，以免上当也。

章太炎未刊手稿，京滬二图書館均有收藏。国内将出版章氏全集，包括手稿均擬刊布，弟亦参與其事。此書向海外發行，章文當不再难得。

関於章太炎的思想，国内史學界爭論頗多。去年出版之李澤厚中國近代思想史論一書内論章太炎一文，尚可閱。兄所举日人著作，弟均曾瀏覽。日本學者搜罗史料頗勤，然而大抵就思想論思想，往往穿鑿附會，而遺丘山，弟頗不欣賞此種研究方法。

兄惠寄之大作二篇，已經拜讀，甚受啟發。於大作注中知悉兄著作甚多，惜多未見。内引及杜維運、黄進興編中國史學史論文選集一書，聞之已久，但迄未見。兄手頭如有此書，倘能代為複印目錄一紙見示，則感激不盡。復旦學報今年第四期已出，日前寄奉一本，内有弟介紹周予同先生經學史研究一文，尚盼指教。

餘容另叙，專此即頌

暑安！

我收到由上海人民出版社出版的《章太炎诗文选注》,见署名是“章太炎著作编注组”。我去函相问,所以他于此信回复说:《诗文选注》中的文选部分全出他的手笔。文选一共15篇,所选文章注前有“说明”,朱兄特别指出有人于说明中擅自加入儒法斗争的词句,“乱改”他的文章,愤恨可想而知!《商鞅》一篇的说明,尤其明显。这本是上册,未见下册也有缘故,因维铮要求修改上册,然后与下册一并出版,显然未被雅纳而中辍;但又说下册已收入汤志钧所编《章太炎政论选集》,朱兄谓之“窃取”,可见他无可奈何之怒。更使他不能容忍的是,“窃取”之余,舛误丛出。例如《章太炎政论选集》所收《儒术真论》有附录《菌说》,竟将《儒术真论》文字窜入《菌说》,又将太炎题赠宫崎寅藏的南朝乐府诗,误会是太炎的“失题诗”,如此草率,尤其令他难以原谅。维铮兄明察秋毫,要我“留意考核,以免上当也”。章太炎思想自是研究的重中之重,维铮兄认为国内意见不一。他认为日本学者明察秋毫而不见丘山,我完全同意。而欧美学者难解太炎的古奥文字,不知章氏到底是激进的革命派,还是保守的文化主义者,更因太炎的“排满”言论,竟指其为“种族主义者”(the racist)。我则认为章之“排满”,为了推翻清政权,清廷必去,因其无能抵御帝国主义入侵,所以他的思想属性是反帝的现代民族主义,后来我即以此题写成英文专书。我觉得最重要的是章能接受西学,也坚持中学应该并存,暗合伯林氏(Isaiha Berlin)所谓的“文化多元论”(cultural pluralism)。此非太炎独有,俄国与日本于西方文化冲击之时,也有同样的多元论者。对此,我已另有专书与专文论之。我研究章太炎当然希望看到未刊稿,维铮说他知道手稿颇多,且有出版全集的计划。多年后朱门张钰翰博士在上海人民出版社任编辑,出版非常完整的《章太炎全集》,并承其远道寄赠,心甚感之。

榮祖兄：先後來函均奉讀，因總是忙於雜務，拖延未覆，尚祈諒望。賜寄之中國史學史選集目錄，已拜讀。所選之文，大部份均已見到，故不擬勞神覆印了。

兄詢章太炎年譜長編事，頗不易言。此書編法如政論選，凡湯先生所搜材料，盡錄無遺，但考證之粗疏，亦如前書。敝友已摘出其中謬誤近百處，擬寫文商兄。據弟觀之，其中抄錄原件之處，可以參考，而評論則可商處甚多。

兄詢國內於章氏思想之爭論焦點，據愚見大約有三，一為章太炎是否亦反封建，「排滿」而不反封建；二為其與孫中山分歧屬何性質；三為其是否贊成民主共和。討論的時期，集中在辛亥革命前後。弟之愚見，已於去年復旦學報五期所刊拙文略有申述。而李澤厚論章太炎文，也有較多介紹。弟尚不知兄未見李澤厚書，冒昧提及，果兄鑒察，甚為歡欣。今已購得一本寄奉，聊補前愆。

復旦學報編者頗認真，故尚可一觀，惟僅反映教授成果，而較精究。今年第四期已寄奉，但水郵頗慢，未知已達否。內有弟撰介紹北師周予同先生中國經學史研究一文，尚祈指正。今後當按期寄奉。如兄有合適題目，頗在上面發表，弟亦當盡紹介之責。

小女在郎電學院唸書，故頗喜集郵，假如近來得見兄函，深以目的信封未貼郵票為憾。因兄代達，如兄今後信上能貼郵票，則更做不盡。只是要煩勞吾兄，弟頗不安。劉榮子譜尚未拜讀，但兄之盛意，已令弟非常感謝。專此 即頌

曼福！

嫂夫人均此致候，不另。

弟 維錚 謹上

八〇.八.廿九.

章太炎有自订年谱，但过于简略，故而有《章太炎年谱长编》上下两册的出版，增补相关资料甚多。据维铮此信，他所搜集到的材料，尽录入此书，但他认为一如《章太炎政论选集》编录的粗疏，谬误有百处之多，可以商榷之处也不少。改革开放后，汤志钧先生走访欧美、日本、中国台湾、香港等地，收罗了更多的资料，增订本于 2010 年由北京中华书局出版，在序言中未明言如何纠正旧版的诸多谬误。维铮兄于前信中提到国内学者对章氏思想有争论，我愿闻其详，他回函特别提到李泽厚的《章太炎剖析》一文。此文初发表在 1978 年的《历史研究》上，翌年收入李著《中国近代思想史论》，我因维铮兄的介绍而知李文，后来我到北京拜望李泽厚先生，在李寓有一夕非常愉快的谈话，也有书信来往，并承其寄赠诗词。李泽厚的文章涉及维铮所归纳的三个争论焦点，一是“排满”是否亦反封建，二是章太炎与孙中山分歧的属性问题，三是章太炎是否赞成民主共和。李文发

表于“文革”之后,严辞否定儒法斗争之说,不宜视太炎为法家,也不以章为“地主阶级反满派”为然。“封建”一词,在大陆的用语应指封建王朝,章参与革命明要推翻封建王朝,岂能不反封建?李文视章、孙分歧为章闹反裂,“反对孙、黄,起了很坏的作用”。孙在海峡两岸都是革命的正统,当时仍属政治问题,无法作客观的学术讨论。章因反对代议政治,而后有对章氏是否赞成民主共和的争论。李文不以为反代议就是反民主,其实细读章氏《代议然否论》,他之所以反对代议,一言蔽之,因不符中国国情而已。李文提出章反资本主义,颇有新见。维铮推荐此文,可谓知言。不过,李文仍认为太炎思想复杂而又矛盾,然则章氏思想属性尚无定论。走笔至此,骤闻李泽厚之丧,逝世于美国科罗拉多州的伯德镇(Boulder, Colorado),享年九十一岁,学界为之哀悼。

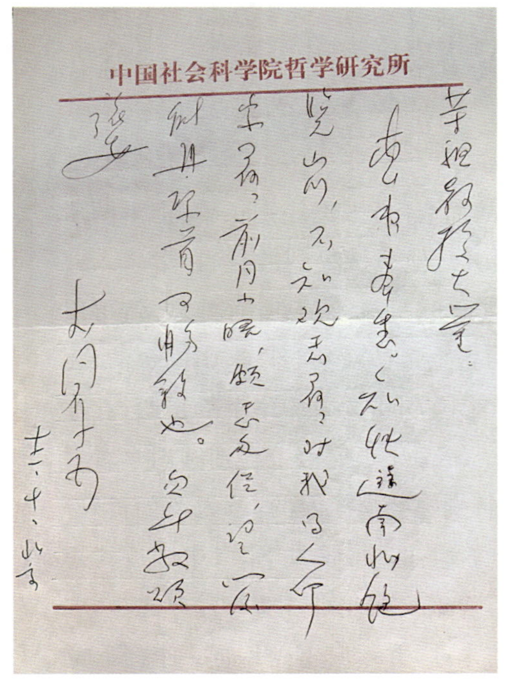
中国社会科学院哲学研究所

李泽厚的信

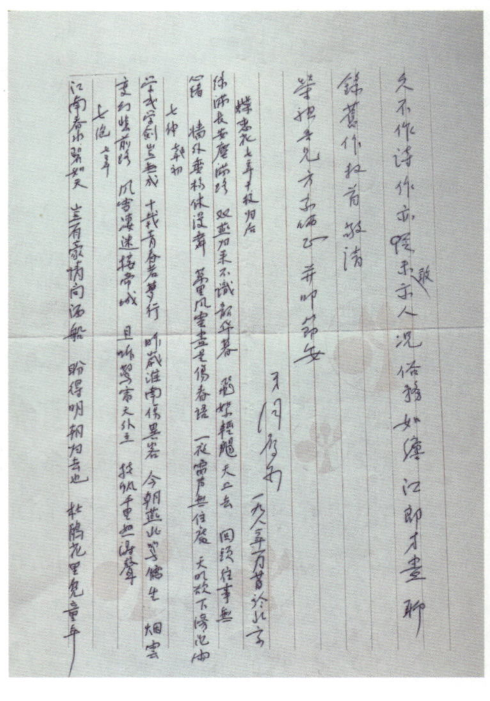

李泽厚的旧诗词

榮祖兄：前奉惠函並大作，因外出參加學術會議，遲至
今日方奉覆，為歉。今託陳女士去美探視，敬托前曾請
她帶給兄復旦學報（第五期）重奉，東華錄五部，並請 嫂夫人
賞收偏小上衣式件，乞笑納。得兄書，知中國近代史思想論尚未
收到，因寄丟了，並借敝友再掛號寄奉壹冊，不知可收到否？
所寄之劉蓉年譜已收到，謝謝。蔡元培年譜，敝系已購得。
若朱家驊、羅家倫等的早年回憶錄之類，吾兄如見到，能代
為複印一份，則不勝感激。
兄囑為復旦學報撰文，當大光篇幅。目前國內史學界對美
國學界研究中國思想史的動態及爭論狀況，仍甚閉塞，如
兄肯不吝撰文論介，弟亦當受歡迎也。
今託陳女士謂 兄擬於明年暑假返國一行，前奉大函亦道
及。如能成行，則弟得有當面求教機會，故深盼不已。敝系
同仁，皆願與國外同行共同切磋。唯苦於經費支絀，尚無力
邀請國外學者來系講學，但遇有來華訪問之學者，則甚願
與之討論。前聞明年暑假，有幾位美國史學家，如吳納包
博士等，將來華訪問，敝系即有意趁此機會，組織一次學術討
論會，主要探討清末民初的歷史諸問題。如能實現，而 兄
屆時能到滬，弟也當要求校方請 兄蒞臨。不知可否？
本學期弟仍在校教學，兼指導幾位研究生做論文和年輕
同事進修，碌碌無足可述。暑假內，有位研究中美關係的年輕
同事，撰有論述門戶開放政策一文，用力頗勤，由弟推薦至復
旦學報，已於今年第五期刊出。這位同事乃從弟進修者中間
比較出色的一位，中英文俱佳，故甚願吾 兄撥冗一閱其文。因
兄係中美關係史行家，而弟於此則不通，如能得 兄幫助指定
其文之不足，則甚幸。承賜小女郵票多枚，至為感激。但不知此
等需要 兄之精力，很是抱歉，如 兄不便，則祈以後不必為此
分神。兄近況如何，盼便中示知。餘容另敘。專此即頌
撰安！

弟 維錚上 一九八〇、十、一

嫂夫人同此不另

我申请到中美学术交流计划研究章太炎原来从 1981 年 9 月开始，因复旦历史系靳文翰教授听说我将于 1981 年秋天回国做学术研究半年，于是约我夏天先到复旦作短期讲学。靳教授虽教世界史，但旧诗做得非常好，情愫盎然。他曾题赠旧作七言绝句一首给我。

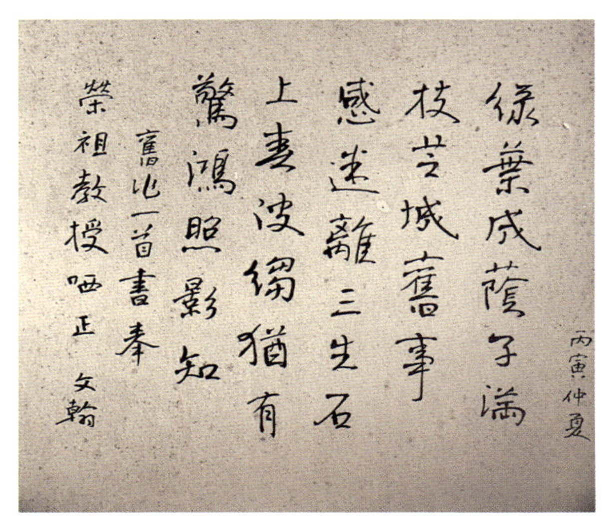

与靳文翰教授(右二)合影

我将到复旦作短期讲学的消息告诉维铮兄后,故有此函,并知复旦大学与境外学者已有交流。信中提到复旦历史系准备举办一次有关清末民初诸问题的学术讨论会,并邀我参加,我当然乐于参与;不过,这一会议好像并未如期举行,我记得不曾赴会。中美建交之后,国内学者对中美关系史倍感兴趣。门户开放政策主张中国领土完整,向来认为是有利中国的美国政策;其实,忽略了接着的一句话:"利益均沾",因美国进入帝国主义俱乐部较晚,在华没有势力范围,如果不能维持中国的领土完整,列强瓜分之后,美国再也无法沾到在华的利益,所以还是为了美国的利益。后来我回到祖国,发现因为中美建交、中苏交恶,许多学俄语的老师改学英语。实则知己知彼,百战不殆,愈是敌人愈应更加了解敌人。

我与维铮兄通信,经过学校系统都不贴邮票,然而维铮女儿在邮电学校读书,有集邮的兴趣与习惯,所以我在信封内附新邮相赠。后来在维铮家里见到清秀美丽的女儿,近年才知道她已嫁给维铮的德国学生闵道安(Achim Mittag),闵已是德国的中国通,小两口生活得幸福美满。未预期的是 2010 年 10 月在台北见到闵教授,他随德国学者吕森(Jörn Rüsen)率领的欧洲学者到台湾大学参加有关学术会议。会议论文与讨论于 2015 年编辑成书《中国历史思维：一场学术讨论》（*Chinese Historical Thinking*：*An Intellectual Discussion*），其中有我与闵教授互相商榷的文字。他认为班固比司马迁重要，我笑说你岳父却认为司马迁比班固重要。

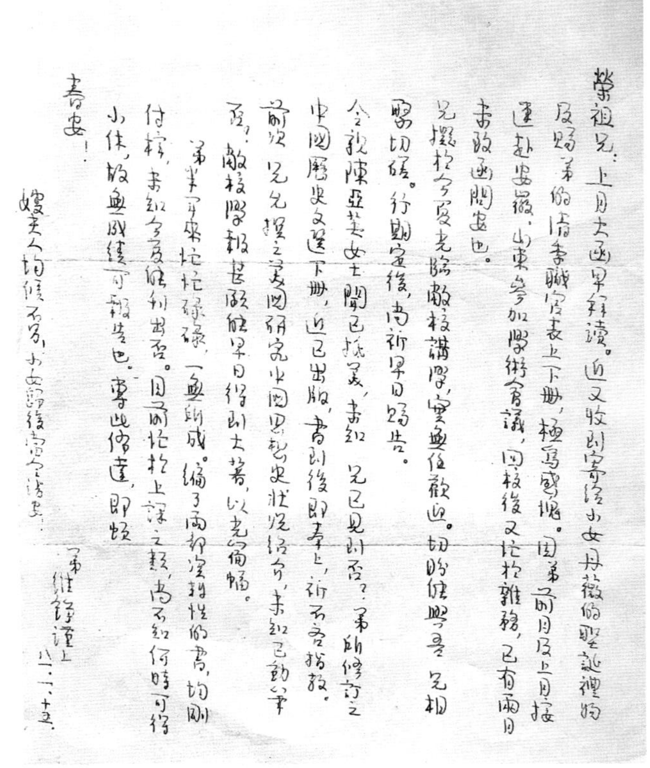

榮祖兄：上月大函早拜讀。近又收到寄給小女丹薇的聖誕禮物及賜弟的清季職官表上下冊，極為感謝。因弟前月及上月接連赴安徽、山東參加學術會議，回校後又忙於雜務，已有兩月未致函問安也。

兄擬於今夏光臨敝校講學，實無任歡迎。切盼能與 兄相聚切磋。行期定後，尚祈早日賜告。

今秋陳亞芝女士聞已抵美，未知 兄已見到否？弟所修訂之中國歷史文選下冊，近已出版，寄到後即奉上，祈不吝指教。前次 兄允撰之美國研究中國思想史狀況綜介，未知已動筆否？敝校學報甚願能早日得到大著，以光篇幅。

弟年來忙忙碌碌，一無所成。編了兩部資料性的書，均剛付梓，未知今夏能刊出否。因前忙於上課之類，尚不知何時可得小休，故無成績可報告也。專此佈達，即頌

春安！

嫂夫人均候不另，小女歸後當令之請安！

弟 維錚謹上

八一、一、十五

维铮兄此信期盼在复旦相聚切磋，寄赠《复旦学报》，并于此信中邀我撰稿，心甚感之。但我与维铮一样有教学压力，更忙于准备远行，终未能投稿，有负维铮兄的雅意。但我曾寄康有为未刊稿给他，发表在《复旦学报》上。这些未刊稿是康有为的外甥罗荣邦带到西雅图华盛顿大学的，吾师萧公权先生当时正在研究康有为，他用完后将这批材料的微卷寄赠台北南港“中研院”近史所。

榮祖兄：因一向忙於雜務，疏於致候，甚歉。

聞知令親亞英女士已抵尊處，甚為欣慰。亞英女士所開書目，已由敝友轉給我。其中部份較易購得，部份已售缺或已成奇貨。弟當盡力設法，購得後當陸續寄奉。近日已寄出二包，內一包為新出之陳寅恪文集部份，包括寒柳堂集一册，柳如是別傳上中下三册；另一包有胡適中國小說史考證一册，汪奠基中國邏輯思想史一册，太平天國史料專集一册。另弟所修訂之中國歷史文選下册，最近已印出，亦附內寄奉，請指正。二包均由水郵奉上，到達或需時日。另已購到聊齋誌異（會校會注會評本）四册，容再購得別書後一併奉上。

兄同意暑假趁回國探親之便，駕臨敝校講授美國史，敝系甚為重視，邀請函不日即可發出。時間初步定在七月中旬。弟於美國史純屬外行，但屆時當儘可能抽時間洗耳聆教，然更盼得兄函教近代思想史也。

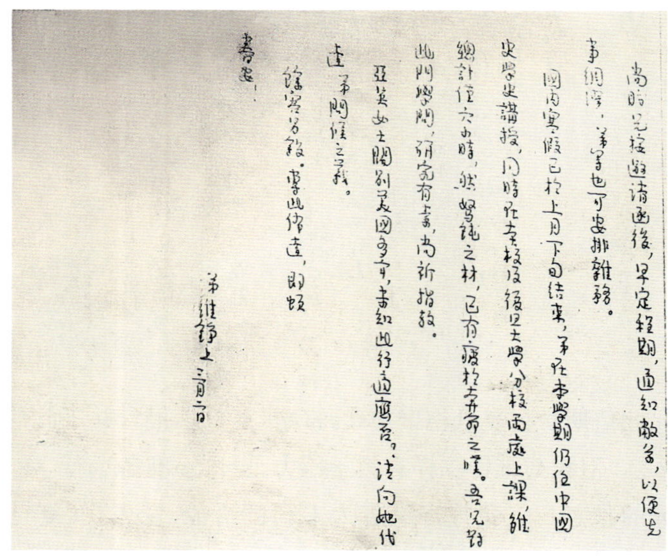

尚盼兄接邀請函後，早定程期，函知敝系，以便先期佈置，弟等也可安排雜務。

國內寒假已於上月下旬結束，弟在本學期仍任中國史學史講授，同時在本校及復旦大學分校兩處上課，雖總計僅六小時，然駑鈍之材，已有疲於奔命之嘆。吾兄對此門學問，研究有素，尚祈指教。

亞英女士關於美國多年，未知此行適應否？請向她代達弟問候之意。

餘容另敘。專此佈達，即頌

春安！

弟維錚上 三月六日

我们通信之后，常互寄书籍，最高兴的是收到他寄来不久之前在上海古籍出版社出版的《陈寅恪文集》。我曾于 1976 年在香港出版过一本小书《史家陈寅恪传》，那时我还不知道有《柳如是别传》一书。收到维铮寄来的这一套书，欣喜之余，决定大事增补陈传，并计划抵达祖国后，于研究章太炎的同时继续研究陈寅恪，寻访陈门弟子。此信提到邀我讲美国史一事，因靳教授说现在中美建交，请我在 1981 年的夏天就来复旦讲讲美国人如何认识他们的历史。

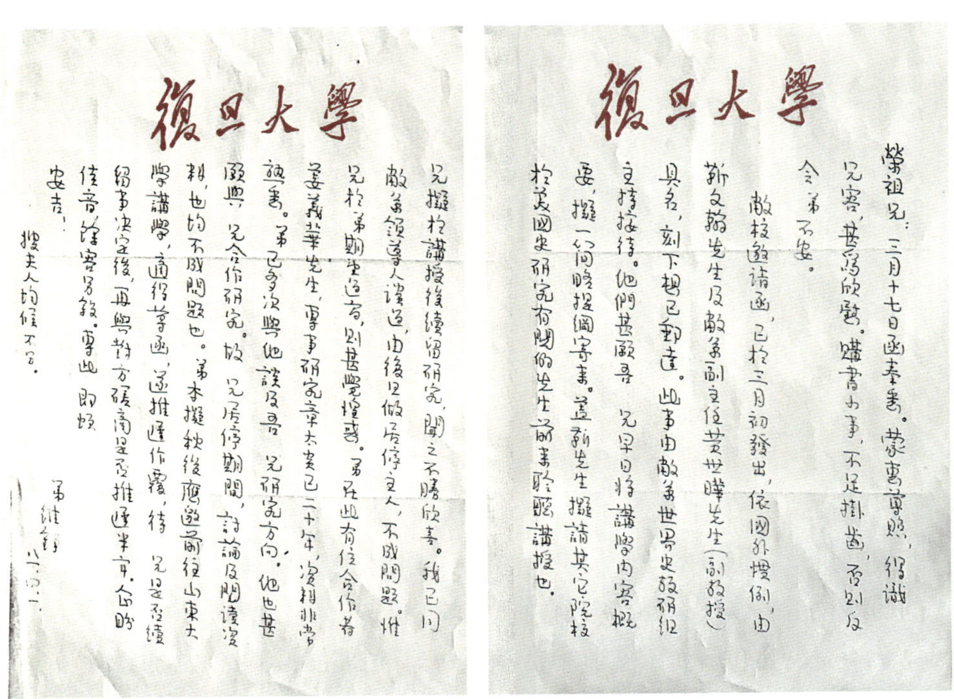

復旦大學

榮祖兄：三月十七日函奉悉。蒙惠寄照，得識
兄容，甚為欣慰。購書小事，不足掛齒，否則反
令弟不安。
敝校邀請函，已於三月初發出，係國外授例，由
靳文翰先生及敝系副主任黃世曄先生（副教授）
具名，刻下想已到達。此事由敝系世界史教研組
主持接待。他們甚願吾　兄早日將講學內容概
要，擬一簡略提綱寄來。並靳先生擬請其它院校
於美國史研究有關的先生前來聆聽講授也。

復旦大學

兄擬於講授後續留研究，聞之不勝欣喜。我已同
敝系領導人談過，由復旦做居停主人，不成問題。惟
兄於弟期望過高，則甚覺惶惑。弟現也有位合作者
姜義華先生，專事研究章太炎已二十年，資料非常
豐富。弟已多次與他談及吾　兄研究方向，他也甚
願與　兄合作研究。故　兄居停期間，討論及閱讀資
料，也均不成問題也。弟本擬秋後應邀前往山東大
學講學，適得尊函，遂推遲作罷，待　兄是否續
留事決定後，再與對方磋商是否推遲半年。盼
佳音，餘容另敘。專此　即頌
安吉！
弟維錚　八一、四、一
嫂夫人均候不另。

维铮兄告知复旦大学世界史教研组靳文翰教授与黄世晔副教授具名邀请我讲美国史的信函，已经寄出。我不久收到，且遵嘱寄出简单的讲授大纲。行程既定，即告知维铮兄于暑期讲美国史后，将留在大陆作半个月的研究，需要一个留驻单位。维铮得到校方的同意，以复旦大学为我的居停主人，既喜且感！更感高兴的是能向维铮兄讨教，有助于我的章太炎研究。他于此信中提到已有一合作者姜义华先生，他说姜先生在当时已研究章太炎二十年，收集资料甚丰，且愿与我合作研究，殊感幸运。

複旦大學

榮祖兄：

手書奉讀已久，遲覆為歉。兄所寄美講授提綱，敝系已收到，並已寫畢 兄蒞臨從事準備。唯 兄函內謂可望於七月十五日到達。敝系負責人曾問我，是否可能知到達時間，因屆時有外校人員前來聽 兄授課，得確訊可安排也。

關於吾 兄擬於講學後，續留敝校與 弟合作研究事，前函已告敝校，系均表贊同。近日敝校負責人又告以手續。因敝校屬教育部領導，故擬函敝校訪問研究的學者，需向教育部申請，由教育部下達任務給敝校。如貴方同中國社會科學院聯繫，則因中國社會科學院與教育部乃兩個系統，可能申請在上面便生延宕。因此，吾 兄來敝校研究的經費如已確定，則請吾 兄要貴方派出機構給北京中華人民共和國教育部外事局發函，說明要求到敝校做訪問學者，研究項目，合作對象，訪問起迄時間，訪問期間費用如何負擔，除敝校外尚擬訪問何處等。同時，請將該函副本寄交上海復旦大學外事辦公室及歷史系（同函[illegible]兩單位即可）。教育部接函，即同敝校會商覆函告 兄。是否接受，決定實在敝校，現敝校敝系均表同意，自無問題，但手續不得不辦，此亦 兄當早知。

接 兄函後，弟即將下半年之工作重新安排，以有較充裕時間與 兄切磋。弟有一合作者姜義華先生，研究章太炎已二十年，資料極其熟悉。弟已同他商定與 兄三人合作研究。弟有一設想，希望通過半年合作研究，寫出一部研究章太炎思想的專著或論集，以作 兄返鄉一行的紀念。倘能寫成，在滬出版沒有問題。不知吾 兄意下如何？當然，一切待 兄面商。

兄之行期定後，即祈一告。如教育部尚未答覆，也不要緊，因 兄到後，可在此繼續辦此手續也。至於在此間生活，弟當儘力安排，務使 兄感方便。餘容另敘，即頌

曼福！

弟 維錚謹上 八一.五.十三.

嫂夫人均此案候，不另。

此信写于 1981 年 5 月 13 日，说已经收到我寄去的美国史讲授大纲，并提到讲学后可以继续留校研究的事。维铮兄关心办理手续的情况。大陆的高校由教育部领导，所以应向教育部申请。但我的项目是属于美方与中华人民共和国学术交流委员会的计划(Committee on Scholarly Communication with the People's Republic of China)，经费等均已有妥善安排。维铮兄为了与我切磋，准备要重新安排下半年的时间，令我感愧不已！更承他已与姜义华商量我们三人如何合作研究章太炎，说："弟有一设想，希望通过半年合作，写出一部研究章太炎思想的专著或论文集，以作兄返乡一行的纪念。"承两位章太炎研究的先行者不弃，我幸何如之。但半年时间实在太短，我也没有完全做好写书的准备。我的书三年之后才完成初稿，又经过学术审阅，修订初稿，出版社延误，直到 1989 年才由牛津大学出版社出版。我在此书的序言中提到："复旦两位学者朱维铮与姜义华都积极从事章太炎研究，帮助我能读到许多有用的资料，与我分享他们的成

果。他们两位成为我作客上海时的主人，很感幸运。”没料到的是，朱、姜两兄也未能合写一书，姜兄的《章太炎思想研究》于 1985 年出版，展示他研究章太炎二十余年的功力。虽未见维铮兄有论章的专书问世，但他发表有关太炎文字不少。他对《訄书》研究最深，后来为他所编中国近代学术名著中的《訄书初刻本、重订本》写了 41 页的导论，功力毕见。没有料到的是朱、姜两兄交恶，犹忆我与他们相处的时光，亲见两兄亲如兄弟的情景，不胜唏嘘与无限遗憾。

我在上海研究章太炎的成果

姜义华、汪荣祖、朱维铮

復旦大學

荣祖兄：日前奉一函，想已达左右。上函说您给教育部写信，看来是多事了。美国科学院致中国社会科学院函，已转给教育部，並已转到敝校。今天敝系负责人已正式徵求我的意见，我当然同意。因此敝校将于日内发出覆文，将由教育部外事局正式向贵方答覆，欢迎您来敝校访问。有关费用问题，也将在覆文内告知。我听说，教育部规定的访问学者费用，大概是一年贰仟伍佰元（人民币，用外汇券支付），一学期（半年）减半，合美金约玖佰馀元。其它费用，主要是住宿较贵。听说嫂夫人将同来。敝校有关部门曾询问我，是否知道您们将住饭店，还是拟住敝校专家招待所？您在讲学期

復旦大學

间，住宿费用将由敝校支付。以後访问期间，则要请您自付。如住敝校招待所，费用较省，每月约人民币壹佰伍拾元左右，要比住饭店节省三分之二以上。敝校专家招待所，就国内水平来说，还算不错的。但吃饭不及饭店方便，要走百米左右，到敝校招待食堂。但敝校招待食堂菜肴不错，三口人每餐三、四元即可叫四、五个菜饱餐一顿，又比饭店便宜得多。但恐嫂夫人觉得不便耳。好在您在讲学期间可先试一下，而後再定。至於您进行研究所需种种，我和姜义华先生自当尽力合作。把握有期，不胜欣喜，馀容另叙，专此即颂

俪安！

弟维铮上
一九八一、五、廿一

从此信可知，暑期讲美国史以及秋天留沪研究已进入细节。信中提到的价格，于今视之，应有隔世之感，也可成为可贵的经济史资料。美国科学院将机票寄到后，我遂于 1981 年 7 月 4 日从华盛顿搭美国泛航班机抵达北京，住在宣武门的向阳宾馆，于 6 日到三里河拜见钱锺书先生，问我此行计划，我说与复旦朱维铮合作研究章太炎，他惊讶的问就是朱永嘉？我说不是，显然当时钱先生对朱维铮尚无印象。钱先生提到《柳文指要》记有章太炎的私事。数日后我即搭火车到上海。承靳文翰教授与维铮兄来车站接我，入住锦江饭店，开课后复旦每天派车接送。靳教授邀集了四十多位来自全国各地教美国史的年轻教师，有远道自内蒙古来者，在大热天聚集在复旦校园内第一教学楼上课。当时没有空调，只有电风扇，吹的是热风。每天从上午 8 时到下午 5 时，大约花了一个月的时间，我把美国史大致讲了一遍，录音经整理后出了上下两册油印本。我在锦江餐厅吃早餐时，多次巧遇哈佛大学史华兹(Benjamin Schwartz)教授夫妇，聊天时史教授对中国今后的走向很感兴趣，好几次听他问：中国将如何发展？他肯定没料到中国会如此

快速地崛起。记得当时美国国务院的估计，中国最多有 3%左右的增长。史教授研究思想史，很想见蔡尚思教授，但说蔡教授正好不在上海，我不好意思说我昨天曾见到蔡教授，当时与外宾见面需要外办安排，不知外办何以不愿安排。后来华东师范大学的朱政惠教授研究史华兹，并出了书。

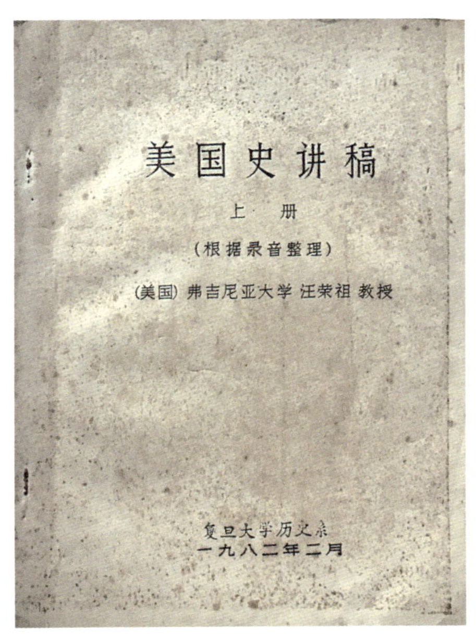

1981 年夏天在复旦讲美国史与师生合影

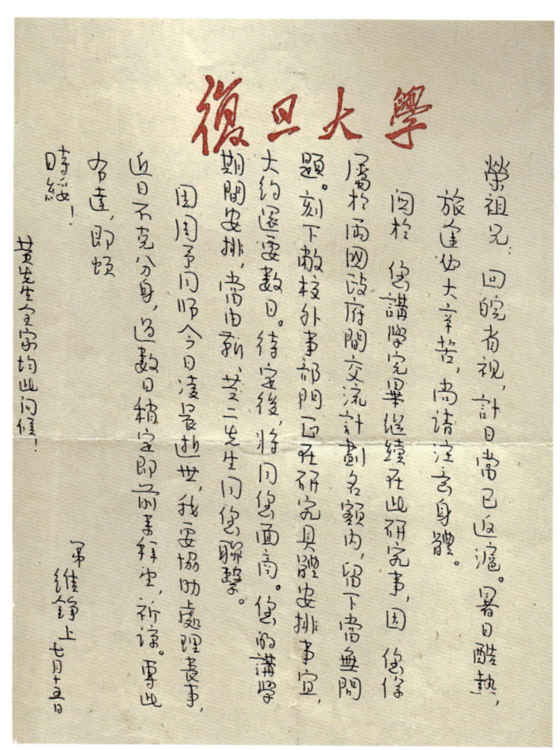

復旦大學

榮祖兄：回皖省視，計日當已返滬。暑日酷熱，旅途中大辛苦，尚請注意身體。

關於 您講學完畢繼續在此研究事，因 您係屬於兩國政府間交流計劃名額內，留下當無問題。刻下敝校外事部門正在研究具體安排事宜，大約還要數日。待定後，將同 您面商。您的講學期間安排，當由郭、芝二先生同您聯繫。

周予同師今日凌晨逝世，我要協助處理喪事，近日不克分身，過數日稍空即前來拜望，祈諒。專此布達，即頌

時綏！

黄先生全家均此問候！

弟 維錚上
七月十五日

我到上海后，很想到从未到过的祖居看看。祖居在安徽郎溪定埠镇，但当时乡镇都未开放，后经当地人同意，我才能前往。我由表弟陈融陪同先乘火车到无锡，转乘长途公交车，4 小时后才抵达到溧阳，翌日再乘公车到郎溪，住一夜再搭车到定埠。祖居原有庸椽藏书楼，我向往已久，但祖父母早已往生，楼因靠近溪河，河需拓宽而遭拆毁，出现一大块空地，上面盖了一些不同的建筑。藏书则于“文革”时烧毁殆尽，惟有拜祭简陋的祖坟后回到上海。这次故乡之行诚如维铮此信所说，旅途甚是辛苦，但能回到从未到过的故乡，寻根之旅，精神上却很亢奋，所以没有辛苦的感觉。维铮写此信的一天，他的恩师周予同逝世，记得他每次出门与我见面时，总是顺道到医院去看望周老师。朱兄得周师经学史的真传，众所周知。

復旦大學

榮祖兄：五日手書拜讀。勞 兄遠念，甚謝。

在此見到王仲犖、葛懋春二位先生，均謂得復旦外辦致山大函，謂 兄將返濟南拜訪他們。今天王先生見我，又問及此事。我答以兄已改變行程回滬，可能不來了。王先生乃太炎晚年弟子，爲目前章門弟子尚在者內最活躍的一位，正任山大歷史系主任。既有此事，如兄能直接寫一函給他，略作説明，似有好處也。當否？請酌。弟在此尚有兩門課。此間甚欲弟延長時間，但弟已決定如期返滬。餘容另陳。專此奉達

即頌

全安！

弟維錚謹上 十二月七日

嫂夫人均候不另。

我于暑期上课后，自香港转往台北，参加在圆山饭店举行的纪念辛亥革命70周年学术讨论会，我以章太炎与中华民国为题发表论文。会后妻儿自美国前来相会，于9月初飞香港，然后乘海轮到上海，仍住锦江饭店旧楼。十月溯长江到武汉，拜见唐长孺先生，适值东湖有纪念辛亥70周年的国际学术大会，经唐先生安排得以参加盛会，在会场遇到不少来自欧美、澳洲的师友，也认识了耿云志、王有为等好几位研究章太炎的学者。会后本拟入川，因大水未果，转搭火车到北京，再会钱锺书先生。原定回上海时经济南拜访王仲荦教授，维铮兄正在山东大学讲学，承其引介，王教授与葛懋春教授愿意接待。如维铮所说，仲荦先生是章门晚年弟子，曾与太炎在上海同孚路对门居住，每晚都有机会听老师教诲。我当然渴望拜见，但当时转车没有那么方便，又妻儿同行，行李繁重，只好直接由京返沪，失此良机。我于事后驰函致歉，欣得仲荦先生1981年12月15日的这封回信。信中有云：章先生“晚年日丁时艰，以为读史知民族大义，可以救国，号召学生看二十四史。荦当时受先生影响，故从事史学。然章公平日绝学，仍是经学、小学也。您概括太炎先生史学以民族主义为核心，一言中的，绝是！绝是！”几年后我有机会专访山东大学时，仲荦先生不幸已经仙逝，只见到葛懋春、项观奇等教授，以及他们的学生们。

王仲荦先生惠函

我们仨与周谷老合影

周谷老惠函

我自北京回到上海后与朱维铮、姜义华两兄时常见面，不再有书信来往。复旦名教授周谷城老先生是朱、姜两兄的老师，曾邀我们三人到当时上海唯一有名的粤餐馆聚餐，留下这张照片。我跟周谷城老先生来往也很多，他曾提到他教世界史时如何教学生细读吉本（Edward Gibbon）的《罗马帝国衰亡史》（*The History of the Decline and Fall of Roman Empire*）入手，令我印象深刻。周先生与毛主席有旧，记得他曾说尼克松访华前，毛主席曾邀他赴京，问他老尼会不会来，使我深感双方隔阂之甚。我在美国时众所周知，尼总统正想尽办法要通中国，最后经巴基斯坦的帮助，军师基辛格才能自巴基斯坦秘密入京，为尼克松于 1972 年访华铺了路。

汪荣祖、章念驰

我在上海有缘与章念驰相识，念驰小我一岁，温文儒雅，大家风范，赠我不少资料，包括民国二十四年出版的章氏国学讲习会演讲记录，祝我“在学术上取得更大成就”。我在拙著序言中说：“我有幸认识章太炎的孙子章念驰，他是上海社会科学院历史所的学者，积极参与章太炎全集的出版。他对我非常友善，尽其可能为我提供资料，我返美后继续互通音讯，非常感谢他的友谊。”

顾廷龙、汪荣祖、潘景郑

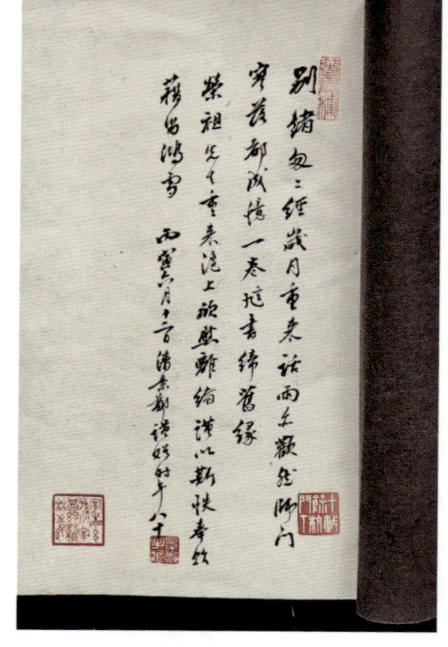

顾廷龙先生赠联

我在上海停留时期的单位是复旦大学,到上海图书馆看书,需要复旦出介绍信。当时上图馆长顾廷龙先生热情接待。当我于 1986 年重来参加章太炎逝世五十周年学术讨论会,承顾先生题赠“海外名山业,余杭文字缘”对联勉励。又承潘景郑先生题诗赠书，我在拙著序文中说："潘景郑先生又名潘承弼，是章太炎1930年代的得意门生，现任上海图书馆古籍部主任，他为我提供了他的见闻以及相关材料。"他赠我珍贵的《訄书原刻手写底本》线装一册，并承其于扉页题句。

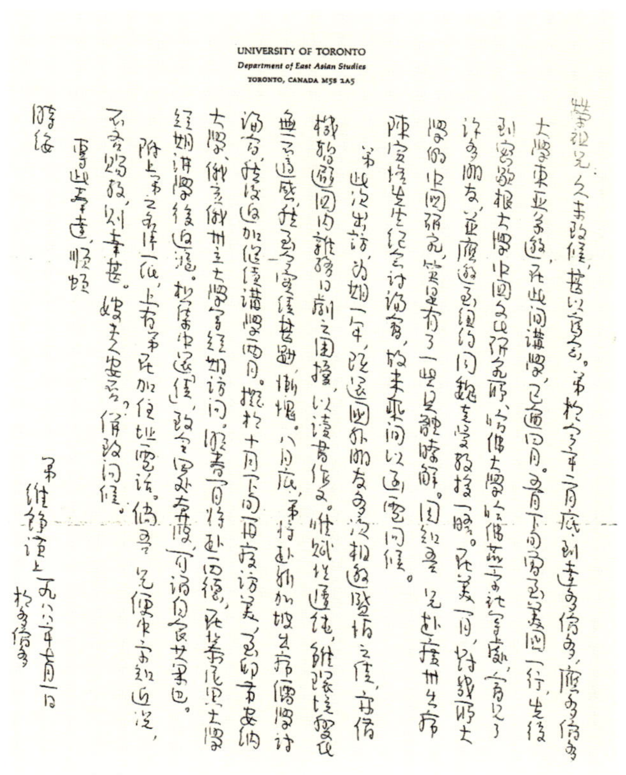
UNIVERSITY OF TORONTO
Department of East Asian Studies
TORONTO, CANADA M5S 2A5

志钧兄：久未致候，甚以为念。弟于今年二月底到达多伦多，应多伦多大学东亚系邀，在此间讲学，已逾四月。五月下旬曾至美国一行，先后到密歇根大学中国文化研究所、哈佛大学哈佛燕京社演讲，会见了许多朋友，并应邀至纽约同魏斐德教授一晤。在美一月，对彼邦大学的中国研究，算是有了一些具体了解。因知吾兄赴广州出席陈寅恪先生纪念讨论会，故未来函问候。

弟此次出访，为期一年，除返国外朋友多次相邀盛情之便，实藉机暂避国内杂务日剧之困扰，以读书作文。惟赋性迂缓，[illegible]，惭愧。八月底，弟将赴新加坡出席儒学讨论会，然后返加继续讲学两月。拟于十月下旬再度访美，至印第安纳大学、俄亥俄州立大学等继续访问。明春一月将赴西德，在[illegible]大学继续讲学后返沪。[illegible]，致令家人奔波，可谓自食其果也。

附上弟之名片一纸，上有弟在加住址电话。倘吾兄便中示知近况，不吝赐教，则幸甚。嫂夫人安否？顺致问候。

专此奉达，顺颂

时绥

弟 维铮谨上 一九八八年八月一日 于多伦多

1986年在杭州召开纪念章太炎逝世五十周年国际学术研讨会，参与者来自日本、澳洲、中国香港等地学者甚多，内地学者更多，还有好几位太炎的弟子。朱维铮、姜义华、章念驰等研究章太炎的学者都来与会。我也受邀参加，与维铮兄聚谈后，各奔前程。他当时声名鹊起，周游列国，讲学四方。我于1988年夏天应邀到澳洲国立大学访问，内人转来维铮兄自加拿大多伦多大学的这封信，知道他正在北美各校讲学，其间曾应邀与魏斐德（Frederick

W. Wakeman)教授在纽约晤谈。魏教授为加州布克莱校区中国史教授,曾任美国历史学会会长,亦曾主持中美学术交流事宜。他另将赴新加坡出席儒学会议,而后再度访美到印第安纳州大学讲学,翌年将前往联邦德国访问而后返沪。此信可见维铮忙于在国外讲学,心情显得非常愉快。

UNIVERSITY OF TORONTO
Department of East Asian Studies
TORONTO, CANADA M5S 1A5

此信因内人告知我在澳洲国立大学地址后所写。得知他仍在加拿大多伦多大学,但到 10 月间将再度访美,赴印第安纳大学访问 6 周,应是司徒琳教授之邀,然后再往俄亥俄州立大学作学术报告,应是张灏教授之邀。我正好远在澳洲,无法邀他来访。我访澳洲之后又转往中国台北与中国大陆,不能与维铮的行程配合,很遗憾没有能够请他来维州寒斋做客,以好酒相待。

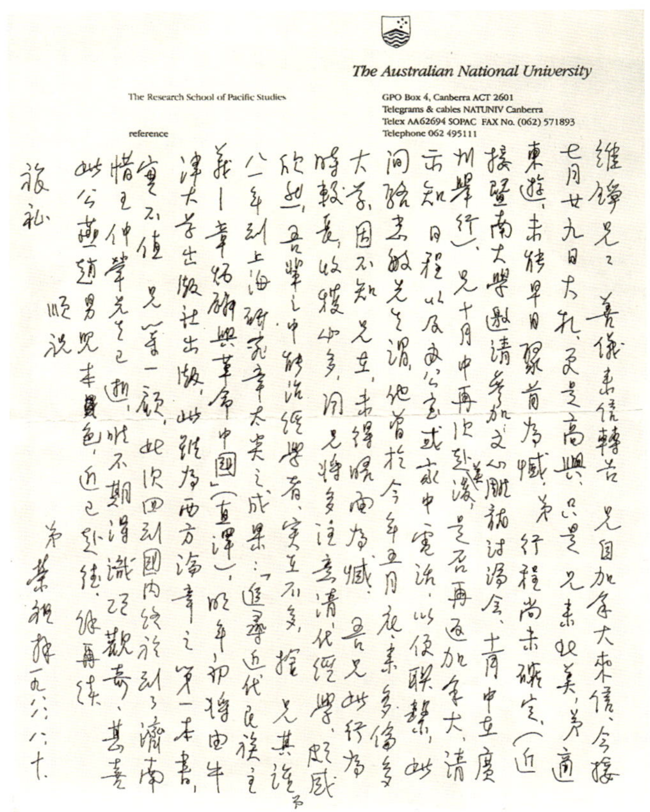

The Australian National University

The Research School of Pacific Studies

GPO Box 4, Canberra ACT 2601
Telegrams & cables NATUNIV Canberra
Telex AA62694 SOPAC FAX No. (062) 571893
Telephone 062 495111

reference

维铮兄：

善仪来信转告 兄自加拿大来信，今接七月廿九日大札，更是高兴，只是 兄未赴美，弟适东游，未能早日聚首为憾。弟行程尚未确定，（近接暨南大学邀请参加文心雕龙讨论会，十月中在广州举行），兄十月中再次赴沪，是否再返加拿大，请示知日程以及办公室或家中电话，以便联系。此间骆惠敏先生谓，他曾于今年五月[illegible]多伦多大学，因不知 兄在，未得晤面为憾。吾兄此行为时较长，收获必多，闻 兄将多注意清代经学，颇感欣然，吾辈之中能治经学者，实在不多，舍 兄其谁？弟八二年到上海研究章太炎之成果：「追寻近代民族主义——章炳麟与革命中国」（直译），明年初将由牛津大学出版社出版，此终为西方论章之第一本书，实不值 兄等一顾。此次回到国内，终于到了济南，惜王仲荦先生已逝世，惟不期得识项观奇，甚喜，此公[illegible]，近已赴德，余再谈。

顺祝
旅祉

弟 荣祖拜
一九八八.八.十.

我寄给朱维铮的信几乎都没有留底，惟留此信，回复他的 7 月 29 日来信，我仍盼能在美国接待维铮兄，终未能如愿。骆惠敏教授是澳洲国立大学研究员，新加坡华侨，二战时赴成都燕京大学就读，与唐才常同学，战后赴英国剑桥大学深造，获得博士学位后与王铃同在澳洲国立大学执教。维铮信中说正致力于清代经学史研究，我很为他高兴，认为我辈之中能治经者甚少，“舍兄其谁”！乃真诚的肺腑之言。我告诉他曾往山东大学欲见王仲荦先生，可惜当我到济南时，王先生已经不在人间。项观奇当时是山东大学的中年教授，也与朱维铮相识，后来移民德国。

摄于台湾民雄中正大学学人宿舍

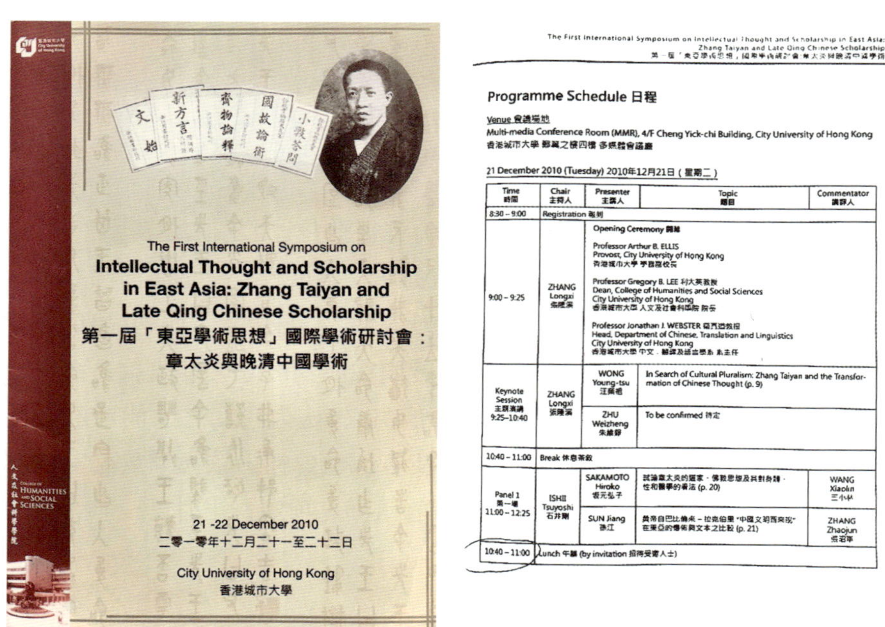

The First International Symposium on
Intellectual Thought and Scholarship in East Asia: Zhang Taiyan and Late Qing Chinese Scholarship
第一屆「東亞學術思想」國際學術研討會：章太炎與晚清中國學術

21 -22 December 2010
二零一零年十二月二十一至二十二日

City University of Hong Kong
香港城市大學

The First International Symposium on Intellectual Thought and Scholarship in East Asia:
Zhang Taiyan and Late Qing Chinese Scholarship
第一屆「東亞學術思想」國際學術研討會：章太炎與晚清中國學術

Programme Schedule 日程

Venue 會議場地
Multi-media Conference Room (MMR), 4/F Cheng Yick-chi Building, City University of Hong Kong
香港城市大學 鄭翼之樓四樓 多媒體會議廳

21 December 2010 (Tuesday) 2010年12月21日（星期二）

Time 時間	Chair 主持人	Presenter 主講人	Topic 題目	Commentator 講評人
8:30 – 9:00	Registration 報到			
9:00 – 9:25	ZHANG Longxi 張隆溪	Opening Ceremony 開幕 Professor Arthur B. ELLIS Provost, City University of Hong Kong 香港城市大學 學務副校長 Professor Gregory B. LEE 利大英教授 Dean, College of Humanities and Social Sciences City University of Hong Kong 香港城市大學 人文及社會科學院 院長 Professor Jonathan J. WEBSTER Head, Department of Chinese, Translation and Linguistics City University of Hong Kong 香港城市大學 中文、翻譯及語言學系 系主任		
Keynote Session 主題演講 9:25–10:40	ZHANG Longxi 張隆溪	WONG Young-tsu 汪榮祖	In Search of Cultural Pluralism: Zhang Taiyan and the Transformation of Chinese Thought (p. 9)	
		ZHU Weizheng 朱維錚	To be confirmed 待定	
10:40 – 11:00	Break 休息茶敘			
Panel 1 第一場 11:00 – 12:25	ISHII Tsuyoshi 石井剛	SAKAMOTO Hiroko 坂元弘子	試論章太炎的國家・佛教思想及其對身體・性和醫學的看法 (p. 20)	WANG Xiaolin 王小林
		SUN Jiang 孫江	黃帝自巴比倫來——拉克伯里"中國文明西來說"在東亞的傳佈與文本之比較 (p. 21)	ZHANG Zhaojun 張昭軍
10:40 – 11:00	Lunch 午膳 (by invitation 招待受邀人士)			

预期可在香港再度切磋竟然缘悭最后一面

朱维铮晚年走访欧美多国，亦曾应邀到台湾大学讲授经学史，并偕其夫人莅临寒斋，餐叙甚欢，羡慕其夫人是医生，为维铮能有全天候的专业照料而高兴。我于2010年11月之初，再到上海，游苏州、崇明岛后，承复旦历史系邀宴，得与维铮再度餐叙，席间虽见他略现衰弱，但依然谈笑风生。同年12月，香港城市大学张隆溪教授主办“第一届东亚学术思想国际学术研讨会：章太炎与晚清中国学术”，邀我与朱维铮做主题演讲，已列入日程，惜其因病未能出席，一年多后就弃我们而去，未得最后一晤，甚是遗憾。复旦中文系傅杰教授于2012年3月底邀访，我于4月3日特别请傅杰教授陪同前往看望朱夫人，见到宽敞的书房，维铮的遗照高挂中间，顿有“人去楼空”的悲思！

章太炎研究史视野中的王玉华教授（1963—2023）

——一个同行的怀念

林少阳

（澳门大学历史系）

一

我曾经长年一个人在国外生活。我的居所就在大学的校园里，这在中国的大学不足为奇，而在我任教的异国确实很难得。我的研究室自然在我任教的校园内，而我的居所却是在一个工科所属的校园之中。两个校区之间，步行只需要八九分钟。我的蜗居之所是大学为数不多且略显老旧的教师宿舍，坐落在校园一隅的樱树丛中。春来时樱花怒放，初入住时恰逢春天，颇有身居花丛之感。随着时间的消逝，早出晚归的我早就审美疲劳，美景当前也变得熟视无睹，缺乏感动。除了晚上睡觉，我几乎每天都在研究室度过，包括周末。研究室不算小，两边墙上直通天花板的书架外，窗台、桌上，都挤满了我的藏书。每天深夜大约两点至三点之间，我便会离开研究室。在我离开前，关灯之后，我常常会在黑暗的研究室中伫立片刻。静夜中，我注视着这些古今中外的亡灵们的著作，不，应该说是仰望着他们/她们化作文字的灵魂，行注目礼。无疑，只有极少部分的作者是活着的——即使是这些在生的作者，他们迟早也会成为亡灵的。我们的工作正是通过这些亡灵们生前留下的文字，努力去捕捉历史，去唤醒这些亡灵——其中不乏伟大的亡灵，与我们的时代进行隐秘的对话。我，还有我们，某一天也必然会成为亡灵的。这一想法自我少年时就很强烈，但是，感觉到亡灵是我的生活的一部分,而没有恐惧,却是成年之后。我也必然会成为亡灵,就像太阳早晨东升、黄昏西沉般必然。而且极大的可能是,我将无缘厕身于某位后世书生某一个排列亡灵的书架中,而是静列于某一个图书馆尘封的书架上。但是,这并不重要。我们是为了这一时代而与亡灵们沟通的,这一沟通本身便是历史的一部分。也为了未来的他者,留下我们可能甚为微弱的声音(借用王笛教授的书名,是“历史的微声”①)。因此,夜深人静,离开办公室前,黑暗中在这些古今中外亡灵们的神秘包拥中,向这些伟大的前辈们致敬片刻,这常常是我结束一天工作秘而不宣的仪式。当我走出研究室时,整栋大楼是漆黑、寂静的。我们大学曾经有几位五六十岁便英年早逝的同事。我也常常想象,假如夜归时在办公室大楼狭小的电梯中与这些早已化作亡灵的同事相遇时,我想我一定不会感到恐惧。我会欣然对他/她打招呼,如生前遇到他/她一样。因为,我知道,我们的工作便是一个被亡灵们包拥的世界,我们的工作便是一个努力通向伟大的亡灵们心灵深处的世界,也是一个向伟大的亡灵们致敬的世界。在自己成为平凡的亡灵之前,我们也是不可或缺的媒介者,令此一时代的生者们与亡灵们的心灵得以相会、得以沟通。同时,这也是一个想象着未来的生者——这些不可避的他者们——以我们诚实的文字,努力试图与他们进行对话的世界。这也是为了寻找那么一点点存在的意义,而“衣带渐宽终不悔,为伊消得人憔悴”的世界。这大概也是古训之“修辞立诚”之意。“吾道不孤”,这一句老生常谈的表述,也许应该从亡灵们以及倾注了他们生命的文字的角度进行理解。

今日作此文时,章太炎研究者王玉华教授成为亡灵也已经有数月了。2023 年 10 月 27 日,他离开了这个世界。出生于 1963 年 9 月 19 日的他,

① 王笛《历史的微声》,北京:人民文学出版社,2022 年。他从微观史角度,主张在历史叙述中应该有“碌碌有为”——他的另一本书名——的普通人的声音。王笛《碌碌有为:微观历史视野下的中国的社会与民众》,北京:中信出版社,2022 年。该书上下卷各有侧重。上卷:“人,日常和文化”;下卷:“家,群体和法律”。

刚刚过了六十周岁生日不多久。在此之前的10月11日至13日我曾经带着不安,匆匆飞去西安探望他以及他的家人。我第一次见到了玉华教授家人以及他的一众弟子,后者包括阎东凯教授(陕西师范大学)、于海兵副教授(陕西师范大学)、年轻章学研究者周敏秋君(华东师范大学博士生)和欧阳清君(复旦大学博士生),以及已经在中国社科院哲学所工作的傅正博士、王磊博士(嘉兴大学)、丁守伟博士(扬州大学副教授)、张思宁老师(西安某高校)、邓秋松君(华东师范大学博士生)、陈博然君(华中师范大学博士生),等。傅正君和周敏秋君都在硕士往博士的过渡时期将王老师的研究室当作宿舍住过一段时间。王玉华老师因为开始章学研究比一般人早,培养了许多年轻的晚清史,尤其是章太炎的研究者,这又是必须特书的。

我在10月12日获得医院的特别许可,在西安交通大学医院的重症病房中与病榻上的王玉华教授交谈了十来分钟。在这十来分钟里,我发现他的精神比预想的要好,他因为我的到来而有些兴奋,在病房昏暗的灯光下,眼角闪着微微可见的泪光,多少让我感觉不负此行。他谈及陕西师范大学今后与我们大学的交流,也谈及他的弟子们今后的章学开展,也谈及了章念驰先生与他的书信往来,对章念驰先生的感念之情溢于言表。从病房出来,西安交大医院的一位资深的主治医生,想必也是一位教授,和他的助手一起,在走廊中站着和我们(玉华教授的家人、他的弟子们、笔者)解释了将近一个小时,这让我非常感动。医生谨慎地选择着用词,显然是为了避免家属的过度悲伤。但是,我隐隐感觉玉华教授恐怕去日无多。虽然病榻上的玉华教授精神还不错,但是他开头的一句话让我介怀:“我感觉到有一股巨大的力量在将我拽向另外一个世界。”显然他已经感觉到死亡的阴影蠢蠢欲动。就在10月27日晚上九点,王玉华教授在与病魔的搏斗中彻底解脱出来,告别了这个世界。此时,离我去看望他,也不过是两个星期而已,这让我非常意外和哀伤。

无独有偶,三天后的10月30日,我也接到了旅日的中国学者晏妮教授的来电,告知与她亦师亦友的日本学者、也是章太炎研究者的坂元弘子教授去世的噩耗。[1]对于我来说,同样是晴天霹雳。就在之前的7月9日,我还和坂元弘子教授等在东京大学的会议上见面,因为疫情相隔,大家都言谈甚欢。之后她还发过微信来说很想来中国,又听说签证手续繁琐,想等到手续简化时再常来中国。也因为这样的原因,晏妮教授电话中悲伤的情形至今难忘。巧合的是,坂元教授生前最后一篇变为铅字刊载的文字,可能是其《怀念近藤邦康》一文,刊载于2023年9月的『日本現代中国学会ニューズレター』(《日本现代中国学会 News Letter》)第70号上。近藤邦康教授[2]

---

① 坂元弘子教授(1950年—2023年10月30日),中国近现代思想史、文化史研究者,尤其关注晚清佛教与政治的关联。她长年任教于日本一桥大学,生前为一桥大学名誉教授。1976年毕业于一桥大学社会学专业。1986年从东京大学研究生院人文科学研究科中国哲学博士课程毕业。1974年至1978年,在《禅学辞典》编辑部工作。1988年,任日本山口大学文学院副教授;1993年,任日本东京都立大学副教授;1998年,任一桥大学社会学系副教授;2000年,任该校社会学研究科教授。2003年,当选日本现代中国研究会会长。还曾任中国社会学文化学会会长等学界职务。2014年退休后返聘回一桥大学担任特任教授。坂元教授博士生期间曾留学北京大学哲学系。她每年频繁前来中国参加各种学术会议,因疫情隔断,直至辞世。坂元教授的日文著作有『中国民族主義の神話　人種・身体・ジェンダー』(東京:岩波書店,2004年)、『連鎖する中国近代の"知"』(東京:研文出版,2009年)、『中国近代の思想文化史』(東京:岩波新書,2016年),等。她也是近现代中国思想在日本的重要翻译者,参与的译著有『毛沢東『人民内部の矛盾を正しく処理する問題について』入門』(本书编写组编,東京:長崎出版,现代中国社会思想研究丛书之一,1976年);『毛沢東『実践論』入門』(本书著作小组编,東京:長崎出版,现代中国社会思想研究丛书之一,1977年),『仁学　清末の社会変革論』(谭嗣同著、与西顺藏[1914—1984]共同译注,東京:岩波書店文庫本,1989),『中国の文化心理構造　現代中国を解く鍵』(李泽厚著,与砂山幸雄、佐藤豊共同翻译,東京:平凡社,1989年),等。汉译著作有《中国近代思想的"连锁":以章太炎为中心》("章学研究论丛"之一),郭驰洋译,上海:上海人民出版社,2019年。

② 近藤邦康教授(1934年—2023年1月6日)出生于日本爱知县。1957年从东京大学文学院中国文学系本科毕业后,考入东京大学研究生院,1959年在研究院人文科学研究科(中国语言文学系)攻读硕士学位。主要研究毛泽东与章太炎。此后,他历任日本北海道大学助教、东京大学社会科学研究所教授,1995年退休,成为东京大学名誉教授。退休后,他担任日本大东文化大学法学院政治学系教授,并于2006年退休。他曾任日本现代中国研究会会长(1994—1998)和中国社会与文化研究会理事(1991—1995)。著作有『辛亥革命思想の形成』(東京:紀伊国屋新書,1972年)、『中国近代思想史研究』(東京大学社会科学研究所研究叢書之一,東京:勁草書房,1981年)、『毛沢東　実践と思想』(東京:岩波書店,2003)。与汤志钧先生合著『中国近代の思想家』(東京:岩波書店,1985),與和田春樹合编『ペレストロイカと改革・開放　中ソ比較分析』(東京:東京大学出版会,1993)等。他在章学方面的主要贡献是与西顺藏合作翻译、编辑的『章炳麟集　清末の民族革命思想』(東京:岩波文庫,1990年)。该书至今仍是章太炎唯一的外文选注、翻译本,对包括汉语圈在内对章太炎思想感兴趣者都有重要意义,尤其对懂日文但对阅读古汉语有困难的读者颇有帮助。该书也是以西顺藏先生为中心的二十多年读书会的成果结晶,一共选文24篇,主要选编了章太炎《民报》时期的文章,是一本很方便的编译、注释本。

是2023年第一位辞世的章太炎研究前辈,是在世界范围内少数几位于20世纪30年代出生的章太炎研究者之一。2023年底著名的晚清思想史研究者、章学前辈汤志钧先生以百岁高寿辞世。①一年之内有四位章太炎研究者离开世界,这对章太炎研究来说,是一个巨大的打击。如果算上英年早逝的复旦大学张荣华教授(1957年8月19日—2023年2月20日)的突然辞世,就是五位了。张荣华教授的一大贡献是清代尤其清末史料的整理,虽然张荣华教授的研究以康有为为主,但必然也涉及章太炎研究。②章太炎研究只是晚清研究的一环,不可能是封闭的,康有为等晚清思想家研究必然也是章太炎研究,反之亦然。在此意义上,张荣华教授也是当之无愧的章太炎研究者。

二

坂元教授认识王玉华教授和我是同时的。和坂元教授一样,我第一次见到王玉华教授是在2010年12月21日至22日在香港城市大学举办的第一届"东亚学术思想国际学术研讨会:章太炎与晚清中国学术"会议上。该会议在香港城市大学张隆溪教授的支持下得以召开。会议除了坂元教授和王玉华教授外,尚有来自复旦大学的李振声教授、中国社会科学院哲学所的张志强教授、首都师范大学的江湄教授、日本东京大学的石井刚教授、其时为日本静冈文化大学教授的孙江教授、其时在日本武藏野大学的陈继东教

① 汤志钧(1924年6月25日—2023年12月23日),早年就读于无锡国专,1947年毕业于复旦大学,先后受教于唐文治、吕思勉、周谷城、周予同等学者。1956年调入中国科学院上海历史研究所筹备处,之后长期在上海社会科学院历史研究所工作。其著作甚丰,有《戊戌变法史论丛》(武汉:湖北人民出版社,1957年)、《戊戌变法人物传稿》(上下册)(北京:中华书局,1961年)、《章太炎政论选集》(上下册)(北京:中华书局,1977年)、《章太炎年谱长编》(上下册)(北京:中华书局,1979年)、《近代经学与政治》(北京:中华书局,1989年)、《改良与革命的中国情怀——康有为与章太炎》(香港:商务印书馆,1990年)、《章太炎传》(台北:台湾商务印书馆,1996年),等。其著作也有数种在日本日译刊行,在日本研究者中享有很高的评价。2022年主编《梁启超全集》(北京:中国人民大学出版社)。

② 张荣华教授与姜义华合作整理《康有为全集》,于2007年由中国人民大学出版社出版(国家清史编纂委员会·文献丛刊之一)。

授、其时在加拿大渥太华大学的慕唯仁(Viren Murthy)教授等国际国内学者参加。因为预算问题,未能邀请张昭军教授,至今觉得遗憾。最年轻的参加者是现在任教于中国人民大学清史所的彭春凌教授,她作为北京大学的博士生与会。能言善辩的她对大家的诘难的应对情景,至今仍历历在目。主办方香港城市大学的参与者除了张隆溪教授外,尚有郭鹏飞教授、屈大成教授、王小林教授、陈学然教授以及刚刚加入香港城市大学的笔者。会议的基调讲演者本为汪荣祖教授与朱维铮教授,①但是,在会议前朱维铮教授突然发现健康问题,后于 2012 年 3 月辞世。笔者永远失去向朱先生当面请教的机会。幸亏当时汪先生拨冗光临,成为唯一的基调讲演者。今日这一类章太炎学术会议不足为奇,但是,在 2010 年的那个时候,章太炎研究者寥寥无几,以至于大家戏称互相为"章学友"(与香港歌星张学友同音),不乏学界"少数族裔""抱团取暖"之感。这次会议应该也是第一次在境外召开的章太炎研究国际会议。毕竟日本是中国以外的章学研究重镇,会后,坂元弘子教授还专门在日本现代中国学会的会刊上对这次会议作了介绍,可惜现在一时未能觅得。这次会议对章太炎研究者是一个重要的鼓舞。日间"章学友"抵掌切磋,夜晚把酒欢谈,王玉华教授、张志强教授等的神态,至今仍然历历在目。不到三年后我也返回东京大学。王玉华教授也曾经有意前往东京大学访学,后来未能成行,是因为什么原因,我也淡忘了。

王玉华教授本名陈去疾,"先生出生之前,国史上所谓'三年自然灾害',席卷全国……先生之家被难尤重。外祖父一家,阖户无存,兄姊八人,竟全毕命。陈母遘重疾,生先生百日,即相弃捐,生年未满四十。陈母逝世后,先生归于邻村之王氏,赐名玉华。养父王福海,建国公社临河大队社员,秉性

① 朱维铮(1936 年 7 月 14 日—2012 年 3 月 10 日),江苏无锡人,复旦大学教授。1960 年毕业于复旦大学历史系,师承陈守实、周予同。主要著作有《走出中世纪》《求索真文明》《马相伯传略》《中国经学史十讲》《音调未定的传统》等。编注、整理有《章太炎选集》注释本(与姜义华先生合作)、《章太炎全集》第三卷、《訄书》《检论》三种集校本、《康有为卷》("中国现代学术经典"本)、《中国现代思想史资料简编》"五四"卷。主编《马相伯集》《利玛窦中文著译集》《徐光启全集》(与李天纲共同主编)等。笔者以为朱先生在章太炎研究方面的最大的贡献,一是对《訄书》《检论》的集校、辨析,二是与姜义华先生合作的《章太炎选集》注释本。

仁慈,虽家境贫寒,然鞠育惟勤,先生始得成长。"[①]可谓年幼即时运不济、命途多舛。也许唯因此,才造就了他对弱者充满同情、对邪恶则疾恶如仇的个性。至少,我可以感受到其个人独特的经历与他作为章太炎研究者之间的关联。我想,此时此刻,在那个世界,想必他已经见到生父母和养父母了,也已经见到他终生仰慕的章太炎先生了——那个他生前崇敬的一个伟大的灵魂,一个伟大的亡灵。有些人活着,灵魂却是死亡的,我们只看到他赤裸裸的欲望;有些人死去,其灵魂却是活着的,并且给有缘的生者予养分,令世界稍微光明和存有些许希望——那些书架上古今中外的伟大亡灵!章太炎先生便是这样的存在。无疑,王玉华先生是在章太炎先生思想的感召之下而走上研究章太炎学术和思想的道路的。

1980 年以前出生的学者,博士论文便开始专门做章太炎研究,想必是极少的。1940 年出生的汪荣祖先生也许算是其中一位[②](汪先生在美国留学时的硕士论文做的是美国外交史),这与其师萧公权(1897—1981)先生的影响不无关系。由哲学转史学的萧公权先生堪称硕学,学贯中西,且是较早关注包括晚清章太炎、康有为在内的整体中国思想史的大家,其对章太炎的把握,不乏洞见。[③]此外,1980 年以前出生的学人中,从硕士便开始直至博士一直进行章学研究者更是凤毛麟角,而王玉华教授是我遇到的不多的一位。王玉华先生本科毕业于安徽师范大学历史系,在南开大学读硕士时,感兴趣的是其安徽乡先贤李鸿章,并准备以其入手,研究中国的海防政策。但是,硕士二年级时他开始对章太炎感兴趣。他说服其导师、义和团运动研究者陈振江先生,希望导师同意他由海防研究转为章学研究。陈先生担心他难以处理艰涩的章学,选择这条路等于是要自己去闯荡,因为陈先生也不是这方面的研究者,无法给他相关指导。后来他去南京大学在太平天国史研究专家茅家琦先生门下撰写章学博士论文,情况也是大同小异。但是,这两位先生的宽容成就

① 周敏秋编《王玉华先生编年事辑》(初稿,未刊)。感谢周敏秋君提供相关材料。

② Young-tsu Wong, *Search for Modern Nationalism: Zhang Binglin and Revolutionary China, 1869—1936*, Hong Kong, Oxford & New York: Oxford University Press, 1989.

③ 萧公权《中国政治思想史》,北京:新星出版社,2005 年,第 559—581 页。

了一位年轻的章学研究者,这也是王玉华的幸运。青年王玉华本科时候便对古文字学尤其甲骨文有着浓烈的兴趣,因此而对章学有相当的好奇。另一背景则是20世纪80年代的思想解封运动,这一背景尤为重要。青年王玉华喜读尼采,并认为尼采与章太炎思想有相似之处。[①]确实,在中国大陆章太炎研究发轫于"文革"后期的批林批孔运动,章太炎被作为法家而受到肯定,重新走入人们的视野。但是,章太炎作为完整的思想家被20世纪40年代以后出生的学者所关注,却应该是在80年代(附带提及,1947年出生的日本学者小林武教授,大概是那个年代极为罕见的以章太炎研究为题目撰写博士论文的学者[②])。在台湾,1958年出生、早慧的50后硕士生王汎森在1983年写完了其章学硕士论文,[③]即使在台湾,这也许是非常例外的。而王汎森教授在博士阶段转向了以顾颉刚、傅斯年为主的民国学术史(古史辨运动)研究。

总之,1963年出生的王玉华于1988年硕士生期间便开始进入章学研究,直至博士,在其时的中国大陆,应该是绝无仅有的。笔者迟至二十年前的2004年才集中开始章太炎研究,王玉华先生在同一年的11月,已经出版了《多元视野与传统的合理化——章太炎思想的阐释》。[④]虽是同龄人,王玉华教授无疑是笔者的章学先学。在80年代、90年代的中国,年轻学子王玉华依靠有限的中文章学学术成果,几乎是单打独斗、孤独地试图理解章太炎的学术和思想,这一点殊为可贵。

---

① 王玉华《学术研究与涵养人生——以我的"章学"研究为例经历》(2017年9月7日于陕西师范大学的演讲),收录于王玉华《挥戈集》,北京:中国社会科学出版社,2019年,第350—351页。

② 小林武的硕士论文仅仅涉及章太炎而已。小林武「清末変法派の行動と存在の原理——康有為・譚嗣同について」(『日本中國學會報』(27),1975年10月,第172—187页)也可以视为其章学研究的准备篇。二三十年前的日本不太颁发博士学位,只是以"博士修了"或"博士中退"身份毕业谋职,并非今日意义上的博士论文。对于"40后""50后"甚至相当比例的"60后"日本学者而言,此处只是指其工作前后所撰写的相当于博士论文的书籍。坂元弘子教授也算是其中一位"博士论文"便涉及章太炎的研究者。但是,她的课题是晚清的佛教与政治的关系,章太炎只是其中一位重要的对象而已。

③ 王汎森《章太炎的思想》,台北:时报文化出版企业有限公司,1985年;上海:上海人民出版社,2012年。

④ 王玉华《多元视野与传统的合理化——章太炎思想的阐释》,北京:中国社会科学出版社,2004年。

三

王玉华教授《多元视野与传统的合理化——章太炎思想的阐释》中的“多元视野”,实际上也是呼应汪荣祖先生章太炎研究中的“多元主义”概念。汪荣祖先生的“多元主义”也是受其师萧公权先生的影响。萧公权主张政治多元论,乃是对定国家主权于一尊的政治一元论而言的,是对其的批判和反动。所谓一元论,是多元论者的命名,指一元论的国家拥有单一的或者必须拥有单一的权威(authority)来源,这一中央集权式(unitary)的绝对的权力(power),即是主权(sovereign)。[①]萧公权认为一元论(monism)是近现代主权理论的产物,在罗马帝国时代顶多也只是在帝权(*imperium*)概念中萌芽而已,更未见于欧洲的中世纪;并且他还提醒不可将一元国家与君主制(monarchy)、单一(unitary)主权理论与绝对王权概念混为一谈,君主制也未必是一元制国家,但一元论国家作为一种政治组织,有时又涵盖了包括君主制在内的国家形态。[②]拥有单一的绝对的主权权力的一元论国家既是所有政治权威的来源,也是法理权威之所本(法理主权),它可以是君主制,也可以是民主制或如联邦制(federal)。[③]多元国家则是一元论国家的反动。萧公权先生如是定义多元国家:“多元国家不见一全能的、无所不包的单一的权威来源,即主权。亦无统一的法律体系,亦无集中的行政架构,更无一概括性的政治意愿(no generalization of political will)。相反,其本质和表现形式俱是多样性的(multiplicity),它是可分离的,并且是必须分离的。”[④]问学于萧公权先生的汪荣祖先生将萧公权先生的政治多元论导入章学研究,但汪荣祖先生将之施予文化的“转向”,将之发展为“文化多元论”,以“一元

---

① Kung Chuan Hsiao, *Political Pluralism: A Study in Contemporary Political History*, London: Routledge, 2014, p.2.(萧公权《政治多元论:当代政治理论研究》,周林刚译,北京:中国人民大学出版社,2014 年。)

② Kung Chuan Hsiao, *Political Pluralism: A Study in Contemporary Political History*, pp.2—3.

③ Ibid., p.7.

④ Ibid., p.8.

主义""多元主义"探讨康、章思想的歧异。王玉华尽管未提及萧公权先生的上述思想,但是,其《多元视野与传统的合理化——章太炎思想的阐释》,如题目所示,是认同这一"多元"视野的,而这一"一元""多元"的叙述框架直接拜汪荣祖先生启发所赐,此当是无疑。2012 年,汪荣祖先生的"多元"视野解读引发了他与北美少见的章太炎研究者、现为威斯康辛大学教授的慕唯仁(Viren Murthy)之间的论争。①笔者此处无意深入此一论争,但是,因为

① Young-tsu Wong, "Viren Murthy, '*The Political Philosophy of Zhang Taiyan*: *The Resistance of Consciousness*'",《近代史研究所集刊》2012 年 9 月(总第 77 期)。慕唯仁(Viren Murthy)《重新思考章太炎与现代性:对汪荣祖教授的响应》,《近代史研究所集刊》2012 年 12 月(总第 78 期)。汪著的章太炎解读偏向于自由主义政治学,慕著的章太炎研究则是出于西方马克思主义的立场。除此根本不同以外,汪荣祖先生的批判,某种意义上也是针对慕唯仁质疑汪先生将章太炎与德国思想家赫尔德(Johann Gottfried Herder, 1744—1803)相比拟的反论。请参考 Viren Murthy, *The Political Philosophy of Zhang Taiyan*: *The Resistance of Consciousness*, Leiden[The Netherlands]; Boston: Brill, 2011, pp.73—74。汉译见慕唯仁《章太炎的政治哲学:意识之抵抗》,张春田、任致均、马栋予、唐文娟、陈炜聪译,上海:华东师范大学出版社,2018 年。附带提及,石井刚教授在与我的一次谈话中言及,慕著副标题"The Resistance of Consciousness"中文翻译也许应译为"识的抵抗",余深以为然。当时未及谈及各自如此持论的理由。谨此简单补充笔者的理由如下:首先,大概石井刚教授与我一样,都认为"识"有狭义广义两义。狭义的"识"是阿赖耶识,循此,"意识"(mano-vijñāna)只是唯识论八识中的第六识,只是基于感官五识(眼、耳、鼻、舌、身)的意识形式。与之相对,第七识之末那识(manas,思量识),第八识之阿赖耶识(ālayavijñāna),才是人的深层意识。但是,第七识只是以八识为对象、并误读第八识,并以此建构为自我(执此识为自我),且有许多功能与第六识相迭合,两者差别之一是意识有间断,而末那识无间断(相续)。因此,第八识的阿赖耶识(藏识,即"识"之仓库)才是最为重要的,因为阿赖耶识也是所知依,即所有知识、意识的依托(基础),也是所有"识"的源泉。就广义的"识"而言,"意识"既是八识之第六识,也是包括了六识(眼、耳、鼻、舌、身、意)的总称,而广义的"识",如唯识论之"识",却囊括了八识。其次,"意识"必须翻译为"识"的另一个理由,是慕著对卢卡奇(György Lukács, 1885—1971)哲学——尤其是《历史与阶级意识》(1923)与佛教唯识论的同步倚重。卢卡奇在书中强调资本主义是一个物化的社会,具有阶级意识的无产阶级方为历史的主体和拯救人类的主体。那么,阿赖耶识如何与阶级意识相关联呢?慕著借助了日本学者近藤邦康的章太炎佛学政治学解释。根据近藤的解释,章太炎《建立宗教论》一文依据华严宗、法相宗,认为"心、佛、众生,三无差别","一切众生,同此真如,同此阿赖耶识,是故此识非局自体,普遍众生,惟一不二",而"以众生同此阿赖耶识,故立大誓愿,尽欲度脱等众生界,不限劫数,尽于未来"[《章太炎全集》(八),第 436 页]。在《人无我论》中也有类似看法。近藤也指出,章太炎认为人的本质并非是阶级、民族之类的集体性,而是在个体的自我意识及自我意识中出现的无边际的众生,虽然章太炎在行动上是彻头彻尾的"反满"革命家,但是支撑这一行动的原理的,却是超度众生的菩萨,认为"反满"只是革命的一个阶段而已(近藤邦康『中国近代思想研究』,東京:勁草書房,1981 年,第 82—86 页)。慕唯仁援引这一观点,认为章太炎赋予第七识末那识以重要性,因为通过转化末那识,革命者可以建构起不会流于个人化的、包拥众生的道德自我(Viren Murthy, *The Political Philosophy of Zhang Taiyan*, p.127)。此一问题或多或少涉及汪、慕论争中慕著自身的解读,因只是间接涉及本文主旨,此处不赘。

这一论争是有限的章太炎研究史中的一环,不可不提及。在此,我只是想指出,萧—汪—王三者的"多元",甚至汪—王两者的"多元",未必尽同。①从章太炎研究史的角度,探讨其间的连续与断裂,也许是重要的。无论如何,王玉华的"一元""多元"讨论与萧公权先生的讨论是没有直接关系的,因为其讨论偏向于文化,视"一元"为对欧洲中心主义的和现代主义的批判,②因而

① 王玉华的"多元主义"受汪荣祖先生的启发,当是无疑。但是,二者也是有区别的。比如,与汪荣祖先生的《康章合论》(台北:联经出版事业股份有限公司,1988 年;北京:新星出版社,2006 年)一样,王玉华的"文化多元主义"也与德国思想家赫尔德(Johann Gottfried Herder, 1744—1803)有关。但也应该留意的是王玉华对赫尔德的批判,以及由此带来的章太炎解释的同异。在 2004 年的书中王玉华如是说:"在文化的'价值'上,赫尔德也持着一种'相对主义'的看法,他给不同民族、不同时代的文化以同等的地位,这就排斥了'我族中心主义'与'现代中心主义'的文化偏见。这一新的文化思维模式的建立,对于正统的'一元主义'的文化思维模式来说,构成了致命的威胁,他是在理论上扫除正统'一元主义'文化思维模式的清道夫。尽管如此,在赫尔德的思想里,仍然还存留着一条文化'进化'的尾巴。(中略)这一'进步'的文化理念,与其不同时代的文化价值是等值的文化思想,是自相矛盾的,这是赫尔德在向'多元主义'文化思维模式转化时,所留下的没有蜕尽的'一元主义'文化思维模式的胎记。"。王玉华《多元视野与传统的合理化——章太炎思想的阐释》("章学研究论丛"),上海:上海人民出版社,2018 年,第 470 页。王玉华又在书中说:"汪荣祖先生称章太炎为'中国的赫德'(即赫尔德),洵为确当,笔者认为,称章太炎为'中国的斯宾格勒',则似乎更能彰显章太炎思想的特色。给章太炎的这一'多元主义'的文化学说冠上一个什么样的图腾徽帜,其本身是没有什么意义的。关键的是,由章太炎所揭橥的这一'多元主义'的文化学说,对于中国进行社会文化秩序的重建,却具有着异乎寻常的重要价值。可惜的是,章太炎的这一充满睿识并且更加富有现代精神的'多元主义'的思想体系,在动荡的近代中国,没有引起国人的应有重视,它没有像斯宾格勒的学说那样影响广远,后继有人。随着章太炎的逝世,他的学说似乎也跟着悄然地逝去了。当时的中国,是'一元主义'的天下。然而,时隔几十年之后,由章太炎所揭橥的这一'多元主义'的文化思维模式,在当代中国却正在渐趋复活,这也正好表明了章太炎的学说并没有死亡,它正在日益焕发出新的生命。"(同前,第 475 页)。他的这一段叙述也反映了 2004 年中国的政治文化氛围中知识分子的未来想象。

② 如王玉华在书中说:"在西方,'一元主义'的'欧洲中心论'观念,曾经在相当长的时间内一直地盛行着。并且,这一观念通过历代史学及哲学大师们的提倡,不断地得到强化。黑格尔曾经把世界历史看成是'世界精神'发展和实现的过程,宣称日耳曼'精神'就是新世界的'精神',这是一种典型的'西欧中心论'。法国哲学家孔德(Auguste Comte, 1798—1857)在其所著的《实证哲学教程》一书里,则更加露骨地宣称:'我们的历史研究几乎只应该以人类的精华或先锋队(包括白色种族的大部分,即欧洲诸民族)为对象,而为了研究得更精确,特别是近代部分,甚至只应该以西欧各国人民为限。'将白人的文化看成为世界上最高的、最优秀的文化,忽视白人文化圈之外其他文化存在的价值,这种'一元主义'的文化观,是导致白人向全世界扩张其文化,推行'文化帝国主义'政策的思想动力。"王玉华《多元视野与传统的合理化——章太炎思想的阐释》,北京:中国社会科学出版社,2004 年,第 467—468 页。

是受汪荣祖先生的启发。王玉华教授的著作出版在此论争之前的 2004 年。但是,王玉华教授在之后《多元视野与传统的合理化——章太炎思想的阐释》收入“章学研究论丛”时(2018 年),以及《挥戈集》(2019 年)中,皆未见提及此论争。其态度如何,也是耐人寻味的。①

王玉华教授的《多元视野与传统的合理化》作为“章学研究论丛”(上海人民出版社)的一册再版时,写了一篇洋洋 48 页的《再版后记》(写于 2018 年 2 月),笔者以为很值得在此讨论。文中谈及其章学缘分时说:“盖吾之于太炎先生,不仅喜其文章,钦其学问,更慕其风骨,此亦吾长年坚守‘章学’营垒之中而不一思别走之精神助力也。”②对于王玉华教授来说,章太炎的学问与风骨,是一个硬币的两面,是不可分离,也是无法分离的。其后记的主旨在于驳斥章太炎思想研究的“五个认识误趋”。他历数其误,并一一批驳:“其一,认为戊戌时期太炎先生追随康、梁,鼓吹变法,其改良主义思想体系,乃南海之翻版焉。其说甚谬。”“其二,认为太炎先生的思想早年‘激进’,晚年趋于‘保守’。是亦颇为皮相之论。”此一部分论述最详,篇幅亦最多。“其三,认为太炎先生是一个政治上的激进主义者,文化上的保守主义者。斯论亦不确。”“其四,认为太炎先生是一个非理性的思想家。斯乃最为不可解者。”“其五,认为太炎先生的‘俱分进化’思想乃一‘进步主义’的历史观。斯论亦甚谬。”③余深以为然。非熟读章太炎著作者,不可能有此洞见;非熟悉章太炎学问与风骨者,实不可能洞察坊间人云亦云的浅薄言说。

如果说对章太炎研究感兴趣的读者都知道王玉华教授的《多元视野与传统的合理化》的话,对他的另一本章太炎研究文集《挥戈集》就未必了(2019 年)。一来该书的标题令人难以判断其内容,二来该书也同时收集了少量的其他文章,加上缺乏书评的介绍,自然也就不太被学界所留意。更加重要的原因,也可能在于此时王玉华教授已经发现健康问题而无精力着力打磨、用心呈现。其实,这是一本非常值得推介的重要的章学研究著作。该

① 王玉华《挥戈集》(“陕西师范大学史学丛书”),北京:中国社会科学出版社,2019 年。
② 王玉华《多元视野与传统的合理化——章太炎思想的阐释》,第 592 页。
③ 同上书,第 593—632 页。

书洋洋598页,其中卷之一收入纯然章学论文十三篇,一共224页。卷二为晚清思想史论,收入论文九篇,共147页,其中一篇是关于自己章学研究的回顾,另外八篇除了论及晚清海防思想的三篇论文外,其余五篇亦不时论及章太炎。卷三收入文章十二篇,页数77页,其中关于章学的序跋四篇。卷四收入诗文七篇,共有41页,其中有《关于"章学"通信数则》。卷五则干脆是诗词,只有87页(咏学诗词中不乏论及章太炎与晚清思想史之作)。坦白说,卷四之后的内容虽然比例不大,却多少予人芜杂之感,宜另外成书。也许是因为玉华教授感受到了生命走向终结,而匆忙作了此安排。[①]卷一的十三篇论文,多用力之作。其中关于《章太炎法律思想研究》一文,除了尚在翻译中的小林武教授《中国近代思想研究》(京都:朋友书店,2019年)所处理的章太炎与法律现代性关系的研究外,是不多见的有关章太炎与法律现代化关系的相关研究。[②]又比如《从"分镇"到"联省"——章太炎地方政治思想论》一文专门处理贯穿《訄书》三个版本中章太炎关于中央与地方关系的政治理论,多有前人未所发之处,为民国时代章太炎的"联省"思想梳理出其从青年至思想成熟时期在地方治理思想方面的思想脉络。类似的讨论也可见收录于该书中的论文《"精英民主"与"权威"的追求——章太炎政制观析论》的部分,该论文探讨了章太炎以"人"为本位的国家观。《章太炎的礼俗文化观》一文也是其研究《訄书》三个版本的结晶之一。此外,该书收录的《章太炎的经济学说》以及专门处理章太炎戊戌变法时期的思想的"双重结构"的两篇论文,也是重要的贡献。笔者认为,章太炎思想也经历许多变化,王玉

① 贾二强教授在《挥戈集》序言中说,《挥戈集》是"依前人的传统结集方式","《集》之编排,亦可见先贤之流风遗韵,然套用当今所谓科研成果的评价体系,此一体例则未免不伦不类,无法进入体制,而这也再次表明了玉华先生不随流俗的超然器度格局"。(第4页)贾教授序中又提及,王玉华教授尝矢言:"吾之信仰有二:其一,无论在何种情况下,绝不背叛自己的祖国;其二,做一个合格的共和国公民。其他若入党、入仕之流,皆非所欲也。"(同前)王玉华教授特立独行之人格,此处可窥。

② 小林武教授的著作将作为"章学研究丛书"的一册由上海人民出版社明年刊出(译者白雨田、胡腾、郭驰洋)。西南政法大学孙德鹏著有《满地江湖吾尚在——章太炎与近代中国(1895—1916)》(桂林:广西师范大学出版社,2016年),背后亦有法制史研究者的着眼之处,亦有现实关怀。但是,该书主要是面向普通读者,也许是其研究章太炎法制史的准备之作。

华教授于章学用力最深者,为戊戌变法时期的“章太炎”,兼及《民报》时期。其所关注的章太炎,主要是章太炎的政治思想,是一个有温度、有关怀、有情感的“章太炎”,而非某些研究者只是从知识的角度对章太炎的关注(对于学问与风骨不分的章太炎来说,这一框架中的“章太炎”固然也非常重要,却难免缺少温度、力度和独特性)。这一特点贯穿于王玉华教授的两本章学著作。他对章太炎的关注,与章太炎所拳拳服膺的顾炎武《与人书三》中所写的“故凡文之不关于六经之旨、当世之务者,一切不为”,①有着相通之处。众所周知,顾炎武对章太炎的学问与风骨皆影响甚巨。同样,王玉华教授所关注的章太炎,背后亦无不涉及“当世之务”。玉华教授对《訄书》,用力尤深,尝与余言及他日欲详细注释。呜呼,斯人已去,此愿望已不可能实现,实在令人扼腕!

四

60后的玉华教授专业乃中国近代史,于诗则自幼好之。本科时他本意入读中文系,却阴差阳错地进了历史系。能诗能词、善古文如王玉华教授者,今人不多见,“文革”期间度过少儿时代者,更是罕有。因为古诗文等传统文化,属于“封、资、修”之“封”,不在容许学习之列。其遗著、遗稿中有不少文言诗文,此乃异于今日学人之处。王玉华教授著有诗词集《梅溪存稿》(台北:万卷楼图书股份有限公司,2011年)和《蓝心玉屑集》(台北:万卷楼图书股份有限公司,2012年),至今网上书店“博客来”仍然可以购得。我也曾获邀为《蓝心玉屑集》作序(见附录)。外行如我,曾为其无端的信任惶恐过一阵。顾炎武与人书信中尝言:“梦中之心,觉时之心也;匹夫之心,天下之心也。”②王玉华教授之诗词何尝不是?在此意义上,王玉华教授的学术研究一如章太炎《国故论衡》之《原经》中所说的“发愤于宝书,哀思于国命

---

① 《与人书三》,《亭林文集》卷四,《顾亭林诗文集》,台北:台湾中华书局,1969年,第15页。
② 《与人书七》,《亭林文集》卷四,《顾亭林诗文集》,第16—17页。

矣”,[①]其诗文亦是如此。这些诗文不仅是感物伤怀,抚心太息,其背后亦处处是与其学术相通的发愤与哀思。我与王玉华教授相处机会不算多,可能也就见过五六次。但是,余读其文其诗,想见其为人。字里行间,赤子之心,处处可见。偶尔甚至令笔者有相形见绌之感,令我反省自己难以免俗。

如今,王玉华教授已经是故人,他的灵魂成为书架上那些令人肃然起敬的亡灵们的部分。其章学著作,也与汤志钧教授、近藤邦康教授、坂元弘子教授、张荣华教授一起,构成了章太炎研究史的一部分。与这些新去的逝者一起,我们都共享了对另一个伟大的灵魂章太炎先生的尊敬,尽管我本人也不时地提醒自己在研究中努力与这一情感拉开距离,努力客观再现历史。王玉华教授的诗文,也许今后也会有人论及的,至少,我是这样希望的——真诚地希望。与他的学术一样,这些文学创作同样反映了这个时代,反映了这一时代的一个书生对历史真实的伦理态度,其本身是有温度、有情感、尤其是敢怒敢哀的文字。

因为章太炎先生与王玉华先生结缘,与其相游,与有荣焉!谨以此文字哀悼王玉华教授,一个今日已经是另一世界的旅者,一个令我抱有由衷敬意的书架上的年轻的亡灵,一个像一面镜子一样照出笔者之渺小的同行和同龄人。尽管如此,我想,我们都是为在此世与一个伟大的亡灵——章太炎先生——的思想相遇,而视为幸运者。

二〇二四年四月二十八日凌晨两点半于澳门大学宿舍,次日凌晨改毕

附　王玉华《蓝心玉屑集》序[②]

今年六月第一次赴西安数日,忙里偷闲,得以与王玉华兄再续前缘,秉烛夜游,抵掌而谈,甚是愉快。回来后忽接玉华兄电邮,邀我为其第二本诗

① 章太炎《国故论衡》(校定本),《章太炎全集》(五),上海:上海人民出版社,2018年,第234页。

② 原刊于王玉华著《蓝心玉屑集》,台北:万卷楼图书股份有限公司,2012年,后再录于王玉华《挥戈集》。

集《蓝心玉屑集》作序,让我又喜又忧。所喜者,玉华兄如此信任我;所忧者,一是本人于诗歌尤其文言诗学养有限,实在不堪此任,岂敢为玉华兄的诗集作序?出于这一自知之明,我只好婉拒。后获玉华兄告知,另一序者为其大学同窗徐国琪教授,我才敢勉力为之。说来也巧,去年年底读过徐著《中国与大战:寻求新的国家认同与国际化》,获益良多,但孤陋寡闻的我,其时尚对该书作者一无所知。这次在西安偶然谈起这本书,玉华兄告诉我徐教授就是他常说起的那位挚友,令我感觉世界之小。玉华兄将本人与其挚友并列,斯人斯语,此情此意,也就斗胆为序了。也算是一个缘分。

我与玉华兄相交,缘于一次章太炎研究国际学会,却彼此甚为投缘。因此,此次西安重逢,也是第二次见面。虽见面不多,自第一本诗文集《梅溪存稿》(台北:万卷楼图书股份有限公司,2011 年)出版,常常得以阅其诗,览其文,亦无异于常相与游。玉华兄与我同年,但于章学研究却为先进,二零零四年已经出版专著《多元视野与传统的合理化:章太炎思想的阐释》。太炎著述艰涩,读者多慕其名声,乘兴而来,败兴而归,略有耐心者,也多本太炎稍为平明之演讲集,而对其主要著作,多敬而远之。知难而进、锲而不舍者,寥寥无几,玉华兄即为其一。玉华兄大作付梓之时,刚过四十,整个汉语学界,章学专著也不过前辈成果数册,玉华兄的贡献,显而易见。我开始系统阅读章太炎著作之时,恰是玉华兄大作付梓之际,属典型的半路出家,玉华兄大作,于我自然多有启发。后来有缘相识,也是拜其著述所赐,纯然的以文会友。

通常来说,研究者讳言自己对研究对象之景仰,但玉华兄对章氏风骨文章的敬仰,确实频见于其《梅溪存稿》部分诗文。光阴飞逝,转眼笔者沉迷于章学亦已八年多,虽囿于学养,成果乏善可陈,但愈觉太炎思想学术仰之弥深,钻之弥坚,常有读之恨晚之感。故每每捧读玉华诗词文章学术,内心总引玉华兄为余同道。另一方面,虽然太炎先生为大学问家、革命家、思想家,善文,其文博而有约,质而闳雅,学理深邃,然却不敢言其善诗,也算是美中不足。不知是否与此有关,章学研究者中,能作旧体诗者,笔者所知,亦唯玉华兄而已。

玉华兄第一本诗集《梅溪存稿》洋洋乎五百七十多页,集其旧体诗为主,兼收文章新诗书信。与之相比,《蓝心玉盾集》则纯粹是旧体诗词集,篇幅较少。整本《蓝心玉盾集》,多印象深刻作品。其中《采桑子》更是过目难忘。词曰:

一年一度秋风劲,风也萧萧,雨也萧萧,涨起秋声似浪潮。
此心只有秋山晓,醒也无聊,醉也无聊,空对秋山感寂寥。

玉华兄用的是清代词人纳兰性德《采桑子》的典。纳兰性德的词如下:"谁翻乐府凄凉曲,风也萧萧,雨也萧萧,瘦尽灯花又一宵。不知何事萦怀抱,醒也无聊,醉也无聊,梦里何曾到谢桥。"纳兰似乎漫不经心地以"谁翻乐府凄凉曲"开头,即已是寂寞盈纸。"瘦尽灯花又一宵"乃脍炙人口的名句。一个"瘦"字,乃点睛之笔,虽是"灯花"之拟人化,"灯花"又暗意"黄花",却全然比直用"黄花"脱俗,"灯花"亦"花",人比黄花。何为黄花何为人,却亦是黄花亦是人,但黄花却是"灯花",真是孤灯只影,长夜深宵。与之相较,玉华之"涨起秋声似浪潮"也未尝不是别致之笔。一个"涨"字,为前面"一年一度秋风劲"所兴。因了一个"涨"字,听觉的"秋声"因"浪潮"而赋形,视觉的"浪潮"因"秋声"亦化为寂寥之音。再配以"风也萧萧,雨也萧萧"之音声和意象,何为"秋声"何为"浪潮",已浑然不可二分,字里行间,满溢秋音如潮。一句"此心只有秋山晓",更将孤独之情推向极致。此心既然无人晓,只道是秋也萧萧,山也萧萧,还有什么较之更大的寂寥!

玉华兄的《长相思二首》我以为也是佳作。

春梦长,秋梦长,梦里诗情多少行,行行是故乡。
不思量,自思量,暮暮朝朝难相忘,可怜鬓已霜。

旧梦萦,新梦萦,旧梦未除新又成,江波相续生。
吴山青,楚山青,吴楚朝朝暮暮情,千里万里心。

该诗语言平明自然,却是句句情深意切。其实该诗最是讲声响格式,注重这一声响格式与意义衍生之间的呼应。“春梦长,秋梦长”的声响重复(refrain),因“春”“秋”声音之不同而显得错落有致,音声重复在时间线性上延伸的同时,语义上亦由春而秋推移。“梦里诗情多少行,行行是故乡”,自然得几近口语,情真而不露痕迹,其实并非容易为之。此外,第一首词内部的声响格式长短而有致,错落而有序。第二首词声响格式亦忠实重现,以“旧梦萦,新梦萦”开头,声响上呼应“春梦长,秋梦长”,意义上相呼应的同时又推进了一大步,二首词之间因此在声响格式和意义衍生上构成一严格的整体。“吴山青,楚山青,吴楚朝朝暮暮情,千里万里心。”用的似乎是宋人林逋(和靖)的《长相思》的典。林词曰:

吴山青,越山青。两岸青山相送迎,谁知离别情?
君泪盈,妾泪盈。罗带同心结未成,江头潮已平。

林词写的是男女之情,玉华所写,是故乡之情,但后一首作男女之情诗读似也无妨。这一意义的含糊性,窃以为也是好诗才具备。

清末民初最大的文学团体南社,三位发起人中,陈去病(1874—1933,巢南)为其一。陈去病为清末诗人,亦是晚清《国粹学报》编辑,与太炎先生间接也算有一定关系,因太炎为该杂志主要撰稿者。说来也巧,玉华兄本姓陈,名去疾,与陈去病的名字不谋而合,一若兄弟。早年南社成员中,慕太炎之革命精神者甚众,另一发起人柳亚子少年时起便受太炎先生革命思想影响。倘若玉华兄生于晚清,说不定也会是南社诗人之一。南社的诗是革命文学的典型,其作品与一般文人趣味迥异,可谓无人不热血,无诗不深情。玉华也并非是玩文弄墨的有闲文人。其诗本情,却对现实、政治之不公不义,横眉冷对,又岂非无处不情?《梅溪存稿》之部分诗作,更毫不回避吾辈亲历的八十年代历史,也是他诚实、真实的地方。这一点也让我想起曾入室太炎的鲁迅一九三二年十二月书赠郁达夫的诗《答客诮》:

无情未必真豪杰,
怜子如何不丈夫。
知否兴风狂啸者,
回眸时看小於菟。

吾友玉华,别号“梅溪渔隐”,自然不是“兴风狂啸”之猛虎(此亦是鲁迅战斗精神之自况)。但是,玉华为人,却一如其诗集自撰挽联之“有情有义有胸襟”者,冷眼面对丑陋的同时,又何尝不怀有对幼虎(“小於菟”)之深情?其别号“梅溪渔隐”,令人联想起宋人林逋。玉华兄自然非如和靖先生般梅妻鹤子,却也以梅溪自隐,诗文自娱,思想上却仰慕太炎。隐世则为诗,入世则为学,实则其诗作中不乏抨击政暴世衰之作,又可谓隐入难分,一隐一入,并存于玉华之一身。这一点在《梅溪存稿》中最为明显,《蓝心玉屑集》亦可窥见。于此浊世,余与友梅之玉华兄相往还,观其学,感其人,读其诗,如入芝兰之室,亦吾人之幸也。以上一点外行人的感想,聊表我对玉华兄为人为学为诗的敬意。谨以为序。

研究综述

“存雄独照——章太炎与近代中西文化会通”学术研讨会会议纪要

秦行国

（北京师范大学历史学院）

2023年11月24—26日，“存雄独照——章太炎与近代中西文化会通”学术研讨会在浙江杭州召开。本次会议由杭州市余杭区文化和广电旅游体育局、上海人民出版社、浙江大学历史学院主办，杭州市余杭章太炎故居纪念馆承办，来自全国50余家高校、科研机构、出版社的70余位专家学者与会。会议论题丰富，探讨所及，既有对章太炎学术思想的总体追索，也有对章太炎经学、儒学、佛学等诸学问的细密讨论，还有关于章太炎的交游、行谊的研究。

一、大会主旨报告

11月24日下午，进行大会主旨报告，由张凯教授（浙江大学）主持。桑兵教授（浙江大学）的报告是《章门师弟与晚清民国的浙江学术》，他指出，俞樾门下出章太炎和崔适，章偏古文经，崔重今文经，“浙学”是一个值得商榷的概念，章门弟子可分早中晚三期，比较突出的是前期，尤以留日期间为代表。虞万里教授（浙江大学）的报告是《章太炎对三体石经认识与〈尚书〉研究》，他指出，章太炎所见到的三体石经拓本有一个时间顺序，1922年李根源赠给章太炎《君奭》残石拓本，1923年于右任赠送章氏新出三体石经残石拓本六大幅，章太炎据以最终撰写《新出三体石经考》，接着，又撰著《太史公古文尚书说》一卷。章太炎研究《尚书》的思路、观点，对我们今天研究经学仍然有重要的参考价值。傅杰教授(浙江大学)作了《章太炎著作的文本问题》的报告,指出,王元化主编的《学术集林》第一辑首次刊发章念驰注释的《章太炎遗嘱》,汤志钧的《章太炎年谱长编》也记载了《遗嘱》,里面的隶定、断句存在不少问题,此后围绕《遗嘱》中的某些字句竟引发了一场学术论争。林少阳教授(澳门大学)作了《"大雄无畏"与哲人之忧郁:章炳麟的现代性批判》的报告,指出,章太炎更关心新的文化,他关切的是如何从"现代"的束缚中获得自由,章氏在《俱分进化论》中一针见血地指出进化论背后的哲学基础是黑格尔的目的论,其"四惑论"中的"第一惑"——"公理",其实是为躺平者辩护,用佛教的方式解释"自杀",同时也是对欧洲思想家某些观点的回应。

二、章太炎的交游与行谊

11 月 24 日下午,第一分会场围绕"章太炎的交游与行谊"主题展开讨论,会议由张钰翰老师(上海人民出版社)主持。丁玎(南通大学)的报告《新思潮与传统政治的纠葛——以辛亥革命之后章太炎与张謇纷争为中心》,考察了章太炎与张謇之间的隔阂与矛盾。闻海鹰(桐乡市青少年宫)的报告《从"引官"到"影观"——太炎夫人汤国梨女性形象浅析》,考察了章太炎夫人汤国梨的生平。徐雁等(宁波市图书馆)的报告《章太炎与上海私立国民大学及宁波市立图书馆——兼述首任宁波市立图书馆馆长张汝钊女士的专业作为》,探讨了章太炎在上海私立国民大学时期的活动。郑闯辉(嘉兴市图书馆)的报告《龚宝铨、章氏兄弟与浙江图书馆》,研究了章太炎与其女婿龚宝铨对浙江图书馆的影响。周妍(浙江大学)的报告《章太炎首次赴日交游考论》,讨论了章太炎首次赴日期间与日本政、学各界互动的情况。评议人张凯老师(浙江大学)指出,考察章太炎与张謇之间的交往,要注意两者之间或明或暗的交往,勾勒人物的交游与行谊,要体现人与事的价值,对于汤国梨,要注重分析她本人自我认知是怎么变化以及时人是怎么看待她的。

三、章太炎哲学思想研究

11 月 24 日下午，第二分会场围绕“章太炎哲学思想研究”主题展开讨论，会议由董婧宸老师（北京师范大学）主持。蔡志栋（上海师范大学）的报告《人文主义的偏执：中国近代哲学史视野下的章太炎》，认为五四时期和 20 世纪下半叶的学人不断回应章太炎的挑战。费轩（清华大学）的报告《章太炎与现代中国哲学的“本体”问题》，从“体用论”回看章太炎的哲学理路。李智福（西北政法大学）的报告《“分异政俗，无令干位”：章太炎的齐物秩序与哈耶克的自发秩序》，认为章太炎的理论与新古典自由主义者哈耶克的自发主义理论如出一辙。马琳（中国人民大学）的报告《无—存有论意义上的衰敝以及世界的未来：对章太炎与海德格尔的一个比较》，指出章太炎与海德格尔在抵制简单化的社会进化观方面的共通点。张天杰、杨艳冰（杭州师范大学）《章太炎评判阳明学之转型期——以〈王文成公全书〉批语为中心的考察》，考察章太炎对阳明学的认识转型。评议人王锐老师（华东师范大学）认为，许多老师涉及中西比较，在知识传播上是有意义的，但要注意的是，我们需要对话式的研究，而不是去语境的单纯的比较。

四、章太炎经学思想研究

11 月 25 日上午，第一场第一分会场围绕“章太炎经学思想研究”主题展开讨论，会议由姚彬彬老师（武汉大学）主持。崔庆贺（河南大学）的报告《“考据尊戴段，义理和〈公〉〈左〉”——章太炎诂经精舍时期的经学观与孔子观》考察了章太炎在诂经精舍时期对经学的看法。丁徐清（南京林业大学）的报告《章太炎哲学建构中的汉学批判》以《訄书》为重点，讨论了章太炎对汉学的批判。孟琢（北京师范大学）的报告《走出经今古文之争的历史叙事：从康、章的经学论争谈起》，从宏观层面反思了今日关于经今古文叙事的历史框架。余康（信阳师范大学）的报告《“今日切要之学”：〈太史公古文尚书说〉之史学意义》指出,章太炎的《太史公古文尚书说》有力回击了《尚书》不可解与否定今文《尚书》的思潮。左晓(清华大学)的报告《爱国始于事亲:章太炎20世纪30年代〈孝经〉观对新学及传统的调和》,认为章氏的诠释开拓出了一条令经学传统与"人人平等"的民国相对接的新思路。评议人李智福老师(西北政法大学)指出,崔庆贺的文章刷新了我们的某些认识,丁徐清的论文还原了章太炎一生中几个重要时期思想的转变,孟琢的文章检讨了今古文之争是后来层累地建构出来的,余康更强调章太炎所论历史之于中华民族的意义,希望左晓考虑到章太炎对《孝经》的提倡,是否与当时无政府主义取消家庭的主张有关。

五、章太炎儒学思想研究

11月25日上午,第一场第二分会场围绕"章太炎儒学思想研究"主题展开讨论,会议由张凯老师(浙江大学)主持。曹东义(河北省中医药科学院)的报告《章太炎先生与章朱学派,为中医继承发展探索百年》指出了章太炎与中医章朱学派的关系。成棣(中国历史研究院)的报告《章太炎东方格致论再探——兼及近代中国的知性思维自觉》,认为章太炎早期的东方格致论承西学中源论而起,以会通中西学术为理想。何刚刚(东北大学)的报告《章太炎真的提倡私德优先吗?——兼论主体道德的建构逻辑及其偏失》,认为章太炎试图对于知识与道德的线性关系进行拆解。陆易凡(北京师范大学)的报告《章太炎早期思想中的"治气"思路与对"士"思想内涵的调整——以初刊本〈儒墨〉〈儒兵〉〈儒侠〉为中心》,讨论了章太炎调整"士"("儒")思想内涵的现实动因。余一泓(浙江大学)的报告《近代儒学之破立:"菿汉三言"述义》指出,"菿汉三言"可增进学界对近代旧学之能动性、清季义理之学的新发展、近代学人之艰难处境的了解。评议人蔡志栋老师(上海师范大学)认为,在学术上吸取古今中外的资源是为了解决当下的问题,是为了未来的发展,在章太炎身上就体现了这一特点,在大家的报告中也印证了这一观点。

六、章太炎文学与佛学思想研究

11 月 25 日上午，第二场第一分会场围绕“章太炎文学与佛学思想研究”的主题展开讨论，会议由李智福老师（西北政法大学）主持。程景牧（宁波大学）的报告是《章太炎〈文选〉观的逻辑面向》，他认为章太炎的文学观之格局是很大的，他是从经史子集的层面来看待文学的。狄霞晨（上海社会科学院）的报告《存异求同：章太炎与刘师培的文论互见》认为，章太炎和刘师培的文论观相互影响又能求同存异。林晓辉（天津市民政局）的报告《浅谈章太炎哲学中的几个佛教哲学概念》，分析了章太炎对真如、阿赖耶识、如来藏等概念的诠释与语境。梅寒（山东航空学院）的报告《真如生万法——〈齐物论释〉的佛学基底》，剖析了章太炎对“真”“俗”理念的理解都有唯识学和《大乘起信论》的理论基础。姚彬彬（武汉大学）的报告《章太炎、欧阳竟无关于唯识学“内色”义之辩》，比较了章太炎和欧阳竟无对唯识学“内色”义的不同理解，认为两者的立场是相互对立的。评议人孟琢老师（北京师范大学）认为，章太炎哲学体系的建构带有自身鲜明思想特点和现实关怀，不见得拘泥于佛学或哲学概念之本意，他更倾向于将章太炎定位成“思想家”。

七、章太炎的学术思想与传承

11 月 25 日上午，第二场第二分会场围绕“章太炎的学术思想与传承”主题展开讨论，会议由朱乐川老师（南京师范大学）主持。贾泉林（复旦大学）的报告《章太炎对章学诚“六经皆史”说的继承、批判与突破》，从三个方面分析了章太炎对章学诚“六经皆史”的继承与突破。姜黎黎、沈柔萍（杭州师范大学）的报告《新媒体时代背景下地方“文化＋”发展模式建设——以“太炎文化”为例》，以余杭仓前“太炎文化”为例，探讨地方文化的“原生态”发展现状。王磊（嘉兴学院）的报告《〈民报〉章太炎群体激扬侠风研究》，认为章太炎关注侠风学理问题的探讨。周敏秋（华东师范大学）的报告《中外融贯,韵旋毂转:章太炎〈成均图〉图式研究》,分析了章太炎别具一格的音学理论体系。朱乐川(南京师范大学)的报告《试论章太炎语源学理论的成就与局限》,认为章太炎继承并发展了前人的语源学研究成果,同时吸收了西方的相关理论。评议人董婧宸老师(北京师范大学)认为大家的报告对章太炎思想产生的历史语境和学术思想本身进行了深入的剖析,启发性很大。

八、章太炎与近代学术嬗变

11月25日下午,第三场第一分会场围绕"章太炎与近代学术嬗变"主题展开讨论,会议由江湄老师(首都师范大学)主持。曹家豪(华中师范大学)的报告《1922年梁启超的东南大学讲学与其开拓"新政治"之理路》,深入探讨了梁氏东南大学之行所具的思想史意义。何爱国(复旦大学)的报告《盖棺以何论定?——从铭表碑传看章太炎对近代政治人物的评价》,指出章太炎写碑传文有着褒贬笔法。李祺菁菁(福建师范大学)的报告《用国粹激动种姓:章太炎反疑古思想的动机》,剖析了章太炎反疑古思想形成的原因。田乐乐(厦门大学)的报告《从"天下观"到"天下主义"——章太炎与古典"天下观"的近代之境》认为章太炎援引古典"天下观"以与民族主义、世界主义抗衡。评议人崔庆贺老师(河南大学)对诸位报告人都提出建设性意见。

九、章太炎与近代学人思想比较研究

11月25日下午,第三场第二分会场围绕"章太炎与近代学人思想比较研究"主题展开讨论,会议由周妍老师(浙江大学)主持。高志明(华东师范大学)的报告《章太炎与潘光旦:近世中国"文化/生物保守主义"思想的比较研究》指出,近世中国的"文化/生物保守主义"思想充满内部分歧,这是其内在活力的表现。李乐乐(四川大学)的报告《鲁迅〈察拉图斯忒拉的绪言〉译文时间商兑——兼论章太炎"文字复古"对鲁迅的影响》,认为鲁迅这一文言译本的翻译时间横跨留日时期“新生”计划到新文化运动前夜这两个重要时段，指出他深受章太炎“文字复古”观念的影响。秦行国（北京师范大学）的报告《弦外之音：侯外庐对章太炎经史之论的理解》，指出侯外庐对章太炎的经史之论进行了新的挖掘与理解。张前永（江苏省泗阳县图书馆）的报告《先哲章太炎与张相文的学术思想、成就比较研究》指出章太炎与张相文在思想和行动上互融互通。评议人朱乐川老师（南京师范大学）认为章太炎是否属于“保守主义”仍需商榷，对诸位报告人提出了进一步深入研究的建议。

十、圆 桌 论 坛

11 月 25 日下午，举行圆桌论坛，由张钰翰老师（上海人民出版社）主持。张钰翰老师介绍了《章太炎研究》集刊出版的情况，第一辑由林少阳老师主编，以后将以一年两期的频率发刊，尤其希望年轻学者踊跃投稿。第二辑主编江湄（首都师范大学）进一步强调，《章太炎研究》集刊不看作者的学术地位和职称，只讲论文质量，同时倾向于年轻人。接着，张志强（中国社会科学院哲学所）、孟琢（北京师范大学）、朱乐川（南京师范大学）、姚彬彬（武汉大学）、张凯（浙江大学）、何爱国（复旦大学）、崔庆贺（河南大学）、李智福（西北政法大学）、梅寒（山东航空学院）、成棣（中国历史研究院）、余康（信阳师范大学）等学者纷纷发言，分享了章太炎研究的心曲与体悟，对章太炎研究的现状也进行了思考与省视。

本次研讨会涉及广泛，胜义纷呈，总体上呈现以下几个特点：一是对于章太炎的研究更加细密、深入，与会论文涵括了其生平、活动、著作、学说的诸多方面；二是注意反思章太炎研究存在的问题，多主张以融通的视野来看章太炎的思想与学术；三是许多青年后进的加入，为章太炎研究注入了新的活力；四是注重搭建章学阵地和平台，以《章太炎研究》集刊为津梁，进一步推进章学研究。

近五年(2019—2023)章太炎研究论著目录

窦建英
(中国社会科学院大学哲学院)

近年来,随着章学研究的不断深入,革命家、思想家、政论家、国学大师章太炎的重要性被学界同仁进一步认识到,章学热由此不断升温。在章学研究者们的齐心推动下,章太炎研究进入了蓬勃发展期,成果颇为丰硕。如今虽网络发达,浏览文献并非难事,然搜集相应文献分类编次,仍有助于学界同仁们相互借鉴、交流。因此,笔者特利用知网、万方、读秀、豆瓣等,以"章太炎"、"章炳麟"、章太炎著作名称、章学研究者姓名等为关键词,搜集、整理了 2019—2023 年间出版、发表的章学研究著作、论文等,据其所涉之细分领域编列于此,以期为读者尤其是研究者寻检、参用相关文献,察识章太炎研究的最新进展,进而持续深化细化已有研究、开辟新兴研究领域提供一定便利。在搜集论文时,笔者并未过分看重刊物之级别,而是主要根据文章之研究视角来决定是否收入,以求最大限度地展现近五年章学研究成果的多样性。

本篇所收资料类型,包括文献、著作、期刊论文、辑刊论文、学位论文、会议论文等。笔者将其分为了文献、著作与论文三大部分。其中,著作分为"传记年谱""研究著作""论文集及集刊"等三部分。论文分为"章太炎生平、交游研究""佚文辑录、研究及其他文献考证""对章太炎的整体评价""章太炎哲学、社会学、科学思想研究""章太炎文学、语言学、文字学、训诂学、文献学思想研究""章太炎史学思想研究""章太炎政治实践、思想研究""章太炎教育思想、讲学、办刊研究""章太炎医学思想研究""章太炎与章学诚、鲁迅、徐梵澄等的学术关联研究""章太炎与五四之关系研究""章太炎评价人物研究""章太炎经学研究""章太炎书法风格及思想研究""书评、序跋""其他"等十六部分。各类下之论著大体依发表时间排序。尚需说明的有两点:第一,因少部分研究属交叉学科研究,故而笔者对其所作之分类未必准确;第二,部分论著题目原是用繁体字所写,为方便读者浏览,特转为简体。总之,笔者识见不甚深广,诸部分疏漏恐多,还请专家学者批评指正。

一、文　献

章太炎《章太炎讲国学》,北京:团结出版社,2019 年。

章太炎《章太炎论学集》,北京:商务印书馆,2019 年。

史文编《章太炎讲国学》,上海:上海人民出版社,2019 年。

章太炎、刘师培等著,罗志田导读,徐亮工编校《中国近三百年学术史论》,上海:上海古籍出版社,2019 年。

陆德富整理《章太炎佚文辑》,杭州:浙江人民美术出版社,2019 年。

章太炎《学问与革命:章太炎文选》,武汉:崇文书局,2019 年。

章太炎《国学概论》,南京:江苏人民出版社,2019 年。

章太炎、胡适、鲁迅、王国维等《国学到底是什么》,武汉:崇文书局,2019 年。

章太炎、太虚大师、汤用彤《阳明心学得失论》,武汉:崇文书局,2019 年。

张钰翰编《章太炎家书》,上海:上海人民出版社,2019 年。

章太炎演讲,曹聚仁整理,汤志钧导读《国学概论》,上海:上海古籍出版社,2019 年。

章太炎著,陈平原导读《国故论衡》,上海:上海古籍出版社,2019 年。

章太炎《章太炎讲中国传统文化》,南京:河海大学出版社,2019 年。

章太炎著,余一睿编《章太炎齐物论释汇本》(上下册),上海:中西书局,2020 年。

章太炎《国学讲义》,北京:北京理工大学出版社,2020 年。

章太炎《国学概论暨讲演录》,台北:五南图书出版公司,2020 年。

路玄编,张钰翰导读《章太炎讲历史》,上海:上海人民出版社,2020 年。

章太炎讲演,诸祖耿、王謇、王乘六记录《章太炎国学讲演录》,北京:中华书局,2020 年。

张钰翰编注《章太炎家书(注释本)》,上海:上海人民出版社,2020 年。

马强才校注《章太炎诗集》,上海:上海人民出版社,2020 年。

董婧宸编并导读《章太炎讲文字与文学》,上海:上海人民出版社,2021 年。

赵四方编并导读《章太炎讲经学》,上海:上海人民出版社,2021 年。

张九思编,张钰翰导读《章太炎自述》,上海:上海人民出版社,2021 年。

章太炎著,曹聚仁整理《国学概论》,北京:生活・读书・新知三联书店,2021 年。

章太炎、雷原、白金钟《大师国学经典书系:国学概论・国学略说》,广州:广东旅游出版社,2021 年。

章太炎等著,马勇编《章太炎家书》,北京:团结出版社,2021 年。

上海人民出版社编《章太炎全集》(全二十册),上海:上海人民出版社,2022 年。

陈柱、章太炎《给青少年的大师国学课》,北京:中国友谊出版公司,2022 年。

章太炎《章太炎医论》,北京:人民卫生出版社,2022 年。

章太炎著,伍悦、林霖校注《章太炎先生论伤寒》,北京:学苑出版社,2022 年。

章太炎著,孟琢点校《庄子解故・齐物论释》,福州:福建人民出版社,2022 年。

孟琢编并导读《章太炎讲诸子》,上海:上海人民出版社,2022 年。

孟琢、杨文渊编,孟琢导读《章太炎讲佛学》,上海:上海人民出版社,2023 年。

张九思编并导读《章太炎谈教育与求学》,上海:上海人民出版社,2023 年。

虞云国编并导读《章太炎口义》,上海:上海人民出版社,2023年。

章炳麟《章太炎先生覆刘英烈士书》,北京:国家图书馆出版社,2023年。

章太炎、马宗荣、谢无量、梁启超、吕思勉、高濑武次郎著《阳明心学六讲》,北京:新世界出版社,2023年。

章太炎《国学讲义》,沈阳:万卷出版公司,2023年。

洪治纲主编《中外经典文库:章太炎文选》,上海:上海大学出版社,2023年。

章太炎《章太炎国学二种》,杭州:浙江古籍出版社,2023年。

杨照策划并主编《解读章太炎》,台北:三民书局,2023年。

苏州博物馆编《太炎传薪:章炳麟与苏州》,上海:上海人民出版社,2023年。

二、著　　作

(一) 传记年谱

卓介庚《中华英杰章太炎》,北京:红旗出版社,2019年。

许寿裳《章太炎传》,南昌:江西教育出版社,2019年。

姚奠中、董国炎《章太炎学术年谱》,太原:三晋出版社,2019年。

苏艳萍著,闻慧斌主编《孙中山与章太炎》,南京:南京大学出版社,2020年。

张昊苏、陈熹《章太炎:铁血著华章》,济南:济南出版社,2020年。

郭军《章太炎的学术与人生》,太原:山西人民出版社,2020年。

姜义华《章炳麟评传》(“章学研究论丛”),上海:上海人民出版社,2020年。

贾鸿昇《追忆章太炎》,济南:泰山出版社,2021年。

庞仿英编《走近章太炎先生》,杭州:浙江大学出版社,2021年。

王锐《革命儒生:章太炎传》,桂林:广西师范大学出版社,2022年。

章念驰《子其艰贞:晚年章太炎》(“蓟汉丛书”),上海:上海人民出版社,2023 年。

汤志钧《章太炎传》,天津:南开大学出版社,2023 年。

(二) 研究类著作

章念驰《后死之责:祖父章太炎与我》,上海:上海人民出版社,2019 年。

王磊《章太炎报刊实践与传播思想研究》,北京:中国社会科学出版社,2019 年。

李智福《内圣外王:郭子玄王船山章太炎三家庄子学勘会》,北京:中国社会科学出版社,2019 年。

王锐《自国自心:章太炎与中国传统思想的更生》,北京:商务印书馆,2019 年。

金理《新民说·文学史视野中的现代名教批判:以章太炎、鲁迅与胡风为中心》,桂林:广西师范大学出版社,2019 年。

孟琢《齐物论释疏证》(“章学研究论丛”),上海:上海人民出版社,2019 年。

(日)坂元弘子著,郭驰洋译《中国近代思想的“连锁”:以章太炎为中心》(“章学研究论丛”),上海:上海人民出版社,2019 年。

陈学然《再造中华:章太炎与“五四”一代》(“章学研究论丛”),上海:上海人民出版社,2019 年。

王玉华《挥戈集》,北京:社会科学文献出版社,2019 年。

张虹倩《章太炎语源学思想及其现代意义》,北京:商务印书馆,2020 年。

王锐《探索“良政”:章太炎思想论集》,上海:上海人民出版社,2020 年。

张昭军《儒学近代之境——章太炎儒学思想研究》,北京:北京师范大学出版社,2020 年。

彭春凌《章太炎译〈斯宾塞尔文集〉研究、重译及校注》(“章学研究论丛”),上海:上海人民出版社,2021 年。

王晓洁《章太炎〈齐物论释〉哲学思想研究》,北京:人民出版社,2022 年。

李智福《章太炎庄学思想研究》,北京:中国社会科学出版社,2022 年。

何爱国《章太炎与近代新子学话语体系的奠基》,长春:吉林大学出版社,2022 年。

朱维铮《章太炎与近代学术》(“章学研究论丛”),上海:上海人民出版社,2022 年。

(三) 论文集及集刊

周东华、张君国主编《章太炎和他的时代》,上海:上海人民出版社,2020 年。

章太炎研究中心主编《章太炎研究的新展开》(“菿汉丛书”),上海:上海人民出版社,2023 年。

章太炎研究中心主编《章太炎研究》(第一辑),上海:上海人民出版社,2023 年。

朱晓江主编《章太炎研究》(第 1 辑),上海:上海书店出版社,2023 年。

三、论　　文

(一) 章太炎生平、交游研究

麻天祥《狱读瑜伽与转俗成真——黄宗仰对章太炎佛学研究的推助》,《长沙大学学报》2019 年第 3 期。

杨建民《章太炎演讲、曹聚仁记录〈国学概论〉的轶事》,《文史天地》2019 年第 4 期。

刘琰《论析黄侃与章太炎的平生交集》,《黑河学刊》2019 年第 5 期。

周树山《章太炎被殴事件》,《书屋》2020 年第 5 期。

苏艳萍《分歧迭生患难与共——孙中山与章太炎的君子之交》,《炎黄春秋》2020 年第 5 期。

徐涛《孙中山与章太炎关系补论——以〈会议通则〉章序为中心》,《广东社会科学》2020 年第 5 期。

刘明《章太炎肄业诂经精舍考》,《近代中国》2020 年第 1 辑。

沈淦《章太炎联挽孙中山》,《书屋》2020 年第 11 期。

苗体君《章太炎与辛亥革命前的〈苏报〉案》，《江苏第二师范学院学报》2021 年第 1 期。

唐靖《姜亮夫与章太炎师承关系述论》，《昭通学院学报》2021 年第 1 期。

章念驰《曹聚仁与章太炎》，《世纪》2021 年第 1 期。

张朕《“章门弟子”考》，《鲁迅研究月刊》2021 年第 9 期。

朱乐川《章门弟子录》，《历史文献研究》2021 年第 2 辑。

陈宇《日记所见章太炎事迹钩述》，《上海鲁迅研究》2021 年第 2 辑。

程红《章太炎的贵州毕节之行》，《文史天地》2021 年第 12 期。

楊儒宾《剥皮寮中的章太炎》，《新经学》第九辑，上海：上海人民出版社，2022 年。

张仲民《私谊、舆论和政治：刘师培与章太炎关系再考察》，《近代史研究》2023 年第 3 期。

曹培根《章太炎与苏州名人的交往》，《唯实》2023 年第 9 期。

成棣《章太炎组建统一党史事考论》，《史学月刊》2023 年第 9 期。

张慎、钟义荣《〈刘申叔先生遗书〉缺少章太炎序的隐衷——兼及钱玄同的多则佚文、佚信》，《名作欣赏》2023 年第 34 期。

（二）佚文辑录、研究及其他文献考证

刘明《章太炎诂经精舍课艺佚文八篇》，《历史教学问题》2019 年第 5 期。

张昭军《武昌首义后章太炎在日革命活动补证——并介绍几篇重要佚文》，《史林》2019 年第 6 期。

陈壁生《从〈訄书〉到〈检论〉——章太炎先生〈检论手稿〉的价值》，《人文杂志》2019 年第 11 期。

董婧宸《章太炎〈文心雕龙札记〉史料补正》，《国际中国文学研究丛刊》2019 年。

谢正光《太炎跋崇祯行书唐人诗轴书后及平素所见崇祯御书五则》，《中国文化》2020 年第 1 期。

董婧宸《从〈说文解字〉授课到学术著述:章太炎〈小学答问〉编纂修订考》,《杭州师范大学学报(社会科学版)》2020 年第 4 期。

斯彦莉《文字源流,除〈说文〉外,不可妄求——马宗霍整理、章太炎著〈说文古籀补匡谬〉书稿》,《浙江档案》2020 年第 4 期。

斯彦莉《恐以赝器校正史——章太炎先生题注清宫旧藏新莽嘉量全形拓片考》,《杭州文博》2020 年第 1 辑。

董婧宸《章太炎〈文始〉的成书与版本考》,《民俗典籍文字研究》2020 年第 2 辑。

田丰《新发现 1915—1925 年章太炎五则佚文佚简辑释》,《中国现代文学研究丛刊》2020 年第 12 期。

斯彦莉《章太炎〈膏兰室札记〉重考——根据新发现的〈膏兰室札记〉佚文》,《杭州师范大学学报(社会科学版)》2021 年第 2 期。

章太炎《章太炎〈膏兰室札记〉佚文手稿》,《杭州师范大学学报(社会科学版)》2021 年第 2 期。

臧伟强《章太炎题识〈革命军〉初版本及钱玄同集〈章先生文杂蘸〉》,《鲁迅研究月刊》2021 年第 2 期。

刘怡《章太炎佚文七篇》,《历史教学问题》2021 年第 2 期。

虞万里《章太炎〈检论〉手稿的文献学考察》,《文献》2021 年第 3 期。

孙浩宇《〈章太炎跋林时填爽书稼轩词〉笺释——太炎集外文钩沉之一》,《汉语言文学研究》2021 年第 4 期。

孙浩宇《〈民国谑史〉考辨——章太炎集外文钩沉之一》,《现代中文学刊》2021 年第 6 期。

刘青《马宗霍迻写章太炎佚文一则考释》,《人文论丛》2021 年第 1 辑。

裘陈江《章太炎与孙至诚交往论学始末——以新见章佚信的考释为核心》,《史林》2022 年第 4 期。

斯彦莉《章太炎〈田制考〉未刊手稿考释》,《浙江档案》2023 年第 1 期。

宋红玉《章太炎集外佚文六篇考释》,《历史教学问题》2023 年第 6 期。

(三) 对章太炎的整体评价

桑兵《章太炎学问的境界与限度》,《杭州师范大学学报(社会科学版)》2020 年第 4 期。

原岛春雄著,谢跃译,张宪生校《章太炎的学术与革命——从“哀”至“寂寞”》,《杭州师范大学学报(社会科学版)》2021 年第 4 期;又收入氏著《近代中国断章》,谢跃译,张宪生校,上海:上海人民出版社,2023 年。

王锐《章太炎的思想遗产》,收入氏著《履正而行:现代中国的政治、思想与学术》,上海:东方出版中心,2021 年。

(四) 章太炎哲学、社会学、科学思想研究

李智福《齐物与忠恕:章太炎“以庄证孔”思想发微》,《齐鲁学刊》2019 年第 1 期。

彭春凌《何为进步:章太炎译介斯宾塞的主旨变焦及其投影》,《近代史研究》2019 年第 1 期。

王龙《析章太炎的革命道德说》,《淄博师专论丛》2019 年第 1 期。

何刚刚《章太炎科学思想的演变逻辑及其成因》,《中共郑州市委党校学报》2019 年第 3 期。

朱星炽《“神教”与“礼教”:章太炎对张载哲学的二重界定》,《西安石油大学学报(社会科学版)》2019 年第 3 期。

吴蕊寒《从“依自”到“依他”——章太炎的主体性反思》,《哈尔滨工业大学学报(社会科学版)》2019 年第 4 期。

张娇《中国近代诸大家修身思想发微》,《理论与现代化》2019 年第 4 期。

马永康《章太炎的“公理”批判与“成就感情”》,《开放时代》2019 年第 5 期。

吴晓番《论章太炎的汉学论》,《杭州师范大学学报(社会科学版)》2019 年第 6 期。

姚彬彬《近代中国佛学界与日本的〈大乘起信论〉辨伪研究——以梁启超、章太炎、欧阳竟无为视角》,《广东佛教》2019 年第 6 期。

王诚《梁启超与章太炎论诸子流派之比较》,《诸子学刊》2019 年第 1 辑。

谢牧夫《中国近代哲学论域中的“超人”》,华东师范大学博士论文,2019 年。

王旭琴《清末章太炎社会学思想研究》,陕西师范大学硕士论文,2019 年。

张斗《章太炎对唯识思想的继承与发展》,黑龙江大学硕士论文,2019 年。

何刚刚《论章太炎科学思想的演变逻辑及其成因》,山东大学硕士论文,2019 年。

张春香《论章太炎“虚无”本体的方法论意义》,《第三届经史传统与中国哲学学术研讨会论文集》,2019 年。

王锐《清末民初章太炎对王学评析之再检视》,《天津社会科学》2020 年第 1 期。

张天杰、Wang Keyou《章太炎论宋明理学——以程朱陆王之辨为中心的检视》,《孔学堂》2020 年第 1 期。

彭柏林《圣人西来——20 世纪早期斯宾诺莎与中国的相遇》,《宜宾学院学报》2020 年第 1 期。

方映灵《论近代应用佛学思潮——从梁启超与章太炎佛学救世思想之比较视角》,《深圳社会科学》2020 年第 2 期。

彭春凌《从岸本能武太到章太炎:自由与秩序之思的跨洋交流》,《历史研究》2020 年第 3 期。

欧阳清《从诸子学到哲学:章太炎的诸子学研究方法新探》,《中国文化》2020 年第 1 期。

张吕坤《章太炎国粹主义发微》,《中国图书评论》2020 年第 4 期。

崔庆贺《微言大义与以佛代儒——论清末钱玄同、章太炎孔子观之异同(1906—1911)》,《鲁迅研究月刊》2020 年第 4 期。

彭春凌《章太炎与井上哲次郎的交往及思想地图》,《杭州师范大学学报

(社会科学版)》2020年第4期。

丁徐清《从章太炎〈齐物论释〉看现代中国平等观念之转向》,《河北学刊》2020年第4期。

王晓洁《从文本到思想——章太炎〈齐物论释〉中的诠释方法》,《现代哲学》2020年第5期。

赵帅锋、郭美华《齐物之境对于仁义—政治的拒斥——以〈齐物论〉"尧问于舜"章为中心的讨论》,《现代哲学》2020年第5期。

陈乔见《清末民初的"公德私德"之辩及其当代启示——从"美德统一性"的视域看》,《文史哲》2020年第5期。

王英娜《论章太炎"以佛解庄"的致用理路——以〈齐物论释〉为中心》,《诸子学刊》2020年第1辑。

梅寒《论章太炎哲学体系的初成》,《职大学报》2020年第6期。

彭春凌《另一侧的潜流:清末国学变迁与章太炎的明治汉学批判》,《北京大学学报(哲学社会科学版)》2020年第6期。

刘海静《20世纪上半期清学研究缘何引发关注探析》,《历史教学问题》2020年第6期。

邓秋松《人心与人道:章太炎道德思想初探》,陕西师范大学硕士论文,2020年。

朱星炽《章太炎〈齐物论释〉初本、定本比较研究》,陕西师范大学硕士论文,2020年。

李智福《"顺时利见　示现白衣"——章太炎关于"逍遥"与"涅槃"之辨证》,《诸子学刊》2020年第2辑。

刘韶军《论章太炎对〈庄子〉的佛学阐释》,《诸子学刊》2020年第2辑。

吴宝红《近代唯识学视域下的荀学心性问题研究——以章太炎、王恩洋为中心》,《诸子学刊》2020年第2辑。

孟琢、陈子昊《论章太炎的平等思想——齐物哲学与中国现代价值的建立》,《人文杂志》2020年第10期。

李智福《章太炎关于庄子之四种定位及其思想意蕴》,《道家文化研究》

2020 年。

成庆《历史进化论的瓦解与重构——从康有为、严复到章太炎》,《政治思想史》2021 年第 1 期。

彭春凌《人兽之辨的越洋递演:从沃德、岸本能武太到章太炎》,《清华大学学报(哲学社会科学版)》2021 年第 2 期。

周展安《"齐物哲学"与华严宗之离合——以章太炎在〈齐物论释〉中对法藏的辩难为中心》,《杭州师范大学学报(社会科学版)》2021 年第 2 期。

李智福《章太炎〈齐物论释〉之经典解释学—释义学初探》,《杭州师范大学学报(社会科学版)》2021 年第 2 期。

周展安《"以百姓心为心":章太炎〈齐物论释〉阐微》,《中国哲学史》2021 年第 2 期。

韩焕忠《法相庄严齐物论——章太炎对〈齐物论〉的唯识学解读》,《苏州科技大学学报(社会科学版)》2021 年第 4 期。

徐潇鹏《论章太炎〈齐物论释〉中的"齐物哲学"》,《上饶师范学院学报》2021 年第 4 期。

李智福《"以庄济佛"与"以易济佛"——章太炎与熊十力两种"新唯识学"比较初论》,《现代哲学》2021 年第 4 期。

彭春凌《章太炎与明治汉学》,《近代史研究》2021 年第 4 期。

马洁、杨明《章太炎"群独"思想及其当代启示》,《江苏行政学院学报》2021 年第 5 期。

孟琢《中国哲学视域中的自由平等:〈齐物论释〉的思想主旨与价值建立》,《中国哲学史》2021 年第 5 期。

朱浩《章太炎哲学思想研究综述》,《衡阳师范学院学报》2021 年第 5 期。

蔡志栋《实践:改变世界与改变自我的统一——中国近现代思想家的贡献》,《深圳社会科学》2021 年第 6 期。

吴蕊寒《论章太炎与刘师培的平等观——"齐物"与"均力"之比较》,《东南大学学报(哲学社会科学版)》2021 年第 6 期。

彭春凌《斯宾塞用进废退理念与清末多重翻译渠道的种群竞争论述——以严复、章太炎为例》,《广东社会科学》2021 年第 6 期。

武欣怡《章太炎齐物哲学研究》,西北大学硕士论文,2021 年。

赵雪霏《章太炎"齐物"思想试析》,华中科技大学硕士论文,2021 年。

莫蕤《章太炎"唯识"思想探微》,贵州大学硕士论文,2021 年。

刘永强《中国逻辑思想研究近代史论》,南开大学博士论文,2021 年。

贾泉林《章太炎对戴震"以理杀人"的诠释》,《国际儒学论丛》2021 年第 1 辑。

彭春凌《人与秩序之思的跨洋环流——岸本能武太〈社会学〉与章太炎的思想》,《中国社会科学院近代史研究所青年学术论坛(2018 年卷)》,北京:社会科学文献出版社,2021 年。

李智福《"未济"与"忧患":章太炎以佛证易思想发微》,《哲学研究》2021 年第 9 期。

孟琢《卮言之道:论章太炎的语言哲学》,《哲学研究》2021 年第 9 期。

陈继东《章炳麟与明治佛教——以〈日本及日本人〉杂志为中心(上)》,《汉语佛学评论》2021 年。

贾泉林《章太炎的"新孔学"》,《孔子学刊》2021 年。

黄燕强《平等世间:章太炎〈齐物论释〉真与俗的双重义谛》,《诸子学刊》2021 年第 1 辑。

彭传华《"真""俗"之间:章太炎批评王学的思想历程及真正动因》,《浙江社会科学》2021 年第 11 期。

梅寒《替庄子说理——〈齐物论释〉"破名家之执"和"破名守之拘"的解释方法》,《鹅湖月刊》2021 年第 11 期。

周展安《事的哲学:章太炎思想的基调——以〈国故论衡〉诸子学九篇为中心》,《中国现代文学研究丛刊》2021 年第 12 期。

林少阳《章太炎的学术史著述及其与章学诚的关联》,《中国历史研究院集刊》2022 年第 1 辑。

彭春凌《进化之调律:斯宾塞与清末的种群竞争论述》,《清史研究》2022

年第1期。

黄嘉庆《章太炎早期札记中的“西学”问题》,《现代中文学刊》2022年第2期。

何刚刚《从〈膏兰室札记〉看章太炎“以西释子”的诠释特点及其当代启示》,《长沙理工大学学报(社会科学版)》2022年第2期。

何刚刚《“真俗之变”:论章太炎“求是”与“致用”关系的演变逻辑、成因及其影响》,《社会科学论坛》2022年第2期。

陈静《大一统观念下的“诸子出于王官”说》,《哲学动态》2022年第2期。

李智福《“不齐而齐”抑或“齐其不齐”——章太炎〈齐物论释〉对康有为大同思想之隐秘回应》,《哲学动态》2022年第2期。

黄燕强《身观与心证——〈庄子〉“忠恕之道”发微》,《现代哲学》2022年第2期。

朱浩《章太炎道德哲学中的“熏习性”研究》,《临沂大学学报》2022年第3期。

李若晖《论儒学的制度之维与中国哲学之成立》,《孔子研究》2022年第3期。

石井刚、莫加南、赖锡三等《章太炎〈齐物论释〉“天籁怒号”对国家民族、语言文化的超克意义》,《商丘师范学院学报》2022年第4期。

彭春凌《章太炎与井上哲次郎哲学的再会及暌离》,《抗日战争研究》2022年第4期。

朱浩《章太炎佛学思想中的人性研究》,《苏州科技大学学报(社会科学版)》2022年第5期。

江洁宜《清末民初〈荀子·正名〉的名学思想研究——以刘师培、章太炎、王国维、胡适为中心》,中山大学硕士论文,2022年。

贾泉林《章太炎晚年儒学诠释的三种面向》,《孔子研究》2022年第6期。

王颂《齐物与圆融:哲学视域下的佛解〈齐物论〉》,《世界宗教研究》2022

年第 9 期。

王颂《名言与心识:〈齐物论释〉对佛教语言哲学的阐发》,《哲学研究》2022 年第 12 期。

王磊《以儒兼侠:章太炎的侠客观》,《华夏文化》2023 年第 1 期。

江洁宜《清末民初〈荀子·正名〉的名学思想研究——以刘师培、章太炎、王国维、胡适为中心》,《国学论衡》2023 年第 1 辑。

邓红《章太炎与"日本阳明学"》,《管子学刊》2023 年第 2 期。

姚彬彬《"自贵其心"与"依自不依他"——章太炎革命情怀的禅宗无神论思想底蕴》,《科学与无神论》2023 年第 2 期。

周展安《"生生"与"无生"——以熊十力对章太炎的批评为线索》,《哲学研究》2023 年第 2 期。

丁建华《传统的转型:近代佛学的现实关照》,《淮北师范大学学报(哲学社会科学版)》2023 年第 2 期。

王磊《清末章太炎对社会主义思想的认知与传播》,《创意城市学刊》2023 年第 4 期。

郝颖婷《从挣脱名相到随顺名相:论章太炎革命主体的话语实践》,《哲学动态》2023 年第 5 期。

王晓洁《学术与政治:双重视野下的章太炎孟子观》,《浙江社会科学》2023 年第 6 期。

李智福《新子学与新道家:章太炎哲学之典范意义及思想遗产》,《诸子学刊》2023 年第 1 辑。

田乐乐《整理国故再造文明:诸子学研究的四代传承——章太炎、胡适、魏际昌、方勇》,《诸子学刊》2023 年第 1 辑。

杨阳萌《章太炎的管子学研究》,上海师范大学硕士论文,2023 年。

何刚刚《名相与价值:章太炎后期认识论研究》,山东大学博士论文,2023 年。

费轩《章太炎与现代中国哲学的"本体"问题》,《哲学研究》2023 年第 7 期。

李智福《“断所知障而不尽断烦恼障”:章太炎之孔子哲学诠释发隐》,《中国哲学史》2023 年第 4 期。

窦建英《再思章太炎对日译西学的吸收——以〈建立宗教论〉中未知译名考证为中心》,《中国哲学史》2023 年第 4 期。

王颂《无穷过:中印佛学探讨的一个哲学问题》,《哲学动态》2023 年第 9 期。

楼庭坚《近现代道家的诠释与新道家的建构》,《枣庄学院学报》2023 年第 6 期。

崔庆贺《戊戌变法前后章太炎的“新孔学”及其政治意义》,《中国哲学史》2023 年第 6 期。

(五)章太炎文学、语言学、文字学、训诂学、文献学思想研究

魏大海《芥川龙之介的〈中国游记〉论——以芥川、章炳麟的会晤对谈为中心》,《语言与文化论坛》2019 年第 1 期。

何亦聪《章太炎的述学理念与清季民初学术转型》,《安庆师范大学学报(社会科学版)》2019 年第 2 期。

陆胤《晚清文学论述中的口传性与书写性问题》,《中国社会科学》2019 年第 5 期。

陈沁云《论新时代古文之兼美——以章太炎古文为例》,《西安石油大学学报(社会科学版)》2019 年第 4 期。

史伟《“社会学转向”与章太炎的“文学”界定》,《文学评论》2019 年第 4 期。

吴中杰《章太炎:中国新文学的开启者》,《上海文学》2019 年第 5 期。

杨艳《章太炎“语根说”的西学渊源》,《重庆三峡学院学报》2019 年第 5 期。

陈慧《章太炎的真俗转向与“国文”建构——兼论章太炎非“魏晋派”》,《杭州师范大学学报(社会科学版)》2019 年第 6 期。

杨杏蓉《从章太炎斥慈禧对联看清末社会与南社的相互影响》,《青年文学家》2019 年第 11 期。

鲁钊宇《〈文始〉的形音义系统和对外汉语教学资源建设》,武汉大学,2019年。

蔡欣《〈太炎先生尚书说〉训诂研究》,扬州大学硕士论文,2019年。

诸雨辰《倒退的革新——清末民初作为方法的语文学论争》,《文化与诗学》2019年第1辑。

凌丽君《〈春秋左传读〉名字解诂考论》,《励耘语言学刊》2019年第2辑。

张蒙蒙《〈说文解字授课笔记〉与太炎先生书信中的学术交往》,《民俗典籍文字研究》2020年第1期。

孙振田《〈七略〉称名新释》,《山东图书馆学刊》2020年第1期。

魏宇文《〈新方言〉中"惠潮嘉应客籍谓(谓之、曰)"释语探究——兼论〈岭外三州语〉所释嘉应方言词语》,《嘉应学院学报》2020年第2期。

林少阳《世纪之交章太炎的"文学"观:西力东渐中明治日本言文一致运动及清末的语境》,《思与言(人文与社会科学期刊)》2020年第1期。

林少阳《西学相遇中的章太炎"引申"概念新解——与其文论、语言思想的关联》,《杭州师范大学学报(社会科学版)》2020年第2期。

孟琢、李聪《〈齐物论释〉与中国语言文字之学的建立》,《杭州师范大学学报(社会科学版)》2020年第2期。

张虹倩《章太炎〈文始〉"初文""准初文"若干问题研究》,《古汉语研究》2020年第2期。

王诚、郝瑞卿《章太炎的〈左传〉训诂及相关问题续探——读〈春秋左传读〉札记》,《国学学刊》2020年第2期。

杨艳《缪勒"语言疾病说"的转译——以章太炎和周作人为例》,《北京航空航天大学学报(社会科学版)》2020年第4期。

孙立新《从章太炎先生〈新方言〉等成果看陕西方言》,《唐都学刊》2020年第5期。

陈雪虎《〈国故论衡〉中卷文学七篇"以文字为准"辨》,《文艺理论研究》2020年第5期。

刘艳梅《章炳麟古音学中的古声纽研究》,《汉语史与汉藏语研究》2020年第1辑。

陈沁云《章太炎与桐城派研究》,中国矿业大学硕士论文,2020年。

赵黎明《现代中国语言变革的文化逻辑之争——重审吴稚晖与章太炎“万国新语”论战》,《江汉论坛》2020年第8期。

杨艳惠《章太炎〈新方言〉对词义引申理论的贡献》,《民俗典籍文字研究》2020年第2辑。

陈雪虎《“基于记忆的文化”及其诉求:章太炎“以文字为准”文学文教思想再解释》,《文艺争鸣》2020年第11期。

张重岗《章太炎与翻译的近代性》,《福建论坛(人文社会科学版)》2020年第12期。

林少阳《现代文学之终结? ——柄谷行人的设问,以及“文”之“学”的视角》,《文学评论》2021年第1期。

沈治钧《章太炎戏拟〈红楼梦〉中人诠疏》,《红楼梦学刊》2021年第1期。

张超《章太炎训诂特点及成就》,《文学教育(下)》2021年第2期。

陈晓强《论上古汉语词族系统要素的联系——兼论〈文始〉“壬”族》,《兰州文理学院学报(社会科学版)》2021年第2期。

时嘉琪《“文”以经世:晚清“保存国粹”与国语运动视野下的文论》,《浙江学刊》2021年第3期。

朱乐川《试论变易与孳乳中形音义的关系——以章太炎〈文始〉为例》,《汉字汉语研究》2021年第4期。

张伯伟《重审中国的“文学”概念》,《中山大学学报(社会科学版)》2021年第4期。

吴蕊寒《汉语存废之争:〈新世纪〉派与章太炎的辩论》,《学海》2021年第5期。

杨艳惠《〈新方言〉古今音转与〈成均图〉》,《励耘语言学刊》2021年第1辑。

赵彤《章炳麟对古韵音值的假定》,《文献语言学》2021年第1辑。

陈雪梅《章太炎诗歌创作的经学化——兼论贬学问入诗》,《名作欣赏》2021年第15期。

胡琦《言文之间:汉宋之争与清中后期的文章声气说》,《文学遗产》2022年第1期。

苏天运《章太炎〈春秋左传读〉引钟鼎文字考论》,《励耘语言学刊》2022年第1辑。

余莉《章太炎文论思想中的经子互动发微》,《中国文学研究》2022年第2期。

余莉《晚清社会学与章太炎文论观的建构》,《武陵学刊》2022年第5期。

张虹倩《章太炎〈文始〉同源字词系联中存在的问题》,《语言研究集刊》2022年第1辑。

沈国威《区别性与词语密度:章太炎及严复的误区》,《亚洲与世界》(第5辑),北京:社会科学文献出版社,2022年。

谢琰《论章太炎的文体学》,《文学评论》2022年第4期。

李雨轩《从"文体"到"主体"——章太炎〈文学总略〉中的述学文体和言说姿态》,《社会科学论坛》2022年第4期。

廖茂婷《〈章太炎家书〉稿本用字研究》,《汉字文化》2022年第9期。

欧阳月姣《晚清国语运动中的"同文"博弈——伊泽修二、章太炎与"汉字统一会"》,《励耘学刊》2022年第2辑。

陈晓强《论〈文始〉"初文"的价值与局限》,《民俗典籍文字研究》2022年第2辑。

肖存昕、陈晓强《〈章太炎说文解字授课笔记〉"一字"研究(一)》,《兰州文理学院学报(社会科学版)》2023年第1期。

李亚明《〈文始〉六〈侯东类·阳声东部乙〉"工"组音义阐微》,《汉字汉语研究》2023年第1期。

周敏秋《章太炎与中国现代方言学〈新方言〉的方言调查方法探源》,《中国文化》2023 年第 1 期。

肖存昕、陈晓强《〈章太炎说文解字授课笔记〉"一字"研究(二)》,《兰州文理学院学报(社会科学版)》2023 年第 2 期。

宋明炜《打开"后人类"的秘境——从文类的先锋性到文学的当代性(中)》,《小说评论》2023 年第 2 期。

肖存昕、陈晓强《〈章太炎《说文解字》授课笔记〉与〈文始〉"孳乳"比较研究》,《汉字汉语研究》2023 年第 4 期。

傅荣贤、杨苏闽《略论章太炎〈七略别录佚文徵〉的辑佚学体例》,《大学图书馆学报》2023 年第 5 期。

倪晓明《论章太炎赋学思想的"求是"精神》,《社会科学动态》2023 年第 5 期。

顾湘《论章太炎对钟鼎文字的态度转向》,《文史杂志》2023 年第 5 期。

赵雪婷《〈文始・二〉同源字族探赜》,吉林大学硕士论文,2023 年。

傅荣贤、胡笳《章太炎〈七略别录佚文徵〉对马国翰〈七略别录〉佚文的增删》,《图书情报工作》2023 年第 17 期。

李亚明《〈文始〉"巴"组引〈考工记〉"摶埴"阐微》,《中国训诂学报》2023 年。

李若晖《〈七略〉之"略"再释——兼论〈公羊传〉之"甚恶"》,《中州学刊》2023 年第 12 期。

(六) 章太炎史学思想研究

张舒《章太炎的先秦史叙事及其对儒学传统的冲击》,《政治思想史》2019 年第 3 期。

徐国利《中国传统史学与近代新史学的创建及历史解释学的阐释——以 20 世纪初梁启超和章太炎的新史学为中心》,《安徽史学》2019 年第 6 期。

刘澍《晚清知识分子对印度亡国史的研究》,《史学理论与史学史学刊》2019 年第 2 辑。

宁腾飞《近代学术转型中的子史关系——以国粹派"诸子亦史"说为中心》,《史学理论研究》2020 年第 1 期。

龚倩玉《学术"对手方"与钱穆的清学史研究》,中南民族大学硕士论文,2020 年。

王天根《桐城文法与严译进化论:新政语境下通史撰著(会议稿)——以梁启超、章太炎及夏曾佑等中国通史撰著缘起为中心》,《中国古代散文学会第十三届年会暨全国学术研讨会论文集》2020 年。

陈斌《以史切要:重构建国的历史解释——〈清建国别记〉考论》,《浙江学刊》2021 年第 2 期。

王云燕《试论章太炎对赵翼史学的认识与评价》,《文化学刊》2022 年第 9 期。

张昭军《"经者古史,史即新经"——章太炎对中国史学现代性转换的思考》,收入氏著《中国文化史学的历史与理论》,北京:人民出版社,2022 年。

(七)章太炎政治实践、思想研究

王锐《莅民理政之要——〈五朝法律索隐〉的政治思想史解读》,《杭州师范大学学报(社会科学版)》2019 年第 1 期。

姜淑红《"侈靡"与社会进步——章太炎〈管子〉研究新视野》,《管子学刊》2019 年第 1 期。

王锐《大一统国家的存续之道——章太炎〈秦政记〉的政治文化意涵》,《东方学刊》2019 年第 2 期。

刘洪强《历史叙事与主体性的建构——以章太炎、陈汉章关于中国民族起源的论述为中心》,《社会科学论坛》2019 年第 2 期。

吴蕊寒《从"秩民兽"到"齐文野"——章太炎民族主义思想的嬗变》,《政治思想史》2019 年第 3 期。

傅正《论清末章太炎的重农主义思想——兼与法国重农学派比较》,《政治思想史》2019 年第 3 期。

宋洪兵《法家如何进入现代思想——以章太炎的法家观及其政治思想为中心》,《"先秦诸子的争鸣与共识"学术研讨会暨第六届诸子学论坛论文集》2019 年。

王锐《"大独必群"何以必要?》,《福建论坛(人文社会科学版)》2020 年第3期。

亓同惠《论章太炎理解的平等和自由》,《西南政法大学学报》2020年第4期。

王锐《章太炎对民初政局的批评及其内在困境》,《史学月刊》2020年第5期。

王锐《历史叙事与政治文化认同——章太炎的“历史民族”论再检视》,《人文杂志》2020年第5期。

郭彩虹《谭延闿与章太炎地方自治思想比较研究》,湘潭大学硕士论文,2020年。

罗建《章太炎国家观研究》,西南政法大学硕士论文,2020年。

钱坤《章炳麟国民主义立法观研究(1899—1914)》,上海师范大学硕士论文,2020年。

成棣《章太炎的武昌情结及其地缘政治视阈下的南方图景》,《汉学研究》2021年第3期。

干春松《民族、国民与国家——康有为、章太炎关于建立现代国家的分歧》,《孔子研究》2021年第4期。

干春松《文明论视野下的民族与国家(下)——章太炎、梁启超与杨度的争论》,《现代哲学》2021年第4期。

戴贺《清末民初时期“立宪派”概念的形成与演变研究》,《牡丹江大学学报》2021年第4期。

宋洪兵《章太炎的法家观及其政治思想的法家因素》,《政治学研究》2021年第5期。

陈博然《章太炎晚年民族思想研究(1920～1936)》,陕西师范大学硕士论文,2021年。

顾家宁《〈明夷待访录〉与传统政治思想的现代转型——以章太炎的评论为线索》,《哲学动态》2021年第9期。

梅寒《“革命者”与“猛士”——章太炎实践思想的两重维度》,《苏州科技大学学报(社会科学版)》2022年第1期。

干春松《从历史和信仰来理解国家和民族:康有为与章太炎的分歧》,《中国文化》2022 年第 1 期。

柳鹏飞《"金铁主义"与"民族国家"思想的辩论——〈金铁主义说〉与〈中华民国解〉对读》,《青海师范大学民族师范学院学报》2022 年第 1 期。

王锐《近代变局下的中国传统政治重估——以清末梁启超与章太炎的不同阐释路径为中心的探讨》,《历史教学问题》2022 年第 1 期。

王格《纲纪与法治:〈明夷待访录〉在清末受到的批评》,《宝鸡文理学院学报(社会科学版)》2022 年第 1 期。

郑海洋《隐秘的共识——清末民初改良派与革命派政党观再探》,《政治思想史》2022 年第 3 期。

陈尧《中国近代革命派救亡启蒙的途径——以章太炎、孙中山为例》,《广州社会主义学院学报》2022 年第 3 期。

郑大华《论清末革命派和立宪派在"民族建国"理论上的分歧与争论》,《民族研究》2022 年第 3 期。

邹小芬《章太炎民族主义思想研究》,西南政法大学硕士论文,2022 年。

王晓春《章太炎民族主义思想研究》,内蒙古大学硕士论文,2022 年。

王锐《从巩固国权到联省自治——章太炎政治主张的转变及其内在逻辑》,《杭州师范大学学报(社会科学版)》2022 年第 4 期。

李强《民族国家与世界大同——牟宗三儒家视野下的"天下观"建构》,《中国哲学史》2022 年第 4 期。

吴蕊寒《章太炎对民初议会政治的实践与批评》,《学海》2022 年第 5 期。

原岛春雄著,谢跃译,张宪生校《"国"与"家"之间》,收入氏著《近代中国断章》,上海:上海人民出版社,2023 年。

吴寒《空间与秩序——章太炎、刘师培"南北论"之比较》,《文学评论》2023 年第 2 期。

吴晓玲《亚洲秩序的思考:章太炎的印度志士论》,《中国文化研究》2023 年第 2 期。

王锐《晚清知识分子的帝国主义论》,《杭州师范大学学报(社会科学版)》2023 年第 3 期。

马卫中《“古诗十九题”与民族主义革命——章太炎早期诗歌的政治意义》,《东吴学术》2023 年第 3 期。

王锐《论近代中国的两种法家诠释路径及其旨趣》,《历史教学问题》2023 年第 4 期。

吴蕊寒《国族关系与文野之辨——杨度与章太炎思想比较研究》,《哲学动态》2023 年第 5 期。

姜铎《俄罗斯汉学家对中国近代乌托邦思想的研究》,黑龙江大学硕士论文,2023 年。

王新房《蔡元培〈释仇满〉校勘记——兼及蔡元培的革命思想》,《杭州师范大学学报(社会科学版)》2023 年第 6 期。

王锐《“恢廓民权”与“抑官吏伸齐民”——略论章太炎对近代中国时势的思考》,《中国社会科学院大学学报》2023 年第 12 期。

(八) 章太炎教育思想、讲学、办刊研究

周生杰《学精功伟:章太炎国学演讲会与国魂塑造》,《中国矿业大学学报(社会科学版)》2019 年第 1 期。

肖伊绯《章太炎蜀中讲学及其影响》,《书屋》2019 年第 1 期。

王慧颖《〈经世报〉与戊戌时期浙江维新群体内外关系》,《史林》2019 年第 1 期。

王磊《章太炎童蒙教育思想研究——以〈重订《三字经》〉为中心》,《教育评论》2019 年第 7 期。

胡婷《媒介化政治视角下章太炎报刊活动探究》,《新闻传播》2019 年第 14 期。

贾健鹏《维新思潮下的地域文化:〈经世报〉与浙江士子》,《哈尔滨学院学报》2020 年第 5 期。

贺国强、魏中林《文化自信与章太炎的教育思想》,《高教探索》2020 年第 6 期。

王磊《〈民报〉时期章太炎同仁群体对侠客精神的宣传》,《今古文创》

2021 年第 7 期。

李凡《研精覃思发扬国光——章太炎编辑、创办国学期刊的文化旨趣及意义》,《汕头大学学报(人文社会科学版)》2021 年第 10 期。

王磊《章太炎历史教育思想述论》,《创意城市学刊》2022 年第 2 期。

王发达《"儒侠"的仪式化塑造〈民报〉与清末侠风》,《新闻与传播研究》2022 年第 3 期。

王志《章太炎所编〈学林〉创办与出版状况略考》,《民俗典籍文字研究》2022 年第 1 辑。

余姣《晚清维新思潮的在地化研究——以浙江〈经世报〉为中心》,湖北大学硕士论文,2023 年。

(九) 章太炎医学思想研究

胡正旗《章太炎"医学第一"之我见》,《中医药文化》2019 年第 1 期。

陈西、秦艳、郭小舟《章太炎治伤寒学思想探微》,《中国中医基础医学杂志》2019 年第 9 期。

钱超尘《俞曲园、章太炎、孙世扬三代人对中医的关注与贡献》,《民俗典籍文字研究》2020 年第 1 辑。

罗检秋《从医论看章太炎的文化自信》,《人文杂志》2020 年第 9 期。

黄抒婷《章太炎的中医观研究》,苏州大学硕士论文,2022 年。

潘振坤、冯雨奇、柯明辉等《章太炎〈伤寒论今释·序〉探析》,《中华中医药杂志》2023 年第 8 期。

(十) 章太炎与鲁迅、徐梵澄等的学术关联研究

王小惠《鲁迅的"儒术"论及其与清末章太炎的关系》,《中国现代文学研究丛刊》2019 年第 1 期。

赵芳媛《沈兼士与近现代语言文字学的革新和发展》,《河北师范大学学报(哲学社会科学版)》2019 年第 1 期。

符鹏《精神辩证法与伦理进化:鲁迅早期人道观念的内在张力》,《文化与诗学》2019 年第 2 辑。

陈家家《论鲁迅对章太炎诸子学思想的继承和超越——以〈故事新编〉

为中心》,汕头大学硕士论文,2019 年。

顾音海《经今古文之争终结的背后——康有为、章太炎和鲁迅的文化交集》,《上海鲁迅研究》2019 年第 4 辑。

童亮《新旧之争:胡适与 1935 年的读经之争》,《第四届“近代文化与近代中国”学术研讨会论文集》2019 年。

姚锡佩《百年传承——章太炎·鲁迅·徐梵澄》,《鲁迅研究月刊》2020 年第 4 期。

郝雨、田乐乐《章太炎对文学家鲁迅及〈狂人日记〉的深度影响》,《河北大学学报(哲学社会科学版)》2020 年第 5 期。

赵芳媛《论沈兼士对章太炎词源学研究的继承与发展》,《民俗典籍文字研究》2020 年第 2 辑。

卢天诚《周作人“谢本师”事件初探》,《杭州师范大学学报(社会科学版)》2021 年第 1 期。

牟利锋《以文字为中心的文学革命图景的建构——从周氏兄弟与章太炎文学观之关联谈起》,《中国现代文学研究丛刊》2021 年第 1 期。

张昊苏《章太炎与鲁迅的貌离神合》,《文史杂志》2021 年第 3 期。

贾泉林《章太炎与徐梵澄在“孔学”上的隔代传承》,《上海鲁迅研究》2021 年第 2 辑。

张朕《“章太炎与鲁迅”研究历史述略》,《现代中国文化与文学》2021 年第 4 辑。

朱建国《鲁迅〈汉文学史纲要〉所受章太炎影响述论》,《东方论坛》2021 年第 4 期。

王小惠《鲁迅的辛亥记忆及其与章太炎的关联》,《中山大学学报(社会科学版)》2022 年第 1 期。

朱乐川《试论徐复对章太炎语源学的继承与发展》,《常州工学院学报(社科版)》2022 年第 2 期。

孙尧天《追寻文明的“新力”——晚清文明论潮流中的〈摩罗诗力说〉》,《上海交通大学学报(哲学社会科学版)》2022 年第 3 期。

王锐《李源澄对章太炎学术思想之取舍》,《儒藏论坛》2022 年。

李梁《鲁迅早期思想演进研究(1881～1909)》,河北大学博士论文,2022 年。

王锐《从经史之学到马克思主义史学——吴承仕的学术旨趣及其古代社会论》,《福建论坛(人文社会科学版)》2022 年第 5 期。

卢玥《公共政策的文学对话:从〈文化偏至论〉看章太炎对青年鲁迅的影响》,《国际公关》2022 年第 15 期。

朱乐川《试论黄侃对章太炎语源学的继承与发展》,《中国训诂学报》2022 年。

刘克敌《胡适与清末民初“浙学”》,《关东学刊》2023 年第 1 期。

乔丽华《从〈一文钱〉的三个版本看章太炎对鲁迅的影响》,《鲁迅研究月刊》2023 年第 1 期。

李乐乐《鲁迅近体诗韵与章太炎〈成均图〉音理之关联》,《汉语言文学研究》2023 年第 2 期。

孙郁《鲁迅对章太炎学识的取舍》,《中国现代文学研究丛刊》2023 年第 2 期。

余连祥《钱玄同与师友几封往来书札写作时间考——兼考钱玄同从日本回国时间》,《鲁迅研究月刊》2023 年第 2 期。

曹晋婷《论早期鲁迅文言论文中的“古字”——以〈破恶声论〉为中心》,《东岳论丛》2023 年第 2 期。

孙波《阿罗频多思想与徐梵澄的精神哲学——也谈章太炎・鲁迅・徐梵澄》,《北京大学学报(哲学社会科学版)》2023 年第 4 期。

王飒《芥川龙之介〈桃太郎〉试论》,北京外国语大学硕士论文,2023 年。

狄霞晨《从近世道学热到新文学中的老庄重构》,《复旦学报(社会科学版)》2023 年第 6 期。

(十一) 章太炎与五四之关系研究

彭春凌《近代思想全球流衍视野中的章太炎与五四》,《中国文化研究》2019 年第 2 期。

张弓《思想守旧？思想解放？——以章炳麟为例看五四运动与思想解放》,《传承》2019年第3期。

张吕坤《“接力”还是“拒迎”：关于章太炎对“五四”运动态度新探》,《名作欣赏》2019年第4期。

王小惠《钱玄同的思想革命论对章太炎“黜经为史”观的发展》,《中国现代文学研究丛刊》2020年第3期。

王小惠《章太炎的文学语言观与钱玄同的“五四”文学革命》,《文艺理论研究》2020年第5期。

王小惠《五四文学革命对章太炎文学语言观的继承与转化》,《华东师范大学学报(哲学社会科学版)》2023年第3期。

高晓瑞《论现代师承关系与“五四”文坛派系的生成——以章太炎、胡适、鲁迅为中心》,《后学衡》2023年第1辑。

(十二) 章太炎评价人物研究

郭海涛《章太炎清学史中“尊戴”叙述辨析——以〈清儒〉“戴震入京”为考察对象》,《中国思想史研究》2021年。

王锐《章太炎与曾国藩形象在近代的翻转——兼谈范文澜的曾国藩论》,《天津社会科学》2022年第6期。

侯普慧《“元凶”与“圣相”：简析章炳麟的曾国藩论》,《陇东学院学报》2023年第3期。

(十三) 章太炎经学研究

邓秉元《章太炎与近代经学一瞥》,收入氏著《新文化运动百年祭》,上海：上海人民出版社,2019年。

马勇《章太炎之尚书学》,《杭州师范大学学报(社会科学版)》2019年第1期。

余康《章太炎〈尚书〉研究成果考述》,《信阳师范学院学报(哲学社会科学版)》2019年第2期。

贾泉林《“新四书”：章太炎晚年对礼学的重建》,《国际儒学论丛》2019年第2辑。

梅寒《理性与信仰之间——“六经皆史”与返魅经典辨析》,吉林大学硕士论文,2019 年。

蔡杰《晚清民国〈礼记·儒行〉的再经典化及其意义诠释》,《山东大学学报(哲学社会科学版)》2020 年第 2 期。

高思达《清季经史关系变迁中的意义转化——以章学诚、章太炎〈原道〉篇为中心的考察》,《孔子研究》2020 年第 2 期。

张城《“六经皆史”与马克思主义中国化》,《开放时代》2020 年第 2 期。

贾泉林《救国何以必须读经?——论章太炎晚年的读经思想》,《孔子学刊》2020 年。

贾泉林《从“以经为史”到“经为史纲”——论章太炎经史观念之转变》,《史学史研究》2021 年第 3 期。

贺千禧《章太炎易学思想中的忧患意识——以〈易论〉为考察中心》,《西部学刊》2021 年第 7 期。

陆骏元《章太炎〈左传〉研究之转变——基于魏三体石经之启发》,《中国文化研究所学报》2021 年第 2 期。

余康、吴柱《章太炎〈书序〉之学述论》,《史学史研究》2021 年第 2 期。

李燕群《论章太炎的清代今文学研究》,《百科论坛电子杂志》2021 年第 8 期。

虞万里《章太炎对三体石经之认识与其〈尚书〉研究》,《中国训诂学报》2021 年。

梅寒《求真、求通、求用——论章太炎解〈易〉的三种维度》,《吉林师范大学学报(人文社会科学版)》2021 年第 6 期。

贾泉林《章太炎“新礼学”体系中的〈丧服〉学》,《中国典籍与文化论丛》2022 年第 1 辑。

陕庆《从“六经皆史”到“古史皆经”——章太炎经史互释的思想史内涵》,《中国哲学史》2022 年第 5 期。

贝承熙《化用与瓦解——论章刘古文学立场与今文学派的关系》,《烟台大学学报(哲学社会科学版)》2023 年第 2 期。

邝其立《“六经皆史”两种:“以史为经”与“夷经为史”——兼论古文经学的实质》,《孔子研究》2023 年第 3 期。

黄燕强《章太炎“原儒”及其儒学与经学之辨》,《哲学研究》2023 年第 5 期。

姚彬彬《今古文经说同异问题争议的回顾与辨正——兼论清代乾嘉学派历史主义向度的思想渊源》,《福建师范大学学报(哲学社会科学版)》2023 年第 5 期。

魏鹤立《德行与德性之间的〈礼记·儒行〉篇——兼论章太炎、熊十力的诠释》,《清华国学》2023 年第 1 辑。

黄觉弘《〈左传〉先于〈春秋〉说始末考论》,《华南师范大学学报(社会科学版)》2023 年第 6 期。

贺紫瑞《康有为与章太炎经学思想比较研究》,宁夏大学硕士论文,2023 年。

(十四) 章太炎书法风格及思想研究

邹典飞《民国时期的北京书风·章炳麟》,《艺术品》2019 年第 10 期。

李永《论章太炎的“碑”“帖”观》,《书法赏评》2020 年第 5 期。

(十五) 书评、序跋

章念驰《章太炎学术根柢在小学——〈俞曲园章太炎论中医〉序》,《民俗典籍文字研究》2019 年第 2 辑。

钱超尘《樵采山泽,卖药市闾,其道自尊——〈俞曲园章太炎论中医〉前言》,《民俗典籍文字研究》2019 年第 2 辑。

石井刚著,张治译《章太炎:鼎革以文》,《现代中国文化与文学》2020 年第 1 辑。

杨明晨《再思近代中国的“传统”——评王锐〈自国自心:章太炎与中国传统思想的更生〉》,《学术评论》2020 年第 3 期。

陈国和《中国现当代文学研究知识性格的形塑——关于金理〈文学视野中的现代名教批判——以章太炎、鲁迅与胡风为中心〉》,《长江文艺评论》2020 年第 3 期。

康凌《破名与破己——金理〈文学史视野中的现代名教批判〉》,《中国现代文学研究丛刊》2020 年第 6 期。

钱沛涵《博学于文,济世经邦——钱超尘〈俞曲园章太炎论中医〉评介》,《名家名作》2020 年第 9 期。

丁杰、马小强《书斋里的国学大师与书斋外的著名报人——评王磊新著〈章太炎报刊实践与传播思想研究〉》,《中国报业》2020 年第 16 期。

黄乔生、刘思源《陶方之、崔适藏札暨章太炎致钱玄同手札出版说明》,《鲁迅研究月刊》2021 年第 1 期。

何亦聪《"破名者的姿态"——评金理〈文学史视野中的现代名教批判:以章太炎、鲁迅与胡风为中心〉》,《苏州教育学院学报》2021 年第 4 期。

李智福《重新振响宏阔悠远之蓟汉天声——试评孟琢博士新著〈齐物论释疏证〉》,《道家文化研究》,2021 年。

王帅锋《书评:〈内圣外王:郭子玄王船山章太炎三家庄子学勘会〉》,《哲学与文化》2022 年第 2 期。

郜喆《以佛解庄与济世情怀——读〈章太炎《齐物论释》哲学思想研究〉》,《华夏文化》2022 年第 3 期。

干春松《从鲁迅点出章太炎的两个"身份"说起》,《博览群书》2022 年第 8 期。

彭春凌《章太炎与近代中国思想的全球史脉动——〈原道:章太炎与两洋三语的思想世界(1851—1911)〉绪论》,《中国现代文学研究丛刊》2022 年第 12 期。

杨义成《重思革命与历史的"开端时刻"——读〈革命儒生:章太炎传〉》,《学术评论》2023 年第 3 期。

(十六) 其他

崔延强、周森《中国近现代教育变革中学派师承的特征、变迁及价值》,《社会科学战线》2019 年第 2 期。

朱必祥《对"开启民智"之争的人力资源开发视角的思考》,《南京理工大学学报(社会科学版)》2019 年第 6 期。

王磊《章太炎国葬问题研究》,《理论观察》2020 年第 3 期。

刘慧敏《章太炎"学术"概念的现代性研究——以〈訄书〉为中心》,中国海洋大学硕士论文,2020 年。

王小惠《文学史中的章太炎形象》,《鲁迅研究月刊》2020 年第 9 期。

卢欣雨《从章太炎〈无神论〉看文化话语权的构建》,《文化创新比较研究》,2020 年。

王磊《章太炎逝世后相关新闻舆论研究》,《创意城市学刊》2021 年第 1 期。

杨儒宾《章太炎眼中的台湾》,《书屋》2021 年第 4 期。

章念驰《章太炎与中国共产党》,《世纪》2021 年第 5 期。

张钰翰《朱维铮先生与章太炎研究》,《中国文哲研究通讯》第三十二卷第二期,2022 年 6 月。

《章太炎研究》稿约

《章太炎研究》集刊在章太炎先生哲孙章念驰先生“以捐助研”理念的支持下，由章太炎先生故乡浙江省杭州市余杭区章太炎故居纪念馆暨章太炎研究中心主办，每年出版两辑。

本刊面向全球章太炎研究者和读者，欢迎投寄未曾在公开出版物或网站上发表过的稿件，并就本刊宗旨及投稿规定，作如下说明：

一、本刊以章太炎研究为主，但不限于章太炎本身的研究，也包括章太炎周边的研究。该研究旨在弘扬章太炎学术、思想（下称章学），但不局限于章太炎本身，而是一个开放的平台，因此，本刊以开放、学术的态度面向所有研究者和读者。本刊旨在以章太炎及其周边人物的研究为手段，以重审中国近代以来的变迁，彰往而开来。

二、本刊认为，章太炎先生哲思深湛，接续吾华国故之统绪，洞达小学、经学，为乾嘉汉学之殿军；更承先启后，熔铸西学、佛学之精微。洋洋大观，径行独往，卓然成一家之言。本刊坚信，其所试图重构的思想和文化，其所试图重新阐释的中国传统，是有着普遍主义的价值的，它是“国学”，却又远远超出“国学”的范畴，因为它出于传统，又远远超出传统的某些范畴，是对传统的批判性的弘扬。本刊坚信，章太炎的思想不仅属于中国，也属于世界。本刊也将一定程度上追求章学国际化，致力于让章学走向世界，为世界上的知识人所重释、所共享、所继承。因此，本刊也将致力于注释、译介艰深的章学文献。此举不仅有助于以汉语为母语的中国学者解读章太炎著作，也有助于域外有志章学者理解章太炎著作。这些工作断非容易，但是本刊相信，假以时日，必有其功效。同时，本刊也将积极译介域外章学研究成果。

三、本刊建立在同行专家匿名评审基础上。此规定亦适用于编辑部约稿。

四、本刊主编署名“章太炎研究中心”。具体操作上，将由章太炎研究中心每辑指定一位执行主编，具体行使主编职责。执行主编有组织、策划的义务，但是并无采用稿件的最终决定权。每一篇文章的采用权由章太炎研究中心根据匿名评审人意见决定。该中心、杂志编辑部、执行主编有协调作者、读者之间关系的义务。

五、本刊以章太炎先生追求的平等精神为办刊精神。因此，本刊只问稿件质量，不问作者职位高低、资历深浅，所刊文章，一律只刊作者名字及所属机构，不刊作者职称、职衔。更与以学术职衔、学术权力取文之风，尽量保持距离。

本刊认为，拔擢、培养章学及周边研究后进，方是发扬光大章太炎学术、思想的不二法门，故尤为欢迎年轻研究者投稿。希望在这方面本刊可以发挥重要作用。

六、稿件形式。稿件在形式上分为三部分：(1)首页。共计10项：标题；作者姓名；工作单位；内容摘要；关键词；作者简介；详细通信地址；邮编；电话号码；电子信箱。(2)正文。另起一页，文中所出现的新的外来名词和术语、新的著作名和人名请附英文原文。如文章属于科研立项成果，请加脚注，并说明项目名称、批准文号以及本人所承担的任务。(3)英文篇名、内容摘要、关键词。

七、关于注释。根据中文读者的阅读习惯，采用脚注形式，用阿拉伯数字圈码(①②③……)，置于句末标点右上角。具体格式如下：

1. 专著依著者、著作名(外文用斜体)、出版地、出版者、出版年、页码标注。例如，钱穆《庄子纂笺》，北京：生活·读书·新知三联书店，2010年，第18页。

2. 期刊文章依作者、文献题名、刊名(外文用斜体)、年期、页码标注。例如，张荣华《章太炎与章学诚》，《复旦学报(社会科学版)》2005年第3期，第28—34页。

3. 报纸文章依作者、文献题名、报名(外文用斜体)、日期标注。例如，傅斯年《法国汉学家伯希和莅平》，《北平晨报》1933年1月15日。

4. 析出文献依作者、篇名、编者、文集题名、出版地、出版者、出版年、页码标注。例如,张宇燕《制度经济学:异端观点》,收入汤敏、茅于轼主编《现代经济学前沿》第2辑,北京:商务印书馆,1993年,第227页。

5. 古籍依朝代(前后用圆括号)、著者、文献题名、卷次、整理者、版本或出版地、出版者、出版年、页码。例如,(汉)班固《汉书·司马迁传》,北京:中华书局点校本,1962年,第2738页。

6. 译著依国别(前后用方括号)、作者、文献题名、译者、出版地、出版者、出版年、页码标注。例如,[美]斯塔夫里阿诺斯《全球通史》,吴象婴、梁赤民译,上海:上海社会科学院出版社,1999年,第67页。

7. 所有西文标记,字体皆使用 Times New Roman。

八、关于篇幅。字数不限,尤欢迎言之有物的长文。

九、关于稿酬。本刊将保持在国内学术刊物中有一定竞争力的稿酬,以吸引优质稿件。被采用的所有稿件,在出版三个月内均支付稿酬及样刊两册。作者著作权使用费与稿费一次性付清。至于文中部分插图使用费,因缺少作者相关信息,暂存编辑部,烦请作者主动与编辑部联系。

十、本刊仅接受电子投稿,来稿请发至 ztygjds@126.com 并注明"《章太炎研究》投稿"。本刊尽力保持编辑部、投稿人和匿名评审人三者间的信息畅通,但囿于章太炎研究中心人手不足问题,如出现投稿后三个月未收到任何通知者,烦请自行处理。

章太炎研究中心暨《章太炎研究》编辑部

二〇二三年六月

图书在版编目(CIP)数据

章太炎研究. 第二辑 / 章太炎研究中心主编.
上海 : 上海人民出版社, 2024. 6. -- ISBN 978-7-208
-18958-4

Ⅰ. B259. 25 - 53

中国国家版本馆 CIP 数据核字第 20249VV206 号

责任编辑 张钰翰
封面设计 夏　芳

章太炎研究(第二辑)
章太炎研究中心 主编
本辑执行主编 江　湄

出　　版 上海人民出版社
(201101　上海市闵行区号景路 159 弄 C 座)
发　　行 上海人民出版社发行中心
印　　刷 上海商务联西印刷有限公司
开　　本 720×1000　1/16
印　　张 26
插　　页 2
字　　数 365,000
版　　次 2024 年 6 月第 1 版
印　　次 2024 年 6 月第 1 次印刷
ISBN 978 - 7 - 208 - 18958 - 4/K · 3390
定　　价 88.00 元